Karola Brede

Wagnisse der Anpassung im Arbeitsalltag

Karola Brede

Wagnisse der Anpassung im Arbeitsalltag

Ich, Selbst und soziale Handlung
in Fallstudien

Mit Beiträgen von Rudolf Schweikart
und Mechthild Zeul

Westdeutscher Verlag

ISBN 978-3-531-12748-4   ISBN 978-3-322-99824-8 (eBook)
DOI 10.1007/978-3-322-99824-8

Vorwort

Die vorliegende Untersuchung geht auf ein Forschungsprojekt zurück, das der Frage nach dem Erleben und den Erfahrungen galt, die in betrieblich-abhängigen Beschäftigungsverhältnissen gemacht werden. Das Projekt wurde von 1985 bis 1987 vom Hamburger Institut für Sozialforschung gefördert. Kooperationspartner war das Sigmund-Freud-Institut in Frankfurt a.M. Neben der Autorin waren an diesem Projekt Mechthild Zeul als Psychoanalytikerin und Rudolf Schweikart als Soziologe beteiligt. Beide sind mit eigenen Beiträgen aus dem Projektbericht auch an dieser Veröffentlichung beteiligt und haben mit vielen Anregungen zur Fertigstellung des Manuskripts beigetragen.

Mechthild Zeul und Rudolf Schweikart danke ich an dieser Stelle ganz herzlich. Ebenso danke ich allen denen, die im Verlauf der Arbeiten im Forschungsprojekt und am Buchmanuskript mit Anregungen, Kritik und Verschriftung, mit Rat und Tat fürsorglich beteiligt waren. Während des Projektverlaufs waren dies an erster Stelle unsere Gesprächspartner, ohne deren Bereitwilligkeit zu berichten ein Einblick in ihr Arbeitsleben gar nicht hätte gewährt werden können. Marialuise v. Schweinichen hat die Textverarbeitung eingeführt. Mario Erdheim und Alfred Lorenzer berieten uns lehrreich als Supervisoren. Im Verlauf der Arbeiten am Buchmanuskript waren es Renate Cogoy, Werner Bohleber, Helga Haase, Edith Kurzweil, Cordelia Stillke, Christian Schneider, Heidemarie Hessberger, Marion Ebert-Saleh, Wilhelm Schumm, Peter Nick, Herbert Bareuther, Alexander Karp, die mir wertvolle Hinweise gaben und meine Arbeit unterstützten. Wichtige Anstöße verdanke ich ebenso Diskussionen am Sigmund-Freud-Institut und am Hamburger Institut für Sozialforschung. Zudem habe ich viel Gewinn für dieses Buch aus meiner Lehrtätigkeit an der Frankfurter Universität während der letzten Jahre ziehen können.

Frankfurt am Main, im Mai 1995   K.B.

Meiner Tochter *Nora* gewidmet.

Inhalt

1. Einleitung

Im Mittelpunkt der vorliegenden Untersuchung stehen fünf Fallstudien. Sie gelten drei Arbeitern und zwei Angestellten, ihren Arbeitserfahrungen und ihrem Arbeitserleben in industriellen Großunternehmen der Metallverarbeitung und der Elektronik. Die Fallstudien unterscheiden sich von anderen vergleichbaren, etwa der subjekt-orientierten Betriebssoziologie der achtziger Jahre, durch das Ziel, psychodynamische Vorgänge am Verhalten und Handeln bei der Arbeit in einem Betrieb mit Hilfe der Psychoanalyse sichtbar werden zu lassen. Auf diese Weise sind komplexe Darstellungen entstanden, die das übersteigen, was unserer Beobachtung des Verhaltens und Handelns einer anderen Person in der Regel zugänglich ist, ja, was uns auch über uns selbst nicht ohne weiteres zugänglich ist, wenn wir die Motive unseres Handelns ausweisen. Die Psychoanalyse erlaubt, den Zugang zum Verhalten und Handeln einer Person um psychologische Gesichtspunkte zu erweitern. Der Einblick in unbewußte psychodynamische Vorgänge, den sie gibt, läßt erkennbar werden, wie Impulse und Affekte auf das Handeln einer Person einwirken und ihm einen unerwarteten Sinn geben. So ergeben sich Einsichten, die geeignet sind, soziologische Auffassungen vom Handeln des einzelnen in sozialen Situationen – von persönlichen Handlungsstilen, von Identitätsbildung und von der Selbstbehauptung in sozial vorstrukturierten Handlungsfeldern – zu verändern.

Was aber läßt sich über das Verhalten und Handeln von Personen an ihrem Arbeitsplatz aussagen, die in Gesprächen tatsächlich "nur" davon erzählen, ausführlich berichten und zunächst einmal auf eine ihnen fremde Person eingehen müssen, mit der sie sich über ihre Arbeit verständigen und dabei immer auch etwas über sich aussagen?

Mit den Fallstudien wurde der Versuch unternommen, auf die Arbeitssituation, auf Verhalten und Handeln am Arbeitplatz durch Gespräche zu diesem Thema rückzuschließen und sich hierfür der Beobachtungen im Gespräch als einer besonderen Handlungssituation zu bedienen. Insgesamt gewinnt man auf diese Weise Einblicke in die individuelle Unterhaltung kollegialer und hierarchiebedingter Arbeitsbeziehungen; in die persönliche Auseinandersetzung mit den Anforderungen technischer Neuerungen und mit Maßnahmen der betrieblichen Rationalisierung, die in das eigene Leben eingreifen; in den Umgang mit Unwägbarkeiten der Arbeitsplatzsicherheit und der Gefahr, seinen Arbeitsplatz zu verlieren. Im Mittelpunkt der Falldarstellungen steht, wie die fünf Beschäftigten sich anpassen angesichts der verschiedenen Bedingungen, die ihr

Betrieb ihnen setzt, und jener Bedingungen, die ihnen die unbewußte Konflikthaftigkeit ihres Erlebens vorgibt.

1.1 Interdisziplinarität

Bei dem Versuch, Fallstudien herzustellen, die soziologische und psychoanalytische Einsichten in das Verhalten und Erleben einer Person vereinen, stand von Anfang an das Problem im Vordergrund, wie sich die beiden, disziplinär unterschiedlichen Zugangsweisen von Soziologie und Psychologie zum Individuum würden vereinbaren lassen. Die philosophische Reflexion auf das Verhältnis von Soziologie und Psychoanalyse hat eine inzwischen lange und weitgefächerte Tradition. Sie war immer wieder eine Herausforderung bei dem Versuch, unbefriedigenden gesellschaftstheoretischen Vorstellungen die Unteilbarkeit des gesellschaftlichen Lebensprozesses entgegenzuhalten, auch wenn dieser Lebensprozeß in objektive Strukturzusammenhänge von Gesellschaft und die Lebenswelt von Individuen, die sich mit den ihnen vorgegebenen Strukturen und Prozessen einrichteten, auseinandergefahren zu sein schien.

Die gesellschaftstheoretischen Erkenntnisse, die sich der Reflexion auf das Verhältnis von Soziologie und Psychoanalyse verdanken, sind gewiß anregend. Sie üben eine Faszination aus, die mit ihrer Entfernung von Erfahrungstatsachen zuzunehmen scheint. Man denke an Adornos Äußerung: "An der Psychoanalyse ist nichts wahr als ihre Übertreibungen" (Adorno 1951, S. 56). Sein Verdikt der von ihm vorgefundenen Arbeitsteilung zwischen Soziologie und Psychologie überbietet Adorno mit dem Festschreiben ihrer Zwiespältigkeit als solcher, wenn er schreibt: "Die Trennung von Soziologie und Psychologie ist unrichtig und richtig zugleich. Unrichtig, indem sie den Verzicht auf die Erkenntnis der Totalität giriert, die noch die Trennung befiehlt; richtig insofern, als sie den real vollzogenen Bruch unversöhnlicher registriert als die vorschnelle Vereinigung im Begriff" (Adorno 1955, S. 57). Die Kehrseite der Faszination scheint die Lähmung zu sein, die eine Einsicht wie diese bewirken kann. Gibt es eine Trennung, die "richtig" ist und dennoch der "vorschnellen Vereinigung im Begriff" entgeht? Ich verneine dies. Aber zwischen der "unrichtigen" Leugnung der Totalität und der ebenso unrichtigen, bloßen Vereinigung im Begriff eröffnet sich ein weites Feld undurchschauter, von der Willkür disziplinärer Grenzmarkierungen unterbrochener Lebenspraxis, das sich den auf Segregation angelegten Wissenschaften von Soziologie und Psychologie entzieht.

Die Trennung von Soziologie und Psychologie und die Verselbständigung dieser beiden Wissenschaften gegeneinander ist ein Faktum, dem man sich nicht entziehen kann, auch wenn man bestrebt ist, es zu unterlaufen oder hinter es zurückzugehen. Ich habe den Weg gewählt, diese Trennung als arbeitsteiliges Verhältnis anzuerkennen, um bedeutsame einzelwissenschaftliche Einsichten nutzen zu können, ohne daraus eine Verpflichtung auf die Sichtweise einer der beiden Wissenschaften abzuleiten. Freilich ging es mir insgesamt um Erkenntnisse, die die Psychoanalyse zur Veränderung von theoretischen Vorstellungen über die soziale Handlung in der Soziologie beisteuern kann.

Am kommunikativen Handeln der fünf Männer, die Gesprächspartner der Psychoanalytikerin Mechthild Zeul und von mir als Soziologin in psychonalytischen resp. soziologischen Interviews waren, galt es, methodisch durch Fremdverstehen sichtbar zu machen, wie sich soziales Handeln und psychisches Geschehen zueinander verhalten, welche inneren Vorgänge das Handeln einer Person wie beeinflussen und wie ihr andere in einer Situation aufgrunddessen gegenübertreten. Durch diese Herangehensweise unterscheidet sich die vorliegende Untersuchung von anderen, mir bekannten Ansätzen, mit denen angestrebt wird, die Trennung von Soziologie bzw. einer anderen Sozial- oder Kulturwissenschaft auf der einen Seite und Psychoanalyse auf der anderen Seite abzubauen. Der Unterschied liegt nicht so sehr in der Ebene der Ziele, die mit der Relativierung oder gar dem Ignorieren disziplinärer Grenzen zwischen Soziologie und Psychoanalyse erreicht werden sollen, als in der Ebene der Herangehensweise.

Viele Vertreter der analytischen Sozialpsychologie versuchen, der Verselbständigung von Soziologie und Psychoanalyse gegeneinander dadurch zu entgehen, daß sie die Perspektive des Forschers auf den Gegenstand fachübergreifend erweitern. Der Forscher soll soziologische bzw. sozialwissenschaftliche und psychoanalytische Kompetenzen in sich vereinigen und seinen Untersuchungsgegenstand unabhängig von disziplinären Zugriffen auf ihn finden. Tatsächlich wird er sich aber disziplinär festgelegten Begriffen – dem, was sie bezeichnen, und den Vorannahmen, auf die sie festgelegt sind – nicht entziehen können. Soweit zudem der besondere Aussagewert der Psychoanalyse für das Verständnis gesellschaftlicher Phänomene demonstriert werden soll, ist die Verwendung *einer* Wissenschaftssprache ohnehin unumgänglich. Ihre "Anwendung" auf gesellschaftliche Phänomene zieht daher die *anderer* Wissenschaften – hier der Soziologie – mit Notwendigkeit nach sich, soll der Vorwurf des Psychologismus nicht heraufbeschworen werden.

Aus psychoanalytischer Sicht mischt sich soziologisches Denken wie etwas Unzulässiges, zumindest Überflüssiges in die Bemühung um psychologisches Verstehen ein. Und aus soziologischer Sicht drängt sich nicht zu Unrecht die Frage auf, welchen Nutzen es habe, sich einer Wissenschaft zuzuwenden, die sich der Erforschung der Subjektivität einzelner so radikal hingibt, daß gesellschaftliche Gebilde aus ihrem Blickfeld verschwinden. Aussichtsreich ist die doppelt marginale Position, die von dieser Tendenz zur wechselseitigen Ausschließung erzwungen wird, nur dann, wenn es Untersuchungsfelder gibt, in die Soziologie und Psychoanalyse sich teilen, hinsichtlich derer ihre Aussagen aber differieren. Unter dieser Voraussetzung kann in einem ersten Schritt geprüft werden, ob in beiden Fällen, lediglich mit unterschiedlichen sprachlichen

Mitteln, das Gleiche ausgesagt wird. Dann hätte der Blick auf die je andere Wissenschaft die Funktion, Erkenntnisse innerhalb der eigenen Wissenschaft hinsichtlich ihrer Geltung zu sichern. Handelt es sich darüber hinaus um einen erkenntnisrelevanten Unterschied zwischen beiden, kann in einem zweiten Schritt der Frage nachgegangen werden, was die Psychoanalyse der Soziologie an Einsichten hinzuzufügen vermag.

Werden diese beiden Schritte innerhalb konkreter Forschung vollzogen, fällt eine Entscheidung über die Erheblichkeit psychoanalytischer Erkenntnisse im Zusammenhang der die Forschung steuernden Vorannahmen und der Festlegung des Procederes. Fällt diese Entscheidung zugunsten einer über soziologische Erkenntnismöglichkeiten hinausgehenden Bedeutung psychoanalytischer Aussagen aus, wie in der vorliegenden Untersuchung, dann sind auch Vorkehrungen zu treffen, die sicherstellen, daß die psychoanalytischen Erkenntnisse in Unabhängigkeit von den soziologischen zustande kommen.

Freilich sind diese Vorentscheidungen auch zu begründen. Ich stütze mich mit meiner Begründung auf die Funktion, die der triebtheoretische Gesichtspunkt für die psychoanalytische Erkenntnisbildung hat. In der Soziologie – insbesondere in der Sozialisationstheorie – ist die Trieblehre der Psychoanalyse auf Ablehnung gestoßen, zumindest als unerheblich für die sozialwissenschaftliche Denkweise hingestellt worden. Insbesondere Parsons' Reformulierung der psychoanalytischen Strukturtheorie war folgenreich und hat zum Verzicht auf den triebtheoretischen Gesichtspunkt beigetragen. Durch das Bestreben, der biologischen Ausstattung des Individuums zur Repräsentation im Psychischen zu verhelfen, steht die Psychoanalyse mit ihrer Trieblehre dem sozialwissenschaftlichen Aufklärungsanspruch scheinbar im Wege. Ich habe mich dieser Auffassung nicht angeschlossen, weil der Anspruch auf die Geltung psychoanalytischer Erkenntnisse sich faktisch auf den triebtheoretischen Gesichtspunkt stützt. Es ist daher nicht vorweg abzuweisen, daß die Psychoanalyse Aussagen bereitstellt, mit denen sie zur soziologischen Frage nach den Konstituenten der sozialen Handlung spezifische Antworten zu geben vermag. Allerdings hieß das für die vorliegende Studie auch, daß eine Vorannahme eingeführt war, die sich im Gang der Untersuchung erst noch bewähren mußte. Mit der strikten Teilung psychoanalytischer und soziologischer Forschungsoperationen auf der Verfahrensebene sollte der Gefahr der Zirkularität im Verhältnis von Vorentscheidung und Ergebnis begegnet werden. Auf diese Weise bleibt es Dritten möglich zu beurteilen, ob die Untersuchung bestätigt, was sie zugleich voraussetzt und wonach die Psychoanalyse der Soziologie zu Erkenntnissen verhelfen kann, die deren Denkweise allein nicht hergibt.

Aus diesen Gründen habe ich es vorgezogen, an einer klaren Abgrenzung zwischen soziologischem und psychoanalytischem Wissenschaftsgegenstand festzuhalten. Die disziplinäre Kompetenz, die Wissenschaftler in ein Forschungsvorhaben einbringen, und die in Wissenschaften kumulierten Wissensbestände stehen dann zum Untersuchungszweck eher im Verhältnis eines Mittels, diesen Zweck zu erreichen. Einsichten über den Aufbau der sozialen Handlung, in denen soziologisches und psychoanalytisches Wissen zusammengeschlossen sind, bilden den Zweck arbeitsteilig zustande kommender, als Mittel begriffener einzelwissenschaftlicher Aussagen. Folglich muß auch nicht der den Erkenntnisgang vertretende Wissenschaftler die disziplinär unterschiedlichen, unter Umständen gegenläufige Perspektiven einschließenden Kompetenzen und Wissensbestände auf sich vereinigen. Die Ergebnisse der Untersuchung gehen auf arbeitsteilig gewonnene, einzelwissenschaftliche Aussagen zurück. Es wird davon ausgegangen, daß die Perspektive des eigenen Faches auf die Welt so weit verinnerlicht ist, daß die Beteiligten gar nicht anders können, denn soziologisch *oder* psychoanalytisch sich dem Untersuchungsgegenstand zu nähern.

Allerdings können weder die soziologische noch die psychoanalytische Zugangsweise innerhalb dieses arbeitsteiligen Gegenstandsbezug völlig frei gewählt werden. In dem Projekt, auf das der vorliegende Text dem Material nach zurückgeht, war die Psychoanalytikerin gehalten, sich in dem vorab festgelegten Untersuchungsrahmen, der sich von therapeutischer Praxis entfernte, zu bewegen und den von der Soziologin geführten Gesprächen psychoanalytische Interpretationen zu unterlegen. Die Soziologin mußte ihre Produktion von Forschungsmaterial, besonders ihre Interviewführung, formal der der Psychoanalytikerin anpassen. Denn an der Trennung der Gegenstände von Psychoanalyse und Soziologie festzuhalten bedeutet konkret, daß für die produzierten Materialien Kompatibilität herzustellen ist. Andernfalls würde eine vergleichende Auswertung, in der eine substanzielle Aussagendifferenz zur Geltung kommen soll, nicht stattfinden können.

Eine Form der Kooperation zwischen Psychoanalytikerin und Soziologin zu finden war die unerläßliche Voraussetzung für übergreifende Interpretationen. Ohne sie würde die vorgängig eingeführte Differenz der Perspektiven ins Leere laufen, oder eine der beiden hätte sich naturwüchsig gegenüber der anderen durchgesetzt. Entweder die Soziologie oder die Psychoanalyse wäre in die Rolle der Hilfswissenschaft für die jeweils andere geraten.

1.2   Ebenen der Argumentation

Die vorliegende Untersuchung stützt sich nicht auf eine bestimmte, die Argumentation leitende Theorie. Vielmehr bedingt ihre interdisziplinäre Anlage, daß die Argumentation sowohl die soziologische als auch die psychoanalytische Denkweise in Anspruch nimmt. Darüber hinaus wurden Theorieansätze aus beiden Disziplinen ausgewählt, die in bezug auf das Untersuchungsfeld identische Ausschnitte betreffen, sich also ergänzen und überschneiden. Auch wechseln häufig die Argumentationsebenen. Es ist daher zweckmäßig, die verwendeten Denkweisen, Theoriebereiche und Ebenen der Argumentation kurz darzustellen.

An erster Stelle sind die Perspektiven zu nennen, nach denen sich Soziologie und Psychoanalyse allgemein unterscheiden und die den wechselnden Kontext der Ausführungen bilden. Da ich mich auf handlungstheoretische Annahmen beschränken werde, genügt es zu betonen, daß die Soziologie mit ihrer Hinwendung zu sozialem Handeln Interaktionssysteme sowie diejenigen Bedingungen in den Blick nimmt, die der einzelne erfüllen muß, um an der Interaktion teilzunehmen. Maßgeblich für diese *soziologische Perspektive* ist, daß der Blick auf überindividuelle Phänomene – Systeme von Aktoren mit Strukturen und Regeln, Mustern normativer Erwartungen an die Handelnden usw. – festgelegt ist. Ich werde George Herbert Mead folgen und der Überschaubarkeit halber diese soziologische Perspektive nur auf das Verhältnis von ego und alter ego als Teilnehmern an sozialer Interaktion beziehen. Denn es geht mir vor allem darum zu zeigen, daß jede von egos Äußerungen eine sinnhaft stellungnehmende und zugleich psychisch aufgebaute Reaktion bzw. Handlung auf eine Äußerung alter egos hin ist. Dies setzt zum einen Symbolsysteme voraus, deren Bedeutungen ego und alter ego kennen. Zum anderen ist vorausgesetzt, daß die Aktoren in sozialisatorischen Lernprozessen sich instand gesetzt haben, an sozialer Interaktion teilzunehmen. Das heißt auch, daß ein wichtiges Element soziologischer Denkweise die Rekonstruktion von Vorgängen der Verinnerlichung von Werten, Normen und Regeln durch den einzelnen ist. Dies geschieht im Sozialisationsprozeß, mit dessen theoretischer Konzeptualisierung der einzelne *vom Handlungssystem her* in den Blick genommen wird.

Die *psychoanalytische Perspektive* unterscheidet sich hiervon radikal. Sie teilt die des Individuums als Subjekt auf Objekte in seiner – äußeren wie inneren – Umwelt ohne Rücksicht auf den individuellen Vollzug sozialer Handlungen und entfaltet innerhalb dieses Rahmens die Funktionsweise des Subjekts aus der Perspektive des Triebes. Die Quelle des Triebes ist der Organismus, sein Ziel der Abbau von Triebspannung durch Befriedigung an sozialen und physischen Objekten. Orientiert an diesem Konzept der Triebhandlung, findet sich in der Psychoanalyse eine Denkweise ausgebildet, die, hinter die soziale Formung von Verhaltensreaktionen in Handlungszusammenhängen zurückgehend, Triebstrebungen aufdeckt und Aussagen zu einer dem Psychischen des einzelnen eigentümlichen, je anderen Struktur beitzutragen ermöglicht. Diese Denkweise, die die Vielfalt psychodynamischer Vorgänge bündelt und sie am triebtheoretischen Gesichtspunkt ausrichtet, darf nicht mit der materialen Psychologie der Psychoanalyse verwechselt werden. Deren Gegenstand sind Genese und Funktionsweise des psychischen Apparats. Doch ohne den Hinweis auf die Triebperspektive ist nur schwer nachvollziehbar, daß psychoanalytisches Denken sich regelmäßig eine Richtung gibt, die, obwohl ihren

Ausgang bei kommunikativen Situationen nehmend, den Ursprungsort aller psychischen Vorgänge in den Organismus verlegt.

Diese Unterschiede in der Denkweise von Soziologie und Psychoanalyse bilden den Hintergrund, vor dem ich die Meadsche Theorie symbolischer sozialer Interaktion und die Freudsche Strukturtheorie verwenden werde. *Meads Handlungstheorie* bietet sich an, weil sie zum einen die soziale Handlung aus einer überschaubaren interaktiven Einheit von ego und alter ego herzuleiten erlaubt und zum anderen Annahmen über den psychischen Aufbau von Handlungen enthält, der aus der Verinnerlichung gesellschaftlicher Werte erwächst, aber hierin nicht ohne Rest aufgeht. Dies unterscheidet Mead von Talcott Parsons, der, nach Mead, eine wesentlich differenziertere Darstellung des Persönlichkeitssystems von Aktoren bietet, aber in Abhängigkeit von seinem gesellschaftstheoretischen Interesse die psychoanalytische Strukturtheorie so weitreichend reformuliert hat, daß charakteristische Aussagemöglichkeiten der Psychoanalyse verloren gehen würden.

Im Zuge der Argumentation wird zum irreduziblen Kern von Soziologie, den ich mir für die Zwecke meiner Untersuchung zu eigen mache, der Zusammenschluß von zwei oder mehr Aktoren gehören, die sich situationsabhängig zueinander verhalten und dabei Regeln befolgen, die mit verinnerlichten Wertorientierungen zu normativen Erwartungen Stellung nehmen und die durch ihre Handlungsbeiträge den gesellschaftlichen Prozeß sensu Mead in Gang halten. Der "harte Kern" der Psychoanalyse ergibt sich demgegenüber aus der Freudschen *Theorie über die Struktur des psychischen Apparats*. Rückt man, wie ich es tue, die Eigenlogik dieser Struktur in den Mittelpunkt, die letzten Endes in der Setzung des Aggressionstriebes nur begründet ist, dann wird es unmöglich, Psychoanalyse in Soziologie aufgehen zu lassen. Es muß vielmehr, auch im Bereich klinischer Darstellung, mit einer Differenz zwischen soziologischer und psychoanalytischer Aussagekraft gerechnet werden. Diese Differenz fruchtbar zu machen gehört zu den Zielen, die mit den Fallstudien verfolgt wurden.

Nun wäre es bequem – gäbe es aber auch keinen Klärungsbedarf – , wenn die theoretischen Pointen sich leicht erkennbar klinischen bzw. empirischen Beobachtungsfeldern zuordnen ließen. Jedoch haben psychoanalytische und soziologische Theorie sich disziplinär gegeneinander verselbständigt. Aus beiden Perspektiven wird mit je eigenen Mitteln versucht, den Geltungsbereich der Aussagenzusammenhänge in das Terrain der jeweils anderen Disziplin vorzuverlegen – zum eigenen Genügen, aber auf Kosten des besonderen Aussagewerts, den Psychologie resp. Soziologie einander zu bieten haben. Deshalb wird mit der Bemühung um die Kennzeichnung des jeweiligen irreduziblen Kerns an Aussagen ständig ein Abwägen einhergehen, welche Annahmen solchen "Übergriffen" geschuldet sind und welche erhalten bleiben müssen, um die in der "*Schnittfläche*" zwischen Soziologie und Psychoanalyse relevanten Aussagen festhalten zu können. Die *Fallstudien* schließlich stellen an diesen

Aussagen orientierte Beschreibungen in dieser Schnittfläche dar und zeigen den psychischen, Unbewußtes einschließenden Aufbau von sozialen Handlungen, soweit der methodische Rahmen und die Vorgehensweise dies zuließen.

1.3 Abfolge der Argumente

Jede der Fallstudien enthält eine soweit wie möglich vollständige Darstellung der Psychodynamik des Erlebens von Arbeitssituationen, in die sich der Gesprächsteilnehmer seiner Erzählung nach mit seinem Verhalten und Handeln hineingestellt sah. Die Fallstudien stehen, so gesehen, zwar für sich, aber sie herzustellen war an eine Vielzahl von Voraussetzungen gebunden. Der vorliegende Text enthält die Beschreibung der theoretischen und methodischen Bemühungen, diese Voraussetzungen zu schaffen und eine Strategie der Interpretation zu entwickeln, die ihnen angemessen war und zugleich erlaubte, die Vielschichtigkeit der psychoanalytischen und soziologischen Einzelbeobachtungen als Elemente im Erleben und Verhalten einer Person zu organisieren.

Es war naheliegend, den Argumentationsfaden bei dem Traditionszusammenhang aufzunehmen, in den die Forschungspraxis gestellt ist, aus welcher die Fallstudien hervorgegangen sind, nämlich die analytische Sozialpsychologie. Dies ist der Name, den Erich Fromm Anfang der dreißiger Jahre einem Wissenschaftsgebiet gab, das erst noch zu schaffen war. Er schrieb mit diesem Ausdruck die Beteiligung der Psychoanalyse an der theoretischen Fassung und empirischen Erforschung sozialer Zeiterscheinungen fest. Der Ausdruck selbst bleibt hinter dem Anspruch zurück, den Fromm und andere Vertreter der frühen Kritischen Theorie an die Psychoanalyse erhoben, nämlich sie für Erklärungsbedarf fruchtbar zu machen, der damals auf gesellschaftstheoretischer Ebene entstanden war und die Geltung des Historischen Materialismus unter historisch gewandelten gesellschaftlichen Verhältnissen betraf. Seither gab es eine Reihe von Versuchen, dieses Forschungsprogramm in sich zu begründen, zuletzt mit vergleichsweise hohem wissenschaftlichen Einsatz in den siebziger Jahren, als es zu einer vielschichtigen, auch restaurativen Renaissance historisch—materialistisch angelegter Theoriebildung kam und die Herausforderung der Sozialwissenschaften durch die Psychoanalyse betont wurde.

Zu den Ergebnissen dieser neuerlichen Auseinandersetzung über das Verhältnis von Historischem Materialismus und Psychoanalyse zähle ich, daß die Konturen möglicher Forschung erkennbar wurden. Die forschungslogischen Möglichkeiten des Programms einer analytischen Sozialpsychologie sind weit enger gesteckt, als man sich gewünscht hatte. Helmut Dahmers historisch-materialistischer Versuch der Reformulierung des Programms bricht da ab, wo es auf Umsetzung in Forschungspraxis angekommen wäre. Lorenzer überführte seine materialistische Sozialisationstheorie in die Forschungspraxis der "tiefenhermeneutischen Kulturanalyse", die sich nun mit konkurrierenden, dem historisch–materialistischen Rahmen nicht verpflichteten Praxen messen muß. Dies gilt für die gesamte psychoanalytische Sozialforschung und selbstverständlich auch für die in diesem Buch vorgestellte Einzelforschung. Deshalb habe ich in einem *ersten Schritt* den forschungslogischen Rahmen angegeben, in den ich die vorliegende Untersuchung gestellt sehe. Sie setzt beim Individuum und den Anpassungsprozessen an, die ihm abverlangt werden, deren es bedürftig ist und die es aktiv angeht, indem es sich handelnd in Verhältnissen wie denen abhängiger Beschäftigung einrichtet. Der Rahmen für diese das Individuum exponierende Betrachtungsweise ist ein handlungstheoretischer. Er erlaubt, Elemente und Stufen im psychischen Aufbau sozialer Handlungen zu unterscheiden, für die psychoanalytische wie auch soziologische Vorstellungen und kategoriale Unterscheidungen vorliegen.

Wo in der Untersuchung der Zusammenhang zwischen dem Handeln eines Individuums und hierauf einwirkenden unbewußten Motiven sichtbar gemacht werden kann, da liegt die "Schnittfläche" zwischen Handlungstheorie und psychoanalytischer Strukturlehre. In einem *zweiten Schritt* wurde der Versuch unternommen, diese Schnittfläche hilfsweise durch den "psychischen Raum" näher zu beschreiben, in den Psychoanalyse und Soziologie sich teilen, wenn sie entweder unbewußte psychische Vorgänge untersuchen oder die psychischen Grundlagen einer sozialen Handlung angeben. Bei dieser Gegenüberstellung zeigt sich, daß die Schnittfläche nur "gebrochen" zum Vorschein kommt. Das heißt, aufgrund der prinzipiellen Selbstverborgenheit von Unbewußtem liegen für den Handelnden die Stufen, über die Handlungen sich aufbauen, nur begrenzt offen zu tage. Was mit wissenschaftlichen Mitteln transparent wird, bleibt dem einzelnen im Vollzug seines Handelns partiell verborgen. Der Eindruck der "Überkomplexität" im Verhältnis von Handlung und ihrem psychischen Aufbau, der folglich für die Fallstudien entsteht, leitet sich aus einer systematischen Differenz der Aussagen her, die die psychoanalytische als von der soziologischen Theorie unterschiedene zu produzieren erlaubt. Klinisch bzw. empirisch kommt sie in den Funktionsweisen zum Vorschein, die das (soziologische) Selbst und das (psychoanalytische) Ich voneinander unterscheiden.

Die Behauptung einer solchen am Individuum aufweisbaren Schnittfläche bewährt sich im Aufbau der Fallstudien, die, so betrachet, den *dritten Argumentationsschritt* vertreten. An den Fallstudien mußte sich erweisen, daß die Unterscheidung von Selbst und Ich tatsächlich den Gewinn an Einsichten einträgt, der als Resultat des Theorienvergleichs zu erwarten war. Die Fallstudien sollen zeigen, wie die Festlegung herkömmlicher psychoanalytischer Falldarstellungen auf psychisch unbewußte Vorgänge – Impulse, Affekte, Phantasien, Vorstellungen – und deren Dynamik abgestreift werden können, ohne den Geltungsrahmen interpretatorischer Aussagen über eine nicht bekannte soziale Wirklichkeit zu überschreiten. Es kann gezeigt werden, wie

Unbewußtes auf das soziale Handeln einer Person einwirkt und ihm ein Moment hinzufügt, das den Prozeßcharakter sozialen Handelns stützt.

Es könnte schon hier eingewendet werden, die behauptete Ergiebigkeit der Unterscheidung zwischen Selbst und Ich sei eine Täuschung. Die Unterscheidung sei in der disziplinären Arbeitsteilung bei den Forschungsoperationen angelegt und bilde lediglich das Wieder–Zusammensetzen der getrennt gewonnenen Ergebnisse ab. In diesem Einwand ist aber übersehen, daß sich die Unterscheidung von Selbst und Ich in der inhaltlichen Darstellung des konkreten Zusammenhangs psychischer Vorgänge, die am Aufbau von angebbaren Handlungen beteiligt sind, bewähren muß. Die Arbeitsteilung während der Forschungsoperationen hatte gerade zum Ziel zu verhindern, daß unterschiedliche psychische Funktionen kontaminiert werden, wie es für den psychoanalytischen Begriff des Ichs und seine Verwendung insbesondere in ich–psychologischen Denkzusammenhängen nicht selten der Fall ist. Die Aussagen der Psychoanalytikerin und der Soziologin werden in den Fallstudien deskriptiv vereinigt. Aber die Deskriptionen reproduzieren nicht einfach die einzelwissenschaftlichen Perspektiven. Sie orientieren sich an einer postulierten irreduziblen Differenz zwischen Aussagen, die die Soziologie im Unterschied zur Psychoanalyse, bezogen auf das geteilte Untersuchungsfeld, möglich macht. Wirksam wird diese Differenz in den Fallstudien durch die Deskription von Handlungsentwürfen und den Einfluß psychodynamisch unbewußter Vorgänge auf sie.

Das Theoriegerüst, das den Hintergrund für die Fallstudien abgibt, zusammen mit Topoi, die in den Gesprächen thematisch wurden, sowie die Struktur der Untersuchungsverfahrens bieten vielfältige Möglichkeiten, verallgemeinernde Überlegungen an die Fallstudien anzuschließen. Ich greife im *letzten Untersuchungsschritt* die Gesichtspunkte von Identität, Autorität und Geschlecht heraus. Unter jedem dieser Gesichtspunkte wurden Lesarten für die Fallstudien hergestellt, die Vergleichsmöglichkeiten schaffen. Diese Fallskizzen dienten als Ausgangspunkt für Aussagen, die sich, durchaus auch in spekulativer Absicht, vom Material teilweise weit entfernen. Mit diesen Aussagen wurde der Anschluß an sozialpsychologisch bedeutsame Themen der Soziologie gesucht, für die sie Anregung sein sollen. Hinsichtlich der zur Zeit verwirrenden Verwendung des Identitätsbegriffs könnten die verallgemeinernden Überlegungen vielleicht zur Klärung der konzeptuellen Fassung dessen beitragen, was unter Identitätsbildung zu verstehen ist. Die Beobachtungen zur Wahrnehmung des Geschlechts der Interviewerinnen durch ihre männlichen Gesprächspartner können als Beleg für die sich als allgemein Menschliches aufwerfende Dominanz des "männlichen Prinzips" genommen werden, gemäß dem über die Kategorisierung von Frauen einschließlich ihrer relationalen Selbsteinordnung verfügt wird. Als Korrektiv verstehe ich die Beobachtungen, die über die Psychodynamik des Verhaltens von Angestellten gemacht werden können und in deren Licht die Aufwertung von Individualität als psychisch belastender Warenwert der Arbeitskraft des Angestellten sich darstellt. Die vergleichsweise ausführlichen Überlegungen zur psychischen Verarbeitung von Unterlegenheit lenkt den Blick auf das möglicherweise zeitgenössische Erscheinungsbild des Autoritarismus.

1.4   Inhalt und Chronologie

Das nachfolgende *zweite Kapitel* enthält eine Auseinandersetzung mit dem historischen Programm analytischer Sozialpsychologie und der analytischen Sozialforschung, wie sie sich in den siebziger und achtziger Jahren entwickelte und vertreten wurde. Es mündet in Klarstellungen über Möglichkeiten und Grenzen empirischer Forschung, die Soziologie und Psychoanalyse gleichermaßen in Anspruch nehmen. Für die Ebene, in der eine Verknüpfung psychoanalytischer Aussagen mit soziologischen aussichtsreich ist, werden in diesem Zusammenhang einige der verwendeten handlungstheoretischen Kategorien knapp erläutert.

Im *dritten Kapitel* wird das Individuum in den Mittelpunkt eines Vergleichs zwischen psychoanalytischen und soziologischen Theorie–Aussagen über den psychischen Aufbau der sozialen Handlung gerückt. Die irreduzible theoretische Differenz wird in der Unterscheidung von (soziologischem) Selbst und (psychoanalytischem) Ich festgehalten.

Das zwischen Psychoanalytikerin und Soziologin arbeitsteilige Vorgehen im Verlauf der Materialerhebung und –interpretion wird detailliert im *vierten Kapitel* beschrieben. Die methodologischen Voraussetzungen sind in einem *Exkurs* von Rudolf Schweikart ausgeführt.

Hieran schließen im *fünften Kapitel* die Fallstudien an. Sie sind in jeweils vier Teile gegliedert, von denen der erste für die Interpretation folgenreiche Gesprächsauszüge umfaßt. Auf die Wiedergabe der Darstellung ihres Verhaltens und Handelns durch die Gesprächspartner im Zusammenhang ihrer Arbeit folgen dann die psychoanalytische Interpretation der Psychodynamik in bezug auf das Arbeitserleben und die soziologisch–integrative Interpretation des wahrscheinlichen Verhaltens und Handelns am Arbeitsplatz im Hinblick auf das Einwirken unbewußter Motive darauf.

Das *sechste Kapitel* ist der Verallgemeinerung der einzelfallbezogenen Einsichten gewidmet. Es bot sich an, auf Fragen der Identitätsbildung, des Angestelltenbewußtseins und der Ausprägung eines von der Individualität des modernen Angestellten sich herleitenden Autoritarismus einzugehen. Abschließend schien es angebracht zu sein, die Frage nach der Wahrnehmung der Interviewerinnen durch ihre männlichen Gesprächspartner aufzuwerfen und hiermit einige Überlegungen zu Männlichkeit in den Vorstellungen der Gesprächspartner zu verknüpfen.

Es bleibt darauf hinzuweisen, daß die *Zeitverhältnisse* zwischen den Kapiteln wechseln. Zweites und drittes Kapitel, die die Untersuchung als analytische Sozialpsychologie ausweisen und wichtige Theorieelemente zusammentragen, spiegeln den Ergebnisstand des gesamten Forschungsunterfangens. Das vierte Kapitel mit der Beschreibung des methodischen Vorgehens und der Verfahrensweise setzt zeitlich früher an, nämlich beim Entwurf und der Anfangsphase des Projekts, als forschungspraktisch erprobt wurde, nach welchen Regeln am besten zu verfahren sei, denn Muster, an denen man sich hätte orientieren können, lagen nicht vor. Die Fallstudien bzw. die schließlich für das erhobene Material gewählte Interpretationsstrategie stützt sich dann aber wieder, wenn auch nur implizit, auf die im dritten Kapitel erarbeiteten theoretischen Positionen. Die Verallgemeinerungen schließen hieran zwanglos an.

2. Analytische Sozialpsychologie als Forschungsprogramm

Über Sozialpsychologie im herkömmlichen Sinne geht analytische Sozialpsychologie, wie Erich Fromm (1932) dieses Gebiet als erster nannte, in mehrfacher Hinsicht hinaus. Einmal beruft sie sich mit dem Zusatz "analytisch" auf die Psychoanalyse als diejenige Psychologie, die geeignet sei, zu einer Theorie der Gesellschaft, zumal in ihrer geschichtlichen Dimension, beizutragen. Dieser Totalitätsbezug verbündet sich des weiteren mit einer gesellschaftskritischen Wendung von Theorie, in der auf den Historischen Materialismus Bezug genommen ist. Schließlich meint analytische Sozialpsychologie, seit Horkheimer antrat, das Frankfurter Institut für Sozialforschung zu leiten (vgl. Horkheimer 1931; 1932), ein Programm empirischer Forschung, durch das Erklärungsdefizite behoben werden sollten, die auf die unpsychologische Konstruktion historisch–materialistischer Gesellschaftstheorie zurückgehen. Mit dieser Theorie teile die Psychoanalyse – so Helmut Dahmer – einen gleichsinnigen Impuls von Aufklärung.

An der komplexen Bestimmung analytischer Sozialpsychologie interessiert im vorliegenden Zusammenhang, der der Darstellung einer besonderen Forschungsstrategie gelten wird, vor allem, ob und unter welchen Voraussetzungen eine Umsetzung dieses Programms in empirische Forschung möglich ist. Es ist naheliegend, sich zu diesem Zweck zunächst zwei Ansätzen zuzuwenden, mit denen in den siebziger Jahren das Problem einer Einbettung der Psychoanalyse in den Historischen Materialismus gelöst werden sollte und die damals Einfluß auf die Entwicklung der analytischen Sozialpsychologie hatten: Helmut Dahmers und Alfred Lorenzers skrupulöse Versuche, gegenüber abbildtheoretischen Vorstellungen an einer "'bereichseigenen' Logik" (Lorenzer 1974, S. 225) der Sozialisationssphäre festzuhalten, ohne den Anspruch auf die Priorität der historisch–materialistischen Theoriekonstruktion von Gesellschaft preiszugeben. Durch die Rückwendung zum Historischen Materialismus, die in dieser doppelten Zielsetzung impliziert ist, sollten die Voraussetzungen geklärt werden, unter denen die Psychoanalyse in die Kritische Theorie der Gesellschaft aufzunehmen sei, nachdem Horkheimer und Adorno sich von diesem Projekt längst abgewandt hatten. An Dahmers und Lorenzers Versuche läßt sich daher die Frage richten, welche Lösung für die Vermittlung beider Logiken sie vorsahen. Hieraus ergibt sich dann eine erste Möglichkeit, die Frage nach Voraussetzungen und Grundlagen empirischer Forschung für die analytische Sozialpsychologie aufzuwerfen.

2.1 Das utraquistische Dilemma

Dahmer und Lorenzer machen sich eine Strategie des Vermittlung von historisch–materialistischer Theorie mit Psychoanalyse zu eigen, die als utraquistisch[1] zu charakterisieren ist. Danach tritt die Psychisches einbegreifende
Totalität von Gesellschaft hinter eine doppelte, Strukturen gesellschaftlicher
Objektivität ebenso wie Strukturen der Subjektivität thematisierende Zugangsweise zur Wirklichkeit zurück. Die Inkompatibilität der beiden Gegenstandsbereiche wäre hiernach noch am ehesten für das Gesamte von Gesellschaft
aussagekräftig. Pointierter als in der Studie über "Libido und Gesellschaft"
(Dahmer 1973) heißt es diesbezüglich schon 1971 bei Dahmer: "Alle Versuche, die kritische Theorie der Subjekte und die ihrer politischen Ökonomie
miteinander gleichzuschalten, die eine in der anderen aufgehen zu lassen oder
die eine durch die andere zu ersetzen, sind zum Scheitern verurteilt, da das
fundamentum in re der eingetretenen Arbeitsteilung, der Widerspruch einer
Gesellschaft ... nicht durch bloße wissenschaftliche Veranstaltungen aus der
Welt zu schaffen ist" (Dahmer 1971, S. 64; vgl. auch ders. 1980, S. 679f.).
Ähnlich schreibt Lorenzer in "Die Wahrheit der psychoanalytischen Erkenntnis", auf die Ebene empirisch nicht direkt zugänglicher, beschädigender Produktion bezogen: "Sie muß gegenläufig durchdrungen werden, da sie selbst
kein eigenes analytisches Verfahren hat. Sozialisation kann nur entweder
polit–ökonomisch als Produktion im Zuge *objektiver* Strukturanalyse oder
kritisch–hermeneutisch als *subjektive* Strukturanalyse erkundet werden; verselbständigte Untersuchungen des Sozialisationsfeldes sind die positivistischen
Rudimente der einen oder anderen Vorgehensweise" (Lorenzer 1974, S. 218).
Eine Folge dieses Utraquismus ist bei Lorenzer die Vertretung des Erkennt-
nisinteresses sowohl von Historischem Materialismus als auch von Psychoanalyse in den "Praxisfiguren" der Interaktion, die Beschädigungen produzieren.
Sie sollen erlauben, Interaktion als Verhältnis zu fassen, in das "Sozialisation
und Produktion" als gegenläufige Vergesellschaftungsdimensionen eingehen
und so das "Gesamt der Auseinandersetzung von Mensch und Natur" (ebd., S.
242) in sich aufbewahren. Dahmer legitimiert seine utraquistische Position mit
Kritik als dem übergeordneten Gemeinsamen von Marxscher Politischer Ökonomie und Freudscher Psychoanalyse. Nach ihm verbindet die Anlage zur
Kritik, "Kritik von Pseudonatur", die beiden Theorien "zuinnerst" (Dahmer
1973, S. 7).
   Trotz der Unterschiede werfen beide Versuche, dem utraquistischen Ausgangspunkt zu entkommen, die Frage auf, wie die Bildung sozialpsychologi-

---

1 Dahmer bezeichnet den doppelten – soziologischen und zugleich psychologischen – Zugang
zu Gesellschaft wie Geschichte als utraquistisch: "Nur indem utraquistisch die soziologische
und die psychologische Perspektive gegeneinander ins Spiel gebracht werden, ist die Kritik der
Aufgabe gewachsen, das Schicksal, das die Menschen einander in bewußtloser Praxis bereiten,
zu sabotieren" (Dahmer 1984, S. 29).

scher Theorie noch möglich sein soll und welche Funktion Forschung für sie hätte. Einen Hinweis auf die theoretische Orientierung gibt die empirische Verankerung letztlich im neurotischen Leiden. Analytische Sozialforschung müßte hiernach zeigen können, daß die Individuen in Auseinandersetzung mit gesellschaftlicher Herrschaft als Subjekte abdanken (vgl. Dahmer 1971, S. 85) bzw. durch "Desymbolisierungen" (Lorenzer 1969) beschädigt werden. Dahmer und Lorenzer finden in den Topoi von Praxis und Leiden ein Drittes, durch das sie die zunächst als Hürde erscheinende utraquistische Ausgangsposition zu transzendieren suchen. Sie erkennen im neurotischen Leiden ein Leiden an der Gesellschaft. Durch diese Kontamination wird Vermittlung selber zum Problem, das nach theoretischer Ausformulierung verlangt.

Bei Dahmer eröffnet sich die Perspektive auf die empirische Welt durch die Vermittlungsfunktion, die die Familie zwischen gesellschaftlicher Herrschaft, sozialisatorischen Aufgaben und Individuationsleistung der Heranwachsenden erfüllt; die Familie gibt gesellschaftliche Herrschaft als beschädigenden Druck an die Sozialisanden weiter (vgl. Dahmer 1971, S. 85). Lorenzer unterscheidet zwischen einer bereichseigenen Logik der Vermittlung und einer Ebene der materialen Analyse, in der sich der Vermittlungszusammenhang entfaltet; erstere, in Praxisfiguren der Mutter–Kind–Dyade prototypisch eingefangen, sei der materialen Analyse vorgängig (vgl. Lorenzer 1974, S. 229) und stelle bestimmte Analyse– und Interpretationsanforderungen an diese.

Lorenzer wie Dahmer wenden sich also der Sozialisationstheorie zu. Sie verlegen die konkreten Vermittlungsvorgänge in Sozialisationsmuster der Kindheit, also in die Vergesellschaftungsphase, von der die Psychoanalyse annimmt, daß in sie die Genese neurotischer Störungen bzw. von Beschädigungen der Subjektivität fällt. Schlagen sie damit auch ein spezifisches Spektrum möglicher theoretischer Ansätze und von Feldern empirisch–analytischer Sozialforschung vor? Sehen sie sich durch ihre Erwägungen aufgefordert herauszufinden, ob und in welcher Weise der Topos des Leidens mit Praxis zu verknüpfen wäre?

Soweit sich Dahmer, wie in dem Artikel "Psychoanalytic social research" (1993), dieser Frage zuwendet, erwecken seine Vorschläge und Begründungen den Eindruck einer Berührungsangst gegenüber empirischer Forschung, die sich aus überhöhten Erwartungen an diese speist. Denn die Kritik, die ihre Argumente aus den Befunden einschlägiger empirischer Forschung beziehen würde, soll der anspruchsvollen "Aufgabe gewachsen" sein, "das Schicksal, das die Menschen einander in bewußtloser Praxis bereiten, zu sabotieren" (Dahmer 1984, S. 29). Demnach müßte die Forschung in ihr Procedere als Zielsetzung einflechten, die Subjekte, denen die Forschung gilt, zur Selbstreflexion anzuregen. Sie sollen zu "bewußter Praxis" übergehen können, als "*Träger*, Reproduzenten und Innovateure der gesellschaftlichen Lebensverhältnisse" (ebd., S. 43) "denkend und handelnd aus den Routinen ihres Alltagslebens ausbrechen, dialogwillig und reflexionsfähig werden" (ebd., S. 45). Analytische Sozialforschung wird hier mit schier unerfüllbaren Ansprüchen befrachtet und an ein "kulturrevolutionäres" Ziel angeschlossen, ohne daß Dahmer auf das Problem eingeht, wie sich empirische Forschung zu einer Praxis von Veränderung verhalten müßte, damit das Unterfangen aussichtsreich wäre.

Lorenzer würde die Frage nach Möglichkeiten und Aufgaben empirischer Forschung vermutlich offener beantworten. Die Methode der tiefenhermeneutischen Kulturanalyse, die er in den achtziger Jahren entwickelt hat (vgl. Lorenzer 1986), bezieht sich vorwiegend auf kulturelle Erzeugnisse, wie literarische Texte, Architekturgebilde und Kunstwerke, von denen her sich jedenfalls mittelbar auf soziale Lebensformen schließen läßt. Der Praxisgedanke kehrt auf der Verfahrensebene im Einüben selbstreflexiver Fähigkeiten unter den Forschern wieder[2]. Auf diese Weise ließ sich die Originalität der interpretativen Befunde steigern. Lorenzer verbindet also mit analytischer Sozialpsychologie bzw. Kulturanalyse ausdrücklich die Idee einer bestimmten Praxis in der Forschung. Diese zielt auf Bewußtseinsveränderung und Aufklärung derer, die den Forschungsprozeß initiieren. Ihnen wird es möglich, kollektiv "ausgeschlossene Lebensentwürfe" (ebd., S. 27) sich bewußt zu machen und in eine Praxis der Veränderung eingehen zu lassen (vgl. ebd., S. 28; s.a. König 1993)[3]. Ungeklärt bleibt hierbei allerdings, ob der mit der "Kulturanalyse" entwickelte Zugang zu geteilten unbewußten Lebensentwürfen der einzig mögliche ist oder eher ein Verfahren neben anderen ebenfalls möglichen, wie ich meine. Vorerst scheinen mir die methodologischen Grundlagen – besonders das Problem des Forscher–Subjektivismus – nicht hinreichend geklärt zu sein, um die auch von Lorenzer angestrebte Überführung einzelner Einsichten in theoretisch allgemeine Aussagen über die kulturelle Ausgrenzung möglicher Lebensentwürfe auf eine gesicherte Grundlage zu stellen[4].

---

2 Zur Charakterisierung der Tiefenhermeneutik heißt es bei Lorenzer: "... der Text ist unabänderlich, nur der Interpret ist veränderlich und kann sich unter dem Eindruck von Text und Textinterpretation wandeln". "Während in der psychoanalytischen Therapie das Ziel des 'praktisch-ändernden' Impulses in erster Linie der Analysand ist, verhält es sich im Leser-Text-Verhältnis umgekehrt: Hier ist es der Leser/Analytiker, der zur Änderung ansteht. Indem er als Leser seine Betroffenheit 'anerkennt' und als Interpretierender 'nicht zurückschaudert', verändert er sein Bewußtsein" (Lorenzer 1986, S. 18 u. 28).

3 Einblick in die Aussagemöglichkeiten des tiefenhermeneutischen Verfahrens und das Konzept szenischen Verstehens nach Lorenzer erhält man über die Sammelbände "Kultur-Analysen", hrsg. v. Alfred Lorenzer (1986) und "Zur Idee einer psychoanalytischen Sozialforschung", hrsg. v. Jürgen Belgrad u.a. (1987); s.a. die Publikationen in der Zeitschrift "Kultur-Analysen" zwischen 1989 und 1991.

4 Dennoch halte ich Oevermanns Kritik an der Tiefenhermeneutik, die sich vor allem an das von Lorenzer entwickelte Verfahren richtet, für überzogen. Auch er erhebt den Vorwurf des Subjektivismus, allerdings vorwiegend um die zweifelsfrei elaboriertere "objektive Hermeneutik" als überlegen auszuweisen. Als überzogen sehe ich seine Kritik an, weil Oevermann an der Psychoanalyse als einer gegenüber der "objektiven Hermeneutik" verkürzten Kunstlehre Maß nimmt und nicht sehen will, daß die Psychoanalyse auf ein Eindringen in die Lebenspra-

Lorenzer behilft sich mit dem Bild der "Schneidung" zwischen "psychoanalytischer Persönlichkeitstheorie" und "Theorie der kulturellen Strukturen und sozialen Prozesse" (Lorenzer 1986, S. 83). Was Lorenzer Schneidung nennt, läßt sich aber nicht mehr allein mit der Einsichtsfähigkeit eines sensibilisierten Forschersubjekts begründen, sondern verlangt, Strukturen und Prozesse explizit zum Gegenstand von Beschreibung und Erklärung zu machen. Ich werde hierzu vorschlagen, die Schnittfläche, die Soziologie und Psychoanalyse gemeinsam haben, so zu beschreiben, daß die psychologische Entstehensseite von Handlungen sichtbar wird. Dies ist aber eine auf theoretische Objektivierung angelegte Zugangsweise.

Die Frage nach einem der analytischen Sozialpsychologie eigenen Forschungsscenarium ist notwendig, weil und insoweit dieses Gebiet mit dem weitreichenden Anspruch befrachtet ist, psychische Vorgänge im individuierten einzelnen auf den objektiven Strukturzusammenhang von Gesellschaft zurückzubeziehen. Die Eigengesetzlichkeit psychischer Prozesse wird als Teil eines Antagonismus zwischen Individuum und Gesellschaft konzeptualisiert, der durch das Auseinandertreten gesellschaftlicher Objektivität und Subjektivität hervorgebracht ist. Dieser Antagonismus müßte in der Ebene der Empirie, am Untersuchungsgegenstand Spuren hinterlassen. Dahmers und Lorenzers Ausführungen hierzu wecken aber erhebliche Zweifel daran, ob irgendeine Forschungspraxis dieser Idee von Aufklärung und Kritik überhaupt gerecht werden kann.

Forschung gewinnt ihre Berechtigung aus einem Vorverständnis, in dem Theorie und Empirie zueinander ins Verhältnis gesetzt sind. Sowohl Dahmer als auch Lorenzer komplizieren dieses Verhältnis jedoch, indem sie den Gesichtspunkt einer Praxis hinzufügen, die auf Veränderung im Sinne des Zugewinns an Spielräumen des Handelns und der Interpretation sozialen Geschehens bei den Beteiligten angelegt ist. Praxis soll offenbar aus dem utraquistischen Dilemma herausführen. Vielleicht sieht Dahmer hierin die Bedingung der Möglichkeit revolutionärer Praxis, deren Sinn es wäre, die gesellschaftlichen Verhältnisse an den Entwicklungsstand der Produktivkräfte anzupassen bzw. Bewußtseinsstrukturen zu "entdinglichen". Tatsächlich aber hat sich das Verständnis von Praxis auf die Psychoanalyse verschoben. Es konvergiert mit den begrenzten Möglichkeiten von therapeutischer Praxis und zielt auf Veränderungen im Subjekt, welches so sein Verhältnis zur Realität zu revidieren

---

xis zielt, was andere methodologische Probleme des Fremdverstehens aufwirft als die, welche sich der gegenüber der Lebenspraxis abstinenten, "objektiven Hermeneutik" stellen. Im therapeutischen Gespräch wird die "widersprüchliche Einheit von Entscheidungszwang und Begründungsverpflichtung", die Oevermann suspendiert, damit die individuelle "Fallstrukturgesetzlichkeit" ermittelt werden kann, zum Agens der Praxis von Veränderung in der Ebene expressiven Handelns (vgl. Oevermann 1993, S. 179).
Ähnliche Einwände, die sich an die Textorientierung der Hermeneutik insgesamt richten, erhebt Brigitte Boothe, die aber das Problem des Verstehens ausspart (Boothe 1994).

vermag. Daher kommt es einer Illusion gleich, wenn Dahmer meint, therapeutische Praxis könnte den Bezugsrahmen von empirischer Forschung so erweitern, daß die Subjekte "Innovateure der gesellschaftlichen Lebensverhältnisse" (s.o.) werden. Auch Lorenzer beschreitet diesen Weg. Indem er aber auf die Sensibilisierung der Forschersubjekte setzt, bewegt er sich innerhalb des Rahmens einer als sozialer Gruppenprozeß inszenierter Forschung. Therapeutische Praxis wird so zu deren wie auch immer modifizierten, ergänzenden Element. Die Aufgabe von Forschung erschöpft sich hierin indessen nicht.

2.2 Psychologie in der historisch-materialistisch ansetzenden Gesellschaftstheorie

Der Utraquismus Dahmers und auch Lorenzers hat den Bezug zu historischen Konstellationen wie jener verloren, in der Anfang der dreißiger Jahre analytische Sozialpsychologie im Rahmen eines Programms interdisziplinärer Forschung am Institut für Sozialforschung in Frankfurt a.M. sich herauszubilden begann. Dieses von Max Horkheimer entworfene Programm hatte den Historischen Materialismus und Einzelwissenschaften wie die Soziologie und die Psychoanalyse ins Verhältnis von Theorie und Empirie gesetzt, dieses Verhältnis jedoch in den umfassenderen Rahmen der Beziehung von empirischer Forschung zu philosophisch-dialektischer "Darstellung" eingelassen. "Horkheimer beanspruchte die Funktion der 'Darstellung' systematisch für sich, während seine Mitarbeiter auf die Funktion fachwissenschaftlicher Dienstleistungen verpflichtet wurden" (Dubiel 1978, S. 146)[5]. Horkheimers Ausführungen in der Rede, mit der er die Leitung des Frankfurter Instituts für Sozialforschung antrat, lassen – wie wenig klar auch voneinander geschieden – beide Lesarten zu, die des Verhältnisses von Forschung und Darstellung als auch die des Verhältnisses von Theorie und Empirie (vgl. Horkheimer 1931, S. 38ff.). Mir kommt es darauf an hervorzuheben, daß die erste Lesart die zweite einschließen muß, wenn das Programm auf eine zureichende Methodologie sich stützen können soll[6].

Funktion empirischer Forschung sollte es sein, Einblick in Faktoren der gesellschaftlichen Bewußtseinsbildung zu gewähren, die sich retardierend auf die Angleichung der "sozialen Struktur mit den ihr entsprechenden Institutionen und verfestigten menschlichen Dispositionen" (Horkheimer 1932, S. 17) an den diesen gegenüber fortgeschrittenen Stand der Produktivkräfte auswirk-

---

5 Zum weiteren Schicksal des Programms vgl. Krovoza u. Schneider 1988; Dubiel 1978; s.a. Habermas 1981a, S. 489ff. Habermas freilich handelt diese frühe Entwicklung aus der Sicht seines eigenen Themas der gesellschaftlichen Rationalisierung ab.

6 Jay unterschätzt, so meine ich, die Anforderungen an eine adäquate Methodologie (vgl. Jay 1973, S. 277).

ten und die prognostische Geltung der historisch–materialistischen Gesellschaftstheorie in Frage stellten, welche eine revolutionäre Umwälzung hatte erwarten lassen. Die Theorie sollte sich daher, ohne daß Horkheimer ihren Wahrheitsanspruch in Zweifel zog, einer gesellschaftlich–geschichtlichen Wirklichkeit stellen, die ihr nicht zu gehorchen schien. "Die Theorie soll erklären, warum der Kapitalismus gleichzeitig die Produktivkräfte steigert und die Kräfte des subjektiven Widerstands stillstellt" (Habermas 1981a, S. 497). Horkheimer schloß daher in die fraglichen Faktoren auch psychologische Mechanismen ein, "durch die es möglich ist, daß Spannungen zwischen den gesellschaftlichen Klassen, die auf Grund der ökonomischen Lage zu Konflikten drängen, latent bleiben können" (Horkheimer 1932, S. 21).

Die von Horkheimer im Zeichen der Interdisziplinarität Anfang der dreißiger Jahre entworfene Programmatik enthält Hinweise darauf, daß die Geltung von Theorie durch empirische Forschung relativiert werden und ihre historisch–materialistische Ausrichtung sich gar als unzureichend erweisen könnte. Horkheimer hatte zwar den Historischen Materialismus zur "richtigen Theorie" (ebd., S. 17) erklärt, sie also der Kritik ihrer Grundlagen entziehen wollen; sie bleibt bei ihm Maßstab für die Rationalität des Geschichtsprozesses (vgl. ebd., S. 20). Auch schaffte er so die schwierige methodologische Ausgangssituation, an der sich alle analytische Sozialpsychologie, sofern sie diesen Namen verdienen wollte, würde abarbeiten müssen. Denn er bürdete der Psychologie auf, als Hilfswissenschaft den "Erklärungsnotstand" (Krovoza u. Schneider 1988, S. 23) zu beheben, der sich außertheoretisch aus der gegenüber dem Stand der Produktivkräfte retardierten Bewußtseinslage der Arbeiterklasse, ihrer "Verbürgerlichung" (Lukács), ergab (vgl. Horkheimer 1932, S. 17)[7].

Ohne sie einem Empirizismus auszuliefern, sollte die Theorie aber doch für empirische Forschung als "Korrektiv" (Horkheimer 1931, S. 39) empfänglich bleiben: "nicht dadurch kommt ... unbefangene Empirie zustande, daß versucht wird, das theoretische Element darin auf nichts zu reduzieren: sondern indem die Philosophie als aufs Allgemeine, 'Wesentliche' gerichtete theoretische Intention den besonderen Forschungen beseelende Impulse zu geben vermag und zugleich weltoffen genug ist, um sich selbst von dem Fortgang der konkreten Studien beeindrucken und verändern zu lassen" (ebd., S. 41). Indessen würde die Einführung empirischer Forschung als Korrektiv den vorgegebenen Theorierahmen nicht sprengen können. Dies wird erst im Zusammenhang der Einführung von Psychologie denkbar. In dem Aufsatz "Geschichte und Psychologie" (1932), in dem er sich deutlicher als im erwähnten Antrittsvortrag von 1931 zum Historischen Materialismus bekennt, weist Horkheimer darauf hin, daß die moralische Verfassung der Individuen auf psychologischen Fakto-

---

7 "Angesichts eines Nicht–Ereignisses, dem Ausbleiben sozialen Wandels und gesellschaftlicher Veränderung oder auch einer Regression des historischen Verlaufs, erreicht Psychologie ihren höchsten Erklärungswert" (Krovoza u. Schneider 1988, S. 20).

ren fußt. Über deren Weitergabe entschieden "nicht ohne weiteres selbst wieder ökonomische Faktoren"[8]. Mit dieser Annahme überschreitet Horkheimer den Geltungsrahmen der Theorie insofern, als hiernach für die psychische Verfassung der Individuen, ob sie nun den revolutionären Prozeß vorantreiben oder nicht, regelmäßig eine nicht-ökonomische Grundlage anzunehmen wäre.

Horkheimer skizziert auseinander hervorgehende Ebenen des gesellschaftlichen Lebensprozesses. Die Produktionsweise bringt die ihr eigene Sozialstruktur, Institutionen und schließlich psychische Dispositionen der Anpassung hervor. Berücksichtigt man Horkheimers verstreute Hinweise auf eine nicht-ökonomische, traditionsbedingte und zugleich psychische Konstituierung der Moralität und führt man diese Annahme auf theoretischer Ebene ein, dann gewinnt die Psychologie selbst gesellschaftstheoretischen Stellenwert. Dann wäre das Problem der moralischen Verfassung in den gesellschaftlichen Zusammenhang der psychischen Konstituierung von Subjektivität insgesamt und der Herausbildung von verinnerlichten moralischen Orientierungen zu stellen. Der Rekurs auf eine gebildete Klasse von Aufklärern und Erziehern, die im Auftrag der Vernunft den gesellschaftlichen Umwälzungsprozeß vorantreiben, würde dann an Bedeutung verlieren. Im Hinweis auf die Konstituierung einer moralischen Verfassung der Individuen unabhängig von ökonomischen Faktoren ist eine im engeren Sinne soziale Formierung der Gesellschaftsmitglieder auf der Grundlage verinnerlichter Orientierungen demgegenüber zumindest angedacht. Diese Grundlage bleibt indessen ungeklärt[9].

Horkheimers Vorstellungen über ein interdisziplinär ansetzendes Forschungsprogramm nehmen zwar für das Verhältnis der Philosophie zu den Einzelwissenschaften das von Theorie zu Empirie in Anspruch, zielen aber umfassend auf eine Bereicherung der historisch-materialistischen Gesellschaftstheorie durch Beiträge von Einzelwissenschaften wie die Psychologie. Daher bleibt zunächst einmal undeutlich, welche Konsequenz es hätte, wenn die Latenz des Klassenkonflikts tatsächlich in hohem Maß auf psychologische Faktoren zurückginge. Käme der Psychologie dann noch die Funktion eines Korrektivs mit der Folge einer innertheoretischen Richtigstellung zu? Oder wären solche einzelwissenschaftlichen Erkenntnisse durch die analytische

---

8 Vollständig lautet die Passage bei Horkheimer: "Schon deshalb wird die Psyche in kritischen Momenten mehr als sonst zu einem ausschlaggebenden Moment, weil darüber, ob und in welchem Sinn die zur abgelaufenen Geschichtsperiode gehörende moralische Verfassung von den Mitgliedern der verschiedenen gesellschaftlichen Klassen bewahrt oder verändert wird, nicht ohne weiteres selbst wieder ökonomische Faktoren entscheiden" (Horkheimer 1932, S. 30).

9 Späterhin wird das Ungeklärte psychischer Grundlagen der Verfaßtheit von Gesellschaft mitgeführt als Widerspruch zwischen theoretischen Aussagen, die das Zustandsbild der Subjekte von den Annahmen der psychoanalytischen Strukturtheorie abkoppeln (vgl. Horkheimer u. Adorno 1947, S. 222 u. 228), und der Verwendung eben dieser strukturtheoretischen Annahmen im Zusammenhang der Erforschung des autoritären Charakters.

Potenz der Theorie nicht mehr gedeckt, so daß die Konstruktion der Theorie als ganze in Frage zu stellen wäre? Denkbar ist, die nicht-materiellen Grundlagen gesellschaftlichen Lebens auf einer Ebene anzusiedeln, auf der gleichursprünglich mit der kapitalistischen Produktionsweise Formen der Vergesellschaftung entstehen, für die psychische Dispositionen und Mechanismen maßgeblich sind. Folgt man dieser Spur, dann können "starke" psychologische Annahmen eingeführt werden, die der Unabhängigkeit psychisch konstituierter Tatbestände wie moralischen Orientierungen Rechnung tragen. Zudem rückt dann Psychologie zu einer Komponente von Gesellschaftstheorie auf, die zur Erklärung der Latenz von Klassenkonflikten systematisch – und nicht nur in Abhängigkeit von passageren Erklärungsnotständen – beiträgt, aber auch eine neue Sichtweise einführt und den Blick auf jene Phänomene der sozialen Integration lenkt, die gesellschaftliche Konflikte niederhalten.

Im Aufnehmen der Psychoanalyse ins Forschungsprogramm des Instituts für Sozialforschung kündigte sich bereits die geschichtsphilosophische Revision an, die Horkheimer zusammen mit Adorno späterhin am Historischen Materialismus vornehmen würde. Sie mündete in die "Kritische Theorie der Gesellschaft" ein, deren erkenntnistheoretisch-dialektische Grundkonstruktion durch Unvollendbarkeit und Fragmenthaftigkeit gekennzeichnet ist. Die "Dialektik der Aufklärung" (Horkheimer u. Adorno 1947) legt hiervon eindrucksvoll Zeugnis ab. Die Zurücknahme der vergleichsweise hohen Erwartungen in die Psychoanalyse, die 1955 folgte (vgl. Adorno 1955) und zumindest von Adorno ein Jahrzehnt später wieder revidiert wurde (vgl. Adorno 1966)[10], ließ sich folgenreich als Tod des Subjekts mißverstehen und wurde für heterogene Interessen der Wissenschaftsentwicklung eingespannt (vgl. zuletzt Reiche 1995). Die analytische Sozialpsychologie hat sich gegen diese Entwicklung zu behaupten gesucht.

Es dürfte allerdings auch kein Zufall sein, daß Freud in etwa zeitgleich mit der Verkündung des Forschungsprogramms am Institut für Sozialforschung die Vorstellung zurückweist, der Zusammenhalt einer Gesellschaft sei allein mit der wechselseitigen Abhängigkeit der Gesellschaftsmitglieder in ihren Arbeitsbeziehungen und Interessen zu begründen. Die Triebgrundlage menschlicher Vergesellschaftung, insbesondere die Aggression, erfordere darüber hinaus, für die Kultur einen "seelischen Besitz" anzunehmen, der sich durch Triebversagung, Verbote und dauerhafte Entbehrung ergebe (vgl. Freud 1930, S. 467)

---

10 Vgl. zu dem Gesamtkomplex die Stellungnahme von Krovoza (1989).
  Im letzten Absatz des "Postscriptum" (1966) von "Zum Verhältnis von Soziologie und Psychologie" (1955) weist Adorno auf die Spontaneität als "Zone" der Berührung zwischen Soziologie und Psychologie hin. Er stellt die Frage nach dem – widersprüchlichen – Verhältnis zwischen spontaner Lebensäußerung und Vergesellschaftung des Individuums und greift dabei die Programmatik Horkheimers wieder auf: "An einer Sozialpsychologie, die in den sozialen Kern der Psychologie eindringt, nicht ihr einen kargen Zusatz soziologischer Begriffe beimischt, wäre es, diese Frage aufzunehmen; mit Rücksicht auf die Subjekte dürfte sie entscheiden" (Adorno 1966, S. 92).

31

und in dem "moralische Kulturforderungen" durchgesetzt bzw. deren Verweigerung unterbunden sei. Freud war die Labilität dieser zweiten psychologischen Front, an der gesellschaftlicher Zusammenhalt erzwungen wird, durchaus bekannt. Er rechnete damit, daß insbesondere die "Unterdrückten", die die Kultur "durch ihre Arbeit ermöglichen, an deren Gütern ... aber einen zu geringen Anteil haben", "moralische Kulturforderungen" (Freud 1927, S. 333) zurückweisen. Das ändert jedoch nichts daran, daß diese zweite Front psychisch konstituiert ist und durch verinnerlichte Kontrolle des Aggressionstriebs zu sozialer Integration beiträgt. So gesehen, ist der Gedanke naheliegend, die soziostrukturelle Durchschlagskraft der Produktionsweise von einer lebensweltlichen Formierung der Sozialität ergänzt und begrenzt zu sehen. Dann wären die Individuen aber nicht auf ein Telos festzulegen, das ihnen vorgibt, was vernünftig ist. Kein objektiv noch so zutreffender Tatbestand, etwa ihre Klassenlage, würde es dann vermögen, die Individuen und ihr Bewußtsein in den Horizont einer Theorie des Historischen Materialismus einzuholen, wie zutreffend auch immer Kritik die ökonomischen Bedingungen des Lebensprozesses angeben mag.

Zu einem ähnlichen Ergebnis gelangt man, wenn man das Verhältnis zur Psychologie von den Konstitutionsbedingungen her rekonstruiert, unter denen sich Gesellschaft auf der Grundlage der kapitalistischen Produktionsweise formiert und die in der Marxschen Theorie angegeben sind. Die Marxsche Gesellschaftstheorie sah eine Psychologie – zumal eine, die mit der Eigenlogik psychischer Prozesse rechnet – nicht vor. Die drei Konzeptionen des Individuums, die sich im "Kapital" finden[11], leuchten die historischen Grenzen möglicher Bildungsprozesse aus, führen allesamt aber zu einer Absage an Psychologie. Die in der Klassenlage der Individuen enthaltenen, gesellschaftlichen Bedingungen und Voraussetzungen werfen diese immer wieder auf die Ausgangslage des Mangels und der Notdurft zurück, so daß Psychologie entbehrlich zu sein scheint.

In der Marxschen Theorie ist indessen eine wenig beachtete Ebene auszumachen, in der Voraussetzungen eines kapitalismus-internen Wandels der Struktur von Gesellschaft angegeben sind. Indem nämlich die Theorie im Verlaufe ihrer Entwicklung zunehmend und umfassend auf die ökonomische Betrachtung der bürgerlich-kapitalistischen Gesellschaft ausgerichtet wurde, legte sie auch offen, daß der als Enteignung der Arbeitskraft begriffene, kapitalistische Vergesellschaftungsprozeß seinen äußersten Gegenstand in der lebendigen Natur der Menschen hat. Die Theorie weist somit von sich aus auf

---

11 (1) Das ökonomische Verhältnisse personifizierende Individuum, welches Marx "Charaktermaske" (Marx 1867, S. 100) nennt, (2) das Individuum, dessen Entwicklung "voll und frei" (ebd., S. 618), "allseitig" ist und das Marx in das Posthistoire verlegt (vgl. Marx 1875, S. 21), und schließlich auch (3) das empirisch anschauliche Individuum mit Neigungen und Talenten, die sich im Produktionsprozeß entfalten bzw. nicht entfalten können (vgl. Marx 1967, S. 421f. u. 280).

eine Sozialität hin, die bei den anthropologischen Grundlagen menschlichen Seins ihren Ausgang nimmt. Sie gibt damit Bedingungen für die Möglichkeit an, daß die Gesellschaftsmitglieder die Fesseln ihrer Eingebundenheit in vorkapitalistische, traditionale Lebensformen zunehmend abstreifen[12]. Es bedürfte eines ausführlichen historisch–empirischen Nachweises, daß die einzelnen, zunehmend sich selbst überlassen, Erfahrungen machen, die sie auf die Möglichkeitsspielräume der Entfaltung von Sozialität hinweisen. Dies kann hier selbstverständlich nicht geschehen. Aber einige Folgerungen aus dieser These seien dennoch aufgezeigt.

Der These zufolge ist in Lebendigkeit das Substrat und die Substanz der Subjektivität zu sehen, die von der Vergesellschaftung der Arbeit als Lohnarbeit bloßgelegt wird: Eine Weltoffenheit und Plastizität, die die Vergesellschaftung des einzelnen und die Privatsphäre als strukturalen Schwerpunkt ins Blickfeld rückt. Die Individuen sind hiernach generell dafür offen wie auch darauf angewiesen, sich zu vergesellschaften. Nie zuvor haben sie sich in der Lage befunden, die die kapitalistische Produktionsweise bloßlegt, nämlich ihrer Vergesellschaftung bedürftig zu sein – bedürftig im Sinne gewachsener Spielräume der soziokulturellen Veranstaltung von Vergesellschaftung. In der Folge legen auch die Subjekte selber, selbstreferenziell, ihre Bedürftigkeit aus und eignen sich diese als Verhältnis an, das sie zu innerer Natur gewinnen und das durch Erleben und Erfahrung immer neu gesichert werden muß.

Der Tatbestand ökonomischer Konstituierung von anthropologisch verstandener Bedürftigkeit, die in der Marxschen Theorie als Möglichkeitsbedingung angegeben ist, tritt hinter deren subjektive Auslegung in Zusammenhängen regelgeleiteten Handelns zurück. Einerseits verschwindet die Konstitutionsfunktion der Produktionsweise für die soziale Lebenswelt aus den konkreten Erfahrungs– und Erlebenszusammenhängen der Individuen. Andererseits sind die Individuen nunmehr zu komplexen Anpassungsleistungen angehalten, mit denen sie handelnd auf die Vorgegebenheit der objektiven Struktur von Gesellschaft reagieren. Das heißt aber auch, daß sie psychische Potentiale mobilisieren müssen, um Anforderungen an ihre Überlebensfähigkeit zu genügen, die jenseits der ihnen transparenten Zusammenhänge sozialen Handelns vorgefaßt sind und ihnen in "Systemimperativen" (Habermas) entgegentreten. Folglich erlangt die Psychologie vermehrt Gewicht für die Analyse von Gesellschaft, und zwar einmal für deren "psychisches Inventar" (Freud), zum ande-

---

12 Eine ausführliche Fassung dieser Überlegung findet sich in meiner Arbeit "Individuum und Arbeit: Ebenen ihrer Vergesellschaftung", 1986. Ich komme darin zu dem Ergebnis, daß aus der Etablierung der kapitalistischen Produktionsweise, sofern man sie – wie Marx unter anderem auch – aus konstitutionstheoretischer Perspektive untersucht, eine weitreichende Rationalisierung traditionaler normativer Vorgaben und institutionalisierter Sozialformen folgt. Was die "Lebenswelt" kennzeichnet – die Diskursivierung von Werten und Normen und der Zuwachs an Disposition über Institutionen –, ist auf ihre Anthropologisierung als Konsequenz der Produktionsweise zurückzuführen.

ren als Risikosphäre der individuellen Vergesellschaftung in Gestalt von mißglückenden, auch in Pathologien einmündenden Sozialisationsprozessen.

Welche Aufgabe, so ist dann aber zu fragen, kommt dem Festhalten am Primat des Ökonomischen, für den Dahmer und Lorenzer und vor ihnen bereits Horkheimer stritten, innerhalb der analytischen Sozialpsychologie noch zu? Die Fixierung an das Programmatische, die die große Zahl an Beiträgen zum Thema der analytischen Sozialpsychologie während der siebziger Jahre kennzeichnete, die Berührungsscheu gegenüber empirischer Forschung und das Schauen auf unerreichbare Programmsätze in zaghaften Ansätzen zu Forschung ließen diese Frage kaum zu. Sie zu beantworten bringt in Verlegenheit. Keinesfalls gewährt der Rückbezug auf den Historischen Materialismus Sicherheit und Ordnung im Gestrüpp soziologischer und psychoanalytischer Einzelaussagen, etwa indem dessen Kategorien an soziales Handeln und psychische Abläufe herangetragen werden. Jener Rückbindung könnte eine allenfalls prohibitive Funktion zukommen. Dann wäre das Festhalten am Historischen Materialismus dadurch gerechtfertigt, daß er Soziologie und Psychologie dazu anhält, Erkenntnisse zu produzieren, die vorgängiger gesellschaftstheoretischer Einsicht unterstellt sind. Es würde der Gefahr zu entgehen helfen, menschen- bzw. gesellschaftsvergessen einzelwissenschaftliche Erkenntnisse für das Ganze zu nehmen. Da der Historische Materialismus den Forschungsfeldern, auf denen die Psychologie von Bedeutung ist, äußerlich bleibt, ist fraglich, ob hierin ein mehr als heuristischer Nutzen für die analytische Sozialpsychologie zu sehen ist. Für diese gibt es offenbar keine vorgefaßte Präferenzordnung für Forschungsunternehmen. Jede Entscheidung hierüber ist neu zu begründen, und die Kriterien dafür ergeben sich nicht durch dogmatische Rückbindung an den Historischen Materialismus, sondern aus der Bedeutung, die der Psychologie für den Zusammenhalt der Gesellschaft vor dem Hintergrund von Entwicklungskrisen zukommt, die ökonomisch entfacht sein können, aber sozial bewältigt werden müssen.

Der Rekurs auf die Ausgangssituation analytischer Sozialpsychologie legt indessen eine Reihe von Schlußfolgerungen nahe, die auch erlauben, Bedingungen der Realisierung analytischer Sozialforschung anzugeben: Die Marxsche Theorie kann in ihrer Terminologie lebensweltliche Sachverhalte – Lebensweisen, Handlungsorientierungen, typische Erfahrungen und Erlebnisqualitäten – nur insofern gewinnbringend bestimmen, als sie die Lebenspraxis theoretisch verfremdet und an ihr den alle Unterschiede zwischen den einzelnen einebnenden Zugriff des Kapitals auf die Arbeitskraft herausstellt. Mit der theoretischen Rede von der Reproduktion der Arbeitskraft und der Verortung der Reproduktion im Zirkulationsprozeß des Gesamtkapitals kann sie auf die Täuschung verweisen, die darin besteht, daß die Individuen meinen, sie verfügten frei über sich, indem sie ihre Arbeitskraft veräußern. Die Kritik der politischen Ökonomie fordert dazu auf, hinter diese Täuschung zurückzugehen und Interessen für politische Ziele zu mobilisieren, der tatsächlichen ökonomischen Unfreiheit zu begegnen. Doch legen die einzelnen ihr alltägliches Handeln nicht verobjektivierend als Betätigung der Reproduktion aus.

Die Theoriesprache des Historischen Materialismus beizubehalten müßte daher zwangsläufig mit einer Zurücknahme der Perspektive bezahlt werden, die über die Psychoanalyse hinzugewonnen werden soll. Denn der Blick auf den Lebensalltag, der in der Psychoanalyse vorausgesetzt und in der Soziologie eingeführt ist, kann erst sichtbar machen, wohin in den Lebensentwürfen die ökonomischen Vorgaben rücken. Ich gehe davon aus, daß die Verstrikkung in den Alltag es den Individuen nicht möglich macht, ihres Handelns als Reproduktion der Arbeitskraft habhaft zu werden. Was sie erkennen können, sind tatsächliche und virtuelle Risiken, in denen sich das ökonomische System auswirkt und die über systemische Imperative und konkrete Machtverhältnisse in ihre Handlungsdispositionen einwandern. Dies wäre zu zeigen.

Insoweit analytische Sozialpsychologie auf Hermeneutik festgelegt ist und die einschlägige empirische Forschung sich zunehmend hermeneutischer Verfahren bedient, hat diese inwendige Perspektive immer schon dominiert. Von ihr her betrachtet, deuten die Subjekte ihr Leben sinnhaft und nehmen zu sich allenfalls in Akten der Sinnzuweisung eine Einstellung ein, mit der sie ihre ökonomische Funktionalisierung nachvollziehen. Soll nicht die hierzu widersprüchliche Bindung an die Kritik der politischen Ökonomie die analytischen Sozialpsychologie um den Preis von Produktivitätseinbußen, wie zu sehen war, in ein Prokrustesbett legen, dann sind theoretische und methodologische Konsequenzen zu ziehen, die die Programmatik und das Selbstverständnis allerdings nicht unangetastet lassen:

1. Der Historische Materialismus bzw. die Marxsche Theorie kann mit ihrer Terminologie lebensweltliche Sachverhalte nur insoweit erhellen, als sie auf darin enthaltene Täuschungen *an sich* aufmerksam macht. Deshalb geht – wie im folgenden Abschnitt zu zeigen sein wird – der Bezug auf den Historischen Materialismus im Zuge der Erforschung lebensweltlicher Zusammenhänge entweder verloren, wie die Entwicklung der Tiefenhermeneutik zeigt, oder er bleibt ihnen äußerlich, wie für die analytische Sozialforschung zu zeigen sein wird. Daraus folgt jedoch nicht bereits, daß eine von der Kritischen Theorie angeleitete Vorverständigung über Aufgaben einer analytischen Sozialpsychologie scheitern muß.

2. Wäre gesellschaftliches Bewußtsein allein durch die ökonomische Struktur von Gesellschaft determiniert und würden an der Realität bewirkte Veränderungen sich lediglich danach unterscheiden, ob sie Verdinglichungen des Bewußtseins abbauen oder eher verstärken, könnte man, genau genommen, auf analytische Sozialpsychologie verzichten. Denn was könnte sie anderes erbringen als letzten Endes die Bestätigung dieser vorgefaßten Position? Hält man dennoch an dieser Position fest, indem man sich etwa auf eine den Determi-

nationsgedanken abschwächende Variante verlegt, dürften Annahmen zur ökonomischen Struktur die Strategie des Forschens nicht so weitreichend mitbestimmen, daß sich ihr alternative Interpretationen des gesellschaftlichen Stellenwerts von Psychischem verschließen[13]. Sie hätte zumindest auch die Möglichkeit einzuschließen, daß das Auseinandertreten von ökonomischem System und sozialer Lebenswelt Ausdruck einer Formierung des Gesellschaftlichen ist, mit der ökonomische Krisen sozial – Psychisches inbegriffen – bewältigt werden.

3. Einzelnen Essays und Monographien ist zwar anzusehen, daß die Wissensbestände der Psychoanalyse gesellschaftstheoretisch und zeitdiagnostisch nutzbar gemacht werden können[14]. Hierbei bleibt allerdings das Problem ungelöst, wie psychologische Aussagen von gesellschaftstheoretischer Tragweite methodisch hervorzubringen wären. Es ist nicht geklärt, welcher Stellenwert einer um psychoanalytisches Wissen erweiterten Empirie begründeterweise zukommt. Außer einleuchtenden Mutmaßungen gibt es z.B. keine neueren, empirisch gehaltvollen Untersuchungen ausdrücklich zu der Frage, ob gesellschaftliche Herrschaft und Kontrolle tatsächlich zunehmend psychologisch organisiert sind, d.h., aus den Modalitäten psychischer, konflikthafter Prozesse der Anpassung an die Realität rekonstruiert werden müssen.

Diese vorläufige Gebietsbestimmung analytischer Sozialpsychologie kann durch eine etwas eingehendere Auseinandersetzung mit empirischen Untersuchungen der siebziger und achtziger Jahre vorangetrieben werden.

2.3   Analytische Sozialforschung

Forschung gewinnt ihre Berechtigung aus einem Vorverständnis, in dem Theorie und Empirie zueinander ins Verhältnis gesetzt sind. In dieser allgemeinen Fassung gilt das auch für interpretative Untersuchungsansätze, zu denen die der analytischen Sozialforschung überwiegend zählen[15]. Denn das

---

13 So betrachtet, ist die Leitfrage, die Zepf dem von ihm herausgegebenen Band "Die Erkundung des Irrationalen" (1993) vorgibt, falsch gestellt. Sie lautet: "Warum zementieren Menschen die Verhältnisse noch, unter denen sie versteinern?" (Zepf 1993, S. 24).

14 Als Beispiele nenne ich auswahlweise A. u. M. Mitscherlich (1967), Lasch (1979) und neuerdings Vogt (1995). Diese Texte beziehen ihre Geltung aus Sinnzuweisungen an gesellschaftliche Prozesse.

15 Eine Übersicht über das Gebiet gibt Hans-Joachim Busch (1993).
    Auf das Gebiet der Ethnopsychoanalyse gehe ich, außer auf eine Arbeit von Maya Nadig (1986), nicht ein. Stellvertretend für viele Publikationen nenne ich Parin, Morgenthaler u. Parin-Matthèy (1963); Erdheim (1982; 1988); Bosse (1994); Reichmayr 1995).

Einnehmen wissenschaftlicher Perspektiven auf die Welt schließt immer theoretisch interessierte Konzepte ein, die die Perspektiven auf empirische Ausschnitte von Welt festlegen. Wird dieser Zusammenhang nicht bedacht, kommt es zu "schlechten" hermeneutischen Zirkeln. Dieser Gefahr erliegt analytische Sozialforschung nicht selten.

Klaus Horns Ansatz zu einer analytischen Sozialpsychologie liegt, deutlich erkennbar, auf der Linie einer Erfüllung des Horkheimerschen Programms. Er will empirische Forschung an den Leitgedanken "praktischer Befreiung" (Horn 1971, S. 241) binden. Forschungspraxis soll, indem sie von psychischer Verdinglichung ausgeht, immer auch auf die Veränderung des Bewußtseins der Forschungssubjekte zielen. "Mit dem Auftauchen einer realen subjektiven Verdinglichung des Bewußtseins und deren kritischer Theorie der Psychoanalyse, muß diese neue Dimension von Herrschaft auch in die Strategie und Taktik der Befreiung einbezogen werden. Denn kritische psychoanalytische Sozialpsychologie ist nicht eine bürgerliche Illusion über die Macht individuellen Wollens, sondern der Versuch, eine Kritik spezifisch sozialisationsverursachter Ohnmacht, Ohnmacht im je eigenen Kopf, zu systematisieren" (ebd., S. 247). Die Durchsicht empirischer Untersuchungen, die dem Gebiet der analytischen Sozialpsychologie zugeordnet werden, scheint, auf Horns Forderung hin betrachtet, *praktisch* dem Beschreibungs- und Erklärungspotential der Psychoanalyse zu vertrauen und zugleich die der Rede nach revolutionäre Praxis der Befreiung auf das psychoanalytische Versprechen einer Veränderung im Subjekt einzuschränken. Auf den Historischen Materialismus wird nicht mehr Bezug genommen. Wo dies dennoch weiterhin geschieht, sind die Aussagen nicht durch die empirischen Befunde gedeckt.

Theoretische Ansätze, mit denen Sachverhalte auf dem jeweiligen Untersuchungsfeld umrissen oder gar einer Begründung zugeführt würden, liegen in der Regel nicht vor. Der Soziologie werden Elemente der Rollen- und Sozialisationstheorie sowie des Interaktionismus entnommen, die, für sich betrachtet, ein Aufsteigen zu einer Deutung der empirischen Phänomene in der Perspektive des Historischen Materialismus nicht gestatten. Deutlicher noch als für Alfred Lorenzer ist für Thomas Leithäuser – späterhin zusammen mit Birgit Volmerg – immerhin eine kontinuierliche Entwicklung nachzuweisen, die sie allerdings auch konsequent von Fragen der Vermittlung zwischen Historischem Materialismus und Psychoanalyse weg zu dem auch hier aufgeworfenen Problem einer adäquaten Forschungsstrategie führte. In der frühen Arbeit "Untersuchung zur Konstitution des Alltagsbewußtseins" hat Leithäuser bereits den Versuch unternommen, im Durchgang von der Ontologie über die Phänomenologie bis hin zum Symbolischen Interaktionismus G.H. Meads eines kategorialen Rahmens zur Untersuchung von Bewußtseinsstrukturen habhaft zu werden, die aus der kapitalistischen Produktionsweise und den durch sie bestimmten Produktionsverhältnissen sich ergeben (vgl. Leithäuser o.J.). Obwohl dieser Versuch nicht als geglückt angesehen werden kann[16], erfaßt er doch das Problem richtig, nämlich in Anbetracht der fragmentarischen Anlehnung an die Soziologie und die Psychoanalyse für die analytische Sozialpsychologie eine eigenständige Grundlage schaffen zu müssen, zumal marxistische Theorieansätze hierauf nicht ausgelegt sind[17].

Ergebnis dieser Arbeit war die Entwicklung eines Konzepts des Alltagsbewußtseins, mit dem Leithäuser u. Volmerg sich dezidiert der Praxis empirischer Forschung zuwandten (vgl. Leithäuser u. Volmerg 1977). Zugleich setzten sie sich gegen die Praxis von Ideologiekritik ab (vgl. Leithäuser u. Volmerg 1979), für die Horkheimer und Fromm die Psychoanalyse ehemals hatten nutzen wollen. Im Verhältnis zu der großen methodologischen und theoretischen Anstrengung nehmen sich die empirischen Befunde über das Alltagsbewußtsein in der Leithäuser-Gruppe allerdings nicht als sonderlich charakteristisch aus. Die Beschreibungen zur wahrgenommenen Arbeitswirklichkeit, die das Ergebnis einer Untersuchung über die "betriebliche Lebenswelt" (Volmerg u.a. 1986) sind, unterscheiden sich von denen der übrigen, subjektorientierten Industrie- und Betriebsforschung mehr durch die Reichhaltigkeit des dargebotenen Materials, als hinsichtlich der psychoanalytischen Spezifität der Aussagen.

Indessen teilt die erwähnte Untersuchung mit anderen ein Leitmotiv, dessen Spur zur programmatischen Ausgangslage zurückführt. Ich meine das Leitmotiv eines im Leiden der Subjekte verborgenen Widerstands[18]. Die Studie von Horn u.a. über "Gesundheitsverhalten und Krankheitsgewinn" (1984) bezieht ihren Sinn gerade daraus, daß die offensichtliche Irrationalität im Verhalten zur eigenen Gesundheit einen subjektiven Sinn dann freigibt, wenn Krankheit riskierendes Verhalten auf die Beteiligung unbewußter Motive hin untersucht wird. Dann gewinnt es seine Legitimität aus dem subversiven Charakter des Widerstands gegen schwer erträgliche Lebensumstände (vgl. ebd., S. XIX). Maya Nadig setzt in ihrer ethnoanalytischen Studie über "Die verborgene Kultur der Frau" (1986, S. 31) zielstrebig bei einer "Widerstandslogik" an, die sie am Verhalten der Frauen in einem mexikanischen Dorf aufzudecken

---

16 Möglicherweise ist Leithäuser selber dieser Ansicht. Zumindest verweist er in späteren Veröffentlichungen auf diese Arbeit nicht mehr.

17 "Die marxsche und die marxistische Theorie vermag ... nicht, die Sedimentierung der verdinglichten Erfahrungsstrukturen in den Individuen selbst zu erfassen. Die Beschreibung der Sedimentierungen leistet die Phänomenologie, ihre Erklärung die Psychoanalyse" (Leithäuser o.J., S. 100f.).

18 Eine besonders deutliche Formulierung dieses Leitmotivs findet sich in Horkheimers "Zur Kritik der instrumentellen Vernunft" (1947, S. 93ff.).

sucht[19]. Leithäuser u. a. wollen mit der genannten Untersuchung über die "betriebliche Lebenswelt" die durch widrige Arbeitsbedingungen beschädigte Wahrnehmung für die betriebliche Arbeitswirklichkeit wiederherstellen und den Beschäftigten des von ihnen untersuchten Betriebs deren eigene Wünsche nach Veränderung ihrer Arbeitsbedingungen zugänglich machen, damit die in einem verarmten Alltagsbewußtsein verschütteten "Widerstandshaltungen" in Veränderungen der Arbeitssituation umgesetzt werden können (Leithäuser 1986, S. 254).

Im Leitmotiv des Leidens und des verborgenen, ohnmächtigen Widerstands gegen die falschen gesellschaftlichen Verhältnisse bewahren sich die genannten Vertreter der analytischen Sozialpsychologie die Treue zu jenem Horkheimerschen Programm. In diesem Motiv ist auch die Orientierung an einer hermeneutisch fundierten Forschungspraxis legitimiert, die mit therapeutischen Elementen angereichert ist. Ihr Beitrag soll im Nachweis der psychologischen Vergesellschaftung des Klassenantagonismus liegen und in der Erklärung des hinter dem Stand der Produktivkräfte zurückgebliebenen Bewußtseins durch psychologische Reservate, auf die sich der politische Wille zur Veränderung leidbringender gesellschaftlicher Verhältnisse zurückgezogen hat.

Soziale Herrschaft und Kontrolle werden aus der Perspektive der Schwachen und Abhängigen gesehen. Um aber die Frage nach der Freiheit aus der Perspektive der Unterlegenheit stellen zu können, müßte sich psychoanalytische Sozialforschung für die Untersuchung von Stilen und Modalitäten des Umgangs mit sozialen Konflikten offenhalten, statt sie durch den Vorgriff auf ein gesellschaftstheoretisch bereits lokalisiertes Leiden und einen der Verfügung entglittenen Widerstand vorweg festzulegen. Dies geschieht zwar, aber weder mit der für empirische Forschung gebotenen Vorklärung des theoretischen Rahmens noch mit der methodischen Stringenz, welche die Voraussetzung für Verallgemeinerungen wäre und Einblick in die gesellschaftstheoretische Relevanz psychischer Prozesse gewähren würde.

Als weitere Schwierigkeit kommt die Verknüpfung solcher Standards von Forschung mit der Psychoanalyse hinzu. Die Psychoanalyse umfaßt zwei Zugangsweisen zu Psychischem: eine objekttheoretische, die sich auf den psychischen Apparat bezieht, und eine methodische bzw. therapeutisch-praktische, die auf Veränderung in den Subjekten zielt. Erstere hat in der analytischen Sozialforschung so gut wie keine systematische Bedeutung. Als Methode kommt die Psychoanalyse demgegenüber in vielfältigen Varianten ins Spiel. Am einen Ende des Spektrums, beispielsweise bei Horn u.a. sowie bei Leithäuser u.a., gilt sie als interventives Element des Forschungsprozesses,

---

19 Nadig beruft sich dabei an erster Stelle auf "Die deutsche Ideologie" (vgl. Marx u. Engels 1845/46), nicht ohne allerdings das Verhältnis von Ökonomie, Kultur und Subjektivität in einen überschaubaren, praktikablen Zusammenhang zu stellen, den "Die deutsche Ideologie" keinesfalls bereithält (vgl. Nadig 1986, S. 29ff.).

wobei offenbar ein Konvergieren der Veränderung bei den Forschungssubjekten mit dem Forschungsziel unterstellt wird. Am anderen Ende wird die Psychoanalyse zur ausschließlichen Methode der Exploration; Forschungspraxis und therapeutische Gesprächspraxis fallen, von Modifikationen letzterer abgesehen, tendenziell zusammen (Petersen 1989; Modena 1989).

Über dem Humanen dieser Art von Forschung darf dennoch nicht außer acht bleiben, daß das Leitmotiv des Widerstands im Leiden eine *Äquivokation* enthält. Denn Widerstand und Leiden stehen zum einen umfassend für den gesellschaftlich-historischen Rückzug aus der Artikulation von und Beteiligung an sozialstrukturellen Konflikten und ihrer Austragung auf der Ebene psychischer Verarbeitung. Zum anderen bilden sie essentials der neurosenpsychologischen Bestimmung von psychischen Störungen.

Die Äquivokation würde hiernach die Funktion erfüllen, in therapieähnlicher Forschungspraxis einen Anspruch auf Veränderung zu erfüllen, der aber in der Ebene eines gesellschaftlich "retardierten" (Horkheimer) Bewußtseins angesiedelt und deshalb mit therapeutisch orientierten Forschungsstrategien gar nicht angemessen in den Griff zu bekommen ist. Gemessen an den angewendeten hermeneutischen Verfahren, die weder der einen noch der anderen Seite der Äquivokation Genüge tun, bleibt daher der Eindruck eines "schlechten" hermeneutischen Zirkels zurück. Dann bringt man nur das in Erfahrung, was man ohnehin weiß oder zu wissen meint.

In Anbetracht des offenbar weitgehend ungeklärten Verhältnisses, in dem Theorie, Empirie und Praxis in der analytischen Sozialforschung zueinander stehen, empfiehlt es sich, die bereits oben (vgl. S.35f.) aufgeführten Gesichtspunkte weiter zu detaillieren und damit die Gebietsbestimmung analytischer Sozialpsychologie voranzutreiben. Aus den Überlegungen bisher seien in diesem Sinne einige Anweisungen abgeleitet, die der Forschung auf dem Gebiet der analytischen Sozialpsychologie zu einer gewissen Verbindlichkeit verhelfen können:

1. Insofern analytische Sozialpsychologie auf den disziplinären Austausch zwischen Soziologie und Psychologie sich stützen muß, teilt sie mit der Soziologie die Perspektive auf die soziale Wirklichkeit als Handlungszusammenhang und mit der Psychologie die Perspektive der Konstituierung von Subjektivität in dieser Wirklichkeit. Die Kritik der politischen Ökonomie läßt sich in diese Perspektiven nur als Horizont von Lohnarbeitsverhältnis, Reproduktion, Ausbeutung etc. und vielleicht in Gestalt von erfahrungsrelevanten "Systemimperativen" einbeziehen. Wie der Bezug auf die Psychoanalyse hergestellt wird, bleibt Theoriebildung und Forschung überlassen.

2. In der Forschung sind generell Theorie und Empirie zueinander ins Verhältnis gesetzt, und zwar auch dann, wenn mit Forschung praktische Veränderung bewirkt werden soll. Denn Veränderung kann intentional nur auf dem

Feld angestrebt werden, auf das Forschung sich richtet. Dies liegt im Wesen von Forschung als einem Unternehmen, das sich gerade mit Rücksicht auf die Eigendynamik gesellschaftlicher Praxis auf ausgewählte wissenschaftliche Perspektiven und vorgefaßte Untersuchungsziele festlegt.

3. Für die analytische Sozialpsychologie gestaltet sich das Verhältnis von Theorie und Empirie – ob man sich das eingestehen mag oder nicht – dadurch besonders kompliziert, daß sie immer in mindestens zwei disziplinäre Traditionen eingelagert ist: in die Soziologie ebenso wie in die Psychoanalyse. Auf ein eigenes Theoriengefüge kann sie in größerem Umfang nicht zurückgreifen. Zur Zeit ist es daher Ad-hoc-Entscheidungen überlassen, welche sozialwissenschaftlichen Ansätze verwendet werden. Das entbindet indessen nicht von der Aufgabe, die getroffene Wahl jeweils neu zu begründen.

4. Ihrem Vorgehen nach hat analytische Sozialpsychologie doppelt – soziologisch und psychoanalytisch – anzusetzen. Das Forschungsfeld muß so beschaffen sein, daß es einerseits der Inkompatibilität soziologisch und psychoanalytisch erhobener Materialen gerecht wird, andererseits die Einheit von sozialer Erfahrung und psychischem Erleben nicht verfehlt, welche sich aus der Subjektstellung des Individuums ergibt.

5. Die Präferenz für die Psychoanalyse erfordert darüber hinaus eine mit jeder Forschungsaufgabe neu zu leistende Konzeptualisierung des Unbewußten. Der Wirkung unbewußter Konfliktkonstellationen auf soziales Handeln nachzugehen, wie wir es in unserem Projekt über Erlebniswelten von abhängig Beschäftigten getan haben, ist nur eine unter vielen Möglichkeiten, sich auf den Wissenschaftsgegenstand der Psychoanalyse zu beziehen.

6. Aus alldem folgt mitnichten, die Empirie analytischer Sozialpsychologie stünde zu ihren theoretischen Ansätzen im Verhältnis von Hypothese und deren Falsifikation. Zum einen schätze ich den Entwicklungsstand der analytischen Sozialpsychologie so ein, daß sie im Kreislauf von Theorie und Empirie vor allem dem Zusammenhang der Entdeckung von Neuem, bisher nicht Gekanntem zugehört. Zum anderen erzwingt die Verwendung der Psychoanalyse ihre Einordnung in ein interpretatives Paradigma, innerhalb dessen Methodologien der Vorzug zu geben ist, die auf Verstehen und die Rekonstruktion von Sinnstrukturen setzen.

Forschung auf dem Gebiet der analytischen Sozialpsychologie ist, so möchte ich zusammenfassend nochmals betonen, so anzulegen, daß sie sich für eine Integration theoretischer Elemente der Psychoanalyse als auch der Sozialwissenschaften offenhält, soll Theoriebildung in der "Schnittfläche" beider Wissenschaftsbereiche stattfinden.

2.4 Ein zentrales Feld analytischer Sozialforschung

Die Frage nach dem Stellenwert von Forschung hat die Aufmerksamkeit auf das unbestimmte und nicht geklärte Verhältnis von Programm und empirischer Forschung innerhalb der analytischen Soziapsychologie gelenkt. Dabei blieb die Frage nach Gegenständen, die dieses Gebiet zu Forschung in besonderer Weise legitimieren würden, weitgehend ausgespart. Ich stelle im folgenden und mit Rücksicht auf das Forschungsprojekt, aus dem späterhin Ergebnisse berichtet werden, als Gegenstand von Forschung den Prozeß der individuellen Anpassung an Handlungsstrukturen in den Mittelpunkt, die der einzelne durch sein Verhalten aufrechterhält und reproduziert. Das erlaubt – zunächst provisorisch –, einen Untersuchungsgegenstand zu umreißen, der eine fächerüber- greifende, soziologische und zugleich psychoanalytische Forschungsstrategie erforderlich macht. Obwohl der Begriff der Anpassung durch normative Vor- behalte belastet ist – er wird gern mit kritikloser Übernahme vorgegebener Verhaltenserwartungen gleichgesetzt und dann in toto verworfen –, impliziert Anpassung als Handeln doch auch individuelle Leistungen, von denen nicht auszuschließen ist, daß mit ihnen Modifizierungen der psychischen Struktur einhergehen.

Auf der Ebene sozialen Handelns können solche Modifikationen nur daraus resultieren, daß die Individuen spezifische – und nur diejenigen – Fähigkeiten mobilisieren, für die sie über psychische Dispositionen bereits verfügen. Mit Fähigkeiten sind hierbei nicht solche des instrumentalen und problemlösenden Umgangs mit Gegenständen und sozialen Situationen gemeint. Es handelt sich vielmehr in erster Linie um emotional–motivationale Dispositionen, die hand- lungswirksam werden, indem sie dazu beitragen, dem eigenen und dem Ver- halten anderer Bedeutungen zuzuweisen. Sie tragen zur Aufrechterhaltung innerer, auch durch Verdrängung zustande kommender Stabilität bei und vermögen durch Änderungen ihres Verwendungssinns Anpassungsprozesse ingang zu halten. Ob diese Mobilisierung von Fähigkeiten zu "erfolgreicher" Anpassung an neu aufgegebene Handlungsprobleme führt und wie sie psy- chisch vor sich geht – als Regression, Progression, durch die Aktivierung von Abwehr oder sublimatorisch –, kann nur empirisch bzw. klinisch geklärt wer- den. Wenn es aber unter anderem darum geht anzugeben, was mit Leiden und Widerstand unter anderem umschrieben wird bzw. wie sich Unfreiheit im sozialen Handeln dokumentiert, dann müssen Modifizierungen des Psychischen sichtbar gemacht werden, die (1) Folge der Anpassung an gegebene Hand- lungssysteme und ihre Anforderungen an den einzelnen Handelnden sind, aber auch (2) auf die Handlungssituation einwirken, in der sich bestimmte Anfor- derungen stellen. Nur so läßt sich zeigen, wie Vergesellschaftung auf der Ebene psychischer Konfliktaustragung vor sich geht.

Es ist in der Soziologie üblich, davon auszugehen, daß neue gesellschaftli- che Anforderungen Lernprozesse und Veränderungen des Verhaltens ohne

Ansehen der Person induzieren. Ein großer Teil der deskriptiv ermittelbaren Sozialstruktur und ihrer Veränderungen wird gemeinhin auf solche Lernprozesse zurückgeführt. Dabei wird häufig unterstellt, der psychisch individuelle Anpassungsaufwand sei für den gesellschaftlichen Wandel nicht von Bedeutung; dieser bemesse sich an effektiven Verhaltensmanifestationen. Ausdruck dessen ist, daß Devianz zum Streuungsmaß der sich durchsetzenden Verhaltensmuster wird. Außer acht bleibt, daß an diesen Verhaltensmanifestationen eine Art psychische Umsetzung von Erfahrungen beteiligt ist, die als Disposition auf soziales Handeln einwirkt und an der Zuweisung von Handlungssinn beteiligt ist. Solche Vorgänge können daher nicht vernachlässigt werden, ohne daß beispielsweise sozialer Wandel selber unzureichend dargestellt wird. Vertreter der analytischen Sozialpsychologie bestreiten jene soziologische Unterstellung – und sei es auch nur mittelbar – zu recht[20]. Indem sie Leiden und Widerstand als Leitmotive ihrer Forschungen angeben, verpflichten sie sich auch der – vergleichsweise allgemeinen – Annahme, daß Anpassung aktiv ist und spezifische Freiheitsspielräume der einzelnen gegenüber Anpassungsforderungen und -zwängen nutzt. Anpassung schließt als wichtigen Schritt die persönliche Auslegung von Anforderungen und deren aktiven Zuschnitt auf das vorhandene individuelle Fähigkeitspotentials ein.

Wissenschaftsgeschichtlich tritt die analytische Sozialpsychologie zu einer Zeit auf den Plan, als kaum noch abzuweisen war, gesellschaftliche (Produktions-)Verhältnisse könnten in die einzelnen so weit "eingewandert" sein, daß mit psychischen Vorgängen als Faktoren der Konsolidierung sozialstruktureller Konflikte zu rechnen war. Die analytische Sozialpsychologie behielt damit Anschluß an eine traditionsreiche Fragestellung in der Soziologie, wie sie bei Durkheim (1893) und Simmel (1890) bereits entwickelt war. Durkheim fragte, wie der Zusammenhalt in arbeitsteiligen Gesellschaften zustande komme, wenn sich doch die Gesellschaftsmitglieder zunehmend individuierten, und sah zur Erklärung für einen Teil psychischer Tatsachen soziale Ursachen vor. In gewisser Weise stellt es eine Fortschreibung dieser Fragestellung dar, wenn man behauptet, Psychisches zähle zu den "sozialen Tatsachen" und Durkheims Unterscheidung zwischen psychischen und sozialen Tatsachen[21] berge bereits die Behauptung, Anpassung fände auch in der psychischen Ebene des Vergesellschaftungsprozesses statt. Psychische Fakten wären somit selber in den Stand sozialer Tatsachen zu heben. Unter dem Gesichtspunkt der Anpassung

---

20 Horn weist hierauf ausdrücklich hin: "Der psychologische Niederschlag gesellschaftlicher Verhältnisse ist aufzuspüren in den kollektiven Auswirkungen individueller Psychopathologie, die durch diese Verhältnisse selbst vermittelt ist" (Horn 1968, S. 903).

21 Durkheim unterschied soziale und psychische Tatsachen. Er erfaßte weitsichtig, was Gegenstand auch der analytischen Sozialpsychologie ist: nämlich Phänomene "gemischter Natur": "Sie haben dieselben Wesenszüge wie die anderen psychischen Fakten, aber sie kommen aus sozialen Ursachen" (Durkheim 1893, S. 391).

heißt das aber auch, daß die Einwirkung des Psychischen auf soziale Strukturen um so größer ist, je tiefer der Vergesellschaftungsprozeß in die Psyche hineinreicht.

Anpassung im umschriebenen Sinne und eingebettet in ein um Psychologie erweitertes Konzept von Vergesellschaftung nötigt dazu, sich mit der besonderen Perspektive der Psychoanalyse vertraut zu machen, die analytische Sozialpsychologie immer impliziert. Psychoanalytische und soziologische Perspektive auf Psychisches verhalten sich gegenläufig zueinander. Der Soziologie gilt der Sozialisand als Objekt seiner Vergesellschaftung und der Sozialisationsprozeß als notwendige Veranstaltung, das Individuum in Stand zu setzen, als Aktor am Handeln in sozialen Systemen teilzunehmen. In der Psychoanalyse demgegenüber erscheint das Individuum im wesentlichen als von unbewußten (Trieb–)Wünschen gesteuertes Subjekt, das Objekte in seiner Umwelt "libidinös besetzt", auch unter großem Aufwand gegen die im Zuge des Sozialisationsprozesses errichtete Abwehr von Triebwünschen. Die Verselbständigung des Psychischen unter dem Einfluß individuierender Vergesellschaftung wird beim Wort genommen und für den einzelnen unterstellt, sich zu seiner Umwelt nach Maßgabe seiner Wünsche frei zu verhalten. Daß die Psychoanalyse in erster Linie mit der Beseitigung von Einschränkungen dieser Freiheit befaßt ist, bestätigt diese Sichtweise nur. Der Psychoanalyse gilt der Analysand in erster Linie als Subjekt, das in seiner Umwelt ein Angebot möglicher Objekte libidinöser Besetzung und von Aggression sieht.

Anpassungsprozesse spielen sich auf mehreren Ebenen ab – in der des situationalen sozialen Handelns, der Verwendung psychischer Fähigkeiten und sozialer Kompetenzen um bestimmter Handlungsziele willen sowie in der selektiven Mobilisierung von Dispositionen, die auf die Kindheit zurückgehen. Insofern die Psychoanalyse eine zur soziologischen gegenläufige Perspektive auf Anpassungsprozesse innehat, müssen zunächst beide Perspektiven zusammengeführt werden. Hierfür eignet sich die Ebene sozialen Handelns, nicht zuletzt, weil die Soziologie die Sichtweise des Individuums darauf ebenso gelten läßt, wie die Psychoanalyse nie etwas anderes unterstellt hat. Am Begriff der Anpassung wird somit kenntlich, daß analytische Sozialpsychologie insgesamt, auf welchem Forschungsfeld auch immer, doppelt anzusetzen hat. Stellt sie sich dieser Komplexitätsanforderung nicht, so fällt sie entweder mit Psychoanalyse zusammen, oder sie ist herkömmliche Sozialpsychologie.

Der Intention nach führt analytische Sozialpsychologie die Psychoanalyse mit dem Ziel ein, deren Erkenntnispotential unverkürzt und unverbogen zu nutzen und sie nicht, wie Habermas es als Gefahr sieht, "sozialisationstheoretisch einzuebnen" (Habermas 1982, S. 354). Komplementär zu dieser soziologischen Vereinseitigung liefe es auf eine "Überdehnung psychoanalytischer Begriffe und Annahmen" (ebd.) hinaus, würde sie psychoanalytisch vereinseitigt. Habermas sieht die Reichweite analytischer Sozialpsychologie "grundsätzlich durch den Horizont von Lebensformen und Lebensgeschichten begrenzt, die aus der Teilnehmerperspektive zugänglich sind" (ebd., S. 362). Ich habe in solchen Bedenken vornehmlich die Aufforderung gesehen, analytische Sozialpsychologie in einen Forschungsansatz zu überführen, der es auch erlaubt, überhaupt erst einmal Entscheidungen über die Umsetzbarkeit der Horkheimerschen Programmatik herbeizuführen, soweit sie nicht ganz offensichtlich historisch überholt ist.

Für das Projekt, aus dem fünf Falldarstellungen hervorgegangen sind (s. Kapitel 5), wurden betrieblich–abhängige Beschäftigungsverhältnisse als Forschungsfeld ausgewählt. Es war beabsichtigt, durch diese Auswahl zum einen die programmatische Spannweite analytischer Sozialpsychologie nachzufahren, nicht zuletzt, um am Ende Entscheidungen darüber herbeiführen zu können, was von dieser Spannweite in das Blickfeld empirischer Forschung rückt. (Die auf den vorausgegangenen Seiten vorgenommene Einschätzung der Möglichkeiten analytischer Sozialpsychologie ist in dieser Hinsicht der Ergebnisseite dieses Projekts zuzurechnen.) Betrieblich–abhängige Beschäftigungsverhältnisse zu untersuchen kam zum anderen der Absicht entgegen, Anpassungsprozesse in Zusammenhängen zu untersuchen, die Vergesellschaftungszwänge setzende Strukturen von Macht und Unterlegenheit pointieren. Indem aber Anpassung als psychologisches Problem von Handelnden in Systemen sozialer Interaktion begriffen wird, ergibt sich die Notwendigkeit, mit Kategorien zu operieren, die die entsprechenden Vorgänge zu benennen erlauben. Ich führe sie im Vorgriff auf die weitere Argumentation aus, wobei ich mich pragmatisch auf die Beschreibung ihres Verwendungssinns beschränke:

Soziale Interaktion meint in dem angegebenen Bezugsrahmen das Handeln mindestens zweier Aktoren – ego und alter ego –, die sich zueinander verhalten und ihrem Verhalten handelnd wechselseitig Bedeutungen zuweisen. Interaktion setzt ein unter den Aktoren geteiltes, übergreifendes Symbolsystem voraus und hat Systemcharakter im Umfang geltender Werte, Normen und Regeln.

Die *soziale Handlung* ist der individuelle Akt, der das Individuum an sozialer Interaktion teilnehmen läßt. Ego nimmt die Haltung, die alter ego ihm aufgezeigt, sich selbst gegenüber ein und entwickelt mit Rücksicht auf eigene Bedürfnisse eine Reaktion, die im (System–)Zusammenhang sozialer Interaktion eine soziale Handlung ist. Die soziale Handlung vereint auf sich Intentionalität, Faktizität, d.h. ihr Gegebensein als Handlung, sowie Auslegbarkeit durch den Handelnden und andere Aktoren.

Zentral für die folgende Untersuchung ist die *Performanzebene der sozialen Handlung*. Eine Handlung existiert nur als vollzogene Handlung. Erst wenn sie vollzogen ist, wird für ego, alter ego und Dritte rekonstruierbar, welche Bedeutung egos Reaktion auf alter egos Geste hat und wie sie zustande gekommen ist. Es wird nachträglich, in Akten der Reflexion erkennbar, welche von egos Bedürfnissen, Intentionen und Antizipationen sich in seiner Reaktion tatsächlich niedergeschlagen haben, so daß es zu dieser und keiner anderen Handlung gekommen ist.

Jeder Reaktion inerhalb einer sozialen Handlung geht ein Entwurf der Handlung durch ego voraus. Der *Handlungsentwurf* meint eine vorgestellte, beabsichtigte oder geplante Handlung. Ein Handlungsentwurf kann dargestellt werden, ebenso eine vergangene Handlung. Sie erhält durch ihre Darstellung ebenfalls den Stellenwert eines Entwurfs, weil seine für die Vergangenheit behauptete Ausführung sich nur an zukünftigen, strukturähnlichen Handlungen als zutreffend erweisen kann. Der Handlungsentwurf baut sich aus egos Vorstellungen darüber auf, wie es Wünschen, die Impulsen und Affekten gelten, Ausdruck geben kann in Anbetracht der von alter ego eingenommenen Haltung und der Bedeutungszuweisung, die ego an ihr vornimmt.

Die ausgeführte Handlung ist dem *Spontaneitätsprinzip* unterworfen. Mit der Einführung des Spontaneitätsprinzips wird der Tatsache Rechnung getragen, daß die vollzogene Handlung von ihrem Entwurf verschieden ist. Die vollzogene Handlung überrascht, bringt Unvorhersehbares zum Vorschein und ist innovativ, ohne daß sie der Vernünftigkeit entbehrt. Nur rückblickend und nachvollziehend ist der Handlung daher zu entnehmen, in welchem Verhältnis der Handlungsentwurf und seine Realisierung zueinander stehen. Das Spontaneitätsprinzip erlaubt zugleich, psychoanalytische Beobachtungen über die Bedingungen zu berücksichtigen, unter denen Verdrängtes wiederkehrt, nämlich "hinter dem Rücken" der absichts- und planvoll handelnden Person.

Aufgrund des im Handeln waltenden Spontaneitätsprinzips sind soziale Handlungen immer *reflexiv im doppelten Sinne*: Ego wendet die vollzogene Handlung reflexiv, indem es, die Folgen einer vollzogenen Handlung analysierend, sie mit ihrem Entwurf vergleicht und daraus Schlüsse über sein Selbst ebenso zieht, wie es die Realisierbarkeit seines Wunsches nach Ausdruck für Impulse und Affekte überprüft.

Mit der folgenden Untersuchung wird angestrebt, ausgehend von einem handlungstheoretischen Rahmen, der sich im wesentlichen an Mead anlehnt, Angaben zum inneren *Aufbau von Handlungen* zu machen. Der Vorzug des geschilderten Rahmens liegt darin, keine Vorannahmen zu enthalten, die verhindern würden, die Psychoanalyse mit ihren dezidiert triebtheoretischen Vorannahmen an die Ebene sozialen Handelns heranzuführen. Dies ist zum einen von Bedeutung, weil ein Konzept des Handlungsaufbaus entwickelt werden soll, das psychoanalytische Aussagen einbegreift und so Anpassung als soziales und psychisches Geschehen gleichermaßen darzustellen erlaubt, ohne der pejorativen Bedeutung des Anpassungsbegriffs aufzusitzen. Zum anderen kann auf diese Weise berücksichtigt werden, daß auch das Untersuchungsverfahren auf verständigungsorientierter Kooperation beruht. In ihm haben die allgemeinen handlungstheoretischen Annahmen ebenso Verwendung gefunden wie in der interpretatorischen Formulierung der Forschungsergebnisse.

Mit den vorangegangenen Überlegungen über den Stellenwert von Anpassungsprozessen sollte die Ansatzweise für Forschung eingeführt werden, die für die Ausführungen in den folgenden Kapiteln maßgeblich ist. Der erste Schritt wird sein, Anpassung als das Ineinandergreifen individueller Beiträge zum sozialen Handeln und von Austauschvorgängen innerhalb des psychischen Apparats zu fassen.

3. Über den psychischen Aufbau der sozialen Handlung

Dieses Kapitel gilt dem Versuch, die Schnittfläche zwischen soziologischer Handlungstheorie und psychoanalytischer Theorie des psychischen Apparats anzugeben, auf die sich die fünf Fallstudien beziehen. Von einer Schnittfläche kann gesprochen werden, insoweit beide Theorien das Individuum zum Bezugspunkt haben und an ihm einander ergänzende Ausschnitte des Psychischen behandeln. Dies klingt einfacher, als es ist. Denn der Geltungsanspruch, der sich an die jeweiligen theoretischen Konzepte knüpft, reicht weiter, als dem empirischen Bezug nach berechtigt ist. Zugleich wird eine Vollständigkeit des Erklärungszusammenhangs unterstellt, die sich relativiert, sobald beide Theorieansätze aufeinander bezogen und aneinander gemessen werden. Um also die gesuchte Schnittfläche einzugrenzen, müssen zum einen idiosynkratische Theorieelemente ausgesondert und andere, unerläßliche herausgestellt werden. Ich bediene mich zu diesem Zweck über weite Strecken des Bildes vom psychischen Binnenraum, auf den Psychoanalyse und Soziologie Bezug nehmen.

Die empirische Bezugseinheit analytischer Sozialforschung ist das Individuum. Die Soziologie richtet ihren Blick auf das Individuum als Teilnehmer an sozialer Interaktion, der mit einschlägigen Handlungskompetenzen ausgestattet ist. Die Psychoanalyse sieht im Individuum eine Art "Träger" seiner, es als Subjekt auszeichnenden Struktur des Psychischen. Obwohl also die Perspektiven, aus denen sich Soziologie und Psychoanalyse Zugang zum Individuum verschaffen, unterschiedlich sind, nehmen sie doch auf es als jeweils *identische* Person Bezug. Auch wir selber können uns erfahren als jemand, der in Interaktion mit anderen steht und *zugleich* psychisch irgendwie strukturiertes Subjekt ist. Im einzelnen begegnen sich Kompetenzen sozialen Handelns und ein strukturiertes Ensemble von Vorstellungen über die Erfüllbarkeit von Bedürfnissen und Wünschen.

Diese doppelte Perspektive kehrt auf der Ebene einzelwissenschaftlicher Theoriebildung als Ausdifferenzierung in soziologische und psychologische Aussagen über das Individuum wieder. Die Psychoanalyse rechnet theoretisch mit einer als geschlossenes Ganzes beschreibbaren, den Zusammenhang psychischer Vorgänge untereinander herstellenden, der Psyche eigenen Logik. Die Soziologie stellt Psychisches als durch Sozialisation erworbene Ausstattung des Individuums mit solchen Dispositionen vor, die soziale Systeme für ihre Aktoren benötigen. Sie kann, so gesehen, der Psychoanalyse Theorieelemente nicht entnehmen, ohne weitreichende Veränderungen bis in die Prämissen hinein vorgenommen zu haben, ist mit ihr aber auch nicht grundsätzlich unvereinbar. Denn ob als Aktor oder als "Träger" einer Struktur des Psychischen, beide Male ist es das Individuum, in bezug auf das soziologische als auch psychoanalytische Theorie etwas besagen sollen. Das Individuum liegt in der "Schnittfläche" der einander überlappenden Gegenstandsbereiche von Psyche und sozialer Handlung. Das macht Forschung im Rahmen psychoanalytischer Sozialpsychologie aussichtsreich.

Nie ist die Wahl des Gegenstands einer empirischen Untersuchung beliebig. Aber im Falle analytischer Sozialpsychologie bedarf sie über die allgemeine Feststellung hinaus, das Individuum sei ihre Bezugseinheit, besonderer Begründung. Denn in vielen Fällen ist das Erklärungsbedürfnis, von dem her sich in der Soziologie Erwartungen an empirische Forschung heften, zu befriedigen, ohne daß auf psychologisches Wissen, auf "starke" psychologische Annahmen über seelische Ereignisse zurückgegriffen wird. Die Psychologie ist jedoch dann heranzuziehen, so habe ich argumentiert, wenn psychische Prozesse und Leistungen selber zu "sozialen Tatsachen" (Durkheim) aufrücken. Das ist der Fall, wenn die Effekte von Vergesellschaftungsprozessen, in welchen inkompatible, konflikthafte Anforderungen regelmäßig zu individueller Bewältigung anstehen, psychische Qualität haben. Damit sind nicht in erster Linie Formen des Scheiterns bzw. der Pathologie gemeint, sondern generell sich verstetigende Prozeduren und Stile der individuellen Teilhabe am sozialen Handeln. Sie können nur *in terms* einer klinisch greifenden Psychologie angegeben werden.

Provisorisch habe ich Anpassungsprozesse als einen solchen Untersuchungsgegenstand eingeführt. Anpassung wird in der Regel als Prozeß vorgestellt, in dem Individuen und Kollektive ihre Bedürfnisse und Wünsche gesellschaftlicher Regulierung unterstellen bzw. unterwerfen. In der Psychoanalyse hat sich insofern ein differenziertes Konzept der Anpassung herausgebildet, als hier eine Unterscheidung zwischen sozialer und psychischer Anpassung naheliegt. Im Unterschied zu Konformität des Verhaltens meint für Alexander Mitscherlich Anpassung ein Doppeltes: die psychische Kompromißbildung zwischen Triebwunsch und Normativität repräsentierendem Überich auf der Ebene des Ichs, gleichzeitig aber auch die individuelle Übernahme von und Einflußnahme auf gültige normative Forderungen. Hierin ist eine doppelte Blickweise des Individuums impliziert. Sie wird in der sozialpsychologischen Untersuchung "Auf dem Weg zur vaterlosen Gesellschaft" (1963) deutlich, wenn Mitscherlich – in anthropologischer Einstellung – zwischen passiver und aktiver Anpassung unterscheidet. Ich gebe die zwei "Grundkomponenten" aktiver Anpassung wieder: "*Aktive* Anpassung nach außen erreichen wir dann, wenn es uns gelingt, unsere Mitwelt durch unsere Impulse soweit auf uns einzustimmen, daß sie auf uns eingeht, daß unsere Absichten die mit ihnen geschaffene Situation aktiv gestalten. ... Spiegelbildlich entspricht dem die aktive Anpassung nach innen. Wir übernehmen dann nicht blindlings, passiv–gehorsam vorgeschriebene Formen des Verhaltens, sondern modifizieren. Bestimmte Triebregungen gegenüber bestimmten Personen der Mitwelt mögen nach der

Idealnorm der Gesellschaft nicht passend sein, wir erlauben es uns trotzdem, sie zu empfinden, in uns wahrzunehmen oder gar zu äußern" (Mitscherlich 1963, S. 19f.).

Lange vor Mitscherlich hatte Heinz Hartmann, und zwar ausdrücklich mit Blick auf die soziologische Handlungstheorie, das Problem der Anpassung aufgeworfen. Er ließ sich bei seiner Grundlegung der Ich-Psychologie von dem soziologischen Gesichtspunkt der sozial gebotenen Leistungsfähigkeit des psychischen Apparats anregen, worin sich allerdings das eher schwache Interesse der Sozialwissenschaften an Psychologie spiegelt: "Das Bild des Menschen von der Leistung her (Leistung hier im weitesten Sinne verstanden) ist dort (in der Soziologie – K.B.) das Entscheidende; wichtig ist also, was der psychische Apparat leistet, und nur indirekt, wie er seine Schwierigkeiten überwindet. Beide Gesichtspunkte: das Bild vom Konflikt und das von der Leistung her sind psychologisch notwendig. In der Anwendung der Psychoanalyse auf die Soziologie handelt es sich um eine Zuordnung der beiden Gesichtspunkte. Durch die Zuwendung zur konfliktfreie Ich-Sphäre und ihren Funktionen, durch das tiefere Eindringen in das Problem der Anpassung dürfen wir hoffen, unbebautes Land zwischen beiden auszufüllen" (Hartmann 1939, S. 23f.).

Dennoch ist dieses Anpassungskonzept unzureichend. Indem es den Prozeß der Anpassung zwischen Trieb und Norm ausspannt, vernachlässigt es die Dimension der sozialen Interaktion, in die jede Anpassungsleistung fraglos einmündet, aus der sich aber erst ergibt, welche Leistungen bzw. sozialen Kompetenzen aufzubringen sind[22]. Hartmann unterstellt also, um das "unbebaute Land" theoretisch auszufüllen, für die Soziologie, daß sie mit schwachen psychologischen Annahmen operiert, mit denen die Eigenlogik des psychischen Geschehens eher zum Verschwinden gebracht wird, was nicht im Interesse der Psychoanalyse liegen kann. Für die Psychoanalyse nimmt er umgekehrt schwache soziologische Annahmen über soziale Systeme in Anspruch, indem er diese auf die "Umwelt" des Individuums reduziert. Diese Absage an das Vorhandensein von überindividuellen Systemen, Strukturen etc. aber muß für die Soziologie unannehmbar sein. Ein Austausch zwischen Disziplinen, für die von der jeweils anderen nur die schwächere Variante zur Disposition steht, kann aber nicht aussichtsreich sein, das Niemandsland zwischen Ichleistung und Handlung zu besetzen, wie Hartmann es sich vorgenommen hat.

---

22 Parin nimmt eine Erweiterung des Anpassungskonzepts in diese Richtung vor, indem er zwischen Abwehr- und Anpassungsmechanismen unterscheidet. An den Ausführungen über den Anpassungsmechanismus der "Identifikation mit der Rolle", der für Zwecke der psychoanalytischen Klinik hilfreich sein mag, wird indessen deutlich, daß Rollenhandeln lediglich als *Mittel* der psychischen "Erleichterung", des "narzißtischen Gewinns" etc. ins Spiel gebracht wird. Somit läßt auch Parin nicht die unvermittelte Entgegensetzung von Trieb und Norm hinter sich (vgl. Parin 1977, S. 102f.).

Das Konzept der Anpassung führt nicht weiter, wenn der Niederschlag innerpsychischer Kompromißbildungen auf der Ebene der (performativen) Ausführung einer Handlung in der sozialen Interaktion in Frage steht. Am psychoanalytisch inspirierten Anpassungskonzept ist mit Mitscherlich die doppelte Blickweise des Individuums – nach außen und nach innen – festzuhalten. Darüber hinaus aber – und besonders entgegen den Hartmannschen Überlegungen – müssen psychische Dispositionen wie unbewußte Konflikte, Abwehrmechanismen, Überich–Manifestationen, weil sie in der performativen Phase einer Handlung auf soziales Handeln einwirken, auch und gerade dann erkennbar werden, wenn der einzelne eine *adäquate* Interaktions-"leistung" erbringt. Denn die individuelle Inanspruchnahme besonderer psychischer Fähigkeiten geht in der Regel unauffällig vor sich, jedenfalls so, daß der seelische Aufwand hierfür dem Anschein nach gering ist im Verhältnis zum geleisteten, normativ richtigen Handlungsbeitrag. Daraus folgt, daß innerhalb der soziologischen Handlungstheorie nach Ansatzstellen gesucht werden muß, an denen der psychische Beitrag zu einer Handlung sichtbar gemacht werden kann[23].

Ich werde im folgenden von der These ausgehen, (1) daß die Untersuchung von Anpassungsprozessen bei der performativen Phase einer Handlung anzusetzen hat, (2) daß in den performativen Akten eines Individuums Ichleistungen und soziale Kompetenzen, vermittelt durch das Selbst und dem Spontaneitätsprinzip folgend, zusammenschießen und (3) daß mithin Individualität oder auch die individuelle Nutzung von Handlungsspielräumen nur erschließbar ist, wenn der Blick des Individuums auf sich und sein Handeln beachtet wird. In der einen Blickrichtung betrachtet sich der einzelne als ein von den Erwartungen alter egos geforderter Teilnehmer an der sozialen Interaktion, in der anderen sieht er sich psychisch disponiert durch Bedürfnisse, Wünsche und Affekte. Beide Sichtweisen seiner selbst verknüpft der einzelne regelmäßig miteinander. Untersuchungsgegenstand ist, so betrachtet, das durch psychisch umgearbeitete Triebwünsche motivierte Individuum in der performativen Phase seiner Teilhabe an sozialer Interaktion.

Mit Hilfe dieser Überlegungen können bereits Gesichtspunkte eingeführt werden, von denen einige im Konzept der Anpassung nicht berücksichtigt sind:

- "Standardsubjekt" ist der Erwachsene, der einerseits mit einer Vielfalt an Kompetenzen und Fähigkeiten ausgestattet ist, mit denen er Erwartungen an sein Handeln auslegt;

---

23 Diese Überlegung nimmt bereits etwas von dem besonderen Charakter unserer Falldarstellungen vorweg. Die Fallstudien holen ans Licht, was dem Handelnden als Interaktionsteilnehmer in der Regel verborgen bleibt, nämlich die "Einfärbung" seines angepaßten Verhaltens und Handelns durch Unbewußtes.

- der hierbei andererseits auf ein Reservoir an psychischen Dispositionen zurückgreift, die sich aus der Bildung sozial effektiver Kompromisse zwischen psychischen Anforderungen - in der Regel zwischen Triebwunsch und Über-ich - ergeben haben und die Arbeitsweise des Ichs betreffen.

- Indem nun aber beim performativen Beitrag des Individuums zu einer sozialen Handlung angesetzt wird, erhält Anpassung den Charakter eines zweistufigen Vorgangs. Auf der ersten, übergeordneten Stufe ist der einzelne individuierter Teilnehmer an der sozialen Interaktion. Es trägt hierzu mit Reaktionen bzw. performativen Akten in den Grenzen seiner psychischen Konstitution bei[24]. Auf der zweiten, darunter liegenden Stufe sind die psychischen Voraussetzungen angesiedelt, im Rückbezug auf die das Individuum in einer gegebenen Situation Handlungen entwirft. Deren Ausführung innerhalb der sozialen Interaktion mit einem alter ego, das darauf wiederum in bestimmter Weise reagiert, bildet die Quelle der Erfahrungen, aus der das Selbst schöpft und das Individuum Identität aufbaut.

- Dieses zweistufige Konzept individuierten Handelns soll es ermöglichen, jene doppelte Blickweise - nach außen und nach innen - in einen konsistenten Entwurf des Aufbaus einer Handlung zusammenzufassen, und zwar so, daß die für den psychischen Apparat geltende Eigenlogik im Umfang ihrer absehbaren empirischen Berechtigung erhalten bleibt[25].

Das so umrissene Konzept ist im folgenden genauer zu entwickeln. Eine besondere Schwierigkeit ergibt sich daraus, daß Soziologie und Psychoanalyse den psychischen Binnenraum nach theoretischen Gesichtspunkten bestimmen, die nur schwer miteinander vereinbar sind. Für den Handlungstheoretiker bereitet sich hier allenfalls eine Handlung vor. Bei der theoretischen Fassung einer solchen vorbereitenden Aktivität wird er sich psychologischer Kategorien nur insoweit bedienen, wie diese den inneren Aufbau der sozialen Handlung zu erklären helfen. Psychologisch-empirische Sachverhalte, die ihn zwingen könnten, seinen Handlungsbegriff zu revidieren, wird er vernachlässigen. Die Psychoanalyse umgekehrt sieht die soziale Handlung als Zweck psychodynamischer Vorgänge nicht vor. Sie schneidet alle ihre Kategorien auf die Erklärung von Erlebnisqualitäten zu, die zwar ins Verhalten Eingang finden mögen, sie konzentriert sich aber auf das Ich als Zentrum eines ausschließlich psychi-

---

24 Auch therapeutisches Handeln setzt auf dieser Stufe an. Es nutzt die performativen Elemente in der Kommunikation zwischen Analytiker und Analysand, um zu Erlebnisqualitäten und deren Ausdruck beim Analysanden vorzustoßen, aus denen sich auf verborgene bzw. unbewußte psychische Konflikte und deren subjektive Verarbeitung schließen läßt. Die einzigartige Struktur des Psychischen, die sich aufgrund dessen für ein Individuum angeben läßt, stellt dann freilich eine Abstraktion von ihrer Einbettung in die therapeutische Interaktion dar.

25 Mit der Einschränkung, die ich für sein Anpassungskonzept gemacht habe, gilt auch bereits für Hartmann, daß er eine solche Zweistufigkeit ansatzweise in Betracht zieht. Er gibt als Bedingung für Gesundheit ein Gleichgewicht an zwischen "Substrukturen der Persönlichkeit einerseits und zwischen diesen und der Umwelt andererseits" (Hartmann 1947, S. 70).

schen Kräftefeldes – und das obwohl sie sich praktisch Zugang zu ihren psychischen Phänomenen nur im Bezugsrahmen kommunikativen Handelns verschafft. Dennoch machen beide Anleihen beieinander; die Soziologie hat sich beispielsweise das Ich der Psychoanalyse zu eigen gemacht, letztere das zuerst im Pragmatismus und der Soziologie entwickelte Konzept des Selbst. Beide Disziplinen haben dabei, geleitet von ihren jeweiligen theoretischen Interessen, die Bedeutung dieser Kategorien abgewandelt. Sie verwenden die Vorstellung eines seelischen Binnenraums, aber nach Maßgabe ihrer divergierenden Perspektiven so, daß Unvereinbarkeit der theoretischen Aussagensysteme bis hin zu ihrer institutionellen Verselbständigung entsteht[26]; letzteres gilt besonders für die Psychoanalyse.

Der Bruch zwischen den beiden Disziplinen verstellt den Zugang zur Einheit im Aufbau von Handlungen. Wenn Diskrepanzen zwischen performativen Akten und ihnen zurechenbaren Motiven auftreten, dann ist daher immer auch soweit wie möglich sicherzustellen, daß sie sich nicht aus der Verselbständigung der beiden Disziplinen gegeneinander ergeben haben und lediglich Artefakte disziplinärer Addition sind. Deshalb muß hinter die Konsistenz der theoretischen Ansätze zurückgegangen und müssen einschlägige Kategorien wie das Ich und das Selbst auf ihren empirischen Gehalt geprüft werden, bevor sie zur empirisch und klinisch triftigen Beschreibung des einheitlichen Aufbaus einer Handlung verwendet werden. Adorno schreibt, "die Trennung von Soziologie und Psychologie (sei) unrichtig und richtig zugleich" (Adorno 1955, S. 57). Daraus folgt im gegenwärtigen Zusammenhang, den Preis an Blindheit, den die gegenseitige disziplinäre Verselbständigung fordert, so niedrig zu halten, daß das Unrichtige der Trennung, soweit es unvermeidlich ist, dennoch nicht verhindert, das Richtige der empirisch gehaltvollen Konsistenzen zwischen performativen Akten und ihnen zurechenbaren Motiven zu erkennen. Nur so ist einer "vorschnellen Vereinigung in Begriff" (ebd.) zu begegnen, die Adorno funktionalistischen Soziologen und ichpsychologischen Revisionisten der Psychoanalyse anlastet.

Ich werde zunächst zeigen, daß eine grundlegende Annahme der psychoanalytischen Strukturtheorie darin besteht, der psychische Apparat folge einer eigenen, systemischen Logik. Dies sei der "harte Kern" der psychoanalytischen Denkweise. Seine Auflösung komme dem Verlust der wissenschaftlichen Substanz gleich, werde ich argumentieren. Wahrscheinlich überzeichnet Freud mit dieser Behauptung und ihrer Begründung durch den Aggressionstrieb die Eigenständigkeit eines psychischen Teilraums. Aber die Haltbarkeit dieser Position hängt davon ab, daß sie empirisch Zutreffendes aufgreift. Hierin findet die

---

26 Soweit diese Arbeitsteilung empirisch triftig ist – je nach Wissenschaftsgegenstand liegt das psychische Geschehen entweder im Schatten oder steht es im Rampenlicht –, konnten wir in unserem Projekt methodischen Nutzen daraus ziehen und den motivationalen Aufbau einer Handlung sowohl psychoanalytisch als auch soziologisch ausleuchten. Unser Wissen über das innerhalb der eigenen Fachgrenzen Erkennbare hinaus ließ sich so steigern.

psychoanalytische Denkweise ihre Grenze, wie sich an ihrer Aneignung des Konzepts eines Selbst zeigen läßt.

In weiteren Abschnitten werde ich auf Hartmanns und Eriksons Ansätze zur Ich–Psychologie eingehen, soweit sie zum Ziel haben, psychische Vorgänge auf soziales Handeln zu beziehen. Schließlich soll mit Hilfe des Meadschen Handlungsbegriffs das oben umrissene Konzept des psychischen Aufbaus einer sozialen Handlung so weit entwickelt werden (3.4), daß damit Ansatz, Verfahrensweise und Interpretationsstrategie der besagten Projektstudie kategorial zutreffend beschrieben werden können.

3.1 Die Eigenlogik im psychischen Apparat

Das Paradigma der Psychoanalyse ergibt sich aus der Bestimmung des Individuums als "Angriffsstätte" für den Körper, die äußere Natur und die gesellschaftlichen Beziehungen (vgl. Freud 1930, S. 434). Die Einkreisung des Individuums von diesen drei Seiten her bildet den Ausgangspunkt für die psychoanalytische Frage nach dem seelischen Binnenraum des Individuums, seinem Aufbau und seiner Funktionsweise. Der Schauplatz der Psychoanalyse liegt nicht zwischen dem Individuum auf der einen und innerer wie äußerer Natur und Gesellschaft auf der anderen Seite. Es ist vielmehr der psychische Apparat und die Bekämpfung jener ihn treffenden Gefahren *innerhalb* dieses Apparats, womit die psychoanalytische Strukturtheorie befaßt ist. Sobald der psychische Apparat "erworben" ist, hat sich "das Ich ... unter dem Einfluß der Erziehung (gewöhnt), den Schauplatz des Kampfes von außen nach innen zu verlegen, die *innere* Gefahr zu bewältigen, ehe sie zur *äußeren* geworden ist" (Freud 1937a, S. 80). Für die Entwicklung eines Konzepts über die psychischen Grundlagen individuierten Handelns ist deshalb zu prüfen, inwieweit die Erfassung dieses seelischen Binnenraums mit den der Psychoanalyse eigenen theoriesprachlichen Mitteln lediglich das zum Ausdruck bringt, was in handlungstheoretischen Ansätzen über die intraindividuellen Voraussetzungen der Teilnahme an der sozialen Interaktion gleichermaßen zumindest supponiert wird.

Ich werde zeigen, daß dies nicht zutrifft und daß bestimmte Phänomene, aber auch die Strategie der psychoanalytischen Fallinterpretation nur in der theoretischen Vorstellung einer "bereichseigenen Logik" des Psychischen, eines psychischen Apparats, der als in sich geschlossen gilt, erklärt bzw. erläutert werden können. Hierin findet offenbar das Interesse Ausdruck, die Arbeitsweise des psychischen Apparates in Unabhängigkeit von der Stellung des Individuums im Gefüge gesellschaftlicher Handlungen zu betrachten. Soweit dieses Interesse sachlich begründet ist, hat es Konsequenzen für die soziologische Denkweise. Denn die Psychoanalyse hätte so für die Soziologie eine Reihe von Hürden errichtet, allein von handlungstheoretischen Vorstellungen her-

kommend, Individuierung als ein Vergesellschaftungsgeschehen zu konzeptualisieren. Die Soziologie könnte dieses Geschehen hinsichtlich seiner psychologischen Voraussetzungen nicht bruchlos, d.h. an der in der Psychoanalyse
supponierten Eigengesetzlichkeit vorbei ins Individuum hinein fortschreiben,
selbst wenn sie sich einschlägiger Überschneidungen in den Theoriesprachen
bediente.

Die Rezeption der Psychoanalyse in sozialwissenschaftlich ansetzenden
Theorien hat aber genau diesen Weg bruchloser Fortschreibung genommen. In
der Soziologie – besonders der Sozialisationsforschung und -theorie – werden
psychoanalytische Theorieelemente eingeführt, um das Wissen über den Erwerb und die Verwendung von Kompetenzen sozialen Handelns zu komplet-
tieren. Auf diese Weise haben das psychoanalytische Strukturmodell von Ich,
Überich und Es, das Konzept der psychischen Abwehr gesellschaftlich nicht
lizenzierter Bedürfnisse[27] und die Objektbeziehungslehre (vgl. z.B. Joas 1992,
S. 240ff.) in die Soziologie Eingang gefunden[28]. Charakteristisch für diese
Rezeption ist, daß die Verwendung psychoanalytischer Erkenntnisse durch den
Gegenstand der Sozialisationsforschung – Lernprozesse zum Zweck des Erwerbs von Qualifikationen des sozialen (Rollen-)Handelns – begrenzt blieb
(vgl. Habermas 1976). Das Individuum und sein psychischer Apparat treten in
erster Linie unter diesem sozialisatorischen Gesichtspunkt ins Blickfeld. Ergebnisse auf der Grundlage der psychoanalytischen Strukturtheorie, der Ab-
wehrlehre, der Ich-, Selbst- und Entwicklungspsychologie werden entsprechend selektiv beachtet, bzw. es wird davon ausgegangen, daß nicht integrier-
bare psychoanalytische Annahmen ohnehin vernachlässigbar, wenn nicht gar
fragwürdig seien.

Eine Art Stammplatz hat sich in der Sozialisationstheorie das Überich ero-
bert, und zwar unter Vernachlässigung seines Verhältnisses zu den anderen
beiden Strukturkomponenten von Ich und Es[29]. Das Überich repräsentiert verinnerlichte gesellschaftliche Werte und Gebote[30]. Seine Funktion sei es, sie

---

27 Siehe die Literaturhinweise bei Döbert u. Nunner-Winkler (1975, S.31ff.).

28 Siehe besonders Parsons' Modifizierungen von Freuds Strukturtheorie, die er in dem Aufsatz "Das Über-Ich und die Theorie der sozialen Systeme" in einem Schema prägnant zusammengefaßt hat (vgl. Parsons 1952, S. 43, Fn. 6f.; 1958).

29 So schreibt Geulen in einer Übersichtsarbeit zur Geschichte der Sozialisationstheorien: "Das
Über-Ich-Modell wird üblicherweise als Kern der psychoanalytischen Sozialisationstheorie
angesehen ... Es sollte jedoch erwähnt werden, daß das sozialisationstheoretische Potential der
Psychoanalyse darüber hinausgeht, insbesondere durch die später weiterentwickelte Theorie der
Abwehr" (Geulen 1991, S. 25).

30 Einerseits radikalisiert Parsons die Freudsche Strukturtheorie. Er behauptet für den psychischen Apparat Durchlässigkeit gegenüber "allen Bestandteilen der gemeinsamen Kultur" (Parsons 1952, S. 32) auf allen Ebenen, also auch der der Kognition bzw. Wahrnehmungsfunktion
des Ichs und der des Es, in dem sich abgesunkene Lernschritte überwundener Sozialisations-

gegenüber dem Bedürfnisse und Triebwünsche zulassenden Ich durchzusetzen, indem es das Ich zu Verdrängung und Abwehr veranlaßt. In dieser soziologischen Auffassung bleibt – in Anbetracht des vornehmlichen Interesses an der Vergesellschaftung des Individuums bis in seine innere Natur hinein nicht zufällig – die Frage unbeantwortet, woraus sich die Durchsetzungskraft des Überichs gegenüber unter Umständen massiven Triebwünschen denn speist bzw. wie sie zu begründen wäre. Die psychoanalytische Antwort hierauf, wonach das Überich auf aggressive Energien zurückgreift, die es gegen das Ich wendet, so daß das Ich als triebparteiisch erscheint läßt, wird hinsichtlich ihrer theoretischen Folgerichtigkeit nicht ernst genommen. Die autoaggressive Komponente der Überich-Funktion ist aber in erster Linie ein nicht zu unterschlagender Baustein in der theoretischen Darstellung der Arbeitsweise des psychischen Apparates. Auf sie vor allem stützte Freud seine Behauptung von der Geschlossenheit der Organisation des Psychischen. In "Das Ich und das Es" (1923), der Schrift, mit der er seine Theorie von der Struktur des Psychischen weitgehend vollendete – und in der es "um rein innerliche Änderungen (geht), an denen ein geändertes Benehmen des Objekts keinen Anteil hat" (ebd., S. 272) –, hebt Freud die Verankerung der Aggression im Überich hervor und erreicht so logische Geschlossenheit für die Darstellung der Arbeitsweise im psychischen Apparat.

Indem Freud gerade dem Überich – als Ort, wo die Erworbenheit der Persönlichkeitsstruktur unter dem Einfluß von sozialisatorischen Interaktionsbedingungen und von Lernprozessen am augenfälligsten zu sein scheint – abspricht, das "Benehmen des Objekts" habe Anteil an seiner Funktionsweise, konstruiert er auch eine irreduzible Differenz in die Einheit des Psychischen hinein. Denn an den sozialisatorischen Bedingungen ist nun nicht mehr ablesbar, wie das Überich seine Funktion ausübt. Die von Freud "eingebaute" Dif-

---

phasen systemisch zusammenschlössen. Andererseits berücksichtigt Parsons am Über-Ich die moralischen Maßstäbe nur, insoweit sie das soziale System mechanismisch stabilisieren: "... die Stellung des Über-Ichs als Teil der Persönlichkeitsstruktur" müsse "im Rahmen der Beziehung zwischen Persönlichkeit und gesamter gemeinsamer Kultur verstanden werden, die ein stabiles System sozialer Interaktion auf menschlicher Ebene ermöglicht" (ebd.). Folglich weist er Freuds Vorstellung eines gegenüber den Objekten unabhängigen Überichs als "zu begrenzt" zurück: "... der Tenor der Affektanalyse (war) die Hervorhebung der fundamentalen Isolation des Individuums in seinem einsamen Kampf mit dem Es. ... Die Struktur dieses theoretischen Schemas hinderte" Freud zu erkennen, daß moralische Maßstäbe (Über-Ich), Kognition (Ich) und Expression (Es) miteinander integrierte Elemente gemeinsamer Kultur sind (vgl. ebd., S. 34f.).

Parsons umgekehrt hindert seine das soziale System in den Blick nehmende Betrachtungsweise daran, die Frage nach der *Verhältnismäßigkeit* zwischen psychischer, vom Über-Ich veranlaßter Reaktion und Anpassungsaufwand des Aktors auch nur aufzuwerfen. Tatsächlich können vom Über-Ich Schuldgefühle, Selbstvorwürfe u.a.m. hervorgerufen werden, die bei weitem das übersteigen, was für die Stabilisierung des sozialen Systems erforderlich wäre. Beobachtungen wie diese rechtfertigen die Annahme einer Eigenlogik seelischer Vorgänge. – Zu Habermas' Versuch der Assimilierung der psychoanalytischen Strukturkategorien an die Meadsche Handlungstheorie siehe später S. 84f.

ferenz trifft den Unterschied zwischen psychoanalytischer und soziologischer Auffassung von der Funktionsweise des Psychischen im Kern. Hierauf will ich näher eingehen. Dabei folge ich der These, daß die psychoanalytische Theorie gerade da die Vorstellung von der Eigenlogik psychischer Vorgänge forciert, wo besonders deutlich zu erkennen ist, daß Psychisches auf den Einfluß von Interaktionserfahrungen zurückgeht. Deshalb läßt sich hieran das zentrale Übersetzungsproblem zwischen soziologischer und psychoanalytischer Theoriesprache verdeutlichen, das die psychoanalytische Trieblehre schafft.

Bei der Bildung psychoanalytischer Theorieansätze auf Freudscher Grundlage wird, meist indirekt, auf die Vorstellung eines zielstrebigen Triebes zurückgegriffen. Der Trieb ist ein konstruiertes Subjekt, das sich das gesamte wahrgenommene, äußere und innere Umfeld potentieller Objekte der Befriedigung gegenüberstellt. Stützte sich die Psychoanalyse allein hierauf und würde die Trieblehre auf diese Handlungsfolie reduziert, wäre am Ende auch die Folie überflüssig. Denn dann wäre der Begriff des Triebes durch weit unverfänglichere, wie den des Antriebs, der Energie oder des Bedürfnisses, ersetzbar. Dem entgeht die Psychoanalyse letzten Endes nur durch die Annahme eines eigenständigen Aggressionstriebes. Durch sie erreicht Freud, daß Sexualität nicht mit einem Medium sozialer Integration – mit "Kitt" bei Fromm, einem "Vehikel" bei Parsons – zusammenfällt.

Einerseits wäre die kulturbildende Funktion der Sexualität hierauf ohnehin nicht beschränkbar, weil aus ihr nur die selbstgenügsame "Sozialität" von "Doppelindividuen" – der Liebespaare – ableitbar sei, so daß die Integrationsaufgabe hauptsächlich den Interessen zufiele. "In diesem Falle brauchte die Kultur der Sexualität keine Energie zu entziehen" (Freud 1930, S. 467). Andererseits bedarf es der Begründung, weshalb die Kohäsionskraft (vgl. Laplanche u. Pontalis 1967, S. 502) des Eros *erzwungen* werden muß. Aus der Notwendigkeit, die kohäsive Leistung des Eros auch gegen "heftiges Sträuben"[31] zu erzwingen, schließt Freud auf eine vorgängige, primäre Aggression; der Mensch ist in erster Linie eine "wilde Bestie" (ebd., S. 471). Sie ist nur kontrollierbar durch eine Kraft, die ihre Wirkung ebenso im Psychischen entfaltet wie die Sexualität. Duale Triebe – Aggression gegenüber Sexualität – einzuführen ist daher theoretisch folgerichtig, auch wenn der Primat des Aggressionstriebs vom Eindruck einer willkürlichen Setzung nicht frei wird. Für die *Konstruktion* der Struktur*theorie* hat dies zur Folge, daß der Aggressionstrieb wichtiger wird als der Sexualtrieb. Das läßt sich allerdings nur indirekt an Darstellungen zeigen, die in den Bereich von Freuds klinischer Denkweise

---

31 Die Äußerung Freuds, auf die ich mich hier beziehe, lautet wörtlich: "Ja, wenn jenes großartige Gebot lauten würde: Liebe deinen Nächsten wie dein Nächster dich liebt, dann würde ich nicht widersprechen. Es gibt ein zweites Gebot, das mir noch unfaßbarer scheint und ein noch heftigeres Sträuben in mir entfesselt. Es heißt: Liebe deine Feinde" (Freud 1930, S. 469).

fallen. Für den vorliegenden Argumentationszusammenhang bedeutet dies einen – vorübergehenden – Wechsel der Ebenen:

Auf ödipalem Niveau führt die strukturelle Veränderung im Ich zugunsten der Herausbildung des Überichs Kritik, Schuldgefühl und Selbstvorwurf als Äußerungen einwärts gewandter (vgl. Freud 1937b) (Auto-)Aggression in den seelischen Binnenraum ein. Der Aggressionstrieb nimmt, bevor er sich mit dieser Funktion der Selbstkritik im Überich manifestiert, eine Richtung, die zunächst in die sozialisatorische Umwelt weist. Durch die Identifizierung mit den Eltern "bemächtigt" sich das Ich ihrer als Objekte. Es richtet Repräsentanzen von den elterlichen Objekten in sich auf. Das Motiv hierfür ist, sich eines Beseitigungswunsches gegen die Eltern zu entledigen, dem ein aggressiver Triebimpuls zugrunde liegt. Diesen Wunsch leitet das Kind aber nicht einfach nach außen ab. Es beseitigt den anderen, indem es sich an dessen Stelle setzt. 'Ich schaffe ihn/sie dadurch beiseite, daß ich er/sie *bin*', wäre ein Gedanke, der diese symbolische Beseitigung ausdrückt. Diese Denkbewegung wagt das Kind, weil sie sich an den Eltern als geliebten Objekten vollzieht.

Repräsentanzen können deshalb eine besondere Stufe im Ich bilden, weil mit der libidinösen Seite der Identifizierung elterliche Autorität sozusagen eingeschleppt wird, die dann als Selbstkritik und –vorwurf, Strafbedürfnis etc. ihr Regiment gegen das triebparteiische Ich fortführt. Da aber auch diese vom Überich ausgehende, einwärts gewandte Aggression auf eigene, innerpsychische Affektrepräsentanzen nur sich stützen kann, stärkt die strukturbildende Veränderung im Ich den Aggressionstrieb eher, als daß sie ihn, wie mit der Identifizierung beabsichtigt war, schwächt. Die Aggression, die im Überich angelagert ist, hat als Quelle nur eigene aggressive Impulse zur Verfügung, deren Triebcharakter mit der Identifizierung abgebaut werden sollte. Die Überich-Aggression gibt Macht über die aggressiven Triebregungen, ohne von ihnen unabhängig zu werden. Über die Melancholie heißt es: "Was nun im Über-Ich herrscht, ist wie eine Reinkultur des Todestriebes" (Freud 1923, S. 283).

Sozialisatorische Interaktion, das "Benehmen des Objekts", bleibt, so gesehen, dem psychischen Binnenraum tatsächlich äußerlich, bildet einen Schirm, den der Aggressionstrieb berührt, indem er sich auf äußere Objekte richtet. Die Bewegung des Aggressionstriebs verläuft sich nicht in einer Handlung. Sie wendet sich, befrachtet mit Verbotserfahrungen, zurück ins Ich, wo sie zunächst im Überich endet und dieses als funktionalen Gegenspieler des Ichs erst recht schafft. Es entsteht der Eindruck einer zum Ausgangspunkt zurückkehrenden Bewegung, deren systemische Funktion das Bekämpfen von Beseitigungswünschen ist; letztere werden auf ödipalem Strukturniveau Ziel der Überich-Aggression.

Mit anderen Worten: Suspendierte die Psychoanalyse die Annahme dualer Triebe und vernachlässigte sie diese Annahme in ihren Auffassungen von der Struktur des psychischen Apparats, so würde sie sich auch des Anrechts auf einen eigenen, von sozialisationstheoretischen Prämissen unterschiedenen und einer spezifischen Logik folgenden Gegenstand begeben. Allerdings kommt sie nicht umhin, sich auf die Tatsache einer "Setzung" dualer Triebe einzulassen[32].

Diese zugegebenermaßen einseitige und zugespitzte Darstellung, in der zudem die Eigenständigkeit des Aggressionstriebs gegenüber den Sexualtrieben bereits vorausgesetzt ist, stützt Freud in der Schrift "Das Ich und das Es" (1923) klinisch am Beispiel der Sublimierung. Mit der Sublimierung wird desexualisierte Energie auf die Gestaltung eines Werks oder auch einer Sozialform (Freundschaft, Ehe) gerichtet, in der sich das Subjekt in einer kulturell wertvollen Leistung entäußert. Der Erfolg der Sublimierung liegt in der Anschauung des Werks, einer Beziehungsform oder auch des Selbst gegenüber anderen. Nicht hierauf richtet Freud jedoch die Aufmerksamkeit, sondern auf die Veränderungen, die der Sublimierungsvorgang innerpsychisch bewirkt.

Da die Sublimierung aus einer Desexualisierung bzw. mit dem Verzicht auf direkte Triebbefriedigung einhergeht, kann sie immer nur in Maßen befriedigend sein und stört das vorgängig prekäre Gleichgewicht von Sexual- und Aggressionstrieb: "Die erotische Komponente hat nach der Sublimierung nicht mehr die Kraft, die ganze hinzugesetzte Destruktion zu binden, und diese wird als Aggressions- und Destruktionsneigung frei". Sublimierung ist von Triebentmischung gefolgt: "Aus dieser Entmischung würde das Ideal überhaupt den harten, grausamen Zug des gebieterischen Sollens beziehen" (ebd., S. 284f.; vgl. auch S. 287). Das heißt aber auch, daß sich für Freud noch in der zur Gestaltung des Werks verwendeten, eigenen Norm und auch in der Strenge des eigenen Urteils, die dem vollendeten Werk entgegengebracht wird, die Einwärtswendung des Aggressionstriebs bemerkbar macht. Aggression amalgamiert sich im Sublimierungsvorgang mit Libido nicht zwangsläufig und belegt so für Freud die Unabhängigkeit des Aggressions- vom Sexualtrieb, die er einige Jahre zuvor in "Jenseits des Lustprinzips" (1920) postuliert hatte, ohne sie empirisch ausreichend belegen zu können[33]. Jedenfalls kann die konstruierte Eigenlogik des psychischen Apparats auf die Annahme einer Dualität der Triebe nicht verzichten.

---

32 Das Unbehagen freudianischer Psychoanalytiker an der Ich-Psychologie geht auf das Scheitern von Versuchen zurück, die dualisierende Trieblehre und die Strukturtheorie kompatibel zu machen. Sibylle Drews und Karen Brecht schreiben, in das Strukturmodell seien Instanzen hineinkonstruiert, "die einerseits für die unbewußten Widerstände, andererseits für deren unbewußte Motive verantwortlich konzipiert wurden: Ich und Überich. Das bedeutete, daß das Konfliktmodell nicht auf dem Triebdualismus fußt" (Drews u. Brecht 1975, S. 98). Die unscharfe Formulierung zuletzt vergibt die Chance, im Aggressionstrieb den ausschlaggebenden Stützpfeiler für die theoretische Konstruktion zu erkennen, in die das Strukturverhältnis von Ich, Überich und Es eingelassen ist.

33 So jedenfalls lautet ein häufiger Einwand gegen die Einführung des Todestriebs. Freud hatte sich in "Jenseits des Lustprinzips" empirisch auf einen "primären Masochismus" und auf das Phänomen des Wiederholungszwangs gestützt (vgl. Freud 1920, S. 59 u. 16ff.).

Entgegen der Auffassung, die Objektbeziehungslehre habe die Psychoanalyse an die Sozialwissenschaften näher herangeführt, indem sie deren handlungstheoretischem Grundverständnis von interagierenden Personen entgegenkomme (vgl. etwa Joas 1992, S. 270), läßt sich an Winnicotts Ansatz, auf den in diesem Zusammenhang gern verwiesen wird, gerade das Gegenteil zeigen. Winnicott macht die Errichtung einer inneren Vorstellungswelt, die die frühkindliche Entwicklung durchzieht, insgesamt von der Zerstörung des Objekts durch das Subjekt abhängig. Insofern der Zerstörung des Objekts das Überleben des "realen Objekts" folgt, "(erschafft) der Destruktionstrieb nach unserer Auffassung das Äußere in seinem Wesen erst" (Winnicott 1971, S. 109). Das "Äußere in seinem Wesen" wird hierbei von Winnicott ausschließlich psychologisch begriffen, nämlich als Zweck der inneren Entfaltung einer Welt von emotional bedeutsamen Repräsentanzen dienende "Verwendbarkeit" der "realen Objekte". Auch für die Objektbeziehungslehre Winnicotts gilt demnach, daß das theoretische Herantreten an die intersubjektive Welt das Konzept des psychischen Apparats nicht notwendig für die Stellung des Subjekts in seinen sozialen Bezügen durchlässig werden läßt. Im Gegenteil. Wo die Berührung mit der sozialen Welt am engsten ist, mobilisert Winnicott die duale Trieblehre und würde wohl gegen einen möglichen soziologisierenden Zugriff die Unabhängigkeit der psychischen Vorstellungswelt behaupten.

Ausdrücke wie "reales Objekt" und "Objektverwendung" belegen nicht das Gegenteil. Sie enthalten den Hinweis darauf, daß Winnicott in keiner Weise die Absicht hatte, die bewußtseinsphilosophische Einschränkung aufzugeben, der die Psychoanalyse – indem sie das Verhältnis von Subjekt und Objekt nicht zu überschreiten gewillt ist – generell unterliegt. Winnicott hat gewissermaßen das Letztmögliche aus dieser Relation herausgeholt und die Psychoanalyse gegen ihre Versozialwissenschaftlichung da behauptet, wo die Subjekt–Subjekt–Relation am greifbarsten ist. Unabhängig von diesem Problem des Übergangs von Subjekt zu Objekt muß die Psychoanalyse sich fragen lassen, womit sie diese Beschränkung rechtfertigt und welche Voraussetzungen der supponierten Eigenlogik seelischer Vorgänge sie lieber verrätselt, als ihren Wissenschaftsgegenstand zur Disposition zu stellen. Auf jeden Fall dürfte ihr das Eingeständnis, die Dualität der Triebe sei eine nützliche Setzung, weniger schaden als ein Glaubensstreit.

Die Gesichtspunkte, die ich hier zusammentrage, haben zunächst einmal nur den Zweck zu zeigen, daß die Eigenlogik seelischer Vorgänge eine theoretisch ernstzunehmende Behauptung mit weitreichenden Folgen für die Konstituierung der Psychoanalyse als Wissenschaft ist. Deshalb darf nicht versäumt werden, darauf hinzuweisen, daß die theoretische Konstruktion eines selbständigen Aggressionstriebs auf klinischer Ebene ganz und gar nicht den Nachweis des Bösen im Menschen lancieren soll. Der strategische Rückgriff auf den Gesichtspunkt der Aggression gestattet u.U. erst die klinisch überzeugende

Darstellung der psychischen Bedingungen gerade des Lebens, Weiterlebens und Überlebens[34].

Mit den Ausführungen bisher dürfte in Umrissen erkennbar geworden sein, welchen Aussagenkomplex die Annahme einer eigenständigen Logik seelischer Vorgänge der Psychonalyse sichert. Er betrifft nicht nur eine Vielfalt psychopathologischer Erscheinungen, sondern ebenso allgemeinpsychologische Gesichtspunkte der Arbeitsweise des Ichs. Hinsichtlich der Frage nach dem psychischen Aufbau der sozialen Handlung interessiert vor allem, wie die Arbeitsweise des Ichs in das Handeln eines Individuums eingreift. Anders gefragt: Wie berücksichtigt die Person in ihrem Handeln Dispositionen, die seelischen Vorgängen entstammen, von denen die Psychoanalyse sagt, sie könnten unabhängig von einem alter ego angegeben werden, an das sich die Handlung der Person richtet? Hier bietet sich eine nähere Betrachtung dessen an, was eingangs als doppelte Blickweise des Individuums – nach innen und nach außen – festgehalten wurde. Es ist naheliegend anzunehmen, mit dem Blick

---

34 Dies wird auch an den psychoanalytischen Fallinterpretationen aus unserem Probjekt erkennbar (s. Kapitel 4). Erst die Berücksichtigung des Gesichtspunkts der Aggresson, die dem Überich nahesteht, vollendet in der Interpretation der Analytikerin die Sinngestalt der unbewußten Konfliktverarbeitung. Die Analytikerin orientiert sich interpretatorisch am innerpsychischen Zirkulieren der Aggressionen. Diese Orientierung ermöglicht ihr, A.B.s Verstrickung in spannungsgeladene Beziehungen zu Kollegen in die Gesamtheit bekannt gewordener psychischer Vorgänge einzuordnen. Zu diesem Zweck schreitet sie deren Weg von A.B.s sadistischen Impulsen ab zu seiner, auf die Identifizierung mit seinem Vater verweisenden, moralischerzieherischen Einstellung und dann wieder zurück zum Bekämpfen der sadistischen Impulse in der Zuwendung zu einem Brüderlichkeitsideal. Für C.D. kann sie zeigen, wie Neidregungen gegenüber Frauen ihn dazu veranlassen, von ihnen Vergeltung für seine unbewußten aggressiven Wünsche ihnen gegenüber zu fürchten und wie daher viele Lebensgewohnheiten tatsächlich Vorkehrungen sind, die C.D. trifft, seiner Vergeltungsangst und der Rache seines Überichs zu entgehen. E.F.s Vorstellung eigener Größe, die er gegen die Enttäuschung an einer Umwelt aufbietet, die ihn nicht anerkennt, erschließt sich der Analytikerin als thematische Verschiebung: E.F. fürchtet für seine Leistungen, daß sie vor dem Urteil seines Überichs keinen Bestand hätten und verbirgt sie deshalb vor ihm, mit der Folge, daß die Suche nach Verborgenem E.F. als unbestimmt getrieben und nach Veränderung strebend erscheinen läßt. In einer weiteren Version tritt die Orientierung der Analytikerin an der Vorstellung zirkulierender Aggression bei I.J. hervor. I.J.s Überich-Funktion versagt. Ihr ist die Einkapselung der Aggression in eine perverse Phantasie äquivalent, die I.J. in der Liebe zu Totem bannt und die ihm die Fähigkeit bewahrt, soziale Beziehungen nach einem libidinösen Modus aufzunehmen. G.H. schließlich scheint mit seinen innerbetrieblichen Aufstiegsbemühungen zu scheitern, weil er Aggression nicht in den Dienst seines Eigeninteresses, wohl aber zum Schutz Schwächerer zur Verfügung stellen und für sie in der Auseinandersetzung mit Überlegenen entbinden kann.

Diese Beispiele erlauben, noch einmal darauf hinzuweisen, daß die eigenlogische Konstruktion des psychischen Apparats sich auf die Annahme dualer Triebe stützt und daß den Ausschlag für die Behauptung der Eigenlogik nicht das Prozedieren der Sexualtriebe, sondern der Aggressionstrieb gibt. – Eine anregende Überlegung Freuds verdient in diesem Zusammenhang Erwähnung. Im Brief vom 27. Mai 1937 an Marie Bonaparte äußert er: "Die Einwärtswendung des Aggressionstriebs ist natürlich das Gegenstück zur Auswärtswendung der Libido, wenn sie vom Ich auf die Objekte übergeht. Es gäbe eine hübsche schematische Vorstellung, daß anfänglich zu Beginn des Lebens alle Libido nach innen, alle Aggression nach außen gerichtet ist, und daß sich dies im Verlauf des Lebens allmählich ändert. Aber das ist vielleicht nicht richtig" (Freud 1937b, S. 536).

nach innen richte sich das Augenmerk der Person auf Vorgänge im (psycho-analytischen) Ich und mit dem Blick nach außen auf Vorgänge im (soziologischen) Selbst. Überlegungen hierzu führen noch einmal zum Ausgangspunkt der Paradigmenbildung in der Psychoanalyse zurück.

3.2 Psychologische Reflexivität

Die bereits erwähnte, häufig zitierte Passage über die drei das Individuum angreifenden Mächte bei Freud lautet: "Von drei Seiten droht das Leiden, vom eigenen Körper her, der, zu Verfall und Auflösung bestimmt, sogar Schmerz und Angst als Warnungssignale nicht entbehren kann, von der Außenwelt, die mit übermächtigen, unerbittlichen, zerstörenden Kräften gegen uns wüten kann, und endlich aus den Beziehungen zu anderen Menschen. Das Leiden, das aus dieser Quelle stammt, empfinden wir vielleicht schmerzlicher als jedes andere; wir sind geneigt, es als eine gewissermaßen überflüssige Zutat anzusehen, obwohl es nicht weniger schicksalsmäßig unabwendbar sein dürfte als das Leiden anderer Herkunft" (Freud 1930, S. 434f.). Mit der Unterscheidung dieser drei Seiten folgt Freud zunächst einmal einer verbreiteten Konvention. Die letztgenannte Seite der "Beziehungen zu anderen Menschen" scheint – versteht man unter "schicksalsmäßiger Unabwendbarkeit" eine objektive, gegenüber dem Individuum verselbständigte Macht – das Ganze der Gesellschaft aus der Sicht des in sie einbegriffenen Individuums zu umfassen.

Die Psychoanalyse handelt nun aber, wie bereits dargestellt, nicht vom Verhältnis des Individuums zu jenen drei Seiten, sondern von dem Psychischen, dem die allseitigen Angriffe auf das Individuum ihren Stempel immer schon aufgedrückt haben. Dieser Binnenraum fällt auch nicht mit der motivationalen Handhabung der "Beziehungen zu anderen Menschen" zusammen. Soweit sein Blick den anderen in der sozialen Interaktion zugewandt ist, erscheint das Individuum als vornehmlich gesellschaftlich bestimmt. Für das Individuum in dieser Hinsicht – also soweit es Aktor ist und an der sozialen Interaktion als einem durch soziale Normen gesteuerten, ihm Bedingungen setzenden Austausch teilnimmt – betrachtet die Psychoanalyse sich als nicht zuständig. Nur soweit das Individuum seinen Blick von dieser Seite ab- und seiner Subjektivität zuwendet, soweit sein seelischer Binnenraum psychologisch "vermessen" und hinsichtlich der Arbeitsweise des Ichs erkundet wird, ist es Gegenstand der Psychoanalyse.

Von ihrer Paradigmenbildung her betrachtet, hält die Psychoanalyse somit nur einen Teil des psychischen Binnenraums besetzt, und zwar jenen, der von der Arbeitsweise des Ichs abgezeichnet ist. Der andere, das Selbst betreffende Teil, der sich auf soziales Handeln bezieht, scheint der Soziologie anheim gegeben zu sein. Die Soziologie hält diesen zweiten Teilraum besetzt, insofern sie ein Handlungsselbst einführt und von den darin zusammengeschlossenen

Dispositionen auf Möglichkeiten der Identitätsbildung schließt. Gleichwohl kann nicht von einer säuberlichen Trennung zwischen den beiden Teilräumen ausgegangen werden – weder disziplinär noch sachlich.

Sowohl die Soziologie als auch die Psychoanalyse tendieren dazu, ihre Teilbesetzung des psychischen Binnenraums für das Ganze zu nehmen. In der Psychoanalyse, insbesondere in der Ich- und neuerdings auch der Selbst-Psychologie, gibt es darüber hinaus Versuche, die Lücke zu füllen. Ich vermute, auch Winnicotts Annahme eines "intermediären Bereich" soll diese Aufgabe wahrnehmen, die für ihn eine spielerische Reflexion des Individuums auf seine Erfahrungen meint und zu einem angestrengten Balancieren zwischen den Anforderungen der inneren und der äußeren Realität hinzukomme. "Wir behaupten ..., daß die Akzeptierung der Realität als Aufgabe nie ganz abgeschlossen wird, daß kein Mensch frei von dem Druck ist, innere und äußere Realität miteinander in Beziehung setzen zu müssen, und daß die Befreiung von diesem Druck nur durch einen nicht in Frage gestellten *intermediären Erfahrungsbereich* (in Kunst, Religion usw.) geboten wird" (Winnicott 1971, S. 23f.). Die Winnicottschen Überlegungen machen darauf aufmerksam, daß jene säuberliche Aufteilung des psychischen Binnenraums nicht haltbar ist. Das Psychische wird durch die Betätigung der Selbstreflexion des Individuums zusammengehalten, die nie zum Abschluß gelangt, weil sie Inkompatibles immer neu zusammenführt. Es sei dahingestellt, ob darüber hinaus ein "intermediärer Bereich" vorgesehen werden muß, in dem sich das Individuum dem "Druck" der Selbstreflexion entzieht.

Bei welchen psychischen Phänomenen kommt Reflexivität wie zum Zuge? Auf diese Frage möchte ich abschließend eingehen, indem ich in knapper Form die Verwendung des Selbstbegriffs in der Psychoanalyse darstelle. In der Arbeit "Zur Einführung des Narzißmus" (Freud 1914) wird deutlich, daß Freud nicht klar unterschieden hat zwischen der logischen Gestalt, die die Reflexivität im psychischen Apparat annimmt, und der selbstreflexiven Betätigung des Subjekts, das sich Qualitäten eigenen Erlebens zuwendet. Unter der logischen Gestalt der Reflexivität verstehe ich zum einen das Verhältnis, welches das Ich zu sich im sekundären Narzißmus eingeht. Zum anderen ist damit das Verhältnis gemeint, in welches das Ich zum Ichideal bzw. Überich sowie weiterer Ichfunktionen gesetzt ist, indem bestimmte Erlebnisqualitäten stufenmäßig aus dem Ich ausgelagert werden und dem Ich "gegenübertreten". Erlebnisqualitäten, von denen die einen die anderen kommentieren, sind in ein Strukturverhältnis zueinander gesetzt.

Mit sekundärem Narzißmus ist, so betrachtet, die Selbstaufwertung des Ichs durch seine Besetzung mit Libido gemeint. Für die Verdrängung gibt ein verpönender Kommentar zu Wunschregungen den Ausschlag. Erst indem das Ich "Eindrücke, Erlebnisse, Impulse, Wunschregungen", die es registriert, "in voller Empörung" zurückweist und sich so auf seine "Selbstachtung" beruft, geht von ihm Verdrängung aus (vgl. ebd., S. 160). Das Erleben eines – in Vorstellungen eingelagerten –Triebimpulses wird also vom Ich durch die Erlebnisqualität der Empörung im obigen Sinne kommentiert. Ein vom Ich gesondertes Selbst, aus dem die "Selbstachtung" erwüchse, führt Freud in diesem Zusammenhang nicht ein.

Selbstkritik, Selbstbeobachtung, Innenforschung, philosophische Introspektion (vgl. ebd., S. 164) bezeichnen entweder pathologische oder Bewußtseinsphänomene, in denen die Reflexivität des Ichs als in Richtung bewußtseinsnaher Vorgänge ausgebaut erscheint. Diese Phänomene erlauben nicht, das Besondere zu spezifizieren, das gemeint ist, wenn, wie am Beispiel der Verpönung gezeigt, Erlebnisqualitäten zu Reflexionsäquivalenten werden und die Kognition lediglich eine Hilfsfunktion innehat, diese Reflexivitätsverhältnisse zu lüften. Deutlicher wird das Gemeinte im Zusammenhang der psychoanalytischen Verwendung des Selbstbegriffs, eines Begriffs also, der die Vorstellungen von der eigenen Person meint und der – psychoanalytisch verwendet – eigentlich nur besagen kann, die Person sei ihrer Fähigkeit, auf ihr Selbstbild bewußt Bezug zu nehmen, beraubt und könne dem Verhältnis zu ihrem Selbst daher nur durch Erlebnisqualitäten Ausdruck geben, die zwangsläufig narzißtischer Natur sind.

Spätestens nachdem Kohut seine Narzißmustheorie veröffentlicht hatte, begann man, sich intensiv um die Klärung des Begriffs des Selbst in der Psychoanalyse zu bemühen und die bereits erarbeiteten Konzepte von Edith Jacobson, Donald W. Winnicott und Margret Mahler zueinander ins Verhältnis zu setzen. Als kleinster gemeinsamer Nenner dieser Diskussion ist festzuhalten, daß die Selbstrepräsentanzen wie die Objektrepräsentanzen nach ihrer Stellung zum Ich eingeschätzt werden (vgl. schon Spiegel 1959). Das Selbst umfaßt einen aus dem Ich ausgelagerten Komplex von Vorstellungen, die der eigenen Person als Objekt gelten und von anderen als Objekten unterschieden sind. Der Interaktionsursprung des Selbst im Unterschied zu anderen Objektrepräsentanzen bleibt an spezifischen Niederschlägen von Erfahrung erkennbar, die, Kernberg folgend, ans Selbst geheftet sind. Kernberg begreift das Selbst als psychische Struktur mit der Funktion der Realitätsprüfung und der Ichsynthese, die dem einzelnen ein Konzept von der eigenen Person und von anderen liefert. Das Selbst umfaßt elaborierte Ich–Funktionen und bleibt somit eine Dependance des Ichs. "The self as a psychic structure originates from both libidinally and aggressively invested self–representations. It is, in short, an ego–function and structure that evolves gradually from the integration of its component self–representations into a supraordinate structure that incorporates other ego functions – such as memory and cognitive structures – and leads to the dual characteristics implied in Freud's *Ich*" (Kernberg 1982, S. 905). Obwohl man dem Selbst zumindest bei Kernberg seine Herkunft aus Interaktionserfahrungen ansieht, zieht er es auf die Seite des einsamen Subjekts der Psychoanalyse hinüber. Dieses Subjekt erzeugt alles, wozu es imstande ist, aus sich heraus – so auch seinen reflexiven Status, der sich aus der libidinösen

Besetzung von Teilen des Ichs ergibt, also narzißistisch fundiert ist: "... I propose defining the self as an intrapsychic structure that originates from the ego and is clearly embedded in the ego. To conceptualize the self in this way is to remain close to Freud's implicit insistence that self and ego are indissolubly linked" (ebd., S. 900).

Das Selbst wird folglich dem Reflexivitätstypus unterworfen, der im psychischen Apparat herrscht. Er kann, soweit es um das Selbst der Psychoanalyse geht, nur narzißtischen Erlebnisqualitäten gelten. Ich hatte diese psychologische Reflexivität mit der Kommentierung seelischer Ereignisse durch Erlebnisqualitäten charakterisiert. Es bleibt dahingestellt, inwieweit diese Überlegung vertieft werden kann. Auf jeden Fall scheint es mir unzulässig zu sein, die Selbstreflexivität, die in der therapeutischen Kommunikation mobilisiert wird und die vielleicht tätsächlich ein Konstitutionserlebnis der Spiegelung voraussetzt (vgl. Lacan 1949, S. 64), mit der des *looking glass self* (Cooley) gleichzusetzen, wonach sich mein Selbst aus dem Blick auf mich mit den Augen anderer erschließt (vgl. Thomä 1980, S. 230).

Ich fasse die Überlegungen bisher wie folgt zusammen:

1. Die Paradigmenbildung der Psychoanalyse zielt auf Psychisches, dessen Dynamik sich im Unbewußten entfaltet. Auch die soziologische Handlungstheorie macht ausgreifende, teilweise detaillierte Aussagen über Psychisches, allerdings mit vergleichsweise "schwachen" Annahmen über die Arbeitsweise im Psychischen.

2. Hinsichtlich der "Gebietsansprüche" der Soziologie galt es daher, pointiert darauf hinzuweisen, daß Freud sich um Geschlossenheit der psychoanalytischen Theorie bemühte. Eine bedeutende Funktion für die logische Schließung der psychoanalytischen Theorie scheint dem Aggressionstrieb zuzukommen.

3. Die Psychoanalyse stößt auf Grenzen ihrer Geltung da, wo der psychische Aufbau einer Handlung sich über die disziplinär geschaffenen Gegenstände hinwegsetzt und das Individuum als ungeteilter Initiator einer Handlung in Systemen sozialer Interaktion auftritt. Dies wird an der Strapazierung des Selbstbegriffs durch die Psychoanalyse zumindest ansatzweise erkennbar.

4. Die Psychoanalyse tendiert dazu, Reflexivität auf ein einsames Subjekt einzuschränken. Sie beantwortet die Frage, woraus das Subjekt seine Identität beziehe, mit dem Hinweis auf psychologische Reflexion, also auf innere, durch die Arbeitsweise des Ichs bedingte Vorgänge.

Hierin macht sich eine Einseitigkeit des psychoanalytischen Denkansatzes bemerkbar, die weder praktisch durchgehalten wird noch vertretbar ist im

Verhältnis zu den Rückwirkungen, die die Beziehungen des Individuums zu anderen Menschen auf seine innere Verfassung haben. Selbstreflexivität ist ein komplexes, zweiseitiges Geschehen, bei dem ego auf sich als Aktor in der sozialen Interaktion blickt wie auch auf handlungsvorbereitende, innere Vorgänge. Nach außen, in der Teilnahme an der sozialen Interaktion nimmt es Einstellungen alter egos sich gegenüber wahr und bezieht daraus Vorstellungen darüber, wie andere es wahrnehmen und was daher sein eigenes Selbst auszeichnet. Habermas ordnet diesem "Richtungssinn" die *Verinnerlichung* zu. Nach innen blickend, nimmt das Individuum demgegenüber eine Reflexivität in Anspruch, welche sich an Objekte richtet, "die das Individuum sozusagen von innen heraus besitzt" (Mead 1925, S. 307). Diesen zweiten "Richtungssinn" bezeichnet Habermas als *Spiegelung* des Subjektiven im Objekt[35].

Spiegelung unterscheidet sich von Verinnerlichung radikal. Die Spiegelung ist selbstreflexiv in dem Sinne, daß das Subjekt sein Selbst und andere *als Objekte* an sich vorbeiziehen läßt, um der Modalitäten seiner Subjektivität inne zu werden. Spiegelung im psychoanalytischen Sinne meint folglich die Kommentierung des unbewußten Selbst durch unbewußte Qualitäten des Selbsterlebens. Diese können selbstreflexiv auf das Niveau des Inne-Werdens von Modalitäten eigener Subjektivität angehoben werden. Die Subjekt-Objekt-Relation, in der die Psychoanalyse seelische Vorgänge sich zugänglich macht, ist, so betrachtet, nicht einfach eine bewußtseinsphilosophische Einschränkung des psychoanalytischen Geltungsanspruchs. Sie bildet den Richtungssinn der Spiegelung ab und wendet ihn pragmatisch. Spiegelung erfaßt die Komplexität psychodynamischer Vorgänge, die sich aus der Stellung des Ichs zu Es und Überich ergeben, in der Einstellung der Person zu ihrer Subjektivität, die sie an ihren Objektbeziehungen abliest.

Beide Varianten der Selbstreflexivität zusammengenommen ermöglichen erst, die theoretische Vorstellung vom psychischen Aufbau der sozialen Handlung weiterzuentwickeln. Das Individuum berücksichtigt in seinen Handlungsentwürfen beides – seine reflexive Zuwendung zu unbewußt konflikthaften, nur ihm zugänglichen Erlebnisqualitäten und die reflexive, auf sein Selbst gerichtete Umwendung von alters Einstellung. Obwohl also die theoretischen Entwürfe sowohl der Psychoanalyse als auch der Soziologie für sich totalisierend in Anspruch nehmen, was sie tatsächlich nur jeweils begrenzt einzulösen vermögen, ist demzufolge nicht anzunehmen, daß, wie die Soziologie mit ihrem Konzept des Handlungsselbst behauptet, die beiden Formen der

---

35 Die Textpassage bei Habermas, auf die ich mich hier beziehe, lautet: "... das Modell der Verinnerlichung (besagt), daß sich das Subjekt in einem Äußeren wiederfindet, indem es das, was ihm als Objekt entgegentritt, in sich hineinnimmt und aneignet. Die Struktur der *Aneignung* unterscheidet sich von der Struktur der *Spiegelung* durch den entgegengesetzten Richtungssinn: das Selbst bezieht sich auf sich nicht, indem es sich zum Objekt macht, sondern indem es am äußeren Objekt, am Handlungsschema oder am Beziehungsschema, das entäußerte Subjektive anerkennt" (Habermas 1981b, S. 21).

Selbstreflexivität identische Vorgänge zur Voraussetzung haben. Die Frage nach dem innerpsychischen Procedieren, durch das beide Formen der Selbstrückbezüglichkeit ins Verhältnis zueinander treten, behält ihre Berechtigung.

3.3 Das (psychoanalytische) Ich

Es ist offenbar mit großen Schwierigkeiten verbunden, die Konsolidierung des Wissenschaftsgegenstandes der Psychoanalyse in der Strukturtheorie mit einer Öffnung der Psychoanalyse hin zu den Sozialwissenschaften einhergehen zu lassen. Sowohl Heinz Hartmann als auch Erik H. Erikson haben einen solchen Versuch dennoch unternommen. Beide suchten den Anschluß an die soziologische Handlungstheorie, Hartmann, indem er sich an Weber und Parsons orientierte, Erikson, indem er sich vom Theorieansatz des Symbolischen Interaktionismus anregen ließ. Von beiden wurden zentrale Theorieelemente in die psychoanalytische Diskussion übernommen, von Erikson das Konzept der Ich-Identität, von Hartmann, der noch die Auseinandersetzung mit der psychoanalytischen Trieblehre suchte, das der neutralisierten Energie. Beide Konzepte können als Versuch begriffen werden, von der Arbeit des Ichs zum sozialen Handeln und seinen Kontexten aufzuschließen.

Hartmann und Erikson mochten deutlich die Lücke empfunden haben, die die psychoanalytische Paradigmenbildung zurückließ, indem sie eine triebtheoretische Zuspitzung der individualpsychologischen Auffassung von seelischem Geschehen forcierte. Daß beide dennoch diesen Bezugsrahmen nie wirklich hinter sich gelassen haben, wirft die Frage auf, ob es überhaupt möglich ist, Anschluß an Handlungstheorien zu gewinnen, ohne deren Prämissen – Intersubjektivität, Regelgeleitetheit und Normativität des Handelns etc. – ausdrücklich einzuführen. Der Nachvollzug von Hartmanns und Eriksons Ansätzen unter handlungstheoretischen Gesichtspunkten dürfte daher wichtige Hinweise darauf ergeben, was zu beachten ist, wenn, wie ich es im letzten Abschnitt tun werde, innerhalb der soziologischen Handlungstheorie Anschlußmöglichkeiten für psychologische Beiträge angegeben werden sollen.

Hartmann vernachlässigt Freuds Gegenüberstellung von Lebens- und Todestrieb (vgl. Hartmann 1948, S. 80). Die Annahme der Dualität von Sexual- und Aggressionstrieben behält er förmlich bei[36], scheint sie aber für die Psy-

---

36 Adorno war, meinem Eindruck nach voreilig, der Meinung, daß das Festhalten an der Triebdualität es Hartmann ermöglichte, gesellschaftlichen Phänomenen ihre Selbständigkeit, Objektivität zuzugestehen: "Die strenge Psychoanalyse, die vom Gegeneinander der psychischen Kräfte weiß, kann eher die Objektivität zumal der ökonomischen Bewegungsgesetze gegenüber den subjektiven Triebregungen geltend machen als Lehren, die, um nur ja ein Kontinuum zwischen Gesellschaft und Psyche herzustellen, den Kern der analytischen Theorie, den Widerstreit von Ich und Es, verleugnen. Hartmann hält an einer psychologischen Sphäre sui generis fest" (Adorno 1955, S. 52; s.a. Horn 1971).

chopathologie zu reservieren. Jedenfalls ist unübersehbar, daß Hartmann mit seinen Bemühungen, die Psychoanalyse zu einer allgemeinen Psychologie zu erweitern, den triebtheoretischen Gesichtspunkt anthropologisch abschwächt. Außerdem entwickelt er die Vorstellung von sozial verwertbaren Konfliktanteilen und von Energien, die, von Abwehrarbeit befreit, gegenüber unbewußten Konflikten neutral geworden sind. Die Annahme neutralisierter Energien soll es ihm ermöglichen, innerpsychische Konfliktbearbeitung und soziales Handeln zusammenhängend zu konzeptualisieren und eine Brücke zwischen Psychoanalyse und soziologischer Handlungstheorie in der Folge von Weber und Parsons zu schlagen. Diesem Lösungsversuch möchte ich so weit nachgehen, wie dadurch Hartmanns theoretische Handhabung des Selbst erkennbar wird.

Hartmann sieht die Psychoanalyse zu einer Theorie sozialen Handelns dann beitragen, wenn sie das Ich nicht nur hinsichtlich seiner internen Beziehung zu Es und Überich verortet, sondern im Ich auch das Zentrum virtueller Handlungen sieht. Die Psychoanalyse habe im Ich vorzugsweise den "Widersacher der Triebe" gesehen, als der das Ich "ein Schattendasein zwischen den gewaltigen Mächten des Es und Über-Ich" führe (Hartmann 1952, S. 159f.). Sie vernachlässige, daß sich im Verlaufe der Ontogenese darüber hinaus auch "Funktionen wie Objektivierung, Antizipieren, Denken, Handeln usw." (ebd., S. 176) herausbildeten. Für die Zusammenschau all dieser Funktionen sei es angemessen, vom Ich als System zu sprechen. Dessen übergeordnete Aufgabe bestehe darin, die verschiedenen Funktionen zu synthetisieren bzw. zu organisieren. Je weniger das Ich von der Widerstandsarbeit gegen die Triebe in Anspruch genommen ist, desto eher bestehe die Chance, daß die Form der Abwehr, die sich dabei herausbildet, aus der Fixierung an unbewußte Konflikte gelöst und in einer konfliktfreien Sphäre dieses Ich-Systems für das antizipierende, denkende und handelnde Individuum verfügbar werde. "Was in einer Konfliktsituation begann, mag sekundär infolge eines, wie man es nennen könnte, 'Funktionswechsels' ein Teil der konfliktlosen Sphäre werden. Viele Ziele, Haltungen, Interessen und Strukturen des Ichs sind auf diese Weise entstanden. Was sich als Folge einer Abwehrmaßnahme gegen die Triebe entwickelt hat, mag sich in eine mehr oder weniger unabhängige und mehr oder weniger strukturierte Funktion wandeln. Dieser Vorgang kann verschiedenen Funktionen wie Anpassung, Organisation usw. dienen. Um ein Beispiel zu nennen: Jede reaktive Charakterbildung, deren Ursprung in der Triebabwehr liegt, wird allmählich einen großen Teil anderer Funktionen im Rahmen des Ichs übernehmen" (Hartmann 1950, S. 128).

Hartmann scheint also zu meinen, das Psychische auf Konfliktlosigkeit festlegen zu müssen, um theoretische Behauptungen aufstellen zu können, die zu einer allgemeinen Psychologie beitragen. Offenbar will er den Anschluß an die Sozialwissenschaften dadurch bewerkstelligen, daß er etwas für die psychoanalytische Denkweise Wesentliches, nämlich ihren Bezug zum psychischen Konflikt, abkoppelt. Soziologie und Psychoanalyse verhielten sich hiernach zueinander wie Anpassung zu Devianz und wie Normalität zu Pathologie. Man kann Hartmann daher den Vorwurf nicht ersparen, genau die Schwierigkeit aus dem Weg geräumt zu haben, die das Verhältnis von unbewußtem Konflikt zu sozialer Handlung eine theoretische Herausforderung erst werden läßt.

Hartmann verdinglicht Webers Begriffe des zweck- und des wertrationalen Handelns psychologisch (vgl. Hartmann 1947, S. 55 u. 60f.; ders. 1950, S. 140). Für beide Handlungstypen gilt, daß der Beitrag des Ichs hierzu "fast nie unbewußt" (Hartmann 1950, S. 140) und aus neutraler und neutralisierter Energie gespeist ist. Das Ich verfolgt an ihnen Interessen, wie Zielstrebigkeit zu entwickeln, Wertvorstellungen zu vertreten, Fähigkeiten zu entfalten etc. Es handelt sich um innerpsychische Interessen, die sich "auf andere Personen oder Dinge konzentrieren; oder solche, die nach Zielen drängen, die aus dem Über-Ich stammen, aber vom Ich übernommen werden, und sich auf Wertungen (ethische Werte, Werte der Wahrheit, religiöse Werte usw.) gründen; und schließlich können auch Interessen des Ichs an dem psychischen Funktionieren selbst (z.B. an intellektueller Tätigkeit) mit einbezogen werden" (ebd.). Im Falle des Egoismus sind die Interessen des Ichs "um die eigene Person (das Selbst) zentriert" (ebd., S. 139). Sie stellen auf Selbsterhaltung, Nützlichkeit, Selbstbehauptung ab und gehen als libidinöse Besetzung des Selbst vor sich; das Ich "bedient sich" eines Handelns, durch das Reichtum und Prestige erworben werden, mit dem Ziel der Aufwertung seiner selbst[37].

Es war zu sehen, daß das Selbst in der Psychoanalyse eine aus dem Ich ausgelagerte, die eigene Person betreffende Repräsentanzengruppe ist, die vom Ich her wahrgenommen wird; Ich und Selbst stehen sich gegenüber. Hartmanns Begriff des Selbst bezieht sich zwar bereits auf die gesamte Person, also einschließlich ihres Körpers, aber die Antwort auf die Frage, wie es zur Auslagerung des Selbst aus dem Ich kommt, bleibt Hartmann schuldig. Darüber hinaus scheint die Präferenz für den Typus zweckrationalen Handelns Hartmanns Selbstbegriff stark einzuengen. Denn der soziologische Typus zweckrationalen Handelns legt ihn auf ein einsames, in die Welt hinein handelndes Individuum fest, das keinen Grund hat, seine Stellung im Interaktionszusammenhang bei der Beeinflussung anderer zu berücksichtigen[38]. So

---

37 Indem ich die Elemente zweckrationalen Handelns in Hartmanns Psychologie hervorhebe, darf dennoch nicht übersehen werden, daß Hartmann dieses Muster immer wieder mit Nuancen versieht, die ihm das Schematische nehmen. So sagt er einschränkend auch, daß der "Aktionstypus", der aus dem Zusammenspiel zwischen "selbst-gerichteten Ich-Interessen" und anderen Ichfunktionen hervorgeht, nicht mit rationalem Handeln zusammenfalle. Rationales Handelns sei weiter zu fassen, und die Unterordnung anderer Ich-Funktionen unter utilitäre Erwägungen sei "kein Merkmal geistiger Gesundheit" (ebd., S. 141).

38 Horn legt Hartmanns Präferenz für den Typus zweckrationalen Handelns als Indiz dafür aus, daß die Gesellschaft selber einen falschen Handlungsrahmen anbietet im Verhältnis zu unbewußt produzierten, neurosebedingten Handlungszwängen (vgl. Horn 1971, S. 125).

entfällt auch die Möglichkeit, das Selbst auf die Verinnerlichung der Beziehung zu Personen und Dingen zurückzuführen. Es bleibt Hartmann also kaum etwas anderes übrig, als das Selbst nach dem Typus zweckrationalen Handelns zu konzeptualisieren. Das aber heißt, seine Auffassung vom Selbst erschöpft sich in der gelingenden Erhaltung der eigenen Person durch Handlungen, die sich am Erfolg bewähren. Das Ich nimmt an seinem Handeln nurmehr persönliche Attribute wahr und erkennt darin den 'Wert' der eigenen Person.

Der Typus zweckrationalen Handelns, der Hartmann den Anschluß an die Sozialwissenschaften ermöglichen soll, eignet sich nicht, die Arbeits-"ergebnisse" des Ichs in den psychischen Aufbau einer Handlung so zu integrieren, daß erkennbar wird, welche Spuren sie im sozialen Handeln hinterlassen. Weiter in die sozialwissenschaftliche Denkweise hinein führt demgegenüber Eriksons Konzept der Ich–Identität, zumal dieses Konzept verspricht, näher als Hartmann an den Handlungstyp symbolischer sozialer Interaktion, in dem Mit–Akteure auftreten, heranzuführen.

Ich–Identität nach Erikson bezeichnet das durch Selbstvergewisserung erlangte *Gefühl* der Dauer der eigenen, heterogenen "Selbste" und ist Element in der Struktur des Ichs. Die Selbste sind Niederschläge der Wahrnehmung des eigenen Körpers und der Rollen, in denen das Individuum anderen handelnd gegenübertritt (vgl. Erikson 1968, S. 219). Seine "Gegenspieler" sind die anderen, die wie ego an der sozialen Interaktion teilnehmen (vgl. ebd., S. 227). Da die Selbste von wechselnden Erfahrungen abhängig sind, werden auch sie einer Identitätsbildung unterworfen: "Was infolgedessen als *Selbst–Identität* zu bezeichnen wäre, entwickelt sich aus Erfahrungen, in denen zeitweilig verwirrte Selbste erfolgreich in ein Rollenensemble reintegriert werden, Rollen, die auch soziale Anerkennung sichern" (ebd., S. 219). Diese Selbstidentität ist für Erikson nur insoweit erheblich, als das Ich die Selbste verwendet, um sich seiner Kontinuität in der Zeit und Einheitlichkeit in der Substanz zu vergewissern. Die Bildung einer Identität des Selbst bleibt folglich der des Ichs nachgeordnet. Von der Ich–Identität "könnte man ... sagen, sie sei durch das tatsächlich erreichte, aber immer wieder zu überprüfende Gefühl der Realität des Selbsts innerhalb der sozialen Realität gekennzeichnet" (ebd.).

Erikson schließt also in die Wahrnehmung durch das Ich psychische Niederschläge der Erfahrungen ein, die das Individuum über sich als sozial handelndes macht, wie wenig auch immer er diesen Bezugsrahmen expliziert hat[39]. In dieser Weise akzeptiert Erikson auf der einen Seite, daß das Selbst Voraussetzung für die Teilnahme an der sozialen Interaktion ist. Auf der anderen Seite, aus psychoanalytischer Warte, ist das Selbst immer schon in die Reflexivität eingelagert, die sich im Strukturverhältnis von Ich–Identität zu Ich ausdrückt. Das Empfinden von Ich–Identität durch das Ich macht die Verfü-

---

39 Erikson betrachtet "die Kontroverse über *Ich* und *Selbst* (als) noch nicht ausgetragen" (Erikson 1956, S. 192).

gungsgewalt des Individuums über sich aus. Indem das Ich die unübersichtliche Menge an wechselnd Erlebten sich durch das Identitätsgefühl aneignet, schirme es, so Erikson, Denken und Handeln gegen "all die Eindrücke, Gefühle, Erinnerung und Impulse ab", die uns andernfalls "zerreißen würden" (vgl. ebd., S. 227). Das Ich hat demnach gegenüber der Reize aussendenden sozialen Umwelt eine ähnlich zensierende Funktion wie gegenüber dem Es. Obwohl es sich Momente der Sozialität des Individuums aneignet, bleibt es doch das Ich, "das zustande bringt, für uns zu tun, wie Herz und Hirn tun, was wir uns niemals 'ausrechnen' oder bewußt planen könnten" (ebd.). Dieses Konzept der Ich-Identität hat zwei weitreichende Folgen: Zum einen, durch die nachrangige Stellung der Selbstidentität, bleibt das Individium als Aktor in der sozialen Interaktion unbedeutend. Es steht im Schatten des Identitäts-*empfindens* der Person; der soziologische Gesichtspunkt des Rollen*handelns* kommt gar nicht erst ins Spiel, weil er die Psychoanalyse nichts angeht. Zum anderen wird dem rationalen, planenden Handeln die Geltung des Spontaneitätsprinzips abgesprochen, als gelte es, ein Vorurteil gegen die rationalistische Soziologie in deren Behauptung inspontanen sozialen Handelns zu verankern.

Die Integrierung des soziologischen Selbst in seine Ich-Psychologie weist Erikson den Weg zu einem seiner selbst umfassend bewußten Individuum mit einem "enormen" 'Ich'. Dieses 'Ich' hat bei Erikson einen existentiellen Stellenwert. Durch es sieht sich das Subjekt in dem erhebenden Gefühl bestätigt, "daß ich der Mittelpunkt der Bewußtheit in einem Universum von Erfahrung bin" (ebd., S. 229). Das Erleben dieser Identität "bedeutet nichts Geringeres, als daß ich lebendig bin, daß ich das Leben *bin*. Der Gegenspieler des 'Ichs' kann daher, genau gesagt, nur die Gottheit sein, die einem Sterblichen diese Glorie verliehen hat" (ebd., S. 229f.). Erikson scheint somit den von ihm gewählten soziologischen Bezugsrahmen für eine scharfe Abgrenzung seiner um Elemente der Sozialität erweiterten Psychologie des Individuums zu nutzen. Er baut den psychischen Binnenraum nicht in Richtung eines handlungsfähigen Subjekts aus, sondern in Richtung eines sich im Gefühl persönlicher Erheblichkeit bestätigenden, seine Einsamkeit als Größe genießenden Individuums. Das Ich dieses Individuums halte die Fähigkeit zur Selbstanalyse bereit (vgl. ebd., S. 227f.).

Eriksons Konzept der Ich-Identität hatte nachhaltigen Einfluß auf die Psychoanalyse auch da, wo nicht soziale, kulturelle und historische Kontexte von Lebensgeschichten Thema sind, sondern Probleme der Psychopathologie und des frühen Kindesalters, also die Entwicklung der Narzißmustheorie, der Selbst-Psychologie und derzeit der Kleinkindforschung. Mit dem Konzept der Ich-Identität wird die Strukturauffassung vom Ich ausgebaut, ohne daß die Grenzen einer psychoanalytischen Psychologie überschritten werden. Den Teil des psychischen Binnenraums, den Freud unbesetzt ließ, füllt Erikson mit einer Auffassung von Individualität auf, die zugleich eine psychologische Interpretation des Marxschen "enormen Bewußtseins" sein könnte. Jedoch meine ich, Erikson hat seine Psychologie des Individuums mit dessen Verklärung erkauft, indem er sich von der Großartigkeit faszinieren ließ, die dem Individuum in Sternstunden möglich sei.

Erikson täuschte sich, indem er die Herausforderung vernachlässigte, die in der Stellung des Individuums als sozialer Akteur liegt. Soziales Handeln ist von Werten, Normen, Regeln geleitet, die nicht der einzelne erschafft, sondern die aus Prozessen der Interaktion und Kommunikation hervorgehen. Die Anforderungen sozialen Handelns beanspruchen das Individium daher psychisch ebenso wie die Selbstvergewisserung eigenen Erlebens. Psychisch empfundene Überlegenheit in einer Handlungssituation kann auf einer Täuschung beruhen. Darüber hinaus garantiert sie nicht das Gelingen einer Handlung; mit ihr kann auch ein Scheitern einhergehen. Ein Individuum, das der Regeln, denen sein Handeln unterworfen ist, und der normativen Erwartungen anderer an es nicht gewahr würde, wäre den Zumutungen einer Realität ausgeliefert, die nicht auf es eingerichtet ist. Nicht nur das Individuum, das gerade Distanz zwischen sich und andere herstellt, sondern auch das Individuum, das gerade bis zur Unkenntlichkeit seines Selbst in einer Handlung aufgeht, bezeichnen Seiten der persönlichen Existenz; beide "Zustände" müssen in *ein* Konzept *integriert* werden[40]. Gelingen kann das nur, indem an jener doppelten, nach innen und nach außen gerichteten Blickweise des Individuums und einer komplexen Selbstreflexivität festgehalten wird, in die das Individuum eingespannt ist.

Ich fasse zusammen, was die Interpretationen der ich–psychologischen Ansätze von Hartmann und Erikson unter handlungstheoretischen Gesichtspunkten nahelegen:

1. Die Bildung des Ichs geht bei Hartmann und Erikson der eines Selbst bzw. einer Selbstidentität voraus. Deshalb können beide den Bezug auf die psychoanalytische Theoriekonstruktion wahren, nach der das Ich aus Triebregungen passable Derivate herausfiltert und seine Arbeitsweise Drehpunkt der dreiteiligen Struktur des Psychischen ist.

---

40 Ich weise darauf hin, daß meine Interpretation des Eriksonschen Konzepts der Ich–Identität diejenigen Aspekte betont, die seine psychologische Bedeutung verdeutlichen. Erikson hat verschiedentlich durchaus auch die interaktionelle Quelle der Identitätsbildung berücksichtigt. So heißt es an einer Stelle, Identität sei als Prozeß zu verstehen, in dem Ich–Identität und Selbst–Identität zusammengeführt werden. Dieser Prozeß gehe "auf allen Ebenen des seelischen Funktionierens vor sich ..., durch welches der Einzelne sich selbst im Lichte dessen beurteilt, wovon er wahrnimmt, daß es die Art ist, in der andere ihn im Vergleich zu sich selbst und zu einer für sie bedeutsamen Typologie beurteilen; während er ihre Art, ihn zu beurteilen, im Lichte dessen beurteilt, wie er sich selbst im Vergleich zu ihnen und zu Typen wahrnimmt, die für ihn relevant geworden sind. Dieser Vorgang ist glücklicher- und notwendigerweise zum größten Teil unbewußt, ausgenommen da, wo innere Bedingungen und äußere Umstände zusammentreffen, um eine schmerzhafte oder stolze 'Identitätsbewußtheit' zu vertiefen" (Erikson 1968, S. 19). Es entspricht allerdings der verklärenden Tendenz in Eriksons Ansatz, daß nicht die "schmerzhafte" sondern die "stolze 'Identitätsbewußtheit'" die Oberhand gewinnt.

2. Hartmann, der das Problem der Anpassung an die soziale Umwelt als erster aufwirft, führt das Selbst auf der Ebene des Ichs ein und weist ihm bereits einen strukturellen Ort im Ich insofern zu, als Ichinteressen mit dem Selbst verkehren. Dieser Vorgang wird von ihm analog dem Typus zweckrationalen Handelns vorgestellt; das Ich nutzt Handlungen zum Zweck einer Wertbestimmung der eigenen Person (Prestige, Ansehen etc.).

3. Indem Hartmann sich auf den Typus des wert-, insbesondere aber des zweckrationalen Handelns beschränkt, bleibt er auf das Konzept der Anpassung eines einsamen Individuums an seine Umwelt festgelegt. Das Individuum kann in dieser Umwelt erfolgreich sein oder auch nicht, und sein Selbst profitiert von ihr allenfalls.

4. An Eriksons Ansatz erweist sich die Bezugnahme auf den Typus symbolisch vermittelter, sozialer Interaktion als produktiv für seine Konzeptualisierung des Ichs als Strukturverhältnis. Indem das Ich die Repräsentanzen wechselnder Selbste selektiv zu sich ins Verhältnis setzt, sind ins Empfinden von Identität immer auch Niederschläge von sozialen Erfahrungen aufgenommen.

5. Weil, anders als bei Hartmann, die in der Ich–Identität strukturell verfestigte Selbstreflexivität die unbewußte Arbeitsweise des Ichs unverändert läßt, gilt für das Ich weiterhin, daß seine Äußerungen dem Spontaneitätsprinzip folgen. Für die nachfolgenden Überlegungen werde ich die von Erikson um Aspekte des Selbst erweiterte Auffassung vom Ich beibehalten, aber den Aspekt des Identitätsempfindens vernachlässigen, weil er zur Entwicklung von Kategorien, mit denen die Falldarstellungen aufbereitet werden können, nichts wesentliches beiträgt.

In einer Übersichtsarbeit zum psychoanalytischen Identitätsbegriff ist Werner Bohleber auf verwandte soziologische Aussagen eingegangen. Seine Überlegungen sind durch die neuere Entwicklung der Kleinkindforschung veranlaßt. In der Kleinkindforschung wird versucht, einen Widerspruch zu lösen, der sich bei dem Versuch ergibt, das psychoanalytische Entwicklungsmodell, welches die Denkweise an der Perspektive der Triebhandlung ausrichtet, mit einem interaktionellen Entwicklungsmodell zu kombinieren, das zwangsläufig eine sozialisatorische Perspektive auf Lernprozesse in die Forschung einführt. Der Widerspruch ergibt sich daraus, daß in ersterer Perspektive das Ich dem Selbst vorausgeht; über Identifizierungen richtet das Ich Repräsentanzen der eigenen Person im Verhältnis zu den Objekten seine Triebwünsche in sich auf. Demgegenüber ist das Selbst dem Ich dann vorausgesetzt, wenn die Teilnahme an sozialer Interaktion, die die Einnahme von alter egos Haltung sich selbst gegenüber einschließt, in Lernprozesse einmündet, die zur Ichbildung beitragen. Die psychoanalytische Kleinkindforschung (Bohleber 1992, S.337; s. hierzu Dornes 1993) tendiert dazu, diesen Widerspruch in ein Modell der Entwicklung hinein aufzulösen, in dem Selbst- und Ichbildung zu Entwicklungsschritten werden, die auseinander folgen.

Bohleber hat hieraus den Schluß gezogen, Identitätsbildung finde zu allen Lebenszeiten als Prozeß statt, "der aus der Spannung zwischen der subjektiv-personalen Identität und der sozialen Rollen-Identität eine seiner Antriebskräfte erhält. ... Man kann es auch so ausdrücken: Ich muß meine individuelle Besonderheit anhand der allgemeinen Erwartungen anderer in bestimmten sozialen Situationen im Akte einer persönlichen Interpretation der Situation zum Ausdruck bringen, und so bin ich für die anderen als die je einzigartige Person erkennbar. Ich-Identität bzw. Selbst-Identität balanciert zwischen isolierter Einzigartigkeit und dem widerstandslosen Aufgehen in den Erwartungen der anderen" (Bohleber 1992, S. 358). Problematisch an dieser Bestimmung, die Einzigartigkeit und Rollenidentität zu vereinbaren sucht, ist allenfalls, daß Bohleber Rollenidentität mit lebenspraktisch geübter Konformität gleichsetzt. Die Behauptung eines "widerstandslosen Aufgehens in den Erwartungen der anderen" gibt mehr vom Ungenügen der Rollentheorie wieder als von den tatsächlichen Vorgängen der psychischen Umsetzung von Normen in individuelle Verhaltensreaktionen. Ebenso kann ich mich über meine "individuelle Besonderheit" täuschen, wenn gemeint ist, diese "im Akte einer persönlichen Interpretation" abschließend zum Ausdruck bringen und darstellen zu können[41].

Gemessen am Vollzug von Handlungen in der sozialen Interaktion sind Konformität und Einzigartigkeit mehrdeutig[42]. Konformität kann Einzigartigkeit bezeugen, und Einzigartigkeit kann auf das Erfüllen von Erwartungen durch ego hindeuten. Die Entscheidung hierüber ergibt sich aus der Abfolge von Handlungen in einer Interaktionssituation. Ego kann seinen kommunikativen Akt mit der Intention ausführen, seine Einzigartigkeit darzustellen, aber im nachhinein an den Reaktionen der anderen feststellen, daß es sich mit dieser Selbstdarstellung Erwartungen widerstandslos gefügt hat. In der Rekonstruktion von Differenzen zwischen Intention und Reflexion auf den kommunikativen Akt kommt regelmäßig zum Vorschein, daß sowohl das (soziologische) Selbst als auch das Ich auf den individuellen Akt Einfluß gehabt haben – das Selbst durch die Auslegung von alter egos Haltung, das Ich durch die Investition von Libido in den Wert der eigenen Person. In dieser Überlegung ist bereits der Hinweis darauf enthalten, daß jede vollzogene Handlung Ergeb-

---

41 Die Gefahr, Anforderungen, die von normativen Erwartungen an das Handeln des einzelnen ausgehen, vereinfachend zu erklären und individuelle Konformitätsleistungen zu unterschätzen, ist auch in der Soziologie gegeben. Wrongs Warnung vor dem "übersozialisierten Menschen" richtete sich hiergegen (vgl. Wrong 1961). Die Fallstudie zu G.H. ist geradezu ein Lehrstück möglicher Mißverständigung über Einzigartigkeit und Konformität (s.u., S. 158ff.).

42 Erikson spricht in seiner Weise von "negativer Identität" und gibt einen Hinweis auf ihre unwillkürliche Konformitätsbedeutung. "... manchmal, wenn wir (junge Leute) eine Straße entlang gehen sehen, ist es uns, ohne taktlose Kontrolle, unmöglich zu sagen, wer der Junge und wer das Mädchen ist. Negative Identität? Oh, jawohl, sie scheinen alles sein zu wollen, wovon die 'Gesellschaft' sagt, sie sollten es nicht sein: darin wenigstens sind sie 'konformistisch'" (Erikson 1968, S. 23).

nisse der Arbeit des Ichs an unbewußten Konflikten und des Selbst an Handlungsentwürfen enthält. Dieser Hinweis wird in den folgenden beiden Abschnitten weiter ausgeführt.

Bohleber spricht vom Unbewußten als einer "Gegen-Identität" (ebd., S. 362). Ich gehe davon aus, daß diese Gegen-Identität, die – eben weil sie unbewußt ist – in der sozialen Interaktion nicht ausdrücklich erprobt sein kann, das Handeln einer Person dennoch regelmäßig beeinflußt. Die Diskrepanz zwischen sozial sich herstellender Identität und dieser unbewußten Gegen-Identität erscheint auf der Ebene der Performanz einer Handlung als in Akten zusammengeführt, in denen Rollenkonformität sich, wie ich zu zeigen versucht habe, als mehrdeutig erweist. Diese Mehrdeutigkeit bietet die Chance, von der Ebene der Performanz ausgehend, Handlungen soziologisch und zugleich psychoanalytisch zu interpretieren. Aus diesem Grund werde ich die Perspektive auf das Individuum verändern, indem ich Meads Konzept der sozialen Handlung einführe und den performativen Beitrag des Individuums zu sozialem Handeln in den Mittelpunkt rücke.

3.4 Das (soziologische) Selbst

Aus der Gesellschaftstheorie von George Herbert Mead greife ich den Teil auf, der sich auf die soziale Handlung und die Stellung des Selbst zur sozialen Handlung bezieht[43]. Ich will zeigen, daß das soziologische Selbst einen Arbeitsschwerpunkt im psychischen Binnenraum bildet, der auf die Teilnahme an der sozialen Interaktion ausgerichtet und zugeschnitten ist und zunächst einmal von der Arbeitsweise des (psychoanalytischen) Ichs klar unterschieden werden muß. In einem zweiten Schritt können dann Koinzidenzen und Überschneidungen benannt und hypothetische Verbindungen zwischen der Arbeitsweise des Selbst und der des Ichs hergestellt werden. Es kann gefragt werden, inwieweit das handelnde Subjekt diese Verbindungen tatsächlich selber stiftet.

Soziales Handeln ist ein Prozeß, in dem ego die ihm von alter aufgezeigte Haltung bei sich hervorruft und sich dadurch in die Lage versetzt, eine Reaktion hervorzubringen, in der ego der Haltung alters Bedeutungen zugewiesen hat. Die Erfahrung, die ego hierbei mit seiner eigenen tatsächlichen Reaktion und der Haltung macht, die alter daraufhin einnimmt, wird Bestandteil seines Selbst. Fortlaufende, wenn auch nicht alle Erfahrungen werden im Selbst organisiert. Aber nicht die Erfahrung eines Objekts an sich, sondern die Erfahrung des Selbst als Objekt gehört der Reflexion an. In dieser Erfahrung des Selbst als dem "primären Objekt" herrscht die "Tätigkeit der Erinnerung und Vorstellungskraft" vor. Sie kann hinter eine Tätigkeit, die jemanden vorüber-

---

43 Ich tausche in der Übersetzung von "Mind, Self, and Society", die ich durchgängig verwende, "Identität" gegen "Selbst", "Ich" gegen "I" und "ICH" gegen "me" aus. Anstelle einer Begründung verweise ich auf Tugendhat 1979, S. 247; s. a. Fußnote 92 auf S. 220).

gehend vollkommen in Anspruch nimmt, zurücktreten oder neben dieser auftreten. "Wenn man flüchtet, um einem Verfolger zu entkommen, ist man mit dieser Handlung völlig beschäftigt, ... so daß man zu diesem Zeitpunkt überhaupt kein Bewußtsein des eigenen Selbst hat. ... Tolstoj berichtete als Offizier im Krieg, er habe Vorstellungen von seinen vergangenen Erfahrungen inmitten der bewegtesten Handlungen gehabt. Es gibt auch jene Bilder, die vor einem ertrinkenden Menschen aufblitzen" (Mead 1934b, S. 179). Das Bewußtsein von einem Selbst ist daher an Voraussetzungen gebunden, deren Untersuchung Mead zum zentralen Thema macht und von deren Klärung er sich die Begründung einer unpersönlichen Vernunft verspricht. Er fragt: "Wie kann ein Einzelner (erfahrungsmäßig) so aus sich heraustreten, daß er für sich selbst zum Objekt wird?" (ebd., S. 180).

Die Antwort bezieht Mead aus der Konstruktion der sozialen Handlung[44]. Die Entstehung von (Selbst-)Bewußtsein setzt für Mead theoretisch Sozialität voraus, d.h. einen Lebenszusammenhang, in dem sich Organismen zueinander verhalten, bevor ihr Verhalten Objekt der Aufmerksamkeitszuwendung des jeweils anderen und des Organismus zu sich selbst wird, so daß Bewußtsein auftritt. Erst wenn der einzelne so "zu einem Objekt für sich selbst" geworden ist, "genauso wie andere Individuen für ihn oder in seiner Erfahrung Objekte sind", tritt er auch als Subjekt einer Handlung auf, das ein Selbst entwickeln kann. Im gesellschaftlichen Prozeß wird der einzelne sich zum Objekt bzw. rekurriert er auf sein Selbst, "indem er die Haltungen anderer Individuen gegenüber sich selbst innerhalb einer gesellschaftlichen Umwelt oder eines Erfahrungs- und Verhaltenskontextes einnimmt, in den er ebenso wie die anderen eingeschaltet ist" (ebd., S. 180). Hat sich das Selbst "einmal entwickelt ..., schafft es sich gewissermaßen selbst seine gesellschaftlichen Erfahrungen" (ebd., S. 182). Meads Lösung für das Problem, wie Selbstbewußtsein auf der Ebene des menschlichen Organismus entsteht[45], setzt also bei der gesellschaft-

---

44 Meads Hinwendung zur sozialen Handlung entwickelt sich allmählich in einer erkenntnistheoretischen und wissenschaftslogischen Auseinandersetzung mit der Psychophysiologie der zweiten Hälfte des 19. Jahrhunderts sowie verschiedenen Versionen des Behaviorismus (vgl. Mead 1934b, Teile I und II; Joas 1980, S. 67ff.).

45 In meiner Darstellung, bei der ich ausschließlich auf die Priorität der sozialen Handlung bei Mead abstelle, bleibt die evolutionäre Ansatzweise der Meadschen Theorie unberücksichtigt. Ein Nachteil ist das deshalb, weil erst diese Perspektive Verbindungen zwischen Mead und Freud umfassend verständlich macht, auf die ich im folgenden durchaus eingehen will. Allerdings ist der evolutionäre Übergang von vorsprachlicher, gestischer Kommunikation zu sprachlich verfaßtem sozialem Handeln bei Mead in mancher Hinsicht klärungsbedürftig. Die Auseinandersetzung damit würde daher den Rahmen sprengen, den ich mir gesteckt habe und der zum Ziel hat, einem Konzept der sozialen Handlung das Wort zu reden, an das die psychoanalytische Strukturtheorie anschließbar ist. Zur Problematik der evolutionstheoretischen Grundlagen der Meadschen Gesellschaftstheorie vgl. die Kritik von Habermas (1981b, S. 11ff. und weitere Literaturangaben daselbst), und – Mead gegenüber Habermas verteidigend – Joas (1980).

lichen Handlung an. Sie ist Voraussetzung dafür, daß Bewußtsein auftritt und egos Beteiligung an einer sozialen Handlung als Erfahrung registriert wird, die sich in einem Selbst organisieren läßt. Diese geistige Tätigkeit begründet die Rationalität unseres Handelns. "Rationalität bedeutet, daß die von uns in anderen ausgelöste Reaktion ebenso in uns selbst ausgelöst wird, und daß diese Reaktion wiederum ihre Rolle bei der Bestimmung dessen spielt, was wir des weiteren zu sagen und zu tun gedenken" (ebd., S. 191). Das Selbst ist mit der Rationalität durch die Tätigkeit des Denkens verbunden, das aus der Einnahme der Haltung des anderen gegenüber sich selbst hervorgeht (vgl. ebd., S. 198).

Den Meadschen Ansatz soziologisch weiter nachzuvollziehen – insbesondere den Nachweis der organisierenden Funktion des Selbst für die Verinnerlichung des "generalisierten anderen", d.h. auch der unpersönlichen gesellschaftlichen Normen und Werte zu führen – würde kaum etwas an dem Eindruck ändern, den dieses knappe Referat bereits hinterlassen dürfte. Danach ist eine Übersetzung der psychoanalytischen Kategorie des Ichs in die des Meadschen Selbst und umgekehrt nur schwer vorstellbar. Es ist der psychoanalytischen Denkweise fremd, psychische Vorgänge und Entwicklungen nicht als im Organismus gründend anzusehen. Genau hiergegen aber richtet sich seine Argumentation, wenn Mead, gegen Cooley und James sich wendend, die Auffassung verwirft, die Tatsache eines "Selbstgefühls" spreche für den psychologischen Ursprung des Selbst. Die Theorie, die "die Grundlage des Selbst in reflektiv-affektiven Erfahrungen zu finden (versucht) ..., erklärt ... nicht den Ursprung des Selbst oder des 'Selbstgefühles', das sie charakterisieren soll. Der Einzelne braucht hier die Haltungen anderer gegenüber sich selbst nicht einzunehmen, da diese Erfahrungen das für sich allein nicht erfordern, und solange das nicht der Fall ist, kann er kein Selbst entwickeln. Es wird bei diesen Erfahrungen auch nicht der Fall sein, es sei denn, daß sich sein Selbst bereits anderswo entwickelt hätte, nämlich auf die von uns beschriebene Art" (ebd., S. 216) Das Selbstgefühl, das Cooley und James – und in ihrer Folge, wie zu sehen war, Erikson[46] – als Kern von Identität ansehen, ist nach Mead entweder unerheblich, oder es hat sich im Zuge der Organisierung des Selbst gebildet. Mead weist aber nicht nur ein psychologisches Ursprungsdenken zurück, auf das die Psychoanalyse, wie selbst die fortgeschrittenen ich-psychologischen Ansätze zeigen, festgelegt ist. Er betont darüber hinaus geradezu, daß das Wesen des Selbst kognitiv sei (vgl. ebd.), rational und vernunftgelenkt. Wo, wenn überhaupt, gibt es dann aber Berührungspunkte zwischen der Meadschen

---

46 In bezug auf William James vgl. Erikson 1968, S. 15 f. Erikson allerdings entzieht sich der Meadschen Kritik an den Pragmatisten durch seine, wenngleich psychologisch abgeschwächte, Rücksicht auf das Selbst: Das Konzept der Ich-Identität schließt Repräsentanzen des Selbst ein und nimmt damit in Anspruch, soziale Erfahrungen zu berücksichtigen. Darüber hinaus besagt es, daß das Selbst, vertreten durch Vorstellungsrepräsentanzen eigener Erfahrungen, in den Sog präsymbolischen Erlebens gelangen kann.

Handlungstheorie und der Psychoanalyse mit ihrer Festlegung auf das Unbewußte aller "wesentlichen" psychischen Abläufe?

Einer zumindest näherungsweisen Antwort auf diese Frage weist Meads Unterscheidung zwischen Erfahrungen den Weg, die aus der Teilnahme an der sozialen Interaktion hervorgehen, und Erfahrungen, die nur "privat" zugänglich sind (vgl. ebd., S. 209), bzw. Reaktionen, die nicht darauf zurückgehen, daß ego bei sich die Haltung hervorruft, die alter ihm aufgezeigt hatte. Als Beispiel führt Mead eine zornige Person an, die bei sich nicht die Angst auslöst, die sie bei alter ego bewirkt (vgl. ebd., S. 191). Ein anderes Beispiel ist der Schauspieler, der sich gegenüber eine Haltung einnehmen kann, die dem Publikum Trauer bedeutet, aber nicht in einem tatsächlichen Objektverlust des Schauspielers begründet ist (vgl. ebd., S. 189). Solche Affekte gehören sehr wohl zu Erfahrungen, aber sie sind nicht notwendig ins Selbst einbezogen. "Es ist für den Einzelnen möglich, die Realität seines Körpers und körperlicher Empfindungen zu erfahren und sich ihrer bewußt zu werden ... – in anderen Worten, ohne die Haltung der anderen sich selbst gegenüber einzunehmen" (ebd., S. 214). Solche dem Selbst nicht notwendig angeschlossenen Erfahrungen nennt Mead das Subjektive, das wir, wie das Unangenehme einer anderen Person, vom Selbst "abtrennen" können und das daher an der Entstehung und Sicherung gesellschaftlicher Rationalität auch nicht in dem Umfang beteiligt ist wie Symbole[47].

Die Unterscheidung zwischen Selbst-Bewußtsein und Bewußtsein hat Folgen für den Versuch einer Ortsbestimmung der psychoanalytischen Strukturtheorie innerhalb des psychischen Binnenraums, den als bildliche Vorstellung auch die Meadsche Handlungstheorie impliziert. Man ist versucht, diesen Raum gemäß der Meadschen Unterscheidung des Selbstbewußtseins vom Bewußtsein zwischen Soziologie und Psychologie aufzuteilen, zumal diese Unterteilung empirisch gehaltvoll zu sein scheint. In gewisser Weise repräsentiert dieses soziologische Konzept des Selbst die Seite, mit der das Individuum in Gesellschaft einbegriffen ist und die, wie zu sehen war, bei Freud als Leerstelle unbesetzt bleibt (s.o., S. 62f.). Das psychoanalytische Konzept des Ichs demgegenüber bezieht sich auf Empfindungen, Gefühle und Impulse, die von kognitiven Vorgängen im (Meadschen) Selbst abkoppelbar sind. So betrachtet, wäre Mead allerdings, wie Durkheim und Simmel auch, am Errichten einer soziologischen Konvention beteiligt gewesen, nach der das Individuum nur mit einem Teil seiner selbst von Vergesellschaftungsprozessen erfaßt wird. Die Soziologie schlüge ihrem Gegenstand denjenigen Ausschnitt psychischer Vorgänge zu, mit dem das Individuum am sozialen Handeln kognitiv beteiligt ist bzw. durch Erfahrungslernen vom Vergesellschaftungsprozeß erfaßt wird.

---

47 "Denken setzt immer ein Symbol voraus, das im anderen die gleiche Reaktion wie im Denkenden hervorruft" (Mead 1934b, S. 189).

Nun fügt sich Meads Ansatz einer solchen säuberlichen Trennung aber nicht. Wie Mead sich psychische Verhältnisse wahrscheinlich vorgestellt hat, kann man dem Kategorienpaar von "I" und "me" und dem evolutionären Status des I entnehmen. Das Verhältnis von I und me ist die Form, die für Mead die Subjekt-Objekt-Relation, durch welche jede Art von Reflexivität gekennzeichnet ist, in dem Vorgang annimmt, in dem das Selbst sich seiner bewußt wird. Das I trägt zu egos Handlung das Moment der Aktion bei. Die ihm entspringende Spontaneität und Unmittelbarkeit lassen eine vollzogene Handlung von ihrem Entwurf durch das Selbst verschieden sein. Die "Bewegung in die Zukunft ist sozusagen der Schritt des 'I'" (ebd., S. 220). Das Überraschende, Neue, mit dem das I so zur Handlung beiträgt, "liefert das Gefühl der Freiheit, der Initiative" (ebd., S. 221). Das me umfaßt den Ausschnitt aus den im Selbst organisierten Erfahrungen, die in einer gegebenen Situation zur Lösung des Problems beitragen, welche Handlung ego vorbereiten, entwerfen soll, nachdem es alter egos Haltung in sich hervorgerufen hatte.

I und me sind "beide Teile des Selbst" (ebd., S. 217). Wenn eine Handlung ausgeführt ist, wird rückblickend, in der Erinnerung das I zugänglich, und zwar als das Aktionsmoment des um eine Erfahrung erweiterten me, das ego bei der Vorbereitung einer nächsten Handlung berücksichtigt. Das I ist zugänglich "als historische Figur": "Das 'I' der Erinnerung (ist) der Sprecher für das Selbst, wie es vor einer Sekunde, einer Minute oder einem Tag existierte. Als einmal gegebenes, ist es ein 'me', aber ein 'me', das früher einmal 'I' war" (ebd., S. 217f.). Mead überführt also die logische Reflexivität in eine Form, die die Dynamik der sozialen Handlung beleuchtet. Die Handlung ist dem Spontaneitätsprinzip unterworfen. Deshalb muß der performativen Phase der Handlung, also dem mit einer Reaktion unwiderruflich geleisteten und der Sinnzuweisung durch andere "ausgelieferten" Beitrag des einzelnen zur sozialen Handlung, gesonderte Beachtung geschenkt werden. Die vollzogene Handlung ist von ihrem Entwurf verschieden.

Folgt man Meads evolutionärer Rekonstruktion, so erweist sich das I als auf ein – wenngleich durch die Vertretung von Spontaneität, Aktivität, Kreativität und Subjektivität unentbehrliches – Moment der sozialen Handlung zurückgeschnittenes "biologisches Individuum". Mead rekonstruiert es als "leidenschaftliches ..., das liebt und haßt, umarmt und zuschlägt. *Dieses* ist niemals ein Objekt; *sein* Leben ist ein Leben des direkten Leidens und der direkten Aktion" (ebd., S. 421). Das I erinnert an ein "altes"[48], evolutionär überholtes Handlungsprinzip. Wie das biologische Individuum tritt es niemals in der Handlung selber auf, sondern nur durch "Ausdruck suchende Triebimpulse des Organismus" (Mead 1925, S. 305), die in Gestalt des I ins Selbst gelangen

---

48 "Insoweit (das Selbst) einfach durch Selbstanregung bestimmte Reaktionen betont, wie bei den balzenden Vögeln, wird kein *neues* Handlungsprinzip eingeführt" (Mead 1934b, S. 418; Hervorhebung von mir).

(vgl. Mead 1934b, S. 422f.). Es ist in Vorstellungen vertreten, die, sofern sie im Selbst organisiert sind, Impulsen Ausdruck verschaffen[49]. Mead nennt dies die "definitive Lokalisierung und Identifizierung der Vorstellungen ... Solange diese ... nicht stattfinden kann, hängen die Vorstellungen unbestimmt im Raum. Besonders wenn Vergangenheit und Zukunft eindeutiger werden, brauchen die Vorstellungen ... einen Sitz – sie werden in den Geist verlegt" (ebd., S. 424f.). Ausschlaggebend für die Durchsetzung von Impulsen in Reaktionen ist ihre Einbindung in Vorstellungen, die eine Handlung vorbereiten. Den gesamten Bogen vom biologischen Individuum bis zum als Objekt wahrgenommenen Selbst begreift Mead als "funktionale Wechselbeziehung" (ebd., S. 421) zwischen beiden[50].

In dem auf diese Weise konzeptualisierten Aufbau einer Handlung bleibt das Psychische, soweit es mit Empfindungen, Affekten, Impulsen zusammenfällt, für Mead unerheblich, wenn es nicht im Selbst verankert ist. Symptomatisch hierfür ist die Formulierung, Vorstellungen hingen "unbestimmt im Raum". Anders als in der Psychoanalyse, die unbewußte Vorstellungen kennt, benötigt nach Mead das Psychische im kognitiv zugänglichen Selbst einen "Sitz" in den Vorstellungen – oder aber die Theorie versagt sich der Einordnung von Psychischem in den Aufbau einer Handlung. Eine dritte Möglichkeit, nach der Psychisches außerhalb dem (Meadschen) Selbst eine eigenständige Einheit bilden würde, sieht die Theorie nicht vor, obwohl Meads inhaltliche Aussagen zum "alten" Handlungsprinzip sich einer solchen Zuordnung nicht zu verschließen scheinen. Es ist, wie Joas erwogen hat[51], naheliegend, das

---

49 "Das 'me' ist die Quelle der emotionellen Reaktion auf die Werte, zu denen man sich als Mitglied der Gesellschaft bekennt" (Mead 1934b, S. 243).

50 Ein Teil der Vorstellungen – die "unbestimmt im Raum hängenden" – bleibt also, von der Konstruktion der sozialen Handlung her betrachtet, auch theoretisch unbestimmt. Hierzu gibt es eine bemerkenswerte Parallele bei Simmel, der über den "seelischen Prozeß" äußert: "unsere tatsächlichen, psychologischen Prozesse sind in viel geringerem Grade logisch reguliert, als es nach ihren *Äußerungen* scheint. Achtet man genau auf die Vorstellungen, wie sie in der Zeitreihe kontinuierlich durch unser Bewußtsein gehen, so ist ihr Flackern, ihre Zickzackbewegungen, das Durcheinanderwirbeln sachlich zusammenhangloser Bilder und Ideen, ihre logisch garnicht zu rechtfertigenden, sozusagen nur probeweisen Verbindungen – alles dies ist äußerst weit von vernunftmäßiger Normiertheit entfernt". Seine "absolut genaue Verlautbarung (würde) jeden Menschen ... ins Irrenhaus bringen" (Simmel 1908, S. 387). Das heißt, wie für Mead scheint auch für Simmel eine logische Durchdringung des Psychischen nicht vorstellbar zu sein; das logischen Normen Gehorchende ist der Natur immer bereits entwunden (vgl. ebd., S. 386f.). Daß es die Arbeit des Ichs ist, die den Vorgang der Aneignung innerer Natur organisiert und daher einer theoretischen Bestimmung ebenso wie bewußte Organisationsleistungen an Vorstellungen und Bildern fähig ist, bleibt der in etwa zeitgleichen – im Unterschied zu Mead und Simmel auf Psychisches konzentrierten – Entdeckung Freuds vorbehalten.

51 Joas erwägt, das Unbewußte der Psychoanalyse an die Meadsche Handlungstheorie anzuschließen, indem er auf die Arbeit des Ichs rekurriert, allerdings bereits unter dem Vorzeichen von Symptombildung: Er möchte die Meadsche "Theorie sozialer Identitätsbildung systematisch auf ein Versagen des Ich in Integrations- und Vergegenwärtigungsleistungen" zurückbe-

Psychische mit der elaborierten Konstruktion des Unbewußten bzw. dem Es der Psychoanalyse in Beziehung zu setzen. Das wirft aber die Frage nach der Verträglichkeit von "altem" und "neuem" Handlungsprinzip hinsichtlich ihrer Niederschläge in *einem* psychischen Binnenraum auf. Aus der Sicht der Meadschen Handlungstheorie kann die Antwort allenfalls im Umkreis des Verhältnisses zwischen Meadschem Selbst und psychoanalytischem Ich gesucht werden. Daß die Arbeitsweisen beider kompatibel sind, kann indessen nur aus dem Arbeitsergebnis im Verhältnis beider zueinander erschlossen werden. Dieses Arbeitsergebnis ist auf der Ebene der Handlungsperformanz zugänglich.

Theoretisch ließe sich dieses Verhältnis als Stufenmodell fassen. In ihm fällt dem Selbst die Aufgabe zu, Vorstellungen, soweit sie vom "alten" Handlungsprinzip beherrscht werden und mit unbewußten – verdrängten und verdrängenden – Erlebnisqualitäten zusammenfallen, in bewußte Vorstellungen von Empfindungen, Affekten und Impulsen umzuformen[52]. Empirisch müßte gezeigt werden können, daß diskrepante Ausdruckselemente in ein und derselben Handlung zusammengeführt sind. Die soziologische Analyse der Arbeit des Selbst und die psychologische Analyse der Arbeit des Ichs müßten von hier ihren Ausgang nehmen. An die Handlungsperformanz interpretatorisch anzuknüpfen, hieße daher, die Einheit der Handlung bewahren und dennoch daran mit Betrachtungsweisen anknüpfen, die in unterschiedliche Richtungen führen: in die der sozialen Interaktion und in die seiner psychischen Grundlagen.

Diese Überlegungen werden wieder aufgegriffen, wenn die Fallstudien präsentiert sind. Da in ihnen die genannten Gesichtspunkte bereits berücksichtigt sind, kann an ihnen überprüft werden, ob die Vorstellung eines solchen Stufenmodells nützlich ist.

---

ziehen. Ein Versagen des Ichs anzunehmen würde nun aber auf eine Reifizierung seiner Funktionen hinauslaufen. Dies wäre nur zu rechtfertigen, wenn gleichzeitig, wie Freud es tut, von einer Geschlossenheit des psychischen Apparats ausgegangen würde. Ich habe zu zeigen versucht, daß dies eine theoretisch durchaus vertretbare Position ist. Sie gibt allerdings, wie Joas richtig sieht, das Problem auf, das Unbewußte des psychischen Apparats zugleich auch als "potentiell Bewußtes" aufzufassen, also die Vorstellung von Geschlossenheit und Eigenlogik mit der Vorstellung eines Übergangs in Bewußtes, dem Selbst Zuzurechnendes zu vereinbaren (vgl. Joas 1980, Fn. 60 auf S. 222f.). Genau aus diesem Grund hielt Freud an der Vorstellung eines topisch Unbewußten neben dem strukturell Unbewußten fest. Insgesamt dürfte die theoretische Lösung nur über geeignetes empirisches Material vorangetrieben werden können. Dies sollen die Fallstudien in Kapitel 5 ermöglichen.

52 Hier liegt allerdings ein schwerwiegendes Problem. Was Mead unter dem "alten" Handlungsprinzip verstanden haben könnte und die unterschiedlichen Aspekte subhumaner Verhaltensweisen einschließt, wäre der psychoanalytischen Bestimmung des Es gegenüberzustellen. Hinzu kommt das Problem, wie die Umformung dessen, was ich psychologische Reflexivität innerhalb des psychischen Apparats genannt habe (s.o., S. 62ff.), durch das Selbst zu denken wäre.

3.5 Selbst und Ich

Ich fasse nun in eine Gegenüberstellung mit dem bisher über Freuds Struktur-theorie und die Ich-Psychologie Gesagten zusammen, was der Meadschen Handlungstheorie über den Stellenwert des Psychischen zu entnehmen ist:

1. Mit Rücksicht auf die konstitutive Funktion der Spontaneität für die soziale Handlung betont Mead an ihr die Phase der Performanz. Erst wenn ich sehe, wie eine Reaktion ausgefallen ist und Spontaneität sich darin niedergeschlagen hat, kann ich – oder jemand Drittes – untersuchen, in welcher Weise ich auf alters Haltung eingegangen bin. Zwar macht Mead das Moment des Neuen, Kreativen einer Verhaltensreaktion von der Einflußstärke des I abhängig, aber sein Interesse gilt nicht der psychologischen Rekonstruktion des sich in der Handlung Darstellenden. Auf den psychischen Aufbau der Handlung bezieht er sich in der Absicht zu zeigen, daß die soziale Handlung und, darauf aufbauend, der gesellschaftliche Prozeß durch verinnerlichte gesellschaftliche Werte gesteuert sind. Deshalb kann es auch nicht sein Interesse sein, nach strukturierenden Folgen der Verinnerlichung für psychische Vorgänge zu fragen und z.B. die Ablösung des "alten" Handlungsprinzips durch das "neue", vernunftgelenkte auf Strukturfolgen für die Psyche hin zu untersuchen.

Ausgangspunkt auch der Psychoanalyse kann nur die tatsächliche Reaktion bzw. die vollzogene Handlung in einer Situation sein. Die Psychoanalyse verläßt sich auf das Spontaneitätsprinzip ebenso, wie es nach Mead für die soziale Handlung konstitutiv ist. Aber soziologisches Selbst und psychoanalytisches Ich verhalten sich nicht wie me und I, wie Form und Impuls zueinander (vgl. ebd., S. 253). Ich nehme vielmehr an, daß sie unterscheidbare Arbeitsschwerpunkte des Psychischen sind, die zum Zustandekommen einer Handlung beitragen. Das Selbst ist bewußtseinsnah und – unter Beteiligung von "Subjektivem" – durch Erfahrung und Kognition am Hervorbringen "vernünftiger" Handlungen beteiligt; das Ich dadurch, daß es Erlebnisqualitäten von Impuls und Affekt an Vorstellungen heftet, deren Bezug auf Handlung und Erfahrung ungewiß und ungesichert ist. Die Frage nach der Arbeitsweise des (soziologischen) Selbst stellt sich der Psychoanalyse nicht[53].

Spontane Äußerungen kommen darüber hinaus, insbesondere unter psychopathologisch-genetischen Gesichtspunkten, gegen den Widerstand des Ichs

---

53 Interessant in diesem Zusammenhang ist Meads kritische Anmerkung zu William Alonson Whites Buch "Thoughts of a Psychiatrist on the War and After" in einem Rezensionsentwurf. Sich gegen die triebpsychologische Argumentation von White, der zu den ersten Psychoanalytikern in den USA zählte, wendend, führt Mead an: "Was ... von dieser Psychologie übersehen wird, ist der Umstand, daß jede wirkliche Einübung das Ergebnis eines Konflikts von Antrieben ist, der zu einer Rekonstruktion und Reorganisation der Natur des Individuums führt. ... Die menschliche Natur bleibt nicht immer dieselbe. Unserer an Freud orientierten Psychologie fehlt noch eine angemessene Untersuchung des Wachstums (des Selbst – K.B.)" (Mead Nachlaß, S. 457). Vgl. auch Joas (1980, Fn. 61 auf S. 226), der für die Meadsche Kategorie des self im Deutschen den Ausdruck "Ich-Identität" gewählt hat.

zustande. Sie sind für die Psychoanalyse die Bestandteile der Reaktion, die von unbewußten Wünschen und Konflikten herrühren. Das was ego an seiner Reaktion überrascht, was es nicht antizipieren konnte, würde die Psychoanalyse als den Beitrag des Unbewußten zur Reaktion identifizieren wollen. Für diesen Beitrag würde sie auf der einen Seite Vorstellungen, Affekte und Empfindungen anführen, die nach Mead nicht durch das Selbst vermittelt sind, die keinen "Sitz" im Selbst haben, sondern, wie Mead sagt, "unbestimmt im Raum (hängen)" (s.o.). Sie würde auf die Arbeit des Ichs hinweisen, das Impulse und Affekte von ihrer direkten Äußerung zurückhält. Auf der anderen Seite sind in die Arbeitsweise des Ichs Vorstellungen eingeschlossen, die ihren Sitz im (soziologischen) Selbst verloren haben, unbewußt geworden sind. Nur einen kleinen Teil davon, nämlich Repräsentanzen des Selbst als Objekt, hat das Ich dem Selbst entzogen und, wie besonders an Eriksons ichpsychologischem Ansatz gezeigt werden konnte, bei sich angelagert. Nur dieser Teil hat die Funktion, im Unbewußten Selbstobjekt–Vorstellungen zu repräsentieren.

2. Der Theoretiker Mead teilt mit dem Teilnehmer an der Interaktion die Perspektive auf die soziale Handlung: Egos selbstreflexives Einnehmen von alters Haltung sich selbst gegenüber dient dem Entwerfen einer *zukünftigen* Handlung; der einzelne blickt "nach außen" auf die Haltung des anderen, die ihm ein Problem der Bedeutungszuweisung aufgibt, das sein Selbst löst. Der Blick "nach innen" bzw. das Aufrufen der Haltung des anderen bei sich selbst ist darauf beschränkt, gestützt auf vergangene Erfahrungen, über alter egos Erwartungen an ego Vorstellungen auszubilden, die zu Handlungsentwürfen kristallisieren und unter Beteiligung des I in Handlungen umgesetzt werden.

Die Psychoanalyse demgegenüber ist auf die "nach innen" gerichtete Blickweise des Individuums festgelegt. Gegenläufig zum Vordringen der Meadschen Theorie in immer allgemeinere Schichten des "gesellschaftlichen Prozesses" (Mead) dringt ihre Betrachtungsweise innerhalb des Psychischen zu Bereichen vor, die sich der bewußten Verfügung des Individuums entziehen. Die nach innen gerichtete Blickweise wird in einem Umfang ausgeschöpft, der die eigeninitiativen Möglichkeiten eines sich seinen innerpsychischen Vorgänge zuwendenden und sich ihrer vergewissernden Subjekts übersteigt. Der Soziologie überläßt die Psychoanalyse folglich nicht nur die bewußtseinsnahen, mentalen Vorgänge, sondern das Problem der Beteiligung dieser selbstverborgenen Dimension des Psychischen am Zustande–Kommen von egos Handlung in der sozialen Interaktion.

3. Schon äußerlich zeigt sich der Unterschied zur Meadschen Theorie daran, daß die Psychoanalyse an deren Handlungsbeispielen Aspekte herausgreifen würde, die nach Mead der Selektion von Erfahrungen zum Opfer fallen, welche im Selbst zu einem Handlungsentwurf organisiert werden. Ein Gespräch beispielsweise zu beenden, ohne wichtige Dinge vorgebracht zu haben, begrenzt für die Psychoanalyse nicht einfach das Ausmaß, in dem das Selbst in die Kommunikation jeweils eintritt (vgl. ebd., S. 184). Aber der

Grund hierfür ist nicht, daß "die Struktur des vollständigen Selbst" aus nichts anderem als der Gesamtheit seiner Erfahrungen besteht und diese Gesamtheit "eine Spiegelung des vollständigen gesellschaftlichen Prozesses" (vgl. ebd., S. 186) ist. Die Begründung der Psychoanalyse dafür, einem solchen "Vergessen" Aufmerksamkeit zu schenken und ihm eine unter Umständen weitreichende, auch Abgründiges offenlegenden Analyse zu widmen, fällt mit der eines Unbewußten zusammen. Für dieses Unbewußte wäre eine Charakterisierung als "Spiegelung des vollständigen gesellschaftlichen Prozesses" ungenügend. Wie immer man es auch sonst bestimmen mag, als Konzept bietet das Unbewußte Zugang zu Elementen von Handlungen, für deren Bedeutungen die Meadsche Theorie keinen Ort vorsieht. Es sind gehemmte und zensierte Impulse, Affekte und im Sinne Meads "ortlose" Vorstellungen, die in die Schicht bewußter, zur Ausführung vorgesehener Handlungsentwürfe nicht vordringen und es teilweise auch unter geeigneten Umständen nicht würden.

4. Natürlich trifft es zu, daß auch im Unbewußten der Psychoanalyse immer nur Handlungsentwürfe – "Gegen-Identitäten" (s.o., S. 75) – entdeckt werden können, auch wenn sie nicht zur Ausführung gelangen. So gesehen, hat Habermas recht, wenn er in der "Theorie kommunikativen Handelns" Selbst, me und I in das psychoanalytische Strukturverhältnis von Ich, Überich und Es übersetzt. Dabei stellt er tendenziell das Überich mit dem me und das Es mit dem I gleich. "Der Heranwachsende bildet in dem Maße eine Identität aus, wie sich für ihn eine *soziale Welt*, der er angehört, und komplementär dazu eine von der Außenwelt der Tatsachen und Normen abgegrenzte *subjektive Welt* konstituiert, zu der er einen privilegierten Zugang hat. Die Relation dieser beiden Welten bildet sich in der Beziehung zwischen den beiden Identitätskomponenten 'I' und 'Me' ab. Die eine Instanz, das Ich, steht zunächst für die expressiv geäußerte Subjektivität der Bedürfnisnatur, die andere für den durch soziale Rollen geprägten Charakter. Diese beiden Ichbegriffe entsprechen in gewisser Weise den Instanzen des 'Es' und des 'Über-Ich' im Freudschen Strukturmodell" (Habermas 1981b, S. 152; s.a. S.66)[54].

Der Vorschlag von Habermas ist nur um den Preis haltbar, daß die Psychoanalyse ihre wissenschaftliche Operationsbasis aufgibt. Denn das Selbst bzw. die handlungstheoretisch verstandene Denktätigkeit bildet einen Prozeß, für den Mead über das Selbst hinaus keine strukturelle Erstreckung auf den psy-

---

54 In der Arbeit "Individuierung durch Vergesellschaftung. Zu George Herbert Meads Theorie der Subjektivität" umgeht Habermas diese Gleichsetzung von me und Überich. Der Versuch, psychoanalytisches Strukturmodell und Meadsches Modell des Handlungssubjekts ineinander zu übersetzen, scheint aufgegeben zu sein (vgl. Habermas 1988, S. 219f.). Mead selber vergleicht die Funktion des me mit Freuds Ich: "Gewöhnlich bestimmt die Struktur des 'me' den Ausdruck des 'I'. Um eine Formulierung Freuds zu verwenden: das 'me' funktioniert im Sinne eines Zensors. Es bestimmt den Ausdruck, der zulässig ist, bestimmt die Bühne und gibt das Stichwort" (Mead 1934b, S. 254).

chischen Binnenraum vorsieht. Das Ich der Psychoanalyse ist ein hiervon klar unterschiedener, anderer Schwerpunkt des Psychischen. Überich und Es sind für dieses Ich Bezugsinstanzen, die seine Arbeitsweise empirisch triftig zu charakterisieren ermöglichen.

Der bewußtseinsphilosophische Bezugsrahmen von Subjekt und Objekt, auf dem die triebtheoretische Grundlegung der Psychoanalyse beruht (vgl. Habermas 1981b, S. 570f.), hat die Funktion einer erkenntnistheoretischen Anweisung. Er schafft die Voraussetzungen dafür, auf der Spur jenes "alten", unkenntlich gewordenen Handlungsprinzips zu bleiben, das Mead in der Kategorie des I essentialisiert hat. Die Psychoanalyse verschafft sich Zugang zu Triebwünschen, denen der Weg über Aufmerksamkeitszuwendung und Denktätigkeit sensu Mead ins Handeln versperrt ist. Der "privilegierte" Zugang des einzelnen zu seinem unbewußten Erleben bringt demnach die Nähe zu einem nicht in der sozialen Handlung konstituierten Handlungsprinzip zum Vorschein. Dieses "alte" Handlungsprinzip mag im Vergesellschaftungsprozeß durch Erfahrungen bis zur Unkenntlichkeit überlagert sein, ist aus der Sicht der Psychoanalyse aber nicht überwunden, womit allein seine Vernachlässigung zu begründen wäre. Die besondere Problemstellung der Psychoanalyse ergibt sich daraus, daß der psychische Raum den gesellschaftlichen Prozeß sensu Mead zwar "spiegeln" mag. Aber die Spuren innerer Natur, in denen die Vorgeschichte der Menschheit aufbewahrt ist, verlieren sich "in einem Kessel voll brodelnder Erregungen" (Freud 1932, S. 80), wie Freud sagte. Der Lösungsweg, den die Psychoanalyse eingeschlagen hat, indem sie sich als Archäologie des Psychischen versteht, ist, so gesehen, durch Meads Handlungstheorie nicht substituierbar[55].

5. Meads biologischem Individuum entspricht ein Menschenbild in der Psychoanalyse, das Ferenczi mit dem Ausdruck "Protopsyche" belegte und mit der "reinen Intelligenz" kontrastierte[56]. Die Perspektive der Triebhandlung dürfte auf ein solches Menschenbild zurückgehen. Mit ihr hält die Psychoanalyse am Moment innerer Natur fest. Es war jedoch zu sehen, daß in der Psychoanalyse zusätzlich mit der Annahme dualer Triebe operiert wird. In dieser Annahme vor allem ist die theoretische Vorstellung von der Geschlossenheit des psychischen Apparats begründet. Auf sie geht die theoretische Vorstellung einer strukturellen Formierung von psychischen Repräsentanzen zurück, die

---

55 Zum Verhältnis von Psychoanalyse und Handlungstheorie siehe Heim (1993), der – im Unterschied zur Absicht hier, Auswirkungen der Psychoanalyse auf die soziologische Konzeptualisierung der Handlung aufzuzeigen – an den Teilansichten sozialen Handelns festhält, mit deren Integrierung die Soziologie sich schwertut. Entsprechend sind für Heim von Bedeutung "verzerrte" Kommunikation, "doppelte" Intentionalität, "exteriorisierte" innere Natur etc.

56 "(... Das einzig 'Reale' ist Emotion = rücksichtsloses Agieren [Reagieren], d.h. das, was man sonst geisteskrank nennt.) *Reine Intelligenz* wäre so ein Produkt des Sterbens, oder zumindest des geistigen Fühlloswerdens" (Ferenczi 1931, S. 252).

der Reflexivität eines Selbst–Bewußtseins sensu Mead entzogen sind und die aus diesem Grund in der performativen Phase der Handlung ego überraschen. Indem Mead in evolutionärer Perspektive das biologische Individuum auf das I der sozialen Handlung zurückschneidet, entscheidet sich bei ihm der Grad der Anpassung, den eine Reaktion ausdrückt, allein am Kräfteverhältnis von I und me[57]. Anpassung wäre dann allerdings ein vergleichsweise eindeutiger Vorgang der Auslegung von Rollenerwartungen. Geht man demgegenüber davon aus, daß das I die Arbeitsweise des Ichs sozusagen im Schlepptau hinter sich herzieht, muß mit Mehrdeutigkeit gelungener Anpassungsschritte gerechnet werden.

Die Meadsche Perspektive der sozialen Handlung und die Freudsche Perspektive der Triebhandlung setzen für psychische Vorgänge je andere Akzente. Das Spontaneitätsprinzip, die Selbstreflexivität und der Bezug auf innere Natur bilden zwar gemeinsame Fixpunkte. An diese sind aber jeweils andere theoretische Aussagenkomplexe angelagert. Wie, so ist demzufolge zu fragen, können beide Ansätze integriert werden, und zwar so, daß das integrale Konzept empirisch gehaltvoll ist, d.h. eine Handlung sich im Individuum psychisch einheitlich und zugleich entsprechend den Gesichtspunkten aufbaut, die sich in der Schnittfläche von Freudschen und Meadschen Aussagen ergeben?

Ich stelle diese Frage zurück, bis die Fallstudien präsentiert sind (Kapitel 5) und das methodische Vorgehen beschrieben ist (Kapitel 4), aus dem sie hervorgegangen sind. Das Projekt, auf das sie zurückgehen, hatte zum Ziel, psychische Bewältigungsformen für abhängige Beschäftigungsverhältnisse nach der soziologischen wie auch der psychologischen Seite auszuleuchten. Das Verhältnis der Handlung zu ihrem psychischen Aufbau, wie ich es hier entwickelt habe, hatte, ohne bereits ausformuliert zu sein, schon unser methodisches Vorgehen geprägt und auch die Entwicklung der Interpretationsstrategie – insbesondere hinsichtlich der Beziehungen zwischen Selbst und Ich – beeinflußt. Bereits bei der Beschreibung des Untersuchungsverfahrens muß sich daher zeigen, wie die getroffenen Unterscheidungen zum Verhältnis von Handlung und ihren psychischen Aufbau sich bewähren.

---

57 "Wir bezeichnen eine Person als konventionelles Wesen; ihre Ideen entsprechen genau denjenigen ihrer Nachbarn; sie ist unter diesen Umständen kaum mehr als ein 'me'. Ihre Anpassungen sind unbedeutend ... Im Gegensatz dazu steht die Person, die eine ausgeprägte Persönlichkeit besitzt und auf die organisierte Haltung so reagiert, daß ein bedeutender Unterschied zu verzeichnen ist. Bei einer solchen Person ist das 'I' die wichtigere Phase der Erfahrung" (Mead 1934b, S. 244).

4. Methode und Gegenstand

In diesem Kapitel wird die Verfahrensweise geschildert, die zu den Fallstudien hinführt. Sie ist Ergebnis einer Reihe von Versuchen, die produzierten Materialien zueinander ins Verhältnis zu setzen. Zunächst einmal hatte nur festgestanden, daß mit jedem Gesprächspartner im Forschungsprojekt ein psychoanalytisches und ein soziologisches Gespräch geführt und dokumentiert werden sollten; das psychoanalytische Gespräch wurde in einem Gedächtnisprotokoll niedergelegt, das soziologische Gespräch wurde transkribiert. In welcher Weise beide Arten von Materialen aufeinander bezogen werden sollten, war zunächst offen. Es gehört zu den Ergebnissen des Forschungsprojekts, ein Verfahren zur Integration dieser Ausgangsmaterialien entwickelt zu haben, das beansprucht, auch in anderen, vergleichbaren Forschungsvorhaben verwendbar zu sein.

Gleich zu Beginn der Forschungsarbeiten zeigte sich, daß es notwendig war, die soziologische und die psychoanalytische Handhabung des Materials strikt getrennt zu halten. Vor allem in den anfänglichen Supervisionsgesprächen[58] wurde erkennbar, daß in die psychoanalytische Interpretation durch vorzeitigen Austausch über die Gespräche Eindrücke hineingeraten konnten, die nicht Bestandteil der Wissensgewinnung der Analytikerin waren. Daß die psychoanalytischen Einsichten unbeeinflußt zustandekamen, war aber Voraussetzung dafür, sie in den handlungstheoretischen Rahmen einfügen zu können. Der Grundsatz von Arbeitsteilung, dem wir forschungspraktisch folgten, lautete daher: das Potential der disziplinären Denkweisen unabhängig voneinander und umfassend ausschöpfen und erst anschließend die jeweiligen Ergebnisse *zusammenführen*. Nur auf diese Weise, so schien es, war unzulässigen wechselseitigen Übergriffen zu entgehen.

Für die Darstellung des methodischen Vorgehens hat dies zur Folge, daß der Anschluß an die Überlegungen zum psychischen Aufbau von Handlungen erst gegen Ende des Kapitels wieder erkennbar wird. Zuvor werden zunächst die psychoanalytische Wissensgewinnung und dann die soziologische Interpretationsstrategie geschildert. Hierbei soll nachvollziehbar werden, aus welchen Einzelschritten sich der Aufbau der Fallstudien ergibt. Eingeleitet wird das Kapitel mit Hinweisen auf die Unmöglichkeit, den historisch–materialistischen Bezugsrahmen, in den unser Projekt hineingestellt war, forschungslogisch und –praktisch umzusetzen.

---

58 Die Supervision hatten Mario Erdheim und Alfred Lorenzer übernommen.

4.1 Zur Vorgeschichte

Innerhalb der Industrie- und Betriebssoziologie hat sich während der achtziger Jahre ein Forschungszweig herausgebildet, in dem die Bereitschaft der Beschäftigten untersucht wird, komplementär zur ökonomisch-objektiven Organisation der Produktion "die eigene Existenz unter das Lohnarbeitsverhältnis zu subsumieren, sich unter die regelnden Gesetzmäßigkeiten dieser gesellschaftlichen Daseinsweise zu begeben" (Brock und Vetter 1982, S. 52). Doch relativ bald nach dem Erscheinen der Projektstudie über "Alltägliche Arbeiterexistenz" von Brock und Vetter verschoben sich auf diesem Gebiet einer subjektorientierten Industrie- und Betriebssoziologie die Akzente in Richtung lebensweltlicher Analysen (Bolte u.Treutner 1983; Matthiesen 1989; Kudera 1993; Schmiede 1988; Voß 1993). Bei Brose etwa bleibt vom Bezug auf kapitalismusspezifische Imperative gerade noch die Unterscheidung zwischen Situationen übrig, die den Individuen "widerfahren", und Situationen, die sie handelnd verändern können (vgl. Brose 1983, S. 20). Als außersoziologischer Bezug kommt damit nicht mehr die Politische Ökonomie, allenfalls noch die Psychologie in Frage. Auf sie stützen sich aber nur die allerwenigsten der diesem Forschungsstrang zugehörigen Wissenschaftler (vgl. Hoff 1986; Lempert 1979)[59].

Die Fragestellung des Projekts, von dem hier die Rede ist, bewegte sich in diesem industriesoziologischen Bezugsrahmen. Eine der zentralen Vermutungen in unserem Forschungsprojekt über Erlebniswelten betrieblich-abhängiger Arbeit hatte gelautet, betriebliche Herrschaft, die zum prinzipiell uneingeschränkten Zugriff auf das Arbeitsvermögen tendiert, könne sozialisatorisch früh, in der Kindheit bereits erworbene psychische Fähigkeiten – der Wahrnehmung, des Urteilens, der psychischen Kontrolle von Affekten und Wünschen nach Befriedigung – beschädigen, so daß die Bewältigung von Problemen und konflikthaften Konstellationen am Arbeitsplatz beeinträchtigt wird. Diese Überlegung nahm – ähnlich wie in der subjektorientierten Industrie- und Betriebssoziologie – als Orientierung die Marxsche Theorie gesellschaftlicher Arbeit ebenso wie die Psychologie in Anspruch. Auf diese Weise sollte zur Klärung von gesellschaftspolitisch relevanten Gegenwartsproblemen beigetragen werden, die vor allem auch die Gewerkschaften bewegen (Demotivierung der Beschäftigten im Zusammenhang der Auseinandersetzung um Arbeitsplatzabbau, Verlust an politischer Motivation im Umfeld der Verwendung neuer Technologien).

Gleichzeitig war die Untersuchung für einen Bezugsrahmen projektiert, der sich aus dem ursprünglichen Programm analytischer Sozialpsychologie vor 1933 herleitet und geeignet ist, zu prüfen, was von diesem Programm einlös-

---

59 Zur Kritik an der subjektorientierten Industrie- und Betriebssoziologie vgl. Leu (1985; s.a. Voß 1984).

bar ist. Sie war auch in der Absicht entworfen herauszufinden, in welchem Umfang die außerordentliche theoretische Komplexität, die in jenem Programm impliziert ist, in einer Strategie empirischer Forschung eingefangen werden kann (s. Kapitel 2). Indem ich – um überhaupt eine empirische Handhabung zu ermöglichen – das Vorhaben von vornherein auf Fragen von Vergesellschaftung als Individuierung zuschnitt und das Verhältnis von Kompetenzen und Fähigkeiten im Erwachsenenalter zu deren Erwerb in der Kindheit in den Mittelpunkt rückte, hatte ich bereits in der Entwurfsphase des Projekts eine erhebliche Einschränkung eingeleitet. Weitere kamen als Resultate konkreter Untersuchungsschritte hinzu. Sie sind im zweiten Kapitel bereits zusammengefaßt. Im folgenden gehe ich nochmals auf diejenigen Einschränkungen ein, die für das methodische Vorgehen im Projekt bestimmend waren. Es handelt sich dabei um

1. die Notwendigkeit, unseren Untersuchungsansatz auf handlungstheoretischer Grundlage durchzuführen,
2. das Erfordernis, die disziplinär unterschiedlichen Zugangsweisen zum Material in der Psychoanalyse und in der Soziologie zu koordinieren sowie
3. kommunikative Erhebung und Textinterpretation des Untersuchungsmaterials zu vereinbaren, und das Problem, Rücksicht darauf zu nehmen, daß der Gegenstand der Untersuchung, betriebliche Arbeit, im Unterschied zu dem der Psychodynamik in das Erhebungs- und Auswertungssetting nicht eingelassen ist.

Zu 1: Ich habe argumentiert, daß die Kategorien, die Marx zur Kritik der Politischen Ökonomie entwickelt hat, deren ökonomische Rationalität zwangsläufig nachbilden müssen (s.o., S. 35). Diese Kategorien, insbesondere die der Arbeitskraft–Reproduktion, können eine analytische Funktion dann nicht erfüllen, wenn in Frage steht, wie die Sphäre der Reproduktion, die Institutionen, Lebensformen, Privatheit und Intimität einschließt, lebenspraktisch gestaltet ist; wie einzelne und Gruppen sich in Institutionen einrichten und sie von innen her verändern; wie sie ihr Leben entwerfen bzw. sich zu Fürsprechern neuer Lebensentwürfe machen; wie sie in ihren Lebensstilen Privatheit und Intimität auslegen bzw. sich politisch für eine Veränderung des Privaten einsetzen.

Lohnarbeit bildet den Horizont lebenspraktischer Erfahrungen, den die Individuen immer schon vorfinden. Die einzelnen machen Erfahrungen nicht *mit* Lohnarbeit, sondern *innerhalb ihrer* als Rahmen oder Horizont konkreter betrieblicher Arbeitssituationen. In der Erfahrungsdimension ist dieser Horizont immer spürbar, aber nicht als kapitalismusspezifisches gesellschaftliches Verhältnis präsent, zu dem sich Alternativen böten. An der Marxschen Kategorie der Reproduktion ist somit richtig, daß jeder Lebensbereich und die Art, wie man sich darin einrichtet, als Folge von Lohnarbeit für den Alltag betrachtet werden kann.

Lohnarbeit als die mit der kapitalistischen Produktionsweise einhergehende gesellschaftliche Organisationsform von Arbeit stellt einen Rahmen für ubiquitäre Anpassungsprozesse dar. Die Anforderungen an das Arbeitsverhalten der Gesellschaftsmitglieder basieren auf einer Normalitätserwartung nichtnormativer Art; das ökonomische System bringt aus eigener Kraft keine moralischen Normen hervor, die es dann gegenüber den Arbeitskraftträgern anrufen könnte. Das Innehaben einer Machtposition erlaubt, die Teilnahme an der Interaktion immer wieder auf die Komponente zweckrationalen Handelns einzuschränken und moralisch–sittliche Normen zu beugen. Die Berichte, die wir erhalten haben, stützen diese Auffassung und stellen in Aussicht, persönliche Stile des sozialen Umgangs und der psychischen Umsetzung von Erfahrungen mit Unterordnung innerhalb der Hierarchie betrieblicher Positionen angeben zu können.

Bei den folgenden Überlegungen gehe ich daher davon aus, daß das Lohnarbeitsverhältnis empirisch nur in dem Umfang dokumentierbar ist, wie Arbeitserfahrungen handlungstheoretisch faßbar sind. Innerhalb eines handlungstheoretischen Ansatzes sind die Individuen Träger ihrer sozialer Handlungen und zugleich psychisch verfaßte Subjekte. Die Berichte der Gesprächspartner über ihre Stellung in der Arbeitswelt, ihr Handeln dort und ihr Handeln in der kommunikativen Interviewsituation können dann als zusammenhängendes Feld aufgefaßt werden, von dem die empirischen Aussagen aus soziologischem wie auch psychoanalytischem Blickwinkel ihren Ausgang nehmen.

Zu 2: Hieraus geht bereits hervor, daß eine einzelwissenschaftliche Thematisierung des Realitätsbereichs betrieblicher Arbeit nicht ausreichend gewesen wäre, das Forschungsvorhaben zu realisieren. Jedes Forschungsvorhaben stellt eine konkrete Umgangsweise mit der Problematik des Realitätsbezugs von Wissenschaft dar. Für den Zugang zu einem Betrieb bieten sich drei analytische Perspektiven an, in denen der Fragestellung des Projekts hätte nachgegangen werden können: (1) Der Betrieb als Teil einer Arbeitswelt mit ihn charakterisierenden Handlungen und Beziehungen; das wäre der eigentliche Gegenstand der soziologischen Betrachtung. (2) Die durch Arbeit geprägte Psyche unserer Gesprächspartner; damit ist eine psychoanalytisch zugängliche Dimension von Lebensgeschichte gemeint, nämlich der individuelle Erwerb und die innerpsychische Entfaltung von arbeitsbedingten Dispositionen, die sich der bewußten Handhabung entziehen. (3) Die lebenspraktisch offenkundig wichtige Ebene des Personals, welches das betriebliche Positionsfeld besetzt hält. Diese Ebene jedoch entzieht sich bereits dem einzelwissenschaftlichen Zugriff. In bezug auf die Protagonisten der Arbeitswelt müssen schon auf der Ebene der vorläufigen Einschätzung Soziologie und Psychologie aufeinander abgestimmt werden[60].

---

60 Diese Unterscheidung wurde von Rudolf Schweikart getroffen.

Im vorangegangenen Kapitel habe ich gezeigt, welche Theorieschwerpunkte innerhalb der Soziologie und der Psychoanalyse für diese Abstimmung in Anspruch genommen wurden, und zwar so, daß sie für die Perspektiven beider Disziplinen auf die Protagonisten der Arbeitswelt von Bedeutung sind. Die ausschlaggebende empirische Berührungsebene beider ist danach die Performanzphase von Handlungen. Von ihr ausgehend lassen sich in der psychoanalytischen Perspektive Schlüsse über unbewußte Vorgänge der Konfliktverarbeitung ziehen. In der soziologischen Perspektive werden Aussagen über die Teilnahme des einzelnen am betrieblichen Handeln und die Auswirkungen von psychodynamischen Vorgängen darauf möglich. Auf diese Weise können Dimensionen der Lebenspraxis, – die Teilnahme am betrieblichen Handeln und psychisch Unbewußtes – aufeinander bezogen werden, da sie keine der beiden Wissenschaften für sich allein zu fassen bekommt. Die Handlungsperformanz, solchermaßen als geteilte Bezugsebene disziplinär unterschiedlicher Zugangsweisen zum Individuum und seinem Handeln genommen, erlaubt auf diese Weise, die einzelwissenschaftlichen Beobachtungen und Aussageebenen auf einem gemeinsamen Faden aufzureihen und so ein Kontinuum von Aussagen einzurichten.

Die geteilte Bezugsebene der Handlungsperformanz gewährt den Rückhalt, der erforderlich ist, damit zunächst einmal in einer gegenläufigen Bewegung die jeweilige einzelwissenschaftliche Perspektive für einschlägige Aussagen ausgeschöpft und ausgereizt werden kann. Soziologie und Psychoanalyse befassen sich mit Sachverhalten, zu denen der Zugang umfassend durch das Vorverständnis vom Wissenschaftsgegenstand geprägt ist. Ein von einer dieser Wissenschaften aufgeworfenes Problem gilt dann als "erklärt", wenn sich der Wissenschaftsgegenstand in der konkreten Rekonstruktion eines Phänomens wiederfindet. Stellen beide Disziplinen eine Erklärung bereit, dann ist zunächst zu erwarten, daß sich diese Erklärungen weniger ergänzen, als daß sie miteinander konkurrieren[61]. Auf den ersten Blick scheint diese Inkompatibilität in der Gegenstandslogik von Soziologie und Psychoanalyse nur schwer überwindbar zu sein. Die Lösung, die ich vorgeschlagen habe, zielt auf die Schnittfläche, in die sich die beiden Wissenschaften teilen, indem sie das Individuum als Bezugspunkt nehmen.

Es war aber zu sehen, daß die einzelnen selber unterschiedliche Blickweisen haben. Sie wenden sich der eigenen Person entweder als Teilnehmer am sozialen Handeln zu oder innerpsychischen Vorgängen. Hiermit wurde die

---

61 Die Entstehung eines Arbeitsstreiks beispielsweise kann, grob skizziert, entweder auf Interessen zurückgeführt werden, die die Arbeiter an der Veränderung ihrer sozialen Lage haben, oder sie kann mit ungelösten Autoritätskonflikten der Streikenden erklärt werden. Dabei tendiert die eine Erklärung dazu, die andere auszuschließen: Bei der Analyse von objektiven Lagebedingungen der Arbeiterschaft bilden psychologische Faktoren eine Größe, die vernachlässigt werden kann, und die Diagnostizierung einer unbewußten Autoritätsproblematik ließe keine Schlüsse über die soziale Lage zu.

Unterscheidung einer Arbeitsweise des Selbst von der des Ichs begründet. Beide Arbeitsweisen hängen aufs Engste zusammmen. Damit sich der Zusammenhang aber angeben läßt, ist die Aussagenpotenz von Handlungstheorie und Psychoanalyse in Anspruch zu nehmen. Man hat es folglich mit einem überkomplexen Untersuchungsgegenstand zu tun. Denn beim einzelnen werden Motivzusammenhänge seines Handelns sichtbar, die ihm selber wie auch anderen in der Regel verborgen bleiben. Die Gesprächspartner waren daher durch ausreichende Vorkehrungen der Anonymisierung des Materials zu schützen. Zu diesem Schutz dürfte auch der zeitliche Abstand zwischen Interviews und Publikation – er beträgt zehn Jahre – beitragen.

Die erwähnte Komplexität resultiert letzten Endes daraus, daß das Verhältnis von Wissenschafts- zu Untersuchungsgegenstand gelockert wird. In den Hintergrund tritt, am jeweiligen Gegenstand der Untersuchung die Logik des Wissenschaftsgegenstands empirisch gehaltvoll zu rekonstruieren. Die Perspektiven, aus denen soziologische Handlungstheorie und Psychoanalyse ihren Gegenstand in den Blick nehmen, werden in erster Linie dafür in Dienst genommen, die postulierte Gegenläufigkeit innerhalb des psychischen Binnenraums an empirisch diskrepanten Reaktionselementen in der Ebene der Handlungsperformanz zu demonstrieren. Die disziplinäre Inkompatibilität soll der Analyse tatsächlich kompatibler innerer Vorgänge, aus denen sich Handlungen aufbauen, zugute kommen. Der einende Bezugsrahmen, der individuierende Vergesellschaftungsprozeß, bleibt in der Weise in Geltung, daß der Wechsel der Perspektive es ermöglicht, den Weg der Umformung von Erfahrung und Erleben in ein unbewußtes Motiv und dessen Einwirken auf soziales Handeln zu rekonstruieren.

Im aktuellen Handeln ist dieser genetische Nexus verschwunden. Anders formuliert: Die offensichtliche soziale Integriertheit verneint die andere der subphänomenal ungelöst gebliebenen Konflikte, deren Unbewußtheit die Integrationsleistung stützt.

Zu 3: Zum Problem des Umgangs mit der disziplinären Diskontinuität kommt unter forschungspraktischen Gesichtspunkten ein weiteres Kontinuitätsproblem hinzu. Zwar kann man erwarten zu erfahren, wie sich ein und dieselbe Person aus den gewählten Perspektiven jeweils darstellt. Aber damit hat sich nicht die Frage erledigt, wie gesichert werden kann, daß (1) das Handeln einer Person im betrieblichen Arbeitszusammenhang, (2) das kommunikative Handeln im psychoanalytischen und im soziologischen Forschungsgespräch sowie (3) die ermittelten unbewußten Motivkonstellationen auf der Linie ein und desselben individuellen Handlungsaufbaus liegen. Zugunsten der Annahme einer solchen Kontinuität kann man anführen, daß die Person aufgrund ihres begrenzten Repertoires an Kompetenzen, ihrer charakteristischen Handlungsstile und ihrer psychostrukturellen Besonderheiten sich über die verschiedenen Kontexte hinweg gleichbleibt. Dennoch variiert der Umfang, in dem unsere Aussagen hierzu gesichert sind, von Psychoanalyse zu Soziologie.

Die Psychoanalyse findet ihren Gegenstand, das Unbewußte, im kommunikativen Austausch zwischen Analytiker und Analysand vor. Dies gilt entsprechend für das psychoanalytische Interview, auch dann, wenn es Forschungszwecken dient. Immer ist das, worüber Aussagen gemacht werden – psychodynamische Vorgänge im Innern der Person, die der Gesprächspartner des pychoanalytischen Experten ist –, Bestandteil der Erhebungssituation. Im Unterschied dazu war der Gegenstand des soziologischen Gesprächs – Erleben und Erfahrung betrieblicher Arbeitssituationen – extern angesiedelt. Der Gesprächspartner redet *über* seine Arbeit. Wir haben uns nicht auf die Beobachtung und Aufzeichnung von Interaktionssequenzen im Betrieb, bei der Arbeit gestützt, sondern auf Interviews, in denen die Gesprächspartner über das berichteten, was ihnen an ihrer Arbeitssituation als mitteilenswert erschien. Folglich bleiben die Aussagen hierzu in größerem Umfang ungesichert als die über die Psychodynamik. Welche Lösung gewählt wurde, damit dennoch eine Linie vom Aufbau einer Handlung zum Arbeitshandeln gezogen werden konnte, wird auf den folgenden Seiten entwickelt.

Das zentrale Untersuchungsmaterial, in dessen Interpretation die psychoanalytische und die soziologische Perspektive zusammenlaufen, besteht in dem transkribierten Gespräch zwischen der Soziologin und dem jeweiligen Projektteilnehmer über dessen Arbeitserfahrungen. Die Psychoanalytikerin stieß zu diesem Material hinzu, nachdem sie unabhängig von seiner Herstellung mindestens ein psychoanalytisches Interview mit demselben Projektteilnehmer geführt und dessen Ergebnis in einem Protokoll niedergelegt hatte. Im Rückgriff auf dieses psychoanalytische Protokollmaterial interpretierte sie den Transkriptionstext des soziologischen Interviews. Anschließend wertete die Soziologin die beiden Texte mit dem Ziel aus, Aussagen über das Arbeitshandeln des jeweiligen Projektteilnehmers unter Berücksichtigung des Einwirkens von psychischen Vorgängen zu machen, die sie vorwiegend der psychoanalytischen Interpretation des Transkripts entnahm. Den Zusammenhang der Materialien untereinander gibt das folgende Schema wieder (s.a. unten, S. 130f.):

Die Untersuchungsmaterialien:

Psychoanalytisches
Interviewprotokoll

               Soziologisches Interviewtranskript
               (1. Teil der Fallstudie)

               Zusammenfassender Text über die Gesprächs-
               aussagen im soziologischen Interview
               (2. Teil der Fallstudie)

Psychoanalytischer
Interpretationstext zum
soziologischen Interview
(3. Teil der Fallstudie)

               Soziologisch-psychoanalytisch integrierter
               Interpretationstext über Handeln am Arbeits-
               platz
               (4. Teil der Fallstudie)

Dieses Vorgehen bei der Erhebung und Interpretation birgt, wie gesagt, Risiken, die bei der Auswertung zu berücksichtigen waren. Sie betreffen den Objektivitätsanspruch soziologischer Aussagen, die sich einem Gespräch verdanken, dessen Gegenstand – die betriebliche Arbeitssituation – diesem Gespräch von außen vorgegeben, extern ist. Zu den Vorkehrungen, die zu treffen waren, um dem Objektivitätsanspruch dennoch zu entsprechen, kommen weitere forschungspraktische Probleme hinzu, die die Koordination und Vereinbarkeit von psychoanalytischen mit soziologischen Aussagen betreffen.

    Die folgenden Ausführungen gelten diesen Problemen und den Lösungen, die wir dafür gefunden haben. Zunächst wird eine Charakterisierung der psychoanalytischen Wissensgewinnung versucht und die professionelle, hinsichtlich ihrer Aussagemöglichkeiten im großen und ganzen gesicherte Handhabung des psychoanalytischen Interviews in der Forschungssituation geschildert (Abschnitt 4.2). Es folgen Ausführungen von Mechthild Zeul über Bedingungen und Möglichkeiten der psychoanalytischen Interpretation von Texten (Abschnitt 4.3). In einem methodologischen Exkurs geht Rudolf Schweikart dann auf Lösungsmöglichkeiten für das Problem ein, aufgrund von Forschungsgesprächen Aussagen über Verhalten und Handeln in betrieblichen Arbeitszusammenhängen zu machen und den soziologischen Anspruch auf Objektivität zu wahren (Abschnitt 4.4). Schließlich wird die Lösung für das

Problem vorgestellt, dem soziologischen Objektivitätsanspruch nachzukommen und ihn mit den psychoanalytischen Aussagen zu vereinbaren (Abschnitt 4.5).

4.2 Psychoanalytische Wissensgewinnung

Es fehlt nicht an Bemühungen, der professionellen Handhabung des psychoanalytischen Erstinterviews Verbindlichkeit zu verleihen (Balint u. Balint 1961; Argelander 1970; Thomä u. Kächele 1985, S. 172ff.; Mertens 1990, S. 236ff.; Eckstaedt 1991; Kerz-Rühling 1984) und am Erstinterview therapietechnische und -praktische Besonderheiten zu beschreiben (Heimann 1950; Haesler 1979; Hohage u.a. 1981; Schubart 1985; P. Wegner 1992). Auch die Verwendung zu Zwecken der Forschung bzw. zu genau umrissenen Forschungszielen erfordert Anpassungen der Gesprächsführung an die spezifische Forschungssituation. Insgesamt zeigen die Erfahrungen, daß psychoanalytisches Interview und nicht strukturiertes Interview in soziologischer Absicht kompatibel sein können. Durch das psychoanalytische Interview wird ebenso empirisches Material gewonnen – nämlich diagnostische Aussagen über die charakteristische Funktionsweise des Psychischen – wie in einem offen geführten soziologischen Interview. Besonderheiten dieses empirischen Materials und der Art und Weise, wie es erhoben wird, will ich im folgenden darzustellen versuchen. Dabei beschränke ich mich auf Aspekte, die für ein besseres Verständnis unseres Vorgehens wichtig sein dürften. Die Aspekte sind:
1. der empirische Charakter und methodologische Status des psychoanalytischen Materials,
2. die Strategie der psychoanalytischen Gesprächsführung, durch die ein spezifisches Wissen über Psychisches gewonnen wird, und
3. die Verwirklichung des Gültigkeitsanspruchs für die empirisch gewonnenen Aussagen.

Zu 1: Psychologische Aussagen, die kommunikativer Interaktion entnommen werden, beziehen sich auf Vorgänge und Mechanismen, die dem Gesprächspartner nicht bewußt oder aber im strengen Sinne unbewußt sind. Denken und Handeln des einzelnen erscheinen, soweit sie psychoanalytisch erfaßt werden, als von unbewußten Regungen, Vorstellungen und Phantasien beherrscht. Der Person, deren Äußerungen die Hinweise auf das Wirksamsein ihres Unbewußten enthalten, sind diese psychoanalytischen Einsichten zum Zeitpunkt des Gesprächs aber nicht ohne weiteres zugänglich. Wenn jemand seine Handlungsweise erläutert, dann beruft er sich auf Motive und Erwägungen, die in der Reichweite von erinnerten Vorstellungen über die ausgeführte Handlung liegen. Über Motive, die sich in seiner Handlungsweise unbeabsichtigt durchsetzen, wird er in der Regel zunächst keine Angaben bzw., sich erinnernd, keine Vorstellung ausfindig machen können, die von Einfluß war. Aber auch dann, wenn er dies vermag, weist er seinem Handeln eine Bedeutung zu, auf die sich psychoanalytisches Erkennen nicht in erster Linie richtet. Dementsprechend trägt die Psychoanalyse zur Erschließung des Verhaltens in einer Situation, streng genommen, immer nur Aussagen bei, die von bewußtseinsfähigen Erwägungen des Gesprächspartners über dieses Verhalten nicht bereits eingeholt sind. Die Psychoanalyse legt Empirisches nicht auf die Schicht bereits gekannter Erscheinungen (den manifesten Trauminhalt, das Bewußte) fest. Sie dringt zu abgewiesenen Bedeutungen von Äußerungen vor, trifft daraus eine spezifische Auswahl und fügt diese zu einem Gesamtbild zusammen. Die Begründung dafür, daß Unbewußtes in Sinngestalten zusammengeschlossen werden kann, liefert, wie ich im 2. Kapitel gezeigt habe, die psychoanalytische Strukturtheorie zusammen mit der Annahme dualer Triebe.

Die Sinngestalten sind zwangsläufig Überzeichnungen dessen, was, durch Verdrängung und Abwehr in Schach gehalten, sich im Unbewußten ereignet. Sie sind aus den im Überfluß vorhandenen unbewußten Regungen und Vorstellungen sowie mittels einer Perspektive gewonnen, in der das Triviale, Unansehnliche, Mausgraue der unauffälligen, allenfalls unterhaltsamen Alltagsrede sich verwandelt in eine Empirie mit dramatischen, ungewöhnlichen und farbigen Konfliktkonstellationen. Die Zuspitzung der psychoanalytischen Interpretation erzielt beim Adressaten den Effekt, auf die Hemmung hinzuweisen, die regelmäßig sexuelle und aggressive Triebwünsche und Triebkonflikte begleitet, so daß sie uns im Alltag häufig entgeht. Derart betrachtet, bildet die psychoanalytische Empirie einen Baustein im sozialen Handeln, auf den man durch den "Lärm" aufmerksam wird, den die psychoanalytische Darstellung produziert.

Wie gelangt die Psychoanalyse an dieses empirische Material?

Zu 2: Das empirische Material der psychoanalytischen Exploration ist das Gespräch. Externe Daten müssen zur Unterstützung des Gesprächsergebnisses nicht herangezogen werden[62]. Aber es muß ein spezifischer Weg eingeschlagen werden, auf dem der Psychoanalytiker von der interaktiven und phänomenalen Ebene des Gesprächs, nach dessen Regeln Verständigung zwischen den Gesprächsteilnehmern stattfindet, zum Verstehen psychischer Vorgänge im anderen gelangt.

Nur insoweit sie den Rahmen alltäglicher Verständigung nicht verlassen, können psychoanalytische Einsichten der sozialwissenschaftlichen Untersuchung von Handlungs- und Denkformen ein besonderes Wissen hinzufügen.

---

62 Gleichwohl wurde mit Rücksicht auf die Verknappung der Verstehensmöglichkeit, wie sie jedem psychoanalytischen Erstinterview vorgegeben ist, hilfsweise ein Dokumentationsbogen verwendet, in dem die Gesprächspartner Angaben über Familienstand, Bildungsabschlüsse, Herkunftsfamilie, Krankheiten etc. gemacht hatten.

Man erfährt, wie unbewußte Konflikte und Mechanismen ihrer Abwehr an der Aufrechterhaltung sozialer Handlungskompetenz beteiligt sind. Diese psychologischen Faktoren interessieren nicht als objektive Daten – also etwa als Feststellung über diesen oder jenen Abwehrmechanismus –, sondern ihrem individuellen Verwendungssinn nach, danach, wie in der Person ablaufende Mechanismen – beispielsweise Projektion oder Spaltung – ihre Wirkung in der Interaktion entfalten. Im Gespräch der Analytikerin drückt sich das beispielsweise darin aus, daß ihre Einsichten Eindrücke über die Dynamik unbewußter Vorgänge bei den Gesprächspartnern einbeziehen; die Protokollaussagen lauten etwa: "Natürlich muß er aufgrund seiner Projektion einen Vergeltungsschlag meinerseits fürchten". – "Ich notiere innerlich, daß diese Aussage ähnlich ambivalent ist wie seine Bemerkung über die redseligen Schwaben und schweige". –"Ich registriere meinerseits, daß er offensichtlich geängstigt ist, und sage, auch hier gebe es ein Problem des Kontaktes"[63].

Bewußtes und Unbewußtes werden gern, in Anlehnung bereits an Freuds "Traumdeutung" (1900), mit manifestem bzw. latentem Sinn gleichgesetzt. Die methodologische Elaborierung dieser Verhältnisbestimmung in der "objektiven Hermeneutik" von Oevermann macht die Konstruktion eines strukturellen Unbewußten – zumal in der begrifflich reifizierten Gestalt des Es – überflüssig (vgl. Oevermann 1976; 1992). Oevermann vernachlässigt allerdings, daß das psychoanalytische Gespräch methodischen Regeln folgt, die in der Charakterisierung des Vorgehens als Ökonomik einer Kunstlehre den Sachverhalt nicht angemessen wiedergegeben sind. Ich bin der Auffassung, das psychoanalytische Procedere enthält eine Lösung für das Problem des Fremdverstehens sensu Schütz (vgl. Schütz 1932) unter Bedingungen lebensweltlicher Unmittelbarkeit von Ich und Du im Hier und Jetzt (Leib, Dauer). Die Psychoanalyse sucht in der entscheidenden Phase des Verstehensvorgangs die unmittelbar umweltliche Begegnung von ego und alter ego.

Im Gespräch bzw. in einer Folge von Gesprächen systematisch die Sinngestalten ans Licht zu holen, die dem Gesprächspartner unzugänglich sind, setzt die Annahme eines strukturellen Unbewußten voraus, das als operative Größe der Wissensgewinnung fungiert und hierfür der "lebensweltlichen Unmittelbarkeit von Ich und Du im Hier und Jetzt" eine Zentrierung der Aufmerksamkeit des Analytikers auf eigenes Erleben von Unbewußtem abgewinnt. Dieses Erleben von Unbewußtem ist die Reaktion, von der auf die *Gegenübertragung* geschlossen wird.

Der folgende Auszug aus der Fallstudie über A.B. macht etwas von dieser Auffassung psychoanalytischen Vorgehens als Fremdverstehen deutlich:

---

63 Was dem nicht-informierten Leser als Selbstbloßstellung der Psychoanalytikerin erscheinen mag, ist tatsächlich die Anhebung des natürlichen Gesprächsverlaufs, in dem solche Eindrücke inexplizit immer von uns registriert werden, auf ein reflektiertes Niveau.

"A.B. hatte die Analytikerin, so schreibt sie, im Erstinterview 'in Wut versetzt', sie dazu gebracht, ihm anzubieten, das Gespräch abzubrechen, und ihr schließlich das Gefühl vermittelt, 'mit meinem psychoanalytischen Rüstzeug am Ende zu sein'. Sie schreibt: 'Die Wahrnehmung dieser Wut einerseits, zugleich aber auch die Distanzierung von ihr andererseits erlaubt mir, sie als die Herrn B.s zu erkennen bzw. als die von ihm unbewußt einem Objekt zugeschriebene'. Anders ausgedrückt: 'Ich erkenne und akzeptiere meine heftigen Gefühle Herrn B. gegenüber als Gegenübertragungsreaktionen" (s.u., S. 136).

Eine weitere methodisch befolgte Regel der psychoanalytischen Gesprächsführung wurde bereits erwähnt. Über weite Strecken wird der Zugang zum Unbewußten, vor allem in dessen struktureller Bedeutung, erkenntnislogisch durch *Negation* hergestellt[64]. Im Zurückweisen oder Verwerfen eines Motivs zeigt der Gesprächspartner an, daß dieses Motiv dennoch als Gedanke vorhanden ist. Die Negation ist, so gesehen, die sprachliche Form der Verdrängung eines Erlebniszusammenhangs, der eine vom Bewußtsein losgelöste, scheinbar verselbständigte Existenz führt. Nur so läßt sich die Arbeitsweise des Ichs bzw. die theoretische Annahme begründen, das Ich bilde wie das Selbst ein besonderes Zentrum im Psychischen. Während aber mit dem Selbst der Akzent auf die Mobilisierung von Erfahrungen für die Vorbereitung von Handlungen gelegt ist, gilt die Arbeit des Ichs der "Abwehr" von Erlebnisqualitäten, die nur als Derivate eines strukturell unbewußten Impuls- und Affektgeschehens zum Vorschein kommen. Der psychoanalytische Zugang zum Verdrängten gelingt durch die Verwendung des erkenntnislogischen Grundsatzes der Negation, die den Sprung aus der kommunikativen Interaktion mit alter ego in eine Sinnregion ermöglicht, die dem Handlungsselbst fremd ist.

Um den methodischen Stellenwert der Verneinung zu veranschaulichen, greife ich das wohl markanteste Beispiel aus unserem Projekt auf, in dem es um Verneinung geht, und zwar in der doppelten Bedeutung einer kommunikativen Äußerung des Interviewpartners I.J. und zugleich einer Regelanwendung seitens der Analytikerin.

Der Interviewte hat der Analytikerin von seiner Arbeit mit Jugendlichen in der Freizeit und von seinem Hobby erzählt, tote Vögel ausstopfen zu lassen, um sie zu sammeln und auszustellen. Im Protokoll ihres Interviews notiert die Analytikerin:

---

64 Was gemeint ist, macht Freud in der kurzen Arbeit über "Die Verneinung" (1925) deutlich: "Ein hübsches Gegenstück zu diesem Versuch stellt sich oft beim Zwangsneurotiker her, der bereits in das Verständnis seiner Symptome eingeführt worden ist. 'Ich habe eine neue Zwangsvorstellung bekommen. Mir ist sofort dazu eingefallen, sie könnte dies Bestimmte bedeuten. Aber nein, das kann ja nicht wahr sein, sonst hätte es mir nicht einfallen können'. Was er mit dieser der Kur abgelauschten Begründung verwirft, ist natürlich der richtige Sinn der neuen Zwangsvorstellung" (Freud 1925a, S. 11f.).

"Er hatte z.B. einen Reiher, den er tot gefunden hatte und der dann in die Tiefgefriertruhe gewandert ist. Ich blicke ihn irritiert an, er lacht und sagt, das sei doch klar, den könnte man doch sonst nicht aufheben, was ich denn dächte. Ich murmle etwas wie 'ach so' und er lacht wieder. Er hätte noch einen Waldkauz in der Truhe. Er unterbricht sich lachend und sagt: '*Nein*, die toten Tiere lägen *nicht*, wie ich das dächte, bei dem übrigen Fleisch'. Das habe ich gar nicht gedacht, sondern ich war beschäftigt, mir sein Interesse an den toten Tieren, die dann ausgestopft und präpariert ausgestellt werden, psychodynamisch zu erklären".

Der Stellenwert, den die Verneinung für das Erschließen unbewußter Trieb-konflikte bei diesem Interviewten hatte, wird im Zusammenhang der psycho-analytischen (auch das Übertragungsgeschehen im psychoanalytischen Inter-view einbeziehenden) Interpretation seines Arbeitserlebens deutlich. Dort heißt es:

"Der Akzent für sein unbewußtes Erleben liegt demnach nicht so sehr in der Lust am Zerstören selbst, sondern in der Liebe zu dem Zerstörten, dem Toten. Seine Unterstellung, ich könne meinen, daß der tote Waldkauz und der tote Reiher bei dem eßbaren Fleisch in der Tiefkühltruhe zu Hause lägen, verweist auf seine unbewußte Phantasie, daß die toten Tiere nämlich orale Liebesobjekte sind, die er zum Fressen gerne hat"[65].

Die Passage zeigt, wie von der Verneinung einer von I.J. bei der Analytikerin vermuteten Reaktion (der Interviewte meint, die Analytikerin denke, der tote Reiher könnte zusammen mit dem eßbaren Fleisch in der Tiefkühltruhe einge-froren sein; er nimmt die Haltung alter egos sich selbst gegenüber ein und sucht mit seiner Reaktion der bei der Analytikerin vermuteten Vorstellung zuvorzukommen, er sei vielleicht jemand, dem hygienische Gesichtspunkte nicht vertraut sind) durch die Analytikerin gerade auf diejenigen Vorstellungen geschlossen wird, die verneint sind und die der Interviewte implizit zurück-weist, nämlich daß die toten Tiere eben doch zum Verzehren da seien. In der Verbindung mit triebtheoretischen Elementen (oral–kannibalistische Wünsche, Liebesobjekt) erlaubt die Verneinung somit, dem latenten Gedanken ["daß er mich (die Analytikerin) zum toten Waldkauz machen will, den er in der Ge-friertruhe aufbewahrt und den er eines Tages verzehren möchte"] die psycho-analytische Interpretation eines (perversen) sexuellen Wunsches abzugewinnen. Zugleich erkennt man die Einwirkung dieses unbewußten Wunsches auf das Denken und das Handeln des Interviewten als ein Geschehen, das nicht durch das besondere wissenschaftliche Interesse begrenzt ist, welches die Analytike-rin mit dem Gespräch verfolgt. Die psychoanalytische Einsicht über die per-

---

65 Die Deutung der Verneinung allein deckt nicht die ganze psychoanalytische Interpretation an dieser Stelle ab. Besonders daß "die toten Tiere ... orale Liebesobjekte" seien, konnte die Analytikerin nur gestützt auf das (hier nicht berücksichtigte; siehe aber unten, S. 153) Über-tragungsgeschehen, d.h. den Aspekt der libidinösen Beziehung des Interviewten zu ihr deuten.

verse Phantasie wird im Wege der Negation vom Gesprächsgeschehen sozusagen abgezweigt.

Zu 3: Die Gegenübertragung und der Grundsatz der Verneinung bilden wichtige Schritte der psychoanalytischen Wissensgewinnung. Mit ihnen u.a. wird der Typus von empirischen Aussagen hervorgebracht, der für die Psychoanalyse charakteristisch ist. Es bleibt zu klären, welche Vorkehrungen innerhalb des psychoanalytischen Vorgehens getroffen werden, den psychoanalytischen Aussagen über eine Person *Gültigkeit* zu verschaffen.

Das psychoanalytische Interview als Forschungsinstrument stellt zweifelsohne eine spezifische Abbreviatur des analytischen Prozesses dar, der sich in einer therapeutischen Kommunikation entfaltet, die über mehrere hundert Stunden dauert. Die genetischen Aussagen haben daher notwendigerweise stark hypothetischen Charakter. Im Extremfall bilden sie eine Konstruktion über Unbewußtes, die in einem langdauernden psychoanalytischen Prozeß sich als unbedeutender Nebenschauplatz erwiese. Diese Möglichkeit mußten wir aus forschungsökonomischen Erwägungen in Kauf nehmen. Dieser Umstand erledigt aber nicht die Frage danach, wie, bezogen auf das Interview, die Geltung der psychoanalytischen Aussagen – das heißt *der* Aussagen, die der gesamten Interpretation in den Fallstudien einen spezifischen Sinn hinzufügen – gesichert wird.

Wie jedes Gespräch ist das psychoanalytische Gespräch ein einmaliges Geschehen; ein anderes Gespräch würde zu anderen Aussagen führen. Diese Aussagen können das Netzwerk erster Einsichten erweitern und diese bestätigen, aber kaum widerlegen. Deshalb macht es wenig Sinn, die Gültigkeit der durch das Gespräch gewonnenen Aussagen durch weitere Interviews zu "kontrollieren". Das tatsächliche Vorgehen der Analytikerin enthält Anhaltspunkte, wonach man die Sicherung der Gültigkeit als eine Art von immanentem Dreischritt beschreiben kann. Der *erste Schritt* besteht im Sich–Einlassen auf die Gesprächssituation und die Verwicklung darin so weit, daß – wie am Beispiel A.B. oben gezeigt – selbst Wut und Gesprächsabbruch zu den Erwägungen zählen können, die die Analytikerin anstellt.

Im *zweiten Schritt* erfolgt die Umformung der erwogenen Reaktion in eine Gegenübertragungsvermutung. Diese geht als selbstreflexive Zuwendung der Analytikerin zu ihren Handlungsentwürfen vor sich; der Analytiker "muß sich selber als Teil des interaktionellen Geschehens beobachten" (P. Wegner 1992, S.291f.). Die Analytikerin zeigt sich auf, was an alter egos Äußerung eine unbewußte Zuweisung von Bedeutung an sie für ihn gewesen sein und woraus sie auf eine Beziehung zu ihr als Objekt von alter ego schließen könnte; sie ist "reflektierte Mitspielerin" (vgl. Mertens 1990, S. 243). Die so – im Wege der Gegenübertragung – gewonnene "Übertragungs"-vermutung dient im weiteren Gesprächsverlauf als Ausgangspunkt für weitere, sie differenzierende und ausbauende Hinweise. Mit ihr wird bereits eine psychologische Aussage angesteuert. Für A.B. folgert die Analytikerin, er habe den Wunsch, sich masochistisch behandeln zu lassen, und sie, die Analytikerin, sadistisch zu behandeln. Die Übertragungsvermutung führt, soweit sie sich bestätigt, zu einem Schluß von unbewußten Aspekten in der Beziehung, die alter ego zur Analytikerin als Objekt aufnimmt, auf seine psychische Struktur[66].

Diese Vermutung wird in einem *dritten Schritt* am weiteren Ablauf des Gesprächs zu vertiefen und zu differenzieren gesucht. Man kann hierin gewiß keine Hypothesenprüfung sehen. Es ist aber die Bemühung um die Sicherung der Geltung des bis dahin Verstandenen. Das Gedächtnisprotokoll, das im Anschluß an das Gespräch angefertigt wird, trägt hierzu dadurch bei, daß in ihm alle erinnerten Gesprächselemente und –vorgänge im nachhinein ausgelegt und daraufhin geprüft werden, ob und wie sie die Gegenübertragungsvermutung stützen.

Die Verwendung des psychoanalytischen Erstinterviews als Forschungsinstrument erforderte im Zuge der Durchführung des Projekts eine Reihe von Anpassungen, die ich im folgenden anhand der Ausführungen von Mechthild Zeul auszugsweise wiedergebe[67]:

"Während meiner Tätigkeit als Analytikerin am Sigmund–Freud–Institut war ich gewohnt gewesen, in der Woche ca. zwei kürzere Interviews und durchschnittlich zwei bis drei ausführliche Erstgespräche zu führen. Die Patienten wendeten sich an mich mit einem therapeutischen Anliegen; dies gilt ebenso für die beispielsweise von Internisten oder Gynäkologen überwiesenen, sogenannten 'geschickten Patienten'. Ich wiederum sah meine Aufgabe in diesen ersten Begegnungen darin, erste diagnostische Schlußfolgerungen zu ziehen und, wenn möglich, einen therapeutischen Prozeß zu initiieren. Die Motivation des Patienten, die Aufgabenstellung der Analytikerin und das Ziel des gemeinsamen Gespräches sind klar umrissen. Innerhalb unsere Projektes ist (dieser festgelegte) äußere Rahmen, innerhalb dessen sich psychoanalytisches Verstehen vollzieht, aufgelöst".

Die Überlagerung der von der Analytikerin geschilderten therapeutischen Zielsetzung durch das Forschungsziel, nämlich "Aussagen über die Persönlichkeitsstruktur der von uns untersuchten Arbeiter und Angestellten" zu machen, förderte eine Reihe von Problemen zu tage:
1. "Die psychoanalytischen Interviews (fanden) mit Männern statt, die direkt aus den Betrieben zu mir kamen". Daher fehlte ihnen "die bewußte Motiva-

---

66 "Der ... technische Schritt ist die Transponierung der 'äußeren', dynamisch formulierten Objektkonstellation in die 'innere' Struktur des Patienten. Mit anderen Worten, der Konflikt in der Objektbeziehung wird als Strukturkonflikt formuliert" (Argelander 1967, S. 488).

67 Zusammengestellt nach dem Projektbericht (vgl. Brede, Schweikart und Zeul 1988, S. 46 – 54).

tion, Hilfe zu suchen, häufig aber auch (die) unbewußte, mehr über (eigene) Konflikte zu erfahren".

2. "Die Unklarheit darüber, welche Motivation meine Gesprächspartner zur Teilnahme an einem Interview mit mir geführt hatte, ... (konnte) meinerseits eine Verunsicherung in der psychoanalytischen Wahrnehmungsfähigkeit und eine Einschränkung meiner Deutungsmöglichkeiten (bewirken)".

3. Aus der Überlagerung des therapeutischen Ziels durch das Forschungsziel konnte sich eine unübersichtliche, "komplizierte Beziehungsstruktur zwischen Analytikerin und Interviewtem" ergeben.

4. Es bestand die Gefahr, "daß meine Unzufriedenheit über den Verlauf des Gespräches dazu führen konnte, im Interview nachträglich, bei der Niederschrift der zusammenfassenden Schlußfolgerungen zur Psychodynamik theoretische Überlegungen überzustülpen, um vermeintlich ein gutes Ergebnis im Sinne der Nützlichkeit für unser Projekt zu erzielen".

5. Hinzu kam "die Sorge, meine Gesprächspartner mit ihnen bis dahin unbekannten Lebenszusammenhängen zu konfrontieren, ohne die möglicherweise eingeleitete psychoanalytische Behandlung fortsetzen zu können".

Besonders diese Sorge "führte zu einer Modifikation. Allen Interviewpartnern wurde nicht mehr nur ein Interview angeboten, sondern die Möglichkeit mehrerer Gespräche. Die Überlegung, ob ich überhaupt berechtigt bin, die Männer, die nicht um Therapie nachgesucht haben, mit bisher nicht eingestandenen Problemen zu konfrontieren, beschäftigte mich immer wieder und bei jedem weiteren Interview von neuem. Die Frage, die Balint u. Balint (1961, S.244) stellen: 'Hat der Patient das absolute, souveräne Recht auf sein eigenes Unbewußtes, und wenn nicht, wer entscheidet über die Grenzen seiner Rechte?', erhebt sich auch in bezug auf das Recht unserer Gesprächspartner auf ihr Unbewußtes".

Diese Probleme, die im Zusammenhang mit der therapeutischen Verantwortung der Analytikerin zu sehen sind, führten innerhalb des Projektrahmens zu den folgenden Festlegungen:

1. "Da (die) bewußte Motivation (des aus dem Betrieb kommenden Arbeiters oder Angestellten) offensichtlich darin bestand, einem guten Zweck zu dienen, und da anzunehmen ist, daß sich nur diejenigen Männer bereit erklärten, ein psychoanalytisches Interview zu führen, die Konflikte am Arbeitsplatz verspürten und die sich von den Gesprächen mit der Soziologin und der Psychoanalytikerin Hilfe versprachen, bot sich an, auch als Psychoanalytikerin mit den Interviewbereiten über ihre Arbeit zu sprechen, um das Erleben von Arbeit im Panorama von persönlicher Lebensgeschichte zu interpretieren. Argelander sagt bezogen auf das psychotherapeutische Erstinterview: 'Der Gegenstand unserer Untersuchung ist nicht eine von der Person des Patienten unabhängige Krankheit, sondern ein Prozeß, der sich in allen Bereichen der subjektiven und

objektiven, inneren und äußeren, bewußten und unbewußten Welt des Patienten abspielt' (Argelander 1967, S. 344). Entsprechend konnte der Gegenstand des psychoanalytischen Interviews mit Arbeitern und Angestellten, die nicht als Patienten zu uns kamen, über deren Persönlichkeitsstruktur wir aber Aussagen machen wollten, die Arbeit sein, die die subjektive und die objektive, die innere, die äußere, die bewußte und die unbewußte Welt der Arbeiter und Angestellten bestimmt und strukturiert".

Nachdem deutlich geworden war, daß die Aufforderung an einen aus dem Betrieb kommenden Arbeiter oder Angestellten, über sein persönliches Erleben zu sprechen, dessen Abwehr "verstärkte" wurde das psychoanalytische Interview "mit dem Stimulus der Arbeit eingeleitet. Abgesehen davon, daß ich mich zunächst zu Beginn des Interviews über die Arbeitszusammenhänge informierte, verlief das weitere Gespräch über Deutungen von Lebens- und Arbeitszusammenhängen so, wie er sie mir mitteilte".

2. Die Analytikerin "verlegte den Ort des Interviews aus ihrer Privatpraxis in die Räume des Sigmund-Freud-Instituts", nachdem deutlich geworden war, "daß die Männer sich zu psychoanalytischen Patienten gemacht fühlten, "wenn ich die Gespräche mit ihnen in meiner Privatpraxis führte". Schon "das erste dort geführte Interview bestätigte diese Maßnahme".

3. Mit einigen Projektteilnehmern wurden mehrere Gespräche geführt. "Abgesehen davon, daß Verunsicherungen, die durch meine Interventionen aufgetreten waren, in einem nachfolgenden Gespräch aufgefangen werden konnten, bereicherten die auf das erste Interview folgenden Gespräche mein Wissen über (den Gesprächspartner), ohne allerdings die im Erstinterview gestellte Diagnose in Frage zu stellen".

Es galt aber nicht nur, das psychoanalytische Interview in einem Rahmen zu verzuwenden, für den es nicht eigens geschaffen war, nämlich dem eines Forschungsprojekts mit spezifischen Vorgaben, deren Einfluß auf das Interviewgeschehen teilweise erst während der Durchführung abgeschätzt werden konnte. Im nächsten Schritt ging es für die Analytikerin darum, die psychoanalytische Wahrnehmung und die im Erstinterview gewonnenen psychoanalytischen Einsichten durch ihre Interpretation in einem Text zu verankern, in dem das Gespräch desselben Gesprächspartners mit der Soziologin verschriftet war (s. 3. Teil im Schema auf S. 94).

4.3 Zur psychoanalytischen Textinterpretation [68]
Mechthild Zeul

Mit Hilfe der gleichschwebenden Aufmerksamkeit sucht der psychoanalytisch geschulte Textinterpret nach Lorenzer den verborgenen Sinn eines Textes aufzuspüren und über den kontrollierten Einsatz der im Interpreten ausgelösten Gefühlsreaktionen zu entschlüsseln und in Worte zu fassen. Es stellt sich eine Beziehung zwischen ihm und dem Text her ähnlich der in der psychoanalytischen Situation zwischen Analytiker und Patient.

Die Unterschiede zwischen der psychoanalytischen Situation und der der Textinterpetation sind jedoch gravierend. Zum einen ist die Motivation, einen Text zu analysieren, eine andere als die, einen Patienten zu behandeln. Zum anderen ist der Text kein Mitspieler im gemeinsamen Suchen nach unbewußten Motivzusammenhängen. Die Motivation ist einseitig; vom Patienten verlangt der Analytiker eine unbewußte Motivation, d. h. ein unbewußt motiviertes Bedürfnis zu verstehen, Bekanntes in Frage zu stellen und sich Neuem gegenüber offen zu verhalten. Bei der Textinterpretation bleibt der Analysierende einsam; der Text antwortet nicht, wehrt sich nicht, bringt keine neuen Zusammenhänge auf. Der Text kann zu einem Teil des Ichs des Interpretierenden werden, unbewußte Objektbeziehungen, alte lang überwunden geglaubte Abwehrmechanismen, Ängste vor Regression und Kontrollverlust können durch den Kontakt mit dem Text mobilisiert werden und die Interpretation erschweren. Das Überwältigtwerden durch diese Mechanismen verstellt dem Interpreten den Blick für das Eigenständige des Textes. Das Gleiche kann in der psychoanalytischen Situation passieren. Dort ist aber die Trennung zwischen Ich und Nicht–Ich durch die aktive Mitarbeit des Patienten als eines Anderen – wenngleich auch in bestimmten Übertragungssituationen die Grenzen brüchig werden –, dem Analytiker Äußerlichen stärker gewährleistet als in der Textinterpretationssituation.

Meine psychoanalytische Interpretation der soziologischen Interviews weicht von der bei Lorenzer (insbesondere 1986) und Argelander (1982) beschriebenen Textinterpretation ab. Beide gehen von sogenannten "festen" Texten aus; sie haben vorwiegend literarische oder politische Texte analysiert und die Interpretationsmethode benannt. Das von mir verwendete Material ist weniger festgefügt als das von Lorenzer und Argelander beschriebene. Ich tausche mich mit der Soziologin über unsere Gesprächspartner aus, zugleich verfüge ich über Informationen aus dem soziologischen Interview. Ich habe selbst mit derselben Person ein psychoanalytisches Interview durchgeführt, den psychoanalytischen Prozeß aufgezeichnet und eine Zusammenfassung von psychoanalytischen Überlegungen am Ende jedes psychoanalytischen Gesprä-

---

68 Der nachfolgende Beitrag wurde für den Abschlußbericht des Projekts geschrieben (vgl. Brede u.a. 1988, S. 104 - 109).

ches niedergeschrieben. Mit der Kenntnis dieser Daten gehe ich an die soziologischen Interviews in der Absicht, unbewußte Zusammenhänge im Zusammenhang mit Erleben und Verarbeiten von Arbeit am Arbeitsplatz aufzuspüren und aufzudecken. Der Blick der Soziologin, der auf die Erfassung von bewußten Erlebniszusammenhängen und deren Verständnis gerichtet war, wird akzeptiert, ich trage jedoch meine psychoanalytische Verständnisweise, die auf das Benennen des latenten Sinnes gerichtet ist, an das Material heran. Es könnte sich der Einwand erheben, daß ein solches Vorgehen das Ergebnis einschränkt; aber hier gilt das Gleiche wie bei der Verwendung von psychoanalytischer Theorie in der Behandlung selbst. Das Wissen um sie besteht zwar, kommt aber in der Situation nicht zur Anwendung. Vielmehr wird der psychoanalytische Prozeß erst nach vielen Behandlungsstunden und gewissermaßen diesen zusammenfassend, nachträglich reflektiert. Häufig werden Theoriestücke bei der Interpretation verwendet. Das in den psychoanalytischen Interviews gewonnene Material besitzt nicht die Qualität und den Abstraktionsgrad einer klinischen psychoanalytischen Theorie. Aber dieser Umstand ist eher positiv im Sinne der Offenheit dem zu interpretierenden Material gegenüber. Die in den soziologischen Interviews sich abzeichnenden latenten Zusammenhänge können ihrerseits das bereits bestehende psychoanalytische Material bereichern, bestätigen oder modifizieren.

Meine Kenntnis der psychoanalytischen Interviews verhindert zugleich eine wahllose Interpretation im Sinne der Projektion eigener Phantasien in das soziologische Material. Ich hatte eingangs auf die Gefahren, die in der Textinterpretation im Gegensatz zur psychoanalytischen Situation enthalten sind, verwiesen. Das aus den psychoanalytischen Interviews gewonnene psychoanalytische Wissen gibt Interpretationshilfen, um nicht willkürliche Analysen anzufertigen.

Auch ich gehe, wie es Lorenzer beschreibt, von Irritationen in mir aus, die durch Brüche im Material ausgelöst werden. Da es sich bei dem von mir zu interpretierenden Text überwiegend um Rede- und Antwortverläufe handelt, ist der Zugriff von meiner Seite her leichter gemacht, denn die bewußte Interaktion zwischen den beiden Gesprächspartnern liegt klar und offen zutage. Sich von einem Text irritieren zu lassen, setzt ein Sicheinlassen und Offenheit voraus. Die von Freud für den Analytiker beschriebene gleichschwebende Aufmerksamkeit gilt für den Textinterpreten gleichermaßen. Der Interpret sammelt, ohne zu ordnen. Offen sein, bereit sein sich einzufühlen, aushalten von Ambivalenzen, nicht dazu neigen, schnelle, voreilige Schlüsse zu ziehen, um einer ambiguen Situation aus dem Weg zu gehen, und die Lust am Auffinden von neuen, bisher nicht geäußerten Zusammenhängen, die Lust, Tagträumen und Phantasien nachzuhängen, scheinen wichtige Voraussetzungen für den psychoanalytischen Textinterpreten zu sein. Aber sich nur irritieren zu lassen, genügt nicht. Die im Text auffindbaren Brüche verlangen nach Aufklärung, die nicht im bewußten sondern im unbewußten Bereich zu suchen sind.

Die Irritationen können vielfältiger Natur sein. Auch hier gilt, sie nicht schnell über eine eher theoretisch–psychoanalytische Überlegung aufzulösen, sondern sie auf sich wirken zu lassen; die vorsichtige Deutung kann aufgrund weiteren Materials bestätigt, modifiziert oder verworfen werden. Vorschnelle Zusammenfassungen machen das Material eindimensional, farblos, ja abstrakt. Wie in der psychoanalytischen Behandlungssituation setzen die Interpretationen an der Oberfläche an, aber im Unterschied zur psychoanalytischen Situation muß der Textinterpret ohne das Dazutun des Textes von dort aus in die Tiefe gehen. In der psychoanalytischen Behandlung bestimmt im Idealfall der Patient die Geschwindigkeit, mit der der Analytiker deuten kann, und gibt Hinweise, wann Deutungen von bisher nicht bekannten Zusammenhängen möglich sind. Der Textinterpret hingegen ist sich selbst überlassen, der Text bietet zwar auch Widerstände, aber letzten Endes ist die Geschwindigkeit und die Tiefe der Deutung Sache des Interpreten selbst. Ich erwähne all diese Zwischenschritte, weil bei ihrer Nichtbeachtung eine Entfernung vom Text durch die Interpretation möglich ist, so daß das Sich–hinwegtragen–Lassen von eigenen Phantasien bewußter und/oder unbewußter Natur, von bewußten Vorannahmen und von theoretischem Wissen einen (latenten) Text entstehen lassen, der wenig mit dem (manifesten) Ausgangstext zu tun hat.

Aber es gibt auf der anderen Seite auch verblüffende Übereinstimmungen: Der Schätzung und Achtung des Textes als eigenständiges Gebilde entspricht in der psychoanalytischen Situation die der Eigenständigkeit und Besonderheit des Patienten. Die Neugier, etwas Neues, bisher nicht Bekanntes oder auch neue, bisher nicht gedachte Zusammenhänge auffinden zu wollen, sind in beiden Situationen wesentliche Voraussetzungen für das Verständnis und die Interpretation *des* Textes oder *des* bestimmten, konkreten Patienten. Wie gelingt es dem Analytiker, eben gerade das Eigene und das Einzigartige des Patienten zu verstehen und in Worte zu fassen? Der Einsatz und die Handhabung der Gegenübertragung sind meines Erachtens die via regia zum Verständnis des unbewußten Fremdpsychischen. Unter Gegenübertragung verstehe ich alle Gefühlsreaktionen, die in der psychoanalytischen Situation in der Analytikerin durch den Patienten aktiviert werden können. Diese umfassende Auffassung von Gegenübertragung, die auch ich vertrete, wurde zuerst von Paula Heimann formuliert. "Unsere Grundannahme besteht darin, daß das Unbewußte des Analytikers das Unbewußte des Patienten versteht. Dieser unmittelbare Kontakt (rapport) in einer tiefen Schicht kommt in Form von Gefühlen an die Oberfläche, die der Analytiker in Antwort auf seinen Patienten wahrnimmt, in seiner 'Gegenübertragung'" (Heimann, 1950, S. 82). Aber gerade dieses in der psychoanalytischen Situation so wertvolle Instrument scheint in der Textinterpretation zu versagen. Der Text überträgt bekanntlich nichts auf den Interpreten, worauf dieser reagieren könnte. Umgekehrt aber überträgt dieser auf den Text. Das weiter oben als Gegenübertragung Beschriebene gilt gleichermaßen für die Übertragung, die der Interpret auf den Text vornimmt.

Aber diese Übertragung muß wie die Gegenübertragung in der psychoanalytischen Situation kontrolliert eingesetzt werden, um Aussagen über den unbewußten Gehalt eines Textes machen zu können. Die auf diese Weise gewonnene Deutung ist eine vorläufige; es gilt, sie an weiterem Material zu überprüfen wie im psychoanalytischen Prozeß. Die Formulierung der Deutung erfolgt entlang dem Text, nimmt diesen auf und besitzt außerhalb desselben keine Bedeutung. Dieser Prozeß läuft – anders als in der psychoanalytischen Situation – im Interpreten selbst ab, denn der Text bleibt stumm. So gesehen stellt jede Interpretation bzw. jeder Interpretationszusammenhang eine Neuschöpfung dar, handelt es sich um das Resultat eines konkreten, sehr persönlichen Kontaktes des Interpreten mit dem Text. Die Interpretationen tragen Züge des Analysierenden und des Textes selbst; sie sind unterhalb der bewußten Sinnzusammenhänge im Text angesiedelt.

4.4 Erhebung und Interpretation des Materials in soziologischer Perspektive

Mit der Interpretation von Texten entfernt sich die Analytikerin von der ursprünglichen psychoanalytischen Arbeitsweise, in deren Zentrum die unmittelbare, leibhaftige Begegnung zwischen ihr und einem Gesprächspartner steht. Für die Soziologin umgekehrt stehen der Text – also die Niederschrift des soziologischen Gesprächs – und seine Interpretation im Mittelpunkt. Das Gespräch demgegenüber dient der den Text vorbereitenden Aufnahme eines Berichts bzw. einer Erzählung über Erfahrungen, die der Gesprächspartner bei der Arbeit im Betrieb gemacht hat. Ins Zentrum rückt das Transkript eines Gesprächs, dessen Interpretation auf eine Erfahrungswelt zielt, zu der ein unmittelbarer Zugang für die Interviewerin nicht besteht. Dem geringen Nutzen des Gesprächs selber steht die große Bedeutung des Gesprächstextes für die Interpretation gegenüber. Am Text wird im nachhinein die Gültigkeit von Aussagen über Erfahrung und Erleben in der betrieblichen Arbeitsstituation zu sichern gesucht. Für die Soziologin rückt aus diesen Gründen die Frage nach der *Interpretationsstrategie* in den Mittelpunkt.

In einem Exkurs stellt Rudolf Schweikart methodologische Erwägungen an, die den Forschungsprozeß begleitet haben. Er zeigt, welche Grundsätze in einem interpretativen Verfahren wie unserem zu beachten waren und welches die Voraussetzungen sind, unter denen der Geltungsanspruch aufrechtzuerhalten ist, der mit den Interpretationen der Materialien verbunden ist.

Exkurs: Methodische Grundlagen der Erzählanalyse[69]
Rudolf Schweikart

Ausgangspunkt des psychoanalytischen Prozesses ist die Interaktion des Analytikers mit dem Analysanden; dazu gehört auch das Erstinterview. Das Verständnis vom Analysanden wird vom Analytiker in der unmittelbaren Auseinandersetzung mit ihm entwickelt. Es ist die Reflexion auf die emotionale Seite des Geschehens. Dadurch wird zumindest auf einer ersten Ebene die Gefahr einer zirkulären Interpretation, wie sie für jede Form soziologischer Datenerhebung zutrifft, insofern vermieden, als sie expliziter Bestandteil des Verfahrens ist. Die Interpretation ist als Selbstauslegung des Analytikers reflektierter Teil des psychoanalytischen Prozesses. Die soziologische Interpretation muß sich mit dieser Zirkulationsproblematik auf eine andere Art auseinandersetzen. Zunächst einmal wird das Problem anerkannt: Das soziologische Interview produziert die Bedeutung, die in der soziologischen Interpretation analysiert werden soll. Im Umgang mit dieser Zirkularität wird es also darum gehen, wie sie in Gesprächen erfaßt wird und welche Eigenständigkeit einem Gesprächstext gegenüber seinem Interpreten zuerkannt werden kann. Trotz noch soviel Beeinflussung sucht man daher nach einer "Objektivität" des Gegenstandes, die durch die Interaktion zwar verzerrt wird, jedoch keinesfalls prinzipiell verschwindet.

1. Soeffner (1979) entwickelt, inwiefern die Texte als zu interpretierendes Material ihre eigene Realität haben, die jedenfalls nicht die Realität ist, von der sie erzählen. Es ist daher ein Grundsachverhalt, daß die soziologische Analyse eines Textes Interpretation ist. Vorhandenes Material wird unabhängig von seinem Entstehungsprozeß ausgelegt. Der Entstehungsprozeß kann Gegenstand dieser Auslegung sein, die Auslegung ist jedoch im Unterschied zur Psychoanalyse kein anerkannter Teil des Entstehungsprozesses. Vielmehr bildet diese fehlende Verbindung das methodische Manko der soziologischen Auslegung; sie kann hier der genannten Zirkularität nicht entgehen. Die soziologische Interpretation handhabt die Zirkularität von Datenproduktion und Dateninterpretation durch den Versuch, auch noch den Text als Interaktionsprodukt zum Gegenstand der Auslegung werden zu lassen: "Wissenschaftliche Sinnerschließung meint also Offenlegung der interaktiven Beziehung des Interpreten zum Text" (Soeffner 1979, S. 336).

2. An diesem Punkt setzen nun verschiedene Autoren mit ihrer Kritik an. Ein wesentlicher Beitrag erfolgte dabei durch die Ethnomethodologie, die die

---

69 Der Exkurs war Teil des Projektberichts (vgl. Brede u.a. 1988, S. 250 – 275).
    Schweikart hat, parallel zu dem hier dargestellten Verfahren, auf den Text des soziologischen Interviews eine Erzählanalyse angewandt. Sie erlaubt, die Erzählungen der Gesprächspartner als Identitätsentwürfe zu beschreiben, und verwendet literaturwissenschaftliche Mittel (vgl. Schweikart 1987; Brede u.a. 1988, S. 276ff.) Für dieses erzählanalytische Verfahren gelten die Darlegungen im vorliegenden Exkurs gleichermaßen.

Interaktion von Forscher und Proband als Alltagsgeschehen interpretiert, bei dem eine 'essentielle' Interaktion stattfindet, indem die Bedeutung welchselseitig ausgetauschter Signale erst interaktiv entsteht. Die Ethnomethodologie führt das auf den prinzipiell unbestimmten Charakter der Sprache zurück; sie hebt dabei die soziale Tätigkeit des "Forschers" und deren Verwandtschaft mit dem Alltagshandeln hervor. "Die Ethnomethodologie weist der Soziologie die Aufgabe zu, die Konstitution des Alltagslebens zu untersuchen" (Weingarten 1985, S. 111). Das Entscheidende dabei, das sowohl interessant als vermutlich auch restringierend ist, ist die Auflösung dieser Konstitution in konkrete Handlungen. "Garfinkel und konsquenter noch Harvey Sacks stellen sich immer die Frage 'Wie wird eine Handlung zustande gebracht?' ... sie (sprechen) von der 'Durchführung' (doing) solcher Alltagshandlungen wie Reden, Fragen, Argumentieren, um zu betonen, daß es sich dabei um ein stets neu in Gang zu bringendes Tun handelt, das mehr impliziert, als mit dem traditionellen Handlungsbegriff ausgedrückt ist" (Weingarten 1976, S. 13).

Insgesamt hebt die Ethnomethodologie die Eigenarten der Sprache hervor, die ein solches 'Durchführen' ermöglichen. Mit dem Begriff der Indexikalität der Sprache wird darauf Bezug genommen, daß sich Formulierungen in ihrer Bedeutung nach dem jeweiligen Kontext richten. Auch die Soziologie kann dieser alltagspraktischen Qualität der Sprache nicht entgehen, versucht vielmehr, sie 'in Ordnung' zu bringen (vgl. Garfinkel u. Sacks 1970, S. 132), indem sie den Formulierungen einen objektiven Sinn verleiht.

Die Ethnomethodologie ist von ihrer Intention her auch eine Professionskritik, die der Soziologie nachweist, daß sie alltagspraktischen Regeln nur um den Preis fruchtloser Sprachspiele entgehen kann. Hier zeichnet sich ein Trend in der Soziologie ab, der im Anschluß an die Ethnomethodologie und in der Erweiterung dieser Entwicklung zu einer umfassenden phänomenologischen Reformulierung der Soziologie noch an Bedeutung gewonnen hat, nämlich die Verankerung soziologischer Methoden in Alltagspraktiken. Dabei wird der Einfluß des amerikanischen Pragmatismus ausgehend von Peirce (in gewisser Weise ließe sich hier auch Mead einordnen) deutlich, der dann vor allem vermittelt über Wittgenstein (Philosophische Untersuchungen) in die europäische Tradition Aufnahme fand. Peirce, Schütz und Wittgenstein sind die immer wiederkehrenden Bezugspunkte der Ethnomethodologen (vgl. ebd., S. 134 u. 143; Cicourel 1975, S. 75ff. u. 164f.).

Die Ethnomethodologie hat insgesamt wichtige Anregungen gegeben, die auch in der europäischen Soziologie aufgenommen wurden und insbesondere zu einer erheblichen methodologischen Sensibilisierung beigetragen haben. Bei allen möglichen Arten der Datengewinnung hat es nun zuallererst einmal darum zu gehen, welche Form der Alltagskommunikation hier stattfindet, welche Alltagskompetenzen die Gesprächspartner einbringen etc. Erst danach läßt sich die Frage nach den Inhalten stellen, die durch die Erhebung beantwortet werden sollen.

3. Wir benutzen die ethnomethologische Position in der Soziologie, um das Interaktionsgeschehen im Interview zu hinterfragen. Grundsätzlich bleibt jedoch der Objektivitätsanspruch gegenüber dem Material erhalten. Er läßt sich an zwei Gruppen in der soziologischen Tradition zurückbinden. Das ist einmal die Position von Schütz, die versucht, ihren Objektivitätsanspruch auf die objektive Natur bestimmter Wahrnehmungsmuster zurückzuführen. Und es ist die 'objektive Hermeneutik' von Oevermann, die eine Objektivität der der Interaktion zugrundeliegenden "latenten Sinnstruktur" annimmt.

Die Arbeit von Alfred Schütz 'Der sinnhafte Aufbau der sozialen Welt' ist 1932 erschienen und stellt einen ersten Versuch dar, die ihre Zeit stark beeinflussende Philosophische Phänomenologie für die Gesellschaftswissenschaften fruchtbar zu machen. Die Bezugspunkte von Schütz bilden also Husserl und Heidegger (auch Bergson), das Ganze ist in eine kritische Auseinandersetzung mit Max Weber eingebettet.

Schütz kommt über eine Theorie des Fremdverstehens zu einer 'Strukturanalyse der Sozialwelt'. Dabei legt seine Kritik an Max Weber den Finger auf die Differenz von Selbstverstehen und Fremdverstehen, die Webers Konzeption des 'erklärenden Verstehens' unberücksichtigt läßt. Eine genaue Analyse der Arbeit von Schütz könnte viele Querverbindungen zu seinen Zeitgenossen und Vorläufern aufzeigen; der Bezug auf Bergson wird von ihm selbst hergestellt, die Parallelen zu Mead sind offenkundig. Was Schütz akribisch herausarbeitet, ist genau der Aspekt, an dem die Ethnomethodologie später wieder ansetzt, an der Tätigkeit, die Sinn schafft.

Schütz faßt es als eine Aktivität des Handelnden, die in ihrer zeitlichen Strukturiertheit durch den Handlungsablauf greifbare Bewußtseinserlebnisse vermittelt und im Rückblick auf diesen Ablauf Sinn ergibt. Dieses ursprüngliche Sinnerlebnis ist nicht intersubjektiv mitteilbar und bleibt an seinen Träger gebunden (ganz im Sinne Wittgensteins). In dieser Weise kann es also kein Fremdverstehen geben. Das Fremdverstehen hat seinen Ursprung nicht im individuellen Bewußtseinserlebnis, sondern in der gemeinsamen 'Lebenswelt', die sich in Erfahrungen niederschlägt.

Das Verstehen des Fremdseelischen ist also kein Resultat eines Bewußtseinserlebnisses, sondern ein Resultat von Lebenserfahrung, die ein immer wieder gespiegeltes Bild der Außenwelt vermittelt. "Der Mensch in der natürlichen Einstellung versteht also die Welt, indem er seine Erlebnisse von ihr auslegt ... Daß das Du, dem ich gegenüberstehe, ein Mitmensch ist und nicht etwa ein Schemen auf einer Tonfilmleinwand, daß ihm also Dauer und Bewußtsein zukommt, erfahre ich durch einen Akt der Selbstauslegung meiner eigenen Erlebnisse vom Du" (Schütz 1932, S. 149).

Bei Schütz findet sich der Rückgriff auf Alltagspraktiken angelegt, denen sich auch wissenschaftliches Verstehen unterzuordnen hat und die durch Erfahrungsmuster lebensweltlich vorgeprägt sind. Ohne direkten Bezug auf die Vorläufer der phänomenologischen Tradition reformuliert Oevermann in den

70er Jahren das Theorieprogramm der Phänomenologie. Er sieht eine realitätshaltige, latente Sinnstruktur als gegeben an, die unabhängig von den jeweiligen psychischen Repräsentanzen rekonstruierbar ist und handlungsrelevant wird. "Dies veranlaßt uns, vorläufig einen Begriff vom sozialen Unbewußten des Interaktionssystems, metaphorisch einzuführen" (Oevermann u.a. 1979, S. 367).

Oevermann anerkennt also eine von der jeweils bewußten psychischen Repräsentation unabhängige soziale Realität, deren Wirksamkeit sozusagen trotz eines intentional konträren Geschehens erhalten bleibt, d.h., eine wie immer geartete psychische Repräsentanz besitzt, die dann analog der Psychoanalyse einen originären Gegenstand der Soziologie abgeben würde. Die Zielrichtung dieses Theorieansatzes ist jedoch primär auf eine Entschlüsselbarkeit von Interaktionstexten und weniger auf die Frage der lebensweltlichen Erfahrungsgrundlage latenter Sinnstrukturen gerichtet. Oevermann gebraucht die Metapher der 'Lebenspraxis' "als Chiffre für jenes Abstraktum, in dem die einheitliche, alle sozialen Lebensäußerungen fundierende Schicht praktischen Handelns begriffen ist, die zugleich auch die Basis für eine materialistische Deutung der Gattungsgeschichte, der Geschichte und der Erkenntnistheorie abgibt" (Oevermann 1981, S.33). Gleichwohl geht es bei Oevermann um Fallrekonstruktionen, also darum, "eine soziale Struktur so zu erfassen, daß über die vollständige, sequenzanalytische Rekonstruktion einer Phase ihrer Reproduktion ihre Gesetzlichkeit bestimmt werden kann" (ebd., S. 40).

Voraussetzung des vordergründig technischen Verfahrens der objektiven Hermeneutik ist die erkenntnistheoretische Überzeugung, ein soziales Phänomen 'in der Sprache des Falles' analysieren zu können. Das sei "nur für denjenigen theoretisch voraussetzungslos, der von der Absurdität ausgeht, die Umgangssprache enthalte keine theoretischen Vorannahmen über die Struktur der physikalischen, biologischen und sozialen Welt, oder der doch zumindest eine prinzipielle *erkenntnistheoretische* Differenz zwischen wissenschaftlicher Theorie und umgangssprachlicher Artikulation der Alltagserfahrung legt. Für wen jedoch der Unterschied zwischen wissenschaftlicher Theorie und umgangssprachlicher Artikulation von Alltagserfahrungen letztlich nur *handlungslogisch* zu bezeichnen ist, dem wird es darauf ankommen, verstehend im Sinne der Explikation von Textbedeutungen, die Voraussetzung konkreter Handlungsabläufe, über das Bewußtsein der Handelnden selbst davon hinaus, zu explizieren und auf der theoretischen Ebene kenntlich zu machen" (ebd., S. 5).

In dieser Orientierung an der Textinterpretation, die den wissenschaftlichen Zugang zu sozialen Strukturen öffnen soll – in diesem Sinne ist der Anspruch auf eine *objektive* Hermeneutik zu verstehen –, kann eine Wurzel der Vernachlässigung phänomenologischer Theoriegrundlagen gesehen werden, obwohl die innere Verwandtschaft der 'objektiven Hermeneutik' mit der 'Phänomenologie' nicht zu übersehen ist. Eine zureichende Begründung der Phänomenologie hätte sich vorab aller Interpretationen auf das umweltliche Begegnen von Realität einzulassen, dem die Auslegung dann auf der Spur ist. Oevermann geht hier einen anderen Weg, der darauf zielt, möglichst wenig Vorannahmen der Realität überzustülpen, die dann durch die Materialanalyse in die Realität zurückprojiziert würden.

Mit dem Konzept der 'latenten Sinnstruktur' von dokumentierten Interaktionstexten soll diese Hürde vor einer möglichen phänomenologischen Ontologisierung von Realität genommen werden. "Mit dem Begriff von den latenten Sinnstrukturen werden objektive Bedeutungsmöglichkeiten als real eingeführt, unabhängig davon, ob sie von den an der Interaktion beteiligten Subjekten intentional *realisiert* wurden oder nicht" (Oevermann et al. 1979, S. 382). Was bei Oevermann allerdings zugegebenermaßen offen bleibt, ist die Frage nach den psychischen Repräsentanzen der latenten Sinnstrukturen: "Mit dieser Argumentation ist die Frage nach der Form der psychischen Repräsentanz, die die latenten Sinnstrukturen als nicht bewußte soziale Realität von Bedeutungsmöglichkeiten annehmen können und minimal annehmen *müssen*, damit sie einwirken, sicherlich nicht befriedigend beantwortet. Für die Explikation der Methodologie einer objektiven Hermeneutik ist das auch nicht entscheidend" (ebd., S. 377).

Trotz aller methodischen Rückversicherungen verbirgt sich hinter Oevermanns Ansatz eine vergleichsweise vormoderne Trennung von Soziologie und Psychologie. Die alltagsweltliche Kompetenz zur interpretationsreifen Interaktion setzt die sozialisationstheoretische Vorstellung einer Individuierung voraus, die erst die Subjekthaftigkeit, d. h. Handlungsfähigkeit, der mundanen Helden begründen kann. Letztlich bleiben sich hier ein an das Subjekt gebundener Handlungsbegriff und ein Begriff objektiver Strukturiertheit von Gesellschaft äußerlich, d. h. dialektisch zu vermitteln.

In ihrer Ausrichtung auf eine Interpretaton von 'Daten' ist jedoch die Bedeutung der 'objektiven Hermeneutik' zu sehen. Sie stellt den methodisch ausgefeiltesten Versuch einer theoretischen Fundierung qualitativer Sozialforschung dar.

4. Um das Problem noch einmal zu verdeutlichen: Mit den Unterstellungen der Ethnomethodologie wäre der Anspruch einer verwertbaren Datenerhebung einigermaßen sinnlos, dazu bedarf es bei Kenntnis der prinzipiellen Zirkularität dieses Verfahrens der Vorannahme eines objektiv erfaßbaren Gegenstandes, der sich durch alle interaktiven Brechungen hindurch erhält. Diese Objektivität des Gegenstandes kann auf die Objektivität von Erfahrungsmustern zurückgeführt werden.

Wir kommen damit zu einer zweiten Stufe der Vorannahmen. Die Unterstellung einer intersubjektiv gültigen Struktur von Erfahrungen (es kann zur Verdeutlichung hier angemerkt werden, daß die Psychoanalyse solche Unterstellungen sogar für die Entwicklung der psychischen Struktur vornimmt) führt zu der Frage nach dem Medium, das in dieser Weise strukturierend wirkt, wir nennen es hier vereinfacht Gesellschaft (die Vereinfachung liegt in der fehlenden Differenzierung von Sozialsystemen, die als diffuses Ensemble dann Gesellschaft wären). Die Lebenswelt teilt sich den Individuen als erfahrungsstrukturierend mit, es kann die Frage nach der Strukturiertheit gestellt werden.

Aufbauend auf der Ethnomethodologie hat sich in der Bundesrepublik eine Wissenschaftstradition ausgebildet, deren Ausgangspunkt die Konzeption eines "mundanen Denkens" (Pollner 1976) ist, also die Feststellung einer von der wissenschaftlichen Rationalität grundsätzlich unterschiedenen Alltagswelt. Jedes Mitglied der Gesellschaft – explizit ausgeschlossen werden nur Kleinkinder und eine Teilgruppe der Schizophrenen – verfügt über Alltagspraktiken, die es einerseits mit den anderen Mitgliedern der Gesellschaft teilt und die es andererseits in die Lage versetzen, das tägliche Leben pragmatisch zu meistern.

"Die Welt wird erfahren als eine intersubjektive Welt, die gemeinsam mit anderen erkannt wird oder erkennbar ist. Das Mitglied setzt als selbstverständlich voraus, daß die soziale Welt und – spezifischer noch – derjenige Aspekt, der in der gegenwärtigen Situation durch Regeln oder durch Rezepte erfahren wird oder erfahrbar ist. ... Alltagshandlungen und ihre wahrgenommenen miteinander verknüpften Merkmale stellen sich gewissermaßen mit dem Versprechen vor, daß sie in praktisch hinlänglicher Art und Weise durch kompetente Anwendung der richtigen Redewendungen, Paradigmen, Motive, Organisationspläne u. ä. verstanden und behandelt werden können" (Zimmerman u. Pollner 1970, S. 69f.).

Die Aufgaben in der Alltagswelt stellen sich unter der Annahme ihrer praktischen Lösbarkeit. Hier schimmert der phänomenologische Befund der Vorgegebenheit von Welt durch: "Folgen wir Alfred Schütz, so ist die Welt, wie sie sich dem Mitglied der Gesellschaft, das in seinem Handeln von der natürlichen Einstellung in der Alltagswelt geleitet wird, darstellt, eine historische, bereits organisierte Welt" (ebd., S. 69).

In einer Soziologie der Alltagswelt verbirgt sich aber auch die Naivität einer ahistorischen Phänomenologie, denn selbstverständlich läßt sich von *uns* Welt nur als je vorgegeben konzipieren, gleichwohl ist es nicht selbstverständlich, daß Welt auch als geordnet *erscheint*. Das setzt nicht theoretisch, sondern auch eminent praktisch einen gemeinsamen Wahrnehmungshorizont voraus, der nur als Teil einer hochintegrierten Massengesellschaft gedacht werden kann. Es wäre – als fiktives Gegenbeispiel – in einem europäischen Land des 16. Jahrhunderts mit etablierter Adelsherrschaft undenkbar, daß alle Gesellschaftsmitglieder (der Ausdruck ist in diesem Zusammenhang absurd) über gemeinsame Alltagspraktiken verfügten; ähnliches ließe sich über das Verhältnis des Schamanen zur Sippe anführen.

Damit beinhaltet die Vorstellung einer Alltagswelt bereits Annahmen über unsere Gesellschaft, die zwar nicht prinzipiell bestritten zu werden brauchen, die jedoch keinesfalls außergeschichtliche Gültigkeit beanspruchen können.

Die Gemeinsamkeit der Alltagswelt, die sich in der Beherrschung von Alltagspraktiken niederschlägt, berührt in gewisser Weise den konstruktiven Kern hochintegrierter Gesellschaften. "Die Annahme einer gemeinsamen Welt ist für die mundanen Denker keine deskriptive Behauptung. Sie ist nicht falsifizierbar. Sie fungiert vielmehr als eine unkorrigierbare Spezifizierung der Beziehungen, die grundsätzlich zwischen den Erfahrungen dessen, was innerhalb einer Gemeinschaft von Wahrnehmenden für die gleiche Welt gehalten wird, bestehen" (Pollner 1976, S. 315).

Pollner zeigt an Beispielen, wie sich das in konstruktiven Lösungen von 'Alltagsrätseln' niederschlägt, die daraus entstehen, daß sich widersprechende Behauptungen gegenüberstehen. "Die alltagsweltlichen Denker können aufgrund der Tatsache, daß sie wechselseitig an der Annahme einer unkorrigierbar gegenständlichen und gemeinsam geteilten Welt orientiert sind, die widersprüchlichen Erfahrungen und/oder Darstellungen von zwei Personen, die auf das blicken, was sie für die gleiche Welt halten, als ein 'rätselhaftes' Ereignis auffassen und erkennen (und herstellen). Wenngleich solche Rätsel der Annahme einer gemeinsamen Welt möglicherweise abträglich sind, so werden sie doch von den mundanen Denkern geschickt gelöst. Für einen mundanen Denker ist ein derartiger Widerspruch nicht der Anlaß, die fundamentale Intersubjektivität der Welt in Frage zu stellen. Vielmehr ist er Anlaß dafür, zu bestimmen, welche Bedingungen, die in der Antizipation einer Übereinstimmung der Erfahrungen und Darstellungen stillschweigend impliziert werden, als nicht wirksam bezeichnet werden können. ... Der Vorschlag einer in Frage kommenden Lösung dient letzten Endes nur dazu, deutlich werden zu lassen, daß die Welt tatsächlich in der intersubjektiven Ordnung der Ereignisse ist, als die sie bekannt ist, und daß eine Gemeinschaft von miteinander zu vereinbarenden Erfahrungen entstanden wäre, gäbe es nicht die außergewöhnlichen Methoden, die außergewöhnlichen Motive oder die außergewöhnlichen Umstände, die zu dem Widerspruch bei dem einen oder anderen Beteiligten führten" (ebd., S. 323f.).

Die Vorstellung einer intersubjektiv geteilten Alltagswelt, wie sie die Ethnomethodologie den Gesellschaftsmitgliedern unterstellt, gibt also allen Anlaß, die Wiederkehr solcher Praktiken im Gespräch zu beachten. Vor allem muß dabei der Aspekt bedacht werden, daß im Gespräch die Gemeinsamkeit des für den einen Partner im allgemeinen unbekannten Gegenstandes erst hergestellt werden muß. Das impliziert zunächst einmal ein 'Spekulieren auf Verständnistoleranz' gegenüber dem Diskussionspartner (Stempel 1980, S. 393); ein fiktionaler Diskurs kommt in Gang, der auf der asymmetrischen Ausgangsposition gegenseitiger Unkenntnis beruht (ebd., S. 394). Es lassen sich also bereits auf der Ebene des Gespräches als Alltagskommunikation Verlaufsformen zumindest antizipieren, die allein aus der Handhabung alltagspraktischer Kompetenzen resultieren. So läßt sich etwa vermuten, daß eine Verweigerung des gemeinsamen Gegenstandes seitens eines Gesprächspartners Rettungsversuche provozieren wird, die Prinzipien der Wahrscheinlichkeit eher verletzen werden, als auf das Prinzip der Gemeinsamkeit von Welt zu verzichten.

Die Einheit der Welt, die Intersubjektivität der Gegenstände kann dann auch die Einheit der Selbstdarstellung beeinflussen, "die im Rahmen der sprachlichen Interaktion nicht etwa ihre Einheit in den objektiven Sachverhalten sucht, sondern in den auf den Hörer jeweils spezifisch abgestimmten Selbstentwürfen" (ebd., S. 397).

"In der Tat ist das Alltagsgespräch der privilegierte Ort der Inszenierung von sozialer Identität, die sich nur im aktuellen sozialen Umgang ihrer Konstitution vergewissern und im ungezwungenen Gespräch gerade die vielfältigsten Möglichkeiten in dieser Richtung ergreifen kann. Dies aber bedeutet dann umgekehrt, daß in einem ganz allgemeinen Verständnis die Sinnhaftigkeit des verbalen Handelns, über die Einzelakte vielfach hinausreichend oder in ihnen eingeschrieben, ihren Fluchtpunkt im Entwurf oder der Affirmation von Identität hat" (Stempel 1984, S. 159). Entsprechend ist dann auch der für Alltagskommunikation verwendbare Wahrheitsbegriff zu modifizieren; nicht die Aussagen in der Erzählung können bewertet werden, sondern "wahr ist in erster Linie das mit dem Beitrag verbundene Identifikationsbegehren" (ebd., S. 165).

Es überlagern sich hier offensichtlich zwei Alltagspraktiken, die wechselseitige Eigenständigkeit beanspruchen können. Die Einheit des Gegenstandes, der situativen Bestätigung der Intersubjektivität von Welt, und der situative Identitätsentwurf, der die Einheit der Person zumindest interaktiv gewahrt sehen will. Genauso wie die Einheit der Welt einem spezifisch modernen Wahrnehmungshorizont entspringt, ist der situative Identitätsentwurf darin eingebunden. Er findet sich in der Soziologie an anderer Stelle als Rollenhandeln beschrieben; die Rolle ist im Sinn einer situativen Identität konzipiert (bei Parsons etwa).

Wenn also solche Alltagspraktiken existieren und Teil unserer kommunikativen Kompetenz sind, dann muß das qualitative Interview besonderes Augenmerk auf die Handhabung dieser Kompetenz richten. Es wird seinen Gegenstand also aus einer vielfach gespiegelten Darstellung erschließen müssen.

Auf eine ganz andere Art der Strukturiertheit bezieht sich die "biographische Methode": Ihr Ursprung findet sich in einer amerikanisch–polnischen Tradition der Soziologie, die ihre Wirkung wesentlich dem Werk von W. I. Thomas und F. Znaniecki 'The Polish Peasant in Europe and America' (1918–1920) verdankt (vgl. Kohli 1981, S. 274ff.). Sie verwendeten darin persönliche Materialien wie Briefe und Lebensberichte, die zu einer 'Betonung der Subjektivität in sozialen Prozessen' führte (Kohli). In den 60er Jahren wurde wieder verstärkt an diesem Zweig der qualitativen Sozialforschung angeknüpft, nachdem er aus dem amerikanischen Wissenschaftsbetrieb weitgehend verschwunden war. "Es lassen sich in der amerikanischen Soziologie kaum Ansätze zu einer spezifischen Beschäftigung mit und Weiterentwicklung der biographischen Methode ausmachen; ihr Status ist eher der eines wenig konturierten Teilgebiets in der allgemeinen Diskussion über qualitative Methoden" (ebd., S. 287f.).

Verglichen mit der amerikanischen Situation hat sich in der Bundesrepublik – allerdings ohne einheimische Anknüpfungspunkte – in den 70er Jahren eine breite Diskussion um die biographische Methode entwickelt. Kohli führt zwei Linien an, die aus unterschiedlichen Gründen zur Adaption dieses methodischen Zugangs zur empirischen Sozialforschung kamen: Von einer marxistisch orientierten Industriesoziologie her wurde "ein Vorschlag zu einem 'sozio-biographischen' Zugang zur Lebenswelt von Arbeitern formuliert" (ebd., S. 288); von interpretativen Ansätzen der phänomenologischen Tradition wurde die Ebene der 'subjektiven Interpretation' betont, die durch die Sozialforschung nicht folgenlos übergangen werden kann (vgl. ebd., S. 289).

"Damit ist auch schon etwas über die Gründe für die neue Aktualität der biographischen Methode gesagt, zumindest soweit sie in der kognitiven Dynamik der Disziplin liegen. Das Aufkommen der biographischen Ansätze und ihrer Voraussetzungen geht einher mit einem Dominanzverlust der neopositivistischen Forschungsmodelle. Die Betonung der Handlungsebene und eines umfassenderen, weniger segmentierten Zugangs dazu teilen biographische Ansätze mit andern im größeren Rahmen interpretativer Methodenkonzeptionen. Was dazukommt, ist die Betonung der lebensgeschichtlichen Vergangenheit als Dimension der Erfahrungsakkumulation und -verarbeitung" (ebd., S. 289).

Die biographische Methode findet ihr wichtigstes Anwendungsgebiet in der Auswertung narrativer Interviews (so vor allem bei Schütze), "getragen von einem beinahe naiv wirkenden Vertrauen in die Exklusivität des Narrativen" (Alheit 1984, S. 92). Diese Naivität liegt in der biographischen Auswertung des Interviews, die darauf vertrauen *muß*, lebensrelevante Tatsachen mitgeteilt zu bekommen. "Sowohl die kausale Logik der Ereignisfolge als auch die intentionale Logik entsprechender Verflechtungen und Zusammenhänge von Handlungsplanungen stellen eine Grundlage der Erzählung dar, auf die der Informant nicht einfach verzichten kann (Detaillierungszwang)" (Heinemeier u. a. 1981, S. 178).

"In narrativ-retrospektiven Erfahrungsaufbereitungen wird prinzipiell so berichtet, wie die lebensweltlichen Ereignisse (ob Handlungen oder Naturereignisse) vom Erzähler als Handelndem erfahren worden sind" (Schütze 1976, S. 197). Die Einschränkungen, die Schütze dieser allgemeinen Aussage hinterherschiebt, betreffen den Inhalt der Erzählung, insofern nur die Lebenshöhepunkte erwähnt werden, und den nicht mitteilbaren Realitätsdruck, der die damaligen Handlungen veranlaßt hat. "Mit der These von der Durchhaltung des 'wie' der aktuellen Ereignis- und Handlungserfahrung in der Erzählung ist mithin lediglich die Aufrechterhaltung der wesentlichen Erfahrungs- und

Orientierungsperspektiven (also der wesentlichen Kognitions- und Interessenstrukturen) gemeint" (ebd.).

Die besondere deutsche Ausprägung der biographischen Methode, wie sie von Schütze und anderen vertreten wird, ignoriert also die Einsichten in Strukturen der Alltagskommunikation, wie sie von seiten der Ethnomethodologie und der Phänomenologie ganz allgemein hervorgebracht wurden. Der situativen Gebundenheit von Identitätsentwürfen steht bei Schütze ein Erfahrungsfundus gegenüber, der lebensgeschichtlich geronnen ist und jederzeitigen Zugriff erlaubt. Trotz dieser erkenntnistheoretischen Problematik ist die Grundüberlegung der Biographieforschung, es gebe 'gesamtgesellschaftliche Institutionalisierungsmuster des Lebenslaufs' nicht uninteressant. "Das bedeutet zunächst und in erster Linie: Stabile Erwartungen des Betroffenen, seiner signifikanten Interaktionspartner, oder auch ferner stehender Dritter richten sich auf die Heraufkunft oder den Vollzug der Stadien und Einschnitte des Lebenszyklus. Der Betroffene erwartet zudem, daß faktische und potentielle Interaktionspartner ebenfalls jene Stadien und Einschnitte erwarten und möglicherweise gar einklagen werden" (Schütze 1981, S. 68). Ob jedoch hinter diesem Konzept von Schütze mehr steckt, als die verbreitete und hier nur verallgemeinerte Einsicht in bestimmte Karriereerwartungen seitens der Individuen und dem Karrieredruck seitens der Umwelt, ist erst einmal offen. Im Einzelfall mag es interessant sein, solche Typologien zu erstellen, generell wird am Einzelfall zu prüfen sein, ob Karrieredefizite oder ähnliches zu einer spezifischen Problemkonstellation führen.

Neben der Simplizität der aufgestellten Typologien (es handelt sich um eine fast schon explizite Variante subsumtiver Soziologie) fällt der faktisch fehlende Handlungsbegriff ins Gewicht. Ein differenzierter Handlungsbegriff, wie ihn etwa Niklas Luhmann entwickelt hat oder wie er auch auf Bergson rückführbar wäre, ließe die einfältige Identifizierung von Handeln mit Aktivität, dem Fällen von Entscheidungen etc. nicht zu.

Entgegen allen theoretischen und alltagspraktischen Kriterien, die eine Gleichsetzung von Handeln und der nachträglichen Bedeutungszuweisung von Handlungen verbieten, formuliert Schütze sein Konzept biographischer Schnittstellen folgendermaßen: "Allgemein läßt sich diese Form biographisch relevanter Handlungsschemata so kennzeichnen, daß der Handelnde in einer auf Problembewältigung drängenden sozialen Situation steht, die er mit den selbstverständlich vorhandenen Routinemitteln nicht mehr bewältigen kann. Die Situation ist für den Handelnden so problematisch, daß jedes weitere Abwarten den Verzicht auf eigene Handlungsautonomie im betroffenen Handlungsbereich, in schweren Fällen sogar den Zusammenbruch der Handlungsorientierung, die Zersetzung des eigenen moralischen Selbstbildes und/oder den Verlust der materiellen Existenzgrundlage mit sich bringt" (ebd., S. 79).

Soeffner weist demgegenüber mit Recht darauf hin, daß sich Lebensläufe überhaupt erst im nachhinein "als langfristige Handlungsplanungen oder schicksalshaft zusammengebundene Ereignisketten" darstellen. "Was auch immer sie vorgeben, sie sind das Ergebnis einheits- und sinnstiftender Interpretationsleistungen der Beobachter von Identitäten oder der 'Selbstdarsteller'" (Soeffner 1981, S. 260). Eine Einbeziehung des biographischen Interpretationsansatzes wird in erster Linie danach zu fragen haben, ob besonders markante Identitätsentwürfe auf lebensgeschichtlich einbruchhafte Erfahrungen zurückzuführen sind, denen mit einem besonderen Identitätskonzept begegnet wurde.

5. Die Auswertung des soziologischen Interviews hat also eine Reihe von Punkten zu berücksichtigen, die auf die soziale Natur der Interviewsituation selbst bezogen sind, und sie zielt auf eine Rekonstruktion von im Interview vermittelten Erfahrungen der Probanden, die objektive Strukturmomente transportieren. Das methodische Vorgehen der Auswertung entspricht einer Erzählanalyse. Der Interviewtext wird als von zwei Beteiligten geschriebene Geschichte aufgefaßt. Es wird keine Unmittelbarkeit der Erfahrungsmitteilung unterstellt, sondern von der Notwendigkeit der Entschlüsselung mittels einer Erzählanalyse ausgegangen.

Die Erzählanalyse oder Gesprächsanalyse ist in Anlehnung an die ethnomethodologische Diskussion entstanden und kann als Fortsetzung dieses Theorieansatzes – unter Vernachlässigung seiner linguistischen Variante – in Richtung einer qualitativen Sozialforschung verstanden werden; insbesondere die deutsche Rezeption hat diesen Gesichtspunkt aufgegriffen (vgl. Ungeheuer 1977, S. 28f.). Ganz allgemein formuliert Cicourel den Anspruch der Gesprächsanalyse folgendermaßen: "Discourse analysis, with or without benefit of nonverbal information, is of central importance how culturally patterned experiences influence and interact with cognitive processes to produce common meaning structures and individual differences within a cultural group" (Cicourel 1977, S. 112).

Im Unterschied zu den Vorstellungen von intersubjektiv geteilten Formen der Alltagskommunikation kann die Gesprächsanalyse eine stärkere Betonung auf die (sub-)kulturellen Ausprägungen von Sprachkompetenz legen, die Rückschlüsse auf das soziale Binnenmilieu der Gesprächspartner zulassen. Hierzu leistet die Analyse des 'Sprachverhaltens' in der Interaktion wichtige Beiträge, die besonders die immer mitlaufende Interpretationsleistung herausstellt: "Routinekonversationen beruhen darauf, daß Sprecher und Hörer erwarten, kommende Äußerungen würden entscheiden, was zuvor gemeint war. Sie nehmen beide an, daß das, was sie zueinander sagen, unmittelbar oder zu einem späteren Zeitpunkt den Effekt haben wird, eine im Augenblick mehrdeutige Äußerung oder eine Beschreibung, die den Unterton eines Versprechens annimmt, zu klären. Diese Eigenschaft der Interpretationverfahren macht es beiden, Sprecher und Hörer, möglich, einen Sinn von sozialer Struktur auch im Falle absichtlicher oder mutmaßlicher Ungewißheit seitens der Teilnehmer einer Interaktion zu behalten. Die Erwartung, daß spätere Äußerungen – die möglicherweise nie gemacht werden – gegenwärtige Beschreibungen klären, bzw. die Entdeckung, daß frühere Bemerkungen oder Vorfälle eine gegenwärtige Äußerung klären, verleiht alltäglicher Kommunikation Kontinuität" (Cicourel 1975, S. 34).

Nimmt man zu diesen Bestimmungen hinzu, daß subkulturelle Erfahrungsmuster ein gegenseitiges Verständnis in spezifischer Weise hindern oder fördern können, so lassen sich mittels der Gesprächsanalyse solche Muster herausarbeiten, die unabhängig vom konkreten Gesprächsverlauf Gültigkeit besitzen. Cicourel verwendet dafür den Begriff der 'Interpretationsverfahren', in denen sich die soziale Prägung des interaktiven Verstehens niederschlägt (vgl. ebd., S. 88). Diese "feste(n) Prinzipien, die es den Gesellschaftsmitgliedern gestatten, bestimmten substantiellen Regeln ('sozialen Normen') Bedeutung zu geben" (ebd.), regeln auch das Verstehen innerhalb des Gesprächs. Die Gesprächspartner nehmen einen 'idealisierten Standpunkt' ein, der 'reziprok geteilte Erfahrungen' unterstellt. "Das stillschweigende, aber gebilligte Verhalten, sich den Anschein zu geben, als verstünde man, worüber diskutiert oder was behandelt wird, setzt voraus, daß beide Beteiligten ähnliche (Normalform-) Repertoires für das haben, was in ihrer Kultur eine Normalerscheinung darstellt. Das Reziprozitätsprinzip instruiert den Handelnden, eine idealisierte Auswechselbarkeit der Standpunkte während der Interaktionen anzunehmen und ähnliche Verfahren bei der Bedeutungs- oder Relevanzzuordnung zu verfolgen. Wenn jedoch Auffassungsunterschiede oder Mehrdeutigkeiten auftreten, so werden Sprecher und Hörer sie zu normalisieren versuchen" (ebd., S. 90f.).

Cicourel bezeichnet diesen Zugang zur Gesprächsanalyse als ein 'soziologisches Erkenntnisprinzip' (ebd., S. 91), das sich von psychologischen Vorstellungen deutlich unterscheidet. Die Nähe zum 'role taking' von G. H. Mead ist offenkundig, und eine gewisse Kohärenz soziologischer Erklärungsversuche von Sozialität in der Interaktion kann hier durchaus veranschlagt werden. Die Gesprächsanalyse hätte also jeweils konkret zu zeigen, auf welche sozialen Muster im Gespräch zurückgegriffen wird, welcher gemeinsame 'Erfahrungsschatz' jeweils unterstellt wird, aufgrund dessen sich ein 'situatives Bedeutungsschema' entfalten kann (vgl. ebd., S. 115).

Hier überlagern sich zwei Konzepte, die gleichermaßen zu einer differenzierten Vorstellung von Erzählanalyse führen. Der Ethnomethodologe "bevorzugt es ..., das Erklären selbst als Tätigkeit zu betrachten, die zum Gegenstand des Interesses wird" (ebd., S. 132). Eine von der literaturwissenschaftlichen Hermeneutik kommende Erzählanalyse wird jedoch den Gesprächstext nach immanenten Bedeutungsmustern untersuchen, die durch die Erzählung selbst konstituiert werden und erst aufgrund von Struktureigenschaften einer sozialen Realität zugerechnet werden können. In beiden Fällen legt also nicht der Bedeutungsinhalt Sozialität offen, sondern die bedeutungserzeugende Erzählstruktur ermöglicht die Frage nach der Verwendung sozialer Muster.

Die Gesprächsanalyse hätte den Gesprächstext als eine von mehreren Autoren geschriebene Erzählung aufzufassen, die immanente Mechanismen der Bedeutungsproduktion enthält, die auch als solche entschlüsselbar sind. Dieser Entschlüsselungsprozeß wäre dann analog der Erstellung von Lesarten zu konzipieren, wie es die objektive Hermeneutik durchführt; gleichwohl verbände sich hiermit ein anderer Anspruch. Die Interpretation als solche setzt zweifellos die Verstehbarkeit von Texten voraus und basiert daher auf der Sprachkompetenz der Beteiligten, sowohl der Gesprächspartner als auch der Analytiker. Das Ziel der Gesprächsinterpretation liegt aber nicht in der Erstellung der einen richtigen Lesart, sondern in der assoziativen Verknüpfbarkeit von Bedeutungsfiguren innerhalb des Gesprächs mit theoretisch deduzierten Erfahrungsmustern von Sozialität. Hierbei ist durchaus an eine wechselseitige Befruchtung zu denken; die allgemein-theoretischen Überlegungen sind am empirischen Material zu überprüfen, und umgekehrt sind die Bedeutungsfiguren anhand allgemeiner Überlegungen auf ihre Konsistenz hin zu befragen.

Ungeheuer stellt in der Fachliteratur zwei Auslegungen des Terminus 'Gesprächsanalyse' fest: Die eine versteht das Gespräch als verbale Interaktion, und ihr Ergebnis liegt in der Ausarbeitung der 'kommunikativen Gesprächsstruktur'; die andere faßt das Gespräch als Teil einer übergeordneten Sozialhandlung. "Das zu lösende Problem wird durch eine Hypothese konstituiert, die einen Sachverhalt der übergeordneten Sozialhandlung behauptet, und es wird angenommen, daß diese Hypothese mit Hilfe der kommunikativen Gesprächsstruktur der eingebetteten verbalen Interaktion gerechtfertigt werden kann" (Ungeheuer 1977, S. 33). Die eine Seite bleibt offensichtlich vom Ergebnis her unbefriedigend, während die zweite Seite methodisch unbefriedigend ist. Aus dem Rückgriff auf Konzepte der Soziologie, wie sie sich in der Ethnomethodologie und in hermeneutischen Ansätzen finden, wird hier eine dritte Form von Gesprächsanalyse vorgeschlagen, die diese Defizite überwinden möchte. Sie verschweigt nicht den kommunikativen Ursprung des Materials, möchte aber dennoch durch die Herausarbeitung von Strukturmustern auf allgemeine Struktureigenschaften von Sozialität zu sprechen kommen. Daß dieser Prozeß nur durch eine wechselseitige Ergänzung von Materialaufbereitung und Theoriebildung möglich ist, erscheint als Vorteil, denn er zwingt zu einer ständigen Explikation der theoretischen Voraussetzungen. Dies könnte eine eher naive Zirkularität verhindern, die aus dem Material nur ihre eigenen wissenschaftlichen Überzeugungen herausliest. Die Problematik der zirkulären Datenerhebung bleibt dabei jedoch unangetastet.

Abschließend soll noch erwähnt werden, daß die hier entwickelte Vorstellung von Gesprächsanalyse ohne starke Annahmen über die psychische Repräsentanz von Sozialität auskommt. Diese Frage kann aufgrund des hermeneutischen Verfahrens unbeantwortet bleiben; hier geht es um die Handhabung sozialer Muster und nicht um ihre psychische Verankerung. Dagegen wäre die Frage der individuellen Modulation solcher Muster durch die Zusammenarbeit mit dem Psychoanalytiker anzusprechen. Individuen sind Träger sozial determinierter Handlungsstrukturen, aber sie sind es nicht alle auf die gleiche Art.

6. Zusammenfassend läßt sich festhalten, daß die Psychoanalyse auf der einen Seite 'starke' Annahmen über die Struktur des Psychischen macht; daher bietet es sich für die soziologische Interpretation an, auf eine Theorie Bezug zu nehmen, die hierüber eher 'schwache' Annahmen macht. Zudem ist es problematisch, die psychische Repräsentanz von latenten Sinnstrukturen zu unterstellen, die quasi mit der psychoanalytisch gefaßten Repräsentanzstruktur des Psychischen konkurrieren würden, da in der Soziologie Sinn eher Handlungssystemen als Individuen zugerechnet wird. Für unsere Zwecke wären also defensive phänomenologische Voraussetzungen ausreichend, die den Menschen als Lernenden fassen (Bewußtseinserlebnisse bei Schütze), dessen psychische Struktur es ermöglicht, Erfahrungen zu bewahren. Dadurch findet sich das umweltliche Mitsein mit anderen (die Lebenserfahrungen von Welt) im einzelnen auf eine je besondere Art eingeprägt, die für sich genommen nicht die Kohärenz einer Sinnstruktur besitzen muß, deren jeweilige Aktualisierung in der Kommunikation jedoch auf 'geronnene' Sinnerlebnisse zurückgreift. Die Interpretation solchen Kommunikationsverhaltens hat dann unter Berücksichtigung der jeweiligen Interaktion den Versuch zu unternehmen, solche Erfahrungsmuster herauszuarbeiten, die der Gesprächspartner als Orientierungspunkt seiner Handlungskompetenz einsetzt. Damit ist auch die Position vertreten, daß Gesellschaft nicht erst bei konkreten Kommunikationsprozessen anfängt und die kommunikative Kompetenz sich nicht auf Sprachbeherrschung reduzieren läßt.

Insgesamt ließe sich so ein mehrdimensionaler Ansatz formulieren, der einerseits gegenüber dem empirischen Material genügend Offenheit enthält, um subsumtiver Vereinnahmung vorzubeugen, gleichwohl die inhärente Zirkularität der Datenerhebung nicht verschweigt. Neben den und als Teil der interaktiven Prozesse ist von einer Überlagerung eines situativen Identitätsentwurfs mit der Verwendung von Erfahrungsmustern auszugehen, die interpretativ zu entschlüsseln sind. Hierbei werden verschiedene Lesarten des Interviewtextes möglich sein, wobei neben dem Kriterium weitgehender Widerspruchsfreiheit auch die Auswertung des psychoanalytischen Gesprächs zur Auswahl herangezogen werden kann. Diese Lesarten sind aber allemal Resultat eines hermeneutischen Verfahrens und können nicht beanspruchen, eine latente Sinnstruktur freizulegen, der eine psychische Repräsentanz seitens des Gesprächspartners entspräche.

Der Soziologe versteht also den Erzähler aufgrund seiner alltagspraktischen Kompetenz; der eigentlich wissenschaftliche Zugang zum Erzähltext beruht nicht auf einer prinzipiellen Differenz zwischen soziologischer Interpretation und alltagspraktischem Verstehen, sondern auf der Isolierung des Erzähltextes aus seiner interaktiven Erhebungssituation. Der Interpret ist "vom aktuellen Handlungsdruck" entlastet (Soeffner 1979, S. 330). Die Differenz zwischen

Interpretation und Erhebung ist primär eine Differenz in der sozialen Situation. Der Interpret erhebt sich über das alltagspraktische Verstehen nicht aufgrund seiner wissenschaftlichen Suprematie, sondern aufgrund seiner Distanz zu allen praktischen Konsequenzen der zu interpretierenden Erzählung. Diese Distanz ermöglicht das Durchspielen verschiedener Lesarten des Textes.

Der Erzähler kann auf der anderen Seite nicht von seinen Erfahrungen in der sozialen Welt des Betriebes abstrahieren – generell lassen sich Erfahrungen nicht suspendieren –, die Erzählung ist aber auch nicht unmittelbar Ausdruck dieser Erfahrungen. Erfahrungen 'erscheinen' nicht, sondern bilden die Substanz der 'erscheinenden' Lebensäußerungen (Erzählung). Die Frage nach dem Konnex von betrieblichen Erfahrungen und der Erzählung darüber läßt sich vermutlich nicht allgemeingültig beantworten. Forschungspragmatisch kann unterstellt werden, daß die Erzählungen auch auf Erfahrungen beruhen, die bei der Umsetzung in die Textform der Erzählung ergänzt und quasi synthetisiert werden. Der Text enthält nicht nur Erfahrungen des Arbeitslebens, selbst wenn das sein Thema ist. Er enthält aber in seiner Erzählstruktur, die sich anhand einzelner Erzählfiguren konkretisieren ließe, die Information darüber, welche betrieblichen Erfahrungen sich zu dieser jeweiligen Figur synthetisieren lassen.

Jede Konfrontation wissenschaftlicher Methoden mit lebensweltlichen Sachverhalten schafft Irritationen; die wechselseitigen Erwartungen der sich hier begegnenden Gesprächspartner bleiben unerfüllt. Der Anspruch auf eine bessere Welt, den die Sozialwissenschaft gemeinhin mit sich herumträgt, wird von dem lebenspraktischen Sich–Einrichten der 'Alltagshelden' enttäuscht. Das Versprechen einer Explikation fremder Erfahrungen, das sich der Wissenschaftler entlocken läßt, übersteigt seine professonelle Kompetenz. Was dann als Ziel einer wissenschaftlichen Untersuchung bleibt, besteht auf seiten der Wissenschaft zunächst einmal darin, das dem Beobachtungsgegenstand entgegengehaltene Vorwissen dem lebenspraktischen Erfahrungszusammenhang auszusetzen und die so erfahrene Irritation produktiv zu wenden. Daran schließt sich ein weiteres, schon wieder mit szientifischer Anmaßung versehenes Ziel an, Konsequenzen für die eigenen Prämissen zu ziehen.

4.5 Die Interpretationsstrategie

Ziel der Gespräche der Soziologin mit den Arbeitern und Angestellten, die sich bereit gefunden hatten, an dem Projekt teilzunehmen, war es, eine Schilderung der persönlichen Arbeitssituation und eine Darstellung des eigenen Erlebens, Verhaltens und Handelns sowie weiterer Vorgänge im Betrieb zu erhalten, die den Betreffenden gedanklich beschäftigten. Deshalb leitete die Soziologin das Gespräch mit der Aufforderung ein zu schildern, wie der Gesprächspartner seine Arbeit erlebe, was ihm dabei durch den Kopf gehe und welche Probleme ihn in diesem Zusammenhang bewegten.

Wir waren davon ausgegangen, daß es eine genügend große Bandbreite an Erlebnissen und Erfahrungen, die Arbeit betreffend, gab, so daß mit jedem Gesprächsteilnehmer ein offenes, nicht vorstrukturiertes Gespräch darüber geführt werden konnte, ohne daß weitere vorbereitete Gesprächsanreize erforderlich gewesen wären. Diese Erwartung ist unbedingt eingetroffen. Arbeit erwies sich als ein Thema, das alle Gesprächspartner drängte, sich in teilweise langer Rede ausführlich dazu zu äußern. Vor seiner Durchführung hatte das Gespräch mit der Psychoanalytikerin stattgefunden, und darüber hinaus war dem Gesprächspartner, während die Vereinbarung über seine Teilnahme getroffen wurde, bekannt gemacht worden, daß die konkrete Gesprächserwartung in dem bestand, was auch mit dem Gesprächsanreiz ausgesagt ist. Weiterhin hatten wir über die Zielsetzung des gesamten Projekts mitgeteilt, wir untersuchten Formen der psychischen Bewältigung von Erfahrungen am Arbeitsplatz.

Die Interviews glichen weitgehend Alltagsgesprächen. Abweichungen hiervon ergaben sich zum einen aus dem Rahmen, in den sie gestellt waren. Wie die psychoanalytischen Interviews auch fanden sie im Sigmund–Freud–Institut im Arbeitszimmer der Soziologin statt und waren auf eine knappe Stunde begrenzt. Zum anderen beschränkte sich meine Rolle als Handelnde auf die einer Zuhörerin, die den Ausführungen des Gesprächspartners aufmerksam folgt, Verständnisfragen stellt und dem Gesprächspartner unterschiedliche, aber gleichmögliche Bedeutungen vorschlägt, die ihn zu weiteren Ausführungen anregen sollen. Auf diese Weise entstand ein vielfältiges, die durchweg komplizierten Situationen am Arbeitsplatz so uneingeschränkt wie möglich einfangendes Bild vom Erleben und der Reflexion des Gesprächspartners auf seine Arbeitssituation. Zugleich war das Gespräch ein Handlungsgeschehen mit jeweils charakteristischer Dynamik, die auf die Ausgestaltung des Verhältnisses von Rezeptivität (die Interviewerin) und Selbstdarstellung (der Interviewte) im Gespräch zurückgeführt werden kann.

Als Instrument der empirischen Sozialforschung handelt es sich bei diesen Gesprächen um eine Interviewform, die den Prinzipien von Offenheit und kommunikativer Interaktion folgt (vgl. Hoffmann–Riem 1980). Weder wurde sein Verlauf strukturiert noch sein Handlungscharakter durch das "Hervorlocken" bestimmter Äußerungen ("Detaillierungszwang") zum Originalereignis verstärkt, was Schütze zu erreichen können meint (vgl. Schütze 1976; Kraimer 1983). Die Gesprächsführung genügt den bei Lamnek aufgeführten Kriterien insbesondere der Offenheit der Gesprächsbeiträge, der Zurückhaltung und Flexibilität (vgl. Lamnek 1993, S. 59ff.). Obwohl die Ergiebigkeit hierdurch, wie ich meine, nicht beeinträchtigt wurde[70], scheint mir die Frage nach der Grundspannung, aus der sich der Verlauf speiste, dennoch berechtigt zu sein. Denn "ermittelnde" Fragen spielten eine untergeordnete Rolle, obwohl dies in Anbetracht des Untersuchungsgegenstandes, der unmittelbar nicht zugänglichen Arbeitssituation, als naheliegend erscheinen könnte[71].

Ich kann nur vermuten, daß sich diese Grundspannung im Gesprächsablauf aus dem ergab, was die Gesprächsteilnehmer nicht mitteilen mochten, weil sie – trotz der Zusicherung der Vertraulichkeit und der Anonymisierung aller Mitteilungen – nicht frei von berechtigter oder uneingestandener Furcht waren, in ihren Betrieben Nachteile davonzutragen oder gar ihren Arbeitsplatz zu gefährden, wenn sie Interna "ausplauderten". Einige Gesprächsteilnehmer nahmen daher während des Gesprächs durch ihre Wortwahl eine Anonymisierung des von ihnen Berichteten vor, andere behielten sich ausdrücklich vor, bestimmte Angaben, von denen sie meinten, sie könnten sich damit schaden, nicht zu machen.

Im psychoanalytischen Interview kann die Weigerung, mehr und anderes als das zu äußern, was man sich vorgenommen hat, zum Bestandteil der kommunikativen Situation gemacht und reflexiv in Schlüsse umgewendet werden, die in den weiteren Ablauf des Gesprächs einfließen. Auf diese Weise kann selbst die Weigerung, sich zum vereinbarten Gesprächsgegenstand zu äußern und – wie im Falle A.B.s geschehen – über Persönliches zu reden, in eine psychologische Schlußfolgerung umgemünzt werden, die die Fortsetzung des Gesprächs ermöglicht. Im soziologischen Gespräch blieb eine solche Zurückhaltung unbeachtet, bzw. sie wurde hingenommen. Das heißt aber auch, beim Gesprächspartner möglicherweise die Vorstellung zu wecken, sein Verbergen

---

70 Als Quelle der Unergiebigkeit galt aber das kommunikative Verhalten der Interviewerin. Z.B. konnte dem Ziel, möglichst viele Aspekte des Arbeitserlebens eines Gesprächspartners zum Vorschein zu bringen, die Identifizierung der Interviewerin mit ihm entgegenstehen, wenn sie das, was er ihr mitteilt (z.B. Angst zu haben), als plausibel bestätigt und die Kommunikationssequenz in eine Bestätigung der Bestätigung durch den Gesprächspartner einmündet. Eine andere Quelle der Unergiebigkeit ist die suggestive Ablenkung des Erzählflusses durch das Hineintragen von thematischen Schwerpunkten, die der Gesprächsteilnehmer überhaupt nicht angeboten hatte.

71 Anders als etwa Hopf (1978) stellt Lamnek (1993) seine Beschreibung des qualitativen Interviews nicht auf eine irgendwie geartete Strukturierungsleistung des Interviewers ab, vernachlässigt aber den Gesichtspunkt, den ich ins Zentrum rücke und wonach mit einem hohen Maß an Offenheit des Gesprächsverlaufs dennoch gültige Aussagen über den unbekannten Erfahrungsraum Arbeit als dem Untersuchungsgegenstand erreicht werden sollten. Dem Unterschied zur Offenheit des psychoanalytischen Interviews waren die Autoren eines Artikels des Bureau of Applied Social Research, Columbia University, bereits 1952 recht nahe gekommen: "Das qualitative Interview unterscheidet sich jedoch auch wesentlich von jener Form des 'nicht-gelenkten' Interviews, wie es bei persönlicher Beratung oder in der Psychoanalyse angewandt wird, obwohl es bei diesem gewisse Anleihen gemacht hat. ... Der Sozialforscher will im Gegensatz zum Psychoanalytiker eine Einzelfallstudie von geringerer Eindringlichkeit und von anderer Art. Er will nur die Einstellung und Erfahrung des Individuums im Hinblick auf das spezifische Ziel der Untersuchung prüfen" (Bureau 1952, S. 145f.).

werde nicht verhindern, daß dennoch das Nötige zum Vorschein kommt und daß die Ergiebigkeit des Interviews ihre Grenze nicht am Verschweigen von Informationen findet. Eine unterschwellige Beunruhigung des Gesprächspartners, die den Gesprächsablauf folglich unvermeidlich begleitet haben mochte, trug vermutlich zur Grundspannung des soziologischen Gesprächs bei und erhielt sie aufrecht. Sicherlich kommt hinzu, daß der Gesprächspartner allenfalls vage Vorstellungen darüber haben konnte, was wir mit dem gemeinsam mit ihm produzierten Material hinterher ohne ihn damit anstellen würden. Zudem könnte die Soziologin bei ihren Gesprächspartnern den Eindruck von Gelassenheit hervorgerufen haben, der sich daraus ergibt, daß sie wußte, späterhin über einen transkribierten Text des Gesprächs zu verfügen. Das Moment des Verfügens und der Macht, das so in die konkrete Interviewsituation eindringt, reproduziert mithin etwas von den Bedingungen, die der Arbeit im Betrieb gesetzt sind, wo man Tag für Tag ebenfalls etwas von sich zurückläßt, das in die Verfügung des Unternehmens übergeht.

Im Unterschied zum psychoanalytischen Interview, aus dem die Analytikerin alle, auch die sich davon entfernenden Aussagen schöpft, bereitet das soziologische Interview den Text vor, der im Zentrum der psychoanalytischen und soziologischen Interpretationstätigkeit steht. Abgesehen davon, daß das soziologische Gespräch Standards des qualitativen Interviews erfüllt, kam es darauf an, es so zu führen, daß es sich dem Interpretationsziel der Analytikerin möglichst zwanglos erschloß. Offenheit, Zurückhaltung und Flexibilität schafften die Voraussetzung auch hierfür und weisen im übrigen darauf hin, daß das Alltagsgespräch die geteilte Basis und das Instrument disziplinär unterschiedlicher Betrachtungsweisen bilden kann.

Der Text des Interviews gibt den kommunikativen Austausch zwischen der Soziologin und ihrem Gesprächspartner wieder. Ihm sind zum einen Bedeutungen zu entnehmen, die der Gesprächspartner seinen Arbeitserfahrungen beimißt und der Soziologin zugänglich macht. Zum anderen hält er einen Handlungsablauf in der Beziehung zwischen der Soziologin und ihrem Gesprächspartner fest. Beide Seiten des Textes – die Bedeutungszuweisungen, die er enthält, und die Handlungsvollzüge, die er dokumentiert – gingen in die Interpretationen beider Interviewerinnen ein. Sie erwiesen sich als die Entscheidungsdimensionen, in denen sich die Interpretation bewegte. Ihnen entsprechend lassen sich unterscheiden:

– Bedeutungszuweisungen, die der Gesprächspartner für seine Arbeitserfahrungen vornahm,
– das kommunikative Handeln in der Interviewsituation, das die Soziologin Bedeutungszuweisungen für das Handeln ihres Gesprächspartners vornehmen ließ, indem sie in bestimmter Weise auf ihn reagierte, und
– die Gegenüberstellung von Bedeutungszuweisung und Handeln im Gespräch zwischen der Soziologin und ihrem Gesprächspartner durch die Analytikerin anhand des Transkripts.

Entlang dieser Gesichtspunkte konnte der Text auf die die Interpretationstätigkeit leitenden Fragen hin organisiert werden, darauf hin also, wie der Gesprächspartner seiner Darstellung nach an seinem Arbeitsplatz sich verhielt, ob die psychoanalytischen Kenntnisse über psychodynamische Vorgänge geeignet waren, die von ihm vorgenommenen Bedeutungszuweisungen, sich und sein Handeln betreffend, zu stützen, und was folglich über sein tatsächliches Handeln in der betrieblichen Arbeitssituation sich aussagen ließ[72].

Durch die psychoanalytische Interpretation des Textes war es möglich, Einsichten über unbewußte Konflikte auf der Ebene des Handlungsgeschehens zu verankern, soweit der Text es wiedergibt. Das folgende Beispiel verdeutlicht dies. G.H. berichtet der Soziologin, daß "besonders ältere Mitarbeiter" verunsichert werden, "wenn jemand im Anzug daherkommt, mit 'nem Schlips, und er steht da im Blaumann". Daß diese Arbeitserfahrung für G.H. in seiner Beziehung zur Soziologin die Bedeutung hat, auch sie sei jemand, der mit 'nem Schlips daherkomme, begründet die Analytikerin mit ihrem vorgängigen Einblick in G.H.s Psychodynamik (ein Unterlegenheitsgefühl, das sich aus der Gestimmtheit von Hoffnungslosigkeit speist, und der Wunsch nach Anerkennung, dem Aggressionen im Weg stehen könnten). Hieran wird erkennbar, daß unabhängig von der berichteten Erfahrung in das Handlungsgeschehen während des Interviews ein unbewußtes Motiv hineinwirkt, das die Vorstellungen G.H.s von dem, was die Soziologin von ihm erwartet, und seine Identitätspräsentation ihr gegenüber prägt. Die Interpretation der Analytikerin leitet so eine Wende der übergreifenden Interpretation ein. G.H.s soziologisch "interessanter" Bericht von seinen Arbeitserfahrungen erscheint aufgrund seines Verhaltens in der Handlungssituation des Interviews in einem anderen Licht. Er wird zu jemandem, der alles aufbieten muß, um sich dem, der mit dem Schlips daherkommt, anzupassen.

Der psychoanalytische Beitrag zur Interpretation schränkt, so gesehen, die Gültigkeit des Berichteten zunächst einmal ein, verlangt, den Text über das Berichtete unter Einschluß der psychoanalytischen Interpretation neu zu lesen.

Dem Text werden diejenigen Angaben über die Arbeitssituation und das Arbeitshandeln entnommen, für die eine psychoanalytische Interpretation

---

72 Die jeweiligen methodologischen Grundlagen, auf die die Interpretation qualitativer Interviews gestützt werden könnte, scheinen mir nicht ausreichend geklärt zu sein. Hierauf vor allem führte ich es zurück, daß die Darstellungen des qualitativen Interviews als Forschungsinstrument uneinheitlich und widersprüchlich sind (vgl. Kohli 1978; Schütze 1982; Hopf 1978; Lamnek 1993). Mir ist kein Begründungszusammenhang bekannt, nach dem sich Möglichkeiten und Grenzen aussagekräftiger Interpretationen bemessen würden. Nach dem von mir beschriebenen Vorgehen würde sich anbieten, die Voraussetzungen für einen solchen methodologischen Begründungszusammenhang von der Sprechakttheorie her zu entwickeln. Die Sprechakttheorie untersucht Sprache auf die Handlungswirksamkeit von Äußerungen hin (Austin 1962/1975; Searle 1969). Auf qualitative Interviews bezogen, könnte sie daher zur Klärung der Voraussetzungen beitragen, unter denen vom kommunikativen Handeln im Interview auf die Objektivität sozialen Handelns als Untersuchungsgegenstand geschlossen werden kann.

vorliegt oder denen sie widerspruchsfrei angefügt werden kann. Auf diese Weise entstehen interpretative Aussagen über Handlungsentwürfe, die über das Berichtete hinaus dem tatsächlichen Verhalten und Handeln des Gesprächspartners im Betrieb nahekommen sollen. Voraussetzung hierfür ist nicht nur, daß die Soziologin und ihr Gesprächspartner an der gleichen Erfahrungswelt teilhaben, sondern darüber hinaus, daß die Arbeitserfahrungen des Gesprächspartners und seine Handlungsweise in der kommunikativen Interviewsituation strukturelle Ähnlichkeiten aufweisen. Nur unter dieser Voraussetzung kann eine Interpretation – auch dann, wenn sie psychoanalytisch fundiert ist –, die sich auf den Text des Interviews bezieht und inhaltlich von Arbeitserfahrungen handelt, auf die unzugängliche, der Forschungssituation äußerlich bleibende Realität betrieblicher Arbeit ausgedehnt werden.

Ist z.B. dem Text mit Hilfe seiner psychoanalytischen Interpretation zu entnehmen, daß der Gesprächsteilnehmer G.H. zur Soziologin eine Autoritätsbeziehung unterhält, die ihr die Bedeutung eines Chefs und ihm die eines Untergebenen zumißt, der es dem Chef rechtmachen will, dann wird man von diesem Autoritätsverhältnis auf das zwischen dem Gesprächsteilnehmer als Arbeitnehmer und seinem Vorgesetzten schließen. Obwohl die Unterschiede zwischen den Rahmenbedingungen einer Forschungssituation und denen eines betrieblichen Machtverhältnisses nicht unterschätzt werden dürfen, wird hierbei dennoch in Anspruch genommen, daß sich die persönliche Handhabung eines Autoritätsverhältnisses von einer Situation zur anderen durchhält und die Person auf eine Situation mit einer Autoritätsperson, hier wie da, tendenziell gleich reagiert. Auf strukturelle Ähnlichkeiten stütze ich mich, indem ich (1) aus der psychoanalytischen Interpretation (2) zusammen mit der im Text dokumentierten Handlungsweise im Interview sowie (3) der berichteten Handlungsweise im Betrieb auf einen *Handlungsentwurf* schließe, von dem beansprucht wird, daß er dem tatsächlichen Handeln des Gesprächspartners im Betrieb entspricht oder zumindest nahekommt.

Wie die Interpretation eines wahrscheinlichen Handlungsentwurfs zustande kommt, soll an folgendem Beispiel, in Anlehnung an den 4. Teil der Fallstudie über E.F., deutlich werden (s.u., S. 198):

E.F. scheint nicht in der Lage zu sein, dem anderen Hinweise darauf zu geben, wie dieser seine Arbeitsleistung einschätzen soll. Als die Soziologin, sich auf die Schilderung verschiedener Aspekte seiner Trainingstätigkeit einlassend, ihm Gelegenheit gibt zu detaillieren, worin das Anspruchsvolle seiner Tätigkeit besteht, kann er die Chance nicht nutzen. Vielmehr zieht er sich auf eine weitergehende Entwertung seiner Arbeit zurück; es handle sich dabei um die "Umsetzung von ... Computerfunktionen in das Erklären solcher Funktionen. ... Wenn Sie Schreibmaschine–Schreiben lernen, da lernen sie auch nichts anderes als den Umstand, auf welchen Knopf Sie drücken müssen, auf welche Taste, damit eben etwas Bestimmtes passiert, und etwas anderes tun Computertrainer auch nicht".

Die Gelegenheit, den Kontakt zur Soziologin zu nutzen, um ihr zu vermitteln, daß seine Arbeit ihre Wertschätzung verdiene, wird von E.F. vertan zugunsten einer Abwertung seiner Tätigkeit bei gleichzeitigem Rückgriff auf sein Größenselbst; die außerordentliche Kreativität, die ihm möglich wäre, brauche man nicht, sie "fällt total weg". Demnach ist nicht auszuschließen, daß E.F. seinen Chefs, die sicher nicht in erster Linie an der Weitergabe von Wertschätzung und Belohnung orientiert sind, keine Verhaltensweisen entlocken kann, die Anerkennung ausdrücken würden. So reagiert jedenfalls die Soziologin, die nach E. F.s Vergleich mit den Anforderungen ans Bedienen einer Schreibmaschine in Frageform bemerkt: "Mit anderen Worten: das Neue, was Sie da immer auch tun, ist nichts Kreatives?" E.F. wird auf die Selbstvergewisserung seiner intellektuellen Fähigkeiten und seiner Kreativität zurückgeworfen. Weder folgen die Chefs seiner Erwartung von Anerkennung, noch kann er diese bei ihnen hervorrufen.

Seinen manifesten Äußerungen nach stellt sich E.F. der Soziologin als kreativ dar. Da E.F. dieses Bild von sich ihr gegenüber nur mit dem Hinweis darauf bekräftigen kann, daß diese Kreativität von seinen Chefs nicht nachgefragt werde, schließt die Soziologin, daß E.F. bei seinen Chefs kein anerkennendes Verhalten ihm gegenüber zu wecken vermag. Sie stützt sich mit dieser Vermutung darauf, daß E.F. auch im Gespräch mit ihr die Gelegenheit, um ihre Anerkennung zu werben, ungenutzt läßt und statt dessen an seinem Selbstbild dadurch festhält, daß er darauf hinweist, die Gelegenheit, sich entsprechend zu entfalten, bleibe ihm versagt. So steht E.F.s Behauptung seiner Kreativität gegen ihre Vermutung, und es ist nicht entscheidbar, ob E.F. tatsächlich kreativ ist, nur keine Chance erhält, seine Fähigkeiten unter Beweis zu stellen, oder ob er sich am Arbeitsplatz wie im Interview so verhält, daß die Gelegenheit, ihn anzuerkennen, gar nicht erst zustande kommt.

Die Soziologin führt eine interpretatorische Entscheidung herbei, indem sie auf das zurückgreift, was ihr an psychoanalytischem Wissen über E.F. zur Verfügung steht, unter anderem der Hinweis der Analytikerin: "Offensichtlich tragen ihn zunächst seine Größenphantasien hinweg. In dem Augenblick, in dem diese sich an seinem Ich bzw. Überich messen sollen, verfallen sie einem Verbot". Die Soziologin schließt aufgrund dessen die Möglichkeit aus, wonach E.F. durch eine innere Prüfung seines Selbstbildes sich seiner Kreativität vergewissern würde (indem er sich bereit fände, die Vorstellung von seiner außerordentlichen Kreativität zu erproben und sich hierdurch in die Lage versetzte, ein "realistisches" Verhalten auszubilden, so daß er der vermeidungsbedingten Wiederholung seiner Enttäuschungen entginge). Sie fährt in ihrer Interpretation fort:

Die Alternative aber, seine Erwartungen zu modifizieren, indem er sein Bild von eigener Größe revidiert, steht ihm nicht offen. Vermutlich würde sie eine Angst auslösen, die der Alternative angemessener Reaktionen im Wege stünde. ... Hätte E. F. sich dem Empfinden von Angst ausgesetzt, so hätte dies bedeutet, seine Vorstellung eigener Größe an seinem Überich zu messen und sich zu fragen, ob er zu dem schlechten Zeugnis beigetragen habe. Stattdessen wird sein Größenselbst von ihm aufgeboten, um die Folgen der eingeschränkten Handlungskompetenz für seine Arbeitsmotivation zu bewältigen (vgl. a. S. 200).

Das Beispiel zeigt, wie die berichteten Arbeitserfahrungen mit den Bedeutungen, die E.F. ihnen im Gespräch mit der Soziologin zuweist, kombiniert werden können und so unter Berücksichtigung der psychoanalytischen Interpretation der Rückschluß möglich wird, E.F. lege sein Handeln an seinem Arbeitsplatz so an, daß es ihm die erhoffte Wertschätzung nicht eintragen kann. Indem die Soziologin sich auf die psychoanalytischen Aussagen stützt, kann sie daher für die Entwürfe tatsächlichen betrieblichen Arbeitshandelns, auf die sie ihre Interpretationen konzentriert, Bedeutungszuweisungen vornehmen, die andernfalls ungesichert blieben.

Ich fasse zusammen: Mit dem beschriebenen interpretatorischen Vorgehen wird angestrebt, den Anspruch auf Objektivität für die Interpretationen der betrieblichen Arbeitssituation in der Weise zu sichern, daß Aussagen über das Arbeitsverhalten und –handeln durch das kommunikative Handeln im Interview sowie die Einwirkung psychisch unbewußter Motive darauf gestützt wird. Die Fallstudien, die aufgrund des beschriebenen Vorgehens entstanden, sollen unsere Gesprächspartner bei der Arbeit im Betrieb und in ihrem Bestreben zeigen, die dort aufkommenden Probleme und Konflikte psychisch zu bewältigen, so daß ihre persönliche Integrations– und Kooperationsbereitschaft für andere immer erkennbar bleibt, während die psychischen Kosten von ihnen im Verborgenen getragen werden.

4.6   Die Vorgehensweise

Die empirische Grundlage unserer Studie bildeten Gespräche mit 19 männlichen Beschäftigten in industriellen Großunternehmen. Die Männer waren in der Regel zwischen 30 und 45 Jahre alt und hatten Familie. Zehn unter ihnen waren Arbeiter, die weiteren neun waren Angestellte. Den Kontakt zu ihnen hatten uns Betriebsräte vermittelt.

In einem am Telefon geführten Vorgespräch machten wir die Projektteilnehmer mit dem Untersuchungsziel bekannt und ließen uns ihre Bereitschaft zusichern, zweimal zu Gesprächen ins Sigmund–Freud–Institut in Frankfurt a.M. zu kommen[73]. Zuerst wurde das Gespräch mit der Psychoanalytikerin geführt, bei dem es in einigen Fällen zu Fortsetzungsgesprächen kam. Daran

---

73 Wie schon bisher verzichte ich im folgenden darauf, Abweichungen von diesem Procedere aufzuführen. Die Angaben richten sich nach der Vorgehensweise, die aus verschiedenen Suchbewegungen und Zwischenentscheidungen, die vorab nicht zu treffen waren, hervorging und die uns zweckmäßig und vertretbar zu sein schien, unser Untersuchungsziel zu erreichen.

schloß sich nach ein bis vier Wochen das Gespräch mit der Soziologin an. Da die Projektteilnehmer bereit sein mußten, zweimal zu uns zu kommen – eine Bedingung, unter der es erfahrungsgemäß schwierig ist, jemanden zur Teilnahme an einem Forschungsprojekt zu bewegen –, drängt sich die Frage nach der Motivation auf.

Unserem Eindruck nach war das Motiv maßgeblich, sich für einen guten Zweck zur Verfügung zu stellen, nämlich einem Forschungsvorhaben, das, wie schon die Betriebsräte vermittelt hatten, im Interesse der Beschäftigten lag. Auch mag bei einigen Teilnehmern eine Rolle gespielt haben, sich dem Betriebsrat – aus welchem Grund auch immer – verpflichtet zu fühlen oder sich in Anbetracht besonderer persönlicher Umstände vom Betriebsrat Unterstützung zu erhoffen. Dahinter zeichneten sich bei den einzelnen sehr unterschiedliche Motive ab. Sie reichten von der Überzeugung, betriebspolitische Arbeit zu leisten, über das Bedürfnis, sich hinsichtlich eines umrissenen Konflikts am Arbeitsplatz Rat zu holen, bis zu dem uneingestandenen Wunsch, mehr über sich zu erfahren, oder gar einer psychotherapeutischen Behandlung.

Mit sechzehn der Projektteilnehmer – sieben Arbeitern und neun Angestellten – wurde jeweils ein soziologisches und mindestens ein psychoanalytisches Gespräch geführt. Die unmittelbare Erhebungssituation bestand in diesen Gesprächen. Unser Ziel war es, die Gespräche so aufzubereiten, daß sich der Schwerpunkt der Forschungsarbeit von der kommunikativen Interaktion zwischen den Interviewerinnen und ihren Gesprächspartnern auf interpretatorische Aussagen über die objektive betriebliche Arbeitssituation und das Verhalten der Gesprächspartner am Arbeitsplatz verlagern ließ. An die Gespräche schloß sich daher die Produktion hierfür geeigneter Materialien an. Weder über die Gespräche selber noch über die Materialien tauschten sich die Psychoanalytikerin und die Soziologin aus. Dies geschah erst in der letzten Phase der Auswertungsarbeit, als es galt, die jeweilige psychoanalytische Interpretation mit der soziologischen, handlungstheoretisch orientierten zu integrieren. Für fünf Projektteilnehmer – drei Arbeiter und zwei Angestellte – entstanden auf diese Weise die folgenden Texte (s.a. oben, S. 94):

1.   Das psychoanalytische Protokoll des psychoanalytischen Interviews, unter Umständen auch Folgeprotokolle.

2.   Das Transkript des Gesprächs mit der Soziologin über Arbeitserleben und Arbeitserfahrungen.

Dieses Transkript bildete die Grundlage für eine weitere Auswertungsstufe. Auf ihr entstanden:

3. Die soziologische Beschreibung der berichteten Arbeitserfahrungen anhand des Transkripts.

4. Die psychoanalytische Interpretation des Transkripts.

Alle Materialien wurden anschließend schrittweise in eine Interpretation integriert. Die integrierte Interpretation enthält vier Teile:

(1) Einen Auszug aus dem Gesprächstranskript.

(2) Einen Auszug aus der soziologischen Beschreibung der Arbeitserfahrungen.

(3) Die nur unwesentlich gekürzte psychoanalytische Interpretation des Transkripts unter Berücksichtigung des psychoanalytischen Protokolls und

(4) die übergreifende Interpretation des Transkripts im Hinblick auf wahrscheinliche Handlungsentwürfe im betrieblichen Arbeitszusammenhang unter Berücksichtigung unbewußter Motive.

Die Entscheidung über Text- und Beschreibungsauszüge (erster und zweiter Teil der integrierten Interpretation) wurde pragmatisch unter dem Gesichtspunkt getroffen, eine möglichst hohe inhaltliche Deckung der Aussageebenen zu erzielen. Das Problem der Konsistenz der ausgewählten Textteile mit den vernachlässigten wurde beachtet. Als das Projekt auslief, verfügten wir über fünf integrierte Interpretationen. Sie wurden nachträglich in die Form gebracht, in der sie auf den folgenden Seiten vorgestellt werden.

5. Die Fallstudien

5.1 A.B., Betriebselektriker

(1) Auszug aus dem soziologischen Interview mit einem Betriebselektriker, 28 Jahre alt, verheiratet, beschäftigt in dem industriellen Unternehmen A.

A.B. berichtet von seiner Beziehung zu den Kollegen im Betrieb:

A.B.: Also ein bißchen hochtrabend heißt's halt "Solidarisch-Sein", das ist mir halt ((Ja)) ein bißchen, das ist ein Ziel von mir. So wie's aussieht, wird das nie gehen, leider, wird das nie klappen, nie. Weil, das sieht man, das tendiert ja, es sind ja gewisse Tendenzen da zu dem einen, der fällt einem halt schon ein paar Mal in den Rücken, also das ist ein Mann, mit dem möcht' ich privat halt überhaupt nichts zu tun haben. Der braucht auch zu mir überhaupt nicht kommen privat, da spielt sich nix ab. Mit dem arbeit' ich zusammen, und mit anderen, da treff' ich mich also auch privat, da grillen wir, das würd' ich mit anderen Leuten wieder nie machen. Aber da grenzt sich's noch mehr ab, wie davor. Davor war das halt mehr alles so, so dahinge- schwatzt, und so geht's halt gegen manche härter, und dafür klappt's mit anderen wieder bes- ser. Das ist mir eigentlich auch lieber so. Da weiß jeder gleich, wo er dran ist. Das ist mir ehrlich gesagt lieber. Lieber hab' ich mit einem Streit, also jetzt übertrieben 'Streit' ((Ja)). Ich hau' mich da nicht oder was, und komm mit einem viel besser aus, als daß mit jedem so ober- flächlich, sag' zu jedem ..., das ist mir eigentlich so, muß ich sagen, lieber. Aber das ist auch, das ist nicht das Wahre. Gut find ich's nicht, aber ... Das ist ein Standpunkt von mir. Aber eigentlich das, was mich an der Arbeit am meisten stört. Aber wenn Vorgesetzte gegen einen arbeiten oder wenn Leistungsdruck, daß die Arbeit noch mehr wird, das sind Sachen, eija, die sind fast normal, wenn sie das probieren. Die muß man fast als normal ansehen schon, obwohl es mir net paßt, und ich probier', mich ja auch dagegen zu wehren, aber ich erwarte halt von den Vorgesetzten auch nichts anderes. (Kurze Pause)

K.B.: Ja. Also, wenn ich das richtig verstehe, erwarten Sie was von Kollegen ((Ja, von denen erwart' ich was)), diese Erwartungen sind aber auch nie ganz erfüllbar?

A.B.: Wären erfüllbar, wären wohl ((Ja?)), ja. Wären wohl erfüllbar, aber die Realität ist ein bißchen anders. Die wären wohl erfüllbar, mit Sicherheit. Ich will Ihnen mal ein Beispiel sagen ((Ja)), jetzt haben wir, ich bin ein Elektriker, ich weiß nicht, ob Sie das jetzt noch mit- gekriegt haben, und arbeite in einer Werkstatt, in einer Reparaturwerkstatt, in einer produk- tionsgebundenen Reparaturwerkstatt ((Ja)), und da wollen wir, waren wir uns einig mal gewe- sen, das waren da auch so Leute, die nicht ganz so meiner Meinung waren, weil sie wahrscheinlich, das ist mir hintennach so gekommen, gedacht haben, das geht sowieso nie durch, und zwar ging's da um Samstagsarbeit, um Überstunden, und die irgendwo, ich mein', die Arbeit muß gemacht werden an dem Samstag, das leuchtet mir ein; geht nicht, wenn Produktionsbetrieb ist, geht's nicht, so'ne Arbeit nicht zu machen. Daß die Arbeiten nicht überflüssig sind, das seh' ich ja noch ein, aber was ich nicht einseh', das ist, daß ich samstags arbeiten muß, und kann diesen Tag nicht abfeiern. Das ist etwas, was ich nicht einzusehen hab'. Und da hab' ich probiert, und auch lange geredet, das ging lange, lange, bis auf einmal einige Kollegen gesagt haben, jawoll, das machen wir auch, wenn das klappt; und da hab' ich dann probiert: Da war ich beim Vorgesetzten, hat lang' gedauert, bald ein halbes Jahr, mit Hilfe vom Betriebsrat, und hin und her, auf jeden Fall: jetzt geht's. Es wurde schon ausgeführt und praktiziert, es geht, und jetzt wird das ganze wieder hintergangen von anderen Kollegen, die kommen jetzt, die Leute, die das jetzt machen – sagen wir mal wie ich und noch ein paar – die werden jetzt für Samstagsarbeiten nicht mehr herangezogen, es werden nur noch die herangezogen, die halt die Überstunden nicht abfeiern. Und das ist in meinen Augen halt nicht richtig, solche Sachen, entweder sag' ich was, ich mach' das, und dann mach' ich's, oder ich sag gleich nein. Und so was, das ist das, was ich vorhin gemeint hab': ((Ja)) der Zusammenhalt, der ist nicht da.

Zumal das ja – ich bin halt Gewerkschafter – auch noch irgendwann vielleicht noch 'nen Arbeitsplatz gebracht hätte, wenn das fünf Mann sind, und jeder bleibt einen anderen Tag zu Hause, fehlt ja permanent ein Mann. Das war eigentlich das Ziel von uns, vom Betriebsrat und von mir, daß dann ein zusätzlicher Mann in die Abteilung kommt. Und das ist mit solchen Leuten nie erreichbar, nie.

K.B.: Könnte man denn auch sagen, daß Ihnen das Sicherheit gibt, z.B. Forderungen zu stellen? Oder würden Sie eher sagen, daß Sie das von den Kollegen auch entfernt hat oder einer Reihe von Kollegen?

A.B.: Ja, ja, vielleicht zu einer Reihe von Kollegen war's Verhältnis bis vor einem Jahr noch besser wie heute, ja. Vor einem Jahr, da hat es einen Einbruch gegeben. Von den Leuten, ein gewisser Teil ist organisiert, ein gewisser Teil ist nicht, es ist ja keiner verpflichtet. Und das war eigentlich, hat sich kaum bemerkbar gemacht, bis vor einem Jahr ... bei dem Streik. ((Hmhm)) Und seitdem ist zu dem einen Teil der Kollegen das Verhältnis, muß man sgen, doch nicht mehr so, wie es vorher war. Wird's wahrscheinlich auch nicht mehr werden. Da tun die, tu' ich mein, muß ich fairerweise sagen, meinen Teil dazu bei und die genauso. Ich bin auf der einen Seite stur und die auch. Also der Streik, ich weiß nicht, ob Sie ihn beobachtet haben so'n bißchen, das war schon so'n, so'n Schlag mit dem Beil in die Belegschaft, das muß man sagen, das kann man schon so hart sagen, ich denk schon. Aber wir sind, wie es die Firma jetzt oft sagt, ... die Brücke schlagen. Ich glaub', so arg sind die noch nicht geschlagen, das ist mehr eine morsche Hängebrücke (etwas Lachen von beiden Gesprächspartnern). Ja, ja ... Aber das bekommt man gesagt auf Betriebsversammlungen, aber das Verhältnis wird, glaub' ich, nie, wie es war, nie mehr, das glaub' ich nicht. Obwohl, mit den Leuten unterhalte ich mich, ganz normal, aber wenn es dann zu bestimmten Punkten kommt, zu bestimmten Themen, die so etwas berühren, ((Ja)) dann ist es vorbei, dann ist es vorbei. Dann ist eigentlich so keine Unterhaltung mehr möglich. Meistens drehe ich mich um und geh' dann weg. (Kurze Pause)

K.B.: Setzen Sie sich für die Kollegen auch ein?

A.B.: Für welche?

K.B.: Für die Kollegen, mit denen das Verhältnis so relativ unversöhnlich geworden ist.

A.B.: Nein, da setze ich mich nicht ein. Nicht mehr. (Pause) Das hab' ich mal gemacht, vor dem Streik, ja, ... aber seitdem nicht mehr. Ich seh' das nämlich nicht ein, wenn andere vorm Tor stehen und die laufen 'rein, die lachen noch heut', die lachen heut' noch. Da setz' ich mich nicht ein.

(2) Betriebspolitisches Engagement

Im soziologischen Interview ist zu sehen, wie A.B. Vorgesetzte als Machtträger wahrnimmt. Daß die Einschätzung Vorgesetzter über die Umdeutung der Betriebshierarchie vor sich geht, gilt für alle Interviewten. Solche Umdeutungen sind mit dem Anspruch verknüpft, die unmittelbare Interaktion mit den Vorgesetzten nach Regeln der Gleichheit als Handlungspartner zu gestalten. Zumindest die Gleichheitsfiktion soll wirksam werden.

Diesen Anspruch hat auch A.B. Er akzeptiert ausdrücklich die Anweisungsbefugnis und Kontrolltätigkeit, durch welche Vorgesetzte im Dienste von Interessen stehen, deren Hintergrund die Arbeitskraftverwertung ist. Aber er verlangt von den Vorgesetzten, daß sie ihre Aufsichtsfunktion emotional distanziert ausüben. Für gelungen hält er diese Distanzierung, wenn ein Konsens über entsprechende Spielregeln, haben sie erst einmal Geltung erlangt, nicht unvermittelt wieder aufgekündigt wird und willkürlich aus der Stellung des gleichgestellten Gesprächs- und Verhandlungspartners in die der weisungsbefugten und sanktionsmächtigen Vorgesetzten gewechselt wird. Distanzhalten meint somit für A.B. die Fähigkeit von Vorgesetzten, ihren Status gegen ihre gleichzeitige Stellung als abhängig Beschäftigte relativieren zu können und im Blick zu behalten, daß sie mit ihm, A. B., trotz höherem Status in gleicher Ausgangslage sind. Die Vorgesetzten, so sagt er, gingen doch auch nur arbeiten, "weil sie abhängig sind vom Geld, und aus sonst keinem Grund". Nicht Lohnarbeit als solche problematisiert A.B., sondern nur – ganz realistisch – ein unreflektiertes Verhältnis dazu. Das aber lastet er dann nur Vorgesetzten an, die Gefahr liefen, über ihrer höheren Stellung in der betrieblichen Hierarchie ihre mit der seinen gleichen Ausgangslage zu verleugnen. A.B. beruft sich somit auf die ubiquitär *gleiche*, aus dem Lohnarbeitsverhältnis erwachsende Abhängigkeit, um *Gleichheit* im Sinne wechselseitiger Anerkennung als

Handlungspartner in Anspruch zu nehmen. Er macht sich dabei eine Äquivokation zunutze, der auch anzusehen ist, daß sie ihn den Vorgesetzten gleichstellt.

Die Erwartung, die A.B. gegenüber Vorgesetzten hegt, soll ihm einen Vorteil beim Aushandeln konkreter Arbeitsbedingungen für sich und seine Kollegen verschaffen. Unterstützt vom Betriebsrat, habe er z.B. durchgesetzt, daß samstags geleistete Arbeitsstunden "abgefeiert" werden konnten. Allerdings sei bald begonnen worden, diese Regelung dadurch zu unterlaufen, daß Kollegen zur Samstagsarbeit herangezogen wurden, die zum Ableisten von Überstunden gegen Bezahlung bereit waren und so die getroffene Vereinbarung "hintergangen" hätten. A.B. scheint wenig zu tangieren, daß es zumindest *auch* die Vorgesetzten gewesen sein müssen, die die Vereinbarung verletzten. Die Anspielung auf deren Anteil vermeidet A.B. durch das unpersönliche Passiv; "es werden nur noch die herangezogen, die halt die Überstunden nicht abfeiern".

Das Feld gegensätzlicher Interessen an der betrieblichen Arbeitsorganisation ist für A.B. klar abgesteckt. Auf der einen Seite gibt es die Vorgesetzten, die das Leistungsverhalten beaufsichtigen und den Arbeitseinsatz regeln, auf der anderen Seite die Arbeiter, die Erleichterungen und Verbesserungen ihrer Arbeitssituation fordern und erreichen wollen. A. B. vertritt die Auffassung, Einigkeit unter den Kollegen würde deren Verhandlungsposition stärken und erhöhe die Chancen, Veränderungen durchzusetzen. Er strebt daher "Solidarisch-Sein" unter den Kollegen an, bezweifelt aber, daß dieses Ziel jemals zu erreichen sei. "So wie's aussieht, wird das nie gehen, leider, wird das nie klappen, nie". Die Kollegen seien, für ihn unbegreiflich, untereinander zerstritten. Das hochgesteckte Ziel der Solidarisierung auf der einen Seite und auf der anderen Seite der Zweifel, ob sie ihm jemals gelingen werde, zudem seine Geringschätzung gegenüber diesen Zwistigkeiten lassen A.B. die Beziehung zu seinen Kollegen als spannungsgeladen erleben. Sein Insistieren auf seiner eigenen Rationalität und der nagende Zweifel an der Einsichtigkeit und Integrität der anderen, die "einem ... in den Rücken fallen" können, konterkarieren einander.

Die Auseinandersetzung darüber, wie Samstagsarbeit abgegolten werden solle, war etwa ein Jahr nach jenem Streik abgeschlossen, in dem A. B. eine, wie er berichtet, aktive Rolle gespielt hatte. Seine Streikerfahrungen ließen, so erklärt er, den Streik zu einem Wendepunkt in seiner Beziehung zu den Kollegen werden. A.B. gibt an, sie hätten bei ihm eine neue Festlegung seiner Orientierung bewirkt. Seit dem Streik unterscheide er zwischen vertrauenswürdigen und unzuverlässigen Kollegen. Er versuche, an dieser Unterscheidung auch im Arbeitsalltag festzuhalten. Darüber hinaus bette er seine betriebspolitische Arbeit als Vertrauensmann seither stärker in die des als Gegenmacht begriffenen Betriebsrats und der Arbeiterinteressen wahrenden Gewerkschaft ein. A.B. stellt die Beziehung zu diesen Einrichtungen als befriedigend dar, erlaubt sie ihm doch, mit seinem auf den Betrieb begrenzten Engagement auch gesellschaftspolitische Ziele zu verfolgen. So war bei der ausgehandelten Samstagsregelung "das Ziel ... vom Betriebsrat und mir, daß dann ein zusätzlicher Mann in die Abteilung kommt", wenn diese Regelung erst einmal praktiziert würde; individueller und gemeinschaftlicher Nutzen würden so zusammenfallen. A.B. entwickelt die Vorstellung einer Kontinuität zwischen individuellem, kollektivem und vom Gewerkschaftsverband ausgehendem, politischen Handeln. Die Möglichkeit einer Kollision gemeinschaftlicher Ziele mit den Interessen der einzelnen läßt er außer Betracht. Seine Vorstellung von Kontinuität behauptet sich gegen zuwiderlaufende Erfahrungen, von denen A.B. im Zusammenhang mit der Samstagsarbeit doch auch berichtet. Der Betrieb erscheint so einerseits als Ort gesellschaftspolitisch befriedigender Betätigung gemeinsam mit Betriebsrat und Gewerkschaft, andererseits grenzt der Betrieb A.B.s gesellschaftspolitisches Engagement auf die Ebene eigner Erfahrungen ein und läßt es überschaubar bleiben.

(3) Rivalität und Geborgenheit in der Gruppe

In der psychoanalytischen Interpretation erscheinen A.B.s deutlich differierende Beziehungen zu Kollegen, Vorgesetzten sowie Betriebsrat und Gewerkschaft als relativiert gegen Motive, deren Genese die Psychoanalytikerin in Szenen ansiedelt, die A.B. während des psychoanalytischen Erstinterviews aus seiner Kindheit berichtet.

A.B. hatte die Analytikerin, so schreibt sie, im Erstinterview "in Wut versetzt", sie dazu gebracht, ihm anzubieten, das Gespräch abzubrechen, und ihr schließlich das Gefühl vermittelt, "mit meinem psychoanalytischen Rüstzeug gescheitert zu sein". Sie schreibt: "Die Wahrnehmung dieser Wut einerseits, zugleich aber auch die Distanzierung von ihr andererseits erlaubt mir, sie als die Herrn B.s zu erkennen bzw. als die von ihm unbewußt einem Objekt zugeschriebene". Anders ausgedrückt: "Ich erkenne und akzeptiere meine heftigen Gefühle Herrn B. gegenüber als Gegenübertragungsreaktionen". Der Distanzgewinn der Analytikerin ermöglicht die Handhabung des von ihr erlebten Affekts "als Mittel", nach Motiven zu fragen, die A.B. verbirgt, indem er beim anderen Wut weckt und dazu herausfordert, "sich masochistisch behandeln zu lassen" und – hierdurch verdeckt – die Analytikerin sadistisch zu behandeln, so daß sie den Nutzen ihres beruflichen Könnens für das Projekt anzweifelt. Als Gegenübertragungsreaktion begriffen, wird der in der Analytikerin ausgelöste Wutaffekt also zur Orientierungsbasis ihres Verstehens, das ihr als erstes ermöglicht, A.B.s sadomasochistischen Beziehungsmodus aufzudecken.

Die Analytikerin wendet also A.B.s Weigerung, sich zum vereinbarten Thema zu äußern – "über persönliche Dinge spreche er nicht mit Fremden"[74], was das Erstinterview mit ihm für unsere Forschungszwecke unbrauchbar machen würde –, um in ihren professionellen Zugang zu Motiven und Objektbeziehungen, die A.B. unbewußt konstelliert. Hinweise in A.B.s Mitteilungen aufgreifend, schließt sie vom aktuellen Erleben der sadomasochistischen Weise, zu ihr die Beziehung aufzunehmen, auf die zu seiner Frau und – als der Frau aus der Kindheit – zur Mutter. Sie vermutet, schon die Beziehung zur Mutter könne nur "nach dem Muster des Nicht–zustande–Kommens eines glücklichen und zufriedenstellenden Lebens", nach dem A.B. sich sehne, abgelaufen sein. "Noch heute scheint er", so lautet ihre Konstruktion, "der Mutter beständig rachsüchtig sagen zu müssen: 'Du hast mich nicht glücklich und zufrieden gemacht, wie ich mir das vorgestellt habe, deshalb sollst Du es auch nicht sein'".

Seine Rachsucht, mit der er auch sich selbst schadet, zusammen mit seiner Festlegung darauf, daß es "nur Sieger oder Besiegte" gebe, und den darin verborgenen "frustrierten liebevollen Beziehungen" sind in der Sehnsucht gleichsam aufgehoben, solche befriedigenden Beziehungen zu erreichen. Die Fähigkeit hierzu habe A.B., merkt die Analytikerin an. Sie erinnert sich aus Anlaß der Besorgnis, die er im Interview mit der Soziologin äußerte und wonach das Gespräch mit der Analytikerin für sie "ja wohl nicht so zufriedenstellend" gewesen sei: "Ich hatte im (psychoanalytischen) Interviewprotokoll festgehalten, daß mir Herr B. zunächst sympathisch war, daß er mich dieses Gefühl im Verlauf unseres Gesprächs hat vergessen lassen. Sowohl ihm als auch mir kommt erst nachträglich wieder die libidinöse Seite der Beziehung zum Bewußtsein".

A.B.s Schilderungen über seine Arbeit beziehen sich auf Männer. Das wirft die Frage auf, wie die an den Frauen zum Vorschein kommende Konflikthaftigkeit in A.B.s Erleben auf die Männer ausgeweitet ist. Die Analytikerin vermutet, daß *Nähe* das Gemeinsame, das Verbindungsglied ist zwischen dem in bezug auf die Frauen wahrnehmbaren, sadomasochistischen Beziehungsmodus und der in der Beziehung zu den Kollegen vorherrschenden Spannung. Dies zeigt sich zu Beginn des zweiten Teils der Interpretation, die die Analytikerin am soziologischen Interview vornimmt. Dieser Teil sei daher vollständig wiedergegeben:

Die Analytikerin setzt bei A.B.s Äußerung an: "Mit den Kollegen arbeite ich zusammen, ja, mit Vorgesetzten wiederum nicht. Mit Kollegen bin ich in der

---

74 In einer späteren Phase des Projekts verwendet die Analytikerin im Erstinterview den gleichen Stimulus wie die Soziologin: das Erleben von Arbeit, und zwar ohne Nachteil für ihre Perspektive auf unbewußte Vorgänge.

Werkstatt, wir sind da tagtäglich zusammen, mit denen bin ich 8 Stunden zusammen, mit meinen Vorgesetzten nicht". Sie schließt hieraus:

Wesentlich scheint demnach für die Wahrnehmung von Konflikthaftigkeit der unmittelbar räumlich–zeitliche Kontakt zu sein. Offensichtlich schafft die Nähe im Gegensatz zur Distanz Probleme für Herrn B. Er projiziert seine sadomasochistische Weise des Umgangs mit den Objekten auf die Gruppe der Kollegen, denen er zutraut, daß sie einander hintergehen, obwohl sie sich damit selbst nur schaden. Daß die Kollegen aber für Herrn B. Geschwister sind, liegt auf der Hand. Das psychoanalytische Interview verweist jedoch in seiner Übertragungs- Gegenübertragungsdynamik auf die Konflikte in der Beziehung zur Mutter und zur Ehefrau.

Der Großvater, der vor kurzem gestorben ist, war ein sehr lieber Mann. Wenn Herr B. an den Vater denkt, so sieht er ihn in seiner Schneiderwerkstatt, in der er nicht gestört sein wollte. Wenn die Kinder zu ihm hineinsahen, blickte er kaum von seinem Nähzeug auf; es kam auch schon einmal vor, daß er sie anherrschte und sie hinauswies. Er arbeitete demnach nicht mit Herrn B. "in einer Werkstatt". Die Beziehung zu ihm ist durch Distanz gekennzeichnet; sie ist ebenso wie die zum Großvater frei von Gefühlsstürmen, von Gegeneinander–Kämpfen, von Rangeln um Anerkennung und Liebe. Die Vaterbeziehung hat eine eher feindselige, die Großvaterbeziehung eine eher liebevoll freundliche Tönung. Durch die Übersiedlung zu den Großeltern hat Herr B. vermeintlich Streit und Auseinandersetzungen hinter sich gelassen. Er sonnt sich gewissermaßen in der Liebe des Großvaters. Das Leben mit ihm wurde offensichtlich zu einer Insel der Ruhe. Haß, Enttäuschung und Intrigen haben hier keinen Platz. Mit aller Vorsicht könnte man die beiden väterlichen Figuren als die mehr oder weniger idealisierten bezeichnen, die Herr B. jenseits von handfesten Auseinandersetzungen ansiedelt. Er hat offensichtlich die Vorstellung, daß sich das Leben seines Vaters und seines Großvaters durch Ruhe und Arbeit auszeichnete. Konsequenterweise besteht sein Traum darin, "daß jeder seine Ruhe hätte und jeder hätt' seine Arbeit. Ja, das wär' mal, also das wär' mal ein schönes Ziel". Damit scheint aber auch die Vorstellung verknüpft zu sein, daß derjenige, der seine Ruhe hat, machen kann, was er will: "Also ich persönlich lieb die Ruhe ziemlich. Ich höre zwar zu Hause gern aggressive Musik, auch ziemlich laute Musik, bin dann wieder auch gern mit meiner Frau stundenlang, irgendwo am Rhein sind wir oft mit dem Fahrrad, wo ich kein' Menschen sehe, da bin ich auch gerne. Soll ja jeder so leben können, wie er will: Das versteh' ich unter Ruhe, daß jeder tun kann, was er will". Wir erkennen in diesem Bild den Schneider in seiner Werkstatt wieder, der sich aus dem Gewühl des familiären Gegeneinanders zurückziehen und der sogar seine Kinder aus der Schneiderwerkstatt hinauswerfen konnte, ohne daß sein Handeln Folgen gehabt hätte. Er ist das unangefochtene Haupt der Familie, zwischen ihm und dieser gibt es kaum Interaktion, vielmehr ist die Beziehung durch gleichbleibende räumliche und gefühlsmäßige Distanz gekennzeichnet.

Wenn Herr B. von seinem Vorgesetzten spricht, weiß man nicht so recht, ob dies ein Vorarbeiter oder ein anderer, weiter oben in der Hierarchie stehender Weisungsbefugter ist. Es sind aber offensichtlich all jene, die nicht mit ihm in einer Werkstatt arbeiten und deshalb seiner Meinung nach eine räumliche und gefühlsmäßige Distanz zu ihm unterhalten. Sein Kontakt zu ihnen wird durch die ursprüngliche Vaterbeziehung bestimmt. Heute noch scheint Herr B. im Betrieb ab und an die Werkstatt des Vaters zu erblicken: Er wird zwar nicht beachtet, bewundert ihn (= den Vorgesetzten) aber für seine Möglichkeit und Fähigkeit, sich aus den Niederungen alltäglicher Auseinandersetzungen heraushalten zu können. Der Vater hatte gewissermaßen unangefochten geherrscht, ohne sich in Gefühlsniederungen der Familie begeben zu müssen. Herr B. sagt über seine Beziehung zum Vorgesetzten: "Aber wenn Vorgesetzte gegen einen arbeiten, oder wenn Leistungsdruck, daß die Arbeit noch mehr wird, das sind Sachen, ja, die sind fast normal, wenn sie das probieren. Die muß man fast als normal ansehen, schon, obwohl es mir net paßt, und ich probier' mich hier auch dagegen zu wehren, aber ich erwarte halt von den Vorgesetzten auch nichts anderes". An anderer Stelle im soziologischen Interview äußert Herr B.: "Obwohl, ich hab' mit meinem Vorgesetzten Meinungsverschiedenheiten, mit Sicherheit. Aber, ich kann nicht sagen, daß er mich irgendwo schon mal so hintergangen oder reingelegt hat, kann ich nicht sagen, also meine Vorgesetzten, ich kann hier nicht für alle sprechen, würde ich schon als korrekt bezeichnen". Dies klingt resigniert, scheinbar angepaßt an alles, was von "oben" (aus der Schneiderwerkstatt) kommt.

Nun wissen wir aber andererseits, daß Herr B. gewerkschaftlich organisiert, aktiv in einem der letzten Streiks aufgetreten ist und gemeinsam mit dem Betriebsrat sich für die Abgeltung von Samstagsarbeit in Form von Abfeiern eingesetzt hat. Im Kampf für eine vernünftige Lösung für die Vergütung von Samstagsarbeit hat er sich zum Führer der Kollegen gemacht, d.h., er hat sich mit dem idealisierten Vater identifiziert und versucht, ebenso zu herrschen, wie er glaubte, daß dieser es tat. Er hoffte damit offensichtlich, unbewußt dem ihn bedrohenden Gegeneinanderarbeiten, dem Sich–in–den–Rücken–Fallen zu entgehen und zugleich die eigene Aggressivität verleugnen zu können. Aber wie zu erwarten war, scheitert er, denn er hatte die Auseinandersetzung mit den Kollegen, mit der Mutter, der Frau und der mit den Geschwistern[75] verwechselt. Resigniert stellt er fest: "Es (die Regelung der Samstagsarbeit) wurde schon ausgeführt und praktiziert, es geht, und jetzt wird das Ganze wieder hintergangen von anderen Kollegen". An anderer Stelle klagt er, "der Zusammenhalt, der ist nicht da". Es scheint offensichtlich für ihn kein Entrinnen aus dem ständigen Wiederholungszwang zu geben: Immer wieder fühlt er sich durch die Kollegen an eigene Auseinandersetzungen erinnert, die – wie wir sahen – sich um den Kampf um Anerkennung und Liebe einerseits und um Vorherrschaftsansprüche unter den Geschwistern andererseits zentrieren.

Nun gibt das psychoanalytische Interview einen Hinweis darauf, daß es für Herrn B. in seiner Adoleszenz eine zweite, nicht durch Streit gekennzeichnete Gruppe gab, nämlich die der Freunde. Diese Gruppe habe ihm geholfen, sich von zu Hause zu distanzieren. Sie habe aber auch zugleich einen schlechten Einfluß auf ihn gehabt, denn es wurde viel getrunken, und er hätte deshalb beinahe seinen Arbeitsplatz verloren. Die Beziehung Herrn B.s zu dem Freundeskreis ist ambivalent. Sie besteht für ihn aus freundlichen Helfern im Kampf gegen das ihn enttäuschende Elternhaus und gegen seinen Alkoholabusus – seine spätere Frau, die ihn nach seinen Worten vom Alkohol wegbrachte, gehörte auch zur Gruppe –, aber auch aus Verführern, die ihn beinahe ins Verderben gezogen hätten. Wir erkennen in diesem Kreis Herrn B.s Gewerkschaftsgruppe, mit deren Hilfe er es wagt, gegen den idealisierten Vater (den Vorgesetzten), der von allen ödipalen Konflikten gereinigt zu sein scheint, gegen die verräterische Mutter und gegen die mit ihm rivalisierenden Geschwister vorzugehen. Unbewußt hat sich für

---

75 A.B. hat vier jüngere Brüder und eine jüngere Schwester.

Herrn B. durch den Streik eine klare Aufteilung der Kollegen in die rivalisierende Geschwistergruppe einerseits und in die liebevolle Freundesgruppe andererseits ergeben. Das Böse, das Herrn B. bedroht, wird über den Mechanismus der Spaltung allein den Geschwistern und das Gute allein den Freunden zugeschrieben. Er muß nun nicht mehr versuchen, sich zum Anführer der Geschwister zu machen, um seiner eigenen Verwicklung zu entgehen, er kann sie nun einfach links liegenlassen. "Für diese Leute setze ich mich überhaupt nicht mehr ein, gar nicht ... da gibt's nix". Er fühlt sich solidarisch mit den anderen, die (im Streik) wie er "vor dem Tor standen". Ihm ist unter diesem Aspekt auch keineswegs daran gelegen, daß, wie es sich die "Firma" vorstellt, "eine Brücke" zwischen denjenigen, die gestreikt haben, und den anderen geschlagen wird. Herr B. wünscht sich anstelle einer verbindenden Brücke eher eine "morsche Hängebrücke". Er möchte an der Trennung der Kollegen festhalten. "Und seitdem (seit dem Streik) ist zu dem einen Teil der Kollegen das Verhältnis, muß man sagen, doch nicht mehr so, wie es bis daher war. Wird's wahrscheinlich auch nicht mehr werden. Da tun die, tu ich mein, muß ich fairerweise sagen, mein' Teil dazu bei und die genauso. Ich bin auf der einen Seite stur und die auch".

Aus psychoanalytischer Sicht ist der Freundeskreis von Herrn B. natürlich keine wirklich neue Gruppe; er ist vielmehr die Fortsetzung der ursprünglichen Geschwistergruppe; auch in dieser gab es – wie später im Freundeskreis – libidinöse Bindungen, die allerdings offensichtlich über den Mechanismus der Spaltung von den aggressiven getrennt gehalten werden. Dieser Mechanismus ist auch dafür verantwortlich, daß Herr B. es schaffte, im Interview mit mir nur eine Seite, die sadomasochistische, zu reaktivieren; mir fiel, wie bereits erwähnt, erst später wieder die libidinöse ein. Das unbewußte Wissen um diese Seite in ihm läßt ihn offensichtlich auf "Solidarisch–Sein, das ist mir halt ein bißchen, das ist ein Ziel von mir" unter den Gleichaltrigen, nämlich den Kollegen, hoffen. Das soziologische Interview gibt keine Auskunft über die Gründe, die Herrn B. veranlaßten, der Gewerkschaft beizutreten. Das unbewußte Motiv könnte in der Sehnsucht nach Solidarität und in dem Wunsch liegen, den sadomasochistischen Zirkel zu durchbrechen.

Im Streik wird Herr B. über den unmittelbaren Kampf im Betrieb hinaus aktiv. Als die örtliche Tageszeitung eine starke "Gegenpropaganda" betrieb, indem sie versuchte, der Gewerkschaft Manipulationen bei der Urabstimmung nachzuweisen, schreibt Herr B. einen Leserbrief; "und habe den abgegeben und gleich danach, auf alle Fälle zwei Wochen später war's, glaube ich, oder eineinhalb Wochen später war der immer noch nicht in der Zeitung gestanden, aber dafür genug Gegenleserbriefe. Und da bin ich auf die Zeitung gegangen und hab' mal nachgefragt, ob da zensiert wird, und auf einmal ging's. Auf einmal stand der dann halt drin. Also, da sieht man doch schon, wie da überhaupt mit den Leserbriefen, daß da eine Auswahl da war. Daß die nicht alles drucken wollten. Und so war das ja in jeder Zeitung. In jeder normalen Zeitung". Herr B. kann demnach im Schutz seiner Freundes- und Gewerkschaftsgruppe aktiv werden, ohne sofort fürchten zu müssen, daß seine Aktivität, die mit Aggressivität zu tun hat, schlimme Folgen für ihn haben könne; er muß sich auch nicht masochistisch in vorgegebene Herrschaftsstrukturen fügen. Etwas spekulierend, kann man vermuten, daß der liebevolle Großvater für ein Stück Ideal in Herrn B. steht, für das es sich zu kämpfen lohnt. Weder das psychoanalytische Interview noch das soziologische geben jedoch für diese Vermutung hinreichend Auskunft. Ich habe zu wenig über die frühen Beziehungsobjekte von

Herrn B. erfahren, und das soziologische Interview gibt keine Auskunft darüber, wofür im bereits erwähnten Streik gekämpft wurde".

(4) Wende oder Wiederholung

Mit der Sehnsucht nach einem glücklichen Leben hält A.B. an dem früh in seinem Leben geweckten Wunsch fest, liebevolle Zuwendung zu erlangen. Das Sehnsuchtsmotiv ist genetisch älter als die aggressionsgespeisten Phantasien, aus denen der sadomasochistische Modus hervorgeht. Jede dieser beiden psychogenetischen Stufen bildet indessen einen eigenständigen Ansatz für Handlungsentwürfe, die A.B. zu Gebote stehen.

Als ein solcher Handlungsentwurf kann A.B.s Bestreben betrachtet werden, für Kollegen Verbesserungen der Arbeitsbedingungen durchzusetzen, indem er, die Kollegen vermutlich bedrängend, ihre Solidarisierung herbeizuführen sucht. Hierin sieht er sich immer neu scheitern, was ihn offenbar in einen Zustand dauernder Spannung versetzt, der er zu entrinnen suchen muß. Anhaltspunkt dafür, daß es sich dabei tatsächlich um einen emotional beanspruchenden Handlungsentwurf – und nicht nur die Rede davon – handelt, ist A.B.s Angewiesenheit darauf, immer wieder Distanz herzustellen. Das psychoanalytische Interview als Handlungssituation muß ihm in dieser Hinsicht als Gefahr erschienen sein. A.B. begegnet der Analytikerin in ihrer Privatpraxis[76], das Gespräch wird unter vier Augen geführt, mit einer Frau, gegenüber der er sich, von ihr aufgefordert, über private und persönliche Dinge äußern soll. Nähe setzt bei A.B., wie zu sehen war, die Dynamik eines sadomasochistischen Beziehungsmodus in Gang und bringt schließlich aggressive Triebanteile zum Vorschein, die A.B. gegen die Analytikerin wendet und die diese an ihrer Wut über seine Verweigerung wahrnimmt. Abstand halten ist, so gesehen, eine aufgrund von Erfahrungen mit Nähe, die Spannungen in ihm auslöst, bevorzugte Haltung als Akteur. Sie soll A.B. vor deprimierenden Eindrücken des Zerstrittenseins schützen und gesellt ihn den Vorgesetzten zu.

Distanz–Halten ist ein Element der normativen Erwartungen, das A.B. in seiner Rolle als Vertrauensmann, der spezifische Informationen weitergibt und für Kollegen Verhandlungen führt, entgegengebracht werden dürfte. So kann er, seinem Bild von sich selbst entsprechend, sich verstehen als jemand, der politisch–rational, von gleich zu gleich mit Vorgesetzten verhandelt und sich, über den Kollegen stehend, für deren Wohl ebenso wie für sein eigenes einsetzt. Während ihn die Zerstrittenheit und mangelnde Solidarisierungsbereitschaft der Kollegen aber belastet und zu Überlegungen darüber veranlaßt, wie weit er sich auf wen näher einläßt, schildert er ein klares Handlungskonzept,

---

76 Späterhin werden die psychoanalytischen Erstinterviews im Sigmund–Freud–Institut durchgeführt.

wenn es um seinen Umgang mit Vorgesetzten geht. Er räumt mögliche Einwände gegen das moralisch durchaus als fragwürdig anzusehende, problematische Verhalten der Vorgesetzten von vornherein aus; von ihnen erwarte er "halt ... auch nichts anderes", als daß sie den Leistungdruck zu erhöhen suchten. Hierdurch erreicht er, daß ihm die Beziehungen, die er zu Vorgesetzten unterhält, als nicht beeinträchtigt erscheinen. Für A.B. ist von großer Bedeutung, davon ausgehen zu können, daß Vorgesetzte sich überlegt verhalten, kalkulierbar und verläßlich handeln. "Also, ich habe noch keinen Vorgesetzten jetzt gehabt, der ... aufgebraust ist, also überhaupt kaum. Bei den Vorgesetzten, die wir halt jetzt haben, die reagieren eigentlich genauso wie ich auch". A.B. sieht in den Vorgesetzten im Gegensatz zu vielen Kollegen also offenbar Handlungspartner, auf die er sich einläßt, weil sie so reagieren, wie er es auch für sich in Anspruch nimmt. Ausgeblendet bleibt dabei die Stellung der Vorgesetzten als aktivem Widerpart, der das Interesse an möglichst rationellem Einsatz der Arbeitskraft in konkreten Situationen entfaltet und im Dienste dieses Interesses eben auch die Verbindlichkeit von Verhandlungsergebnissen wieder in Frage stellt oder gar annulliert.

Sich den Vorgesetzten bzw. dem Verhalten, das er an ihnen nur wahrnimmt, anzugleichen und gleichzeitig sich den Kollegen zugehörig zu fühlen bzw. für deren wie für seine eigenen Interessen einzusetzen, bilden Orientierungen, mit denen A.B. Gefahr läuft, inkompatible Anforderungen an sein eigenes Handeln zu richten. Mag daher die Wahrnehmung des Vorgesetzenverhaltens einerseits A.B.s Situationsauffassung einschränken, so garantiert ihm diese Ausschnitthaftigkeit andererseits doch auch eine subjektiv zweckmäßige Übersichtlichkeit der Handlungssituation. So gesehen, ist A.B. darauf angewiesen, ausschnitthaft nur die autoritative Distanziertheit auf emotionsfreier, sachlicher Grundlage zu registrieren und weitere Elemente des Vorgesetztenverhaltens, aus denen sich Autorität und Distanz speisen, besonders der Umgang mit betrieblicher Macht, nicht zur Kenntnis zu nehmen. Die Psychoanalytikerin siedelt den Vorentwurf für A.B.s Dilemma in der Kindheit an, als A.B., identifiziert mit dem idealisierten Vater, versuchte, "ebenso zu herrschen, wie er glaubte, daß dieser es tat. Er hoffte damit offensichtlich, unbewußt dem ihn bedrohenden Gegeneinanderarbeiten, dem sich In–den–Rücken–Fallen zu entgehen", das unter den Geschwistern vorgekommen sein mag.

A.B. betont, das Feld gegensätzlicher Interessen an der betrieblichen Arbeitsorganisation sei für ihn klar abgesteckt. Auf der einen Seite gebe es die Vorgesetzten, die das Leistungsverhalten beaufsichtigten und den Arbeitseinsatz regelten, auf der anderen Seite die Arbeiter mit ihrem Interesse an Arbeitserleichterungen und Verbesserungen ihrer Arbeitssituation. Während ihn – gemäß der Vorbildfunktion, die er, angelehnt an den Vater seiner Kindheit, sich an den Vorgesetzten bewahrt – seine Handlungsorientierung gegenüber Vorgesetzten hierin bestätigt, sprechen A.B.s ordnende Bemühungen um die Beziehung zu seinen Kollegen nicht dafür, daß er Erfahrungen von klarer Abgrenzung zwischen gegensätzlichen Interessen macht. Seine Versuche, eine solide Handlungsorientierung gegenüber den Kollegen zu entwickeln, scheinen vergeblich zu sein. A.B. stellt an sich selbst den Anspruch, sich auf die Zwistigkeiten unter ihnen nicht einzulassen. Er verhalte sich ihnen gegenüber offen und direkt und verknüpft dieses Bestreben mit der Distanz übenden moralisch-erzieherischen Forderung, die Kollegen sollten von ihren Streitereien ablassen. Während A.B.s verborgene Vateridentifizierung in Verhandlungen mit Vorgesetzen hilfreich sein mag, trägt sie in dem Verhältnis zu seinen Kollegen daher vermutlich nur dazu bei, die Spannung aufrechtzuerhalten. Denn anders als der Vater seiner Kindheit kann er die Einigkeit der Kollegen mit Machtmitteln, die ihm Ruhe verschaffen würden, nicht erzwingen. Aber auch anders als in der Rolle des ältesten Sohnes, der durchsetzen will, wozu der Vater ihn gegenüber den Geschwistern autorisiert haben mag, kann er sich nicht auf einen Vater, der ihm den Rücken stärkt, beziehen. Gestützt allein auf die Überlegenheit seiner eigenen Rationalität, kann er den anderen nicht begreiflich machen, daß sie sich schaden, wenn sie zerstritten sind.

Einen Ausweg aus dieser spannungsgeladenen Beziehung zu den Kollegen hätten ihm die Erfahrungen im letzten Streik gewiesen, in dem A.B. eine, wie er berichtet, aktive Rolle gespielt hatte. A.B. zufolge spitzte sich das gespannte Verhältnis zu seinen Kollegen während des Streiks so zu, daß er danach von denjenigen Kollegen, die sich als unzuverlässig erwiesen hatten, abließ und sein umfassendes Engagement nun nur noch für die andere Gruppe vertrauenswürdiger Kollegen gelten lassen will. Gleichzeitig gesellte er sich offenbar stärker als zuvor dem Betriebsrat und der Gewerkschaftsgruppe zu. Er habe sich, so sagt A.B. aus, von jenem Beziehungsmuster gelöst, in welchem er die anderen geringschätzt und sich zugleich mit Selbstzweifeln überzieht, ihre Zerstrittenheit jemals ausräumen zu können. Auf dem Handlungsfeld, das Betriebrat und Gewerkschaft anbieten, kann er sein Selbstverständnis als Vertrauensmann mit seinen betriebspolitischen Vorstellungen eher zur Deckung bringen. Auch dürfte er in Betriebsrat und Gewerkschaft Bezugsgruppen antreffen, die dazu neigen, Handeln kollektivitätsorientiert anzulegen und gesellschaftspolitische Ziele in persönlichen Orientierungen verbindlich werden zu lassen. Geleitet von seinem überbetrieblichen Engagement, nämlich zum Abbau struktureller Arbeitslosigkeit beizutragen, wird der Betrieb so zum Ort befriedigender Betätigung im Betriebsrat und in der Gewerkschaftsgruppe. An die Stelle des die Beziehung zu Kollegen dominierenden sadomasochistischen Motivationskomplexes tritt das (ältere) Motiv der Sehnsucht nach einem glücklichen und zufriedenstellenden Leben, für das es sich zu kämpfen lohnt. A.B. faßt diese Sehnsucht in die Worte: "Normal wär' ein Traum von mir, wär mal, wenn jeder seine Ruhe hätte und jeder hätte seine Arbeit".

Die Hinwendung zu einer aus A.B.s Sicht realitätsgerechteren und chancenreicheren politischen Betätigung scheint noch nicht abgeschlossen zu sein. Sie existiert als gewollter Wendepunkt in der vormals nur spannungsgeladenen

Beziehung zu den Kollegen. Das wirft die Frage auf, inwiefern die neu gewonnene Einstellung auch als Handlungsorientierung wirksam ist und ob A.B. sie in Handeln umsetzt. Dafür daß A.B. über eine entsprechende, ernsthafte Motivierung verfügt, gibt es einige Hinweise. Sein Bedauern über das ungünstig verlaufene psychoanalytische Interview macht die Analytikerin, wie schon erwähnt, im Nachhinein auf eine libidinöse Seite seiner ansonsten sadistisch geprägten Beziehung zu ihr aufmerksam. Auch ins Gespräch mit ihr wäre A.B. demnach mit Wünschen nach freundlicher Zuwendung eingetreten, selbst wenn diese Seite in ihm für den Verlauf des Gespräch dann nicht bestimmend werden konnte. Mit der Soziologin verbündet sich A.B. insofern, als er sich auf deren Vorschlag, einen Rahmen für das Gespräch abzustecken, nämlich über seine Arbeit zu reden, bereitwillig einläßt: "Die Arbeit, ein gutes Thema"; hierfür spricht auch seine Bereitschaft, sich unserem erklärtermaßen den Interessen der Arbeiter entgegenkommenden Projekt zur Verfügung zu stellen, und ebenfalls, daß A.B. offenbar den Abdruck seines Leserbriefs während des Streiks hatte durchsetzen können. Jener libidinöse Aspekt könnte daher im Motiv der Sehnsucht nach einem glücklichen Leben eine Gestalt angenommen haben, die als veränderte Handlungsorientierung tatsächlich wirksam ist. Die Analytikerin verweist zudem auf die ermutigende Funktion der Gruppe der Gewerkschaftskollegen und die idealbildende Bedeutung des Großvaters; letztere lasse A.B. bereit sein, für etwas zu kämpfen.

Zu Zweifeln an der Dauer von A.B.s veränderter Handlungsorientierung gibt demgegenüber der Bericht über seinen Versuch Anlaß, eine neue Regelung für die Samstagsarbeit durchzusetzen. Die Verhandlungen hierüber spielten sich offensichtlich ein Jahr nach jenem Streik ab und zeigen A.B. wiederum verwickelt in das spannungsgeladene Verhältnis zu Kollegen.

Zur Zeit der beiden Interviews treffen wir A.B. in einer inneren Verfassung an, in der die Hoffnung, mit Hilfe der Festigung der Solidarität unter den Kollegen Forderungen gegenüber Vertretern der Betriebsleitung durchzusetzen, enttäuscht worden ist. A.B. sieht sich wieder – wie schon während des Streiks – durch das Verhalten einer Gruppe von Kollegen ernüchtert. "So wie's aussieht, wird das nie klappen, nie". Es ist daher ungewiß, ob sein in der Leistungsfähigkeit des Abwehrmechanismus der Spaltung gründendes, vertrauenswürdige von unzuverlässigen Kollegen scheidendes Situationsverständnis zu einer tragfähigen Anpassung seines Verhaltens daran führen wird. Zwar kann er hierfür eine libidinöse Seite in sich mobilisieren. Auch scheint er Erwartungen an sein Engagement und seine Kooperationsbereitschaft von seiten des Betriebsrats erfüllen zu können. Seine Risiko- und Einsatzbereitschaft sowie sein Eintreten für betriebspolitische Ziele dürften A.B. zudem die Erfahrung machen lassen, daß er geschätzt wird.

Aber A.B.s neue Orientierung bleibt an ein Gegenmachtkonzept betriebspolitischer Arbeit gebunden, das seine Aktivitäten weiterhin zwischen Vorgesetzten und Kollegen einspannt. So muß auf sein verstärktes betriebspolitisches

Engagement zurückgeführt werden, daß er, nachdem die Samstagsregelung durchgesetzt war, erstmals feindselige Reaktionen auf seiten der Vorgesetzten "zu spüren bekommen" hat: "Vor allem das mit der Samstagsarbeit, das, das hat getroffen, das muß man sagen, das saß. Das habe ich gespürt, das habe ich zu spüren gekommen (kurze Pause). Das war eigentlich das erste Mal, daß ich richtig was zu spüren bekommen hab'. Ich meine nicht, daß die mich jetzt irgendwie unter Druck gesetzt haben, aber haben nix mehr mit mir geredet". Während demnach die Verstrickung mit den Kollegen anhält, gewinnt die Beziehung zu Vorgesetzten konfrontativen Charakter und deutet auf eine gegenüber jener Ausschnitthaftigkeit veränderte, vollständigere Wahrnehmung der tatsächlichen Stellung von Vorgesetzten hin.

Es bleibt für A.B. schwierig, seinem veränderten Selbstverständnis im Handeln Kontinuität zu geben, solange er sich nicht auch der spannungsgeladenen Beziehung zu seinen Kollegen zu entziehen vermag. Ließen sich einschlägige Erfahrungen aus der Umsetzung seiner neu gewonnenen Orientierung an Betriebsrat und Gewerkschaft festigen, dann wüchse vermutlich einerseits A.B.s Distanz zu den Kollegen, andererseits seine Chance, daß die progredierenden, sehr frühen libidinösen Wünsche nach einem zufriedenstellenden Leben in einen Entwicklungsschritt münden, der, aus dem geschilderten inneren, unbewußten Konflikt herausführend, A.B. von der Nähe zu den Kollegen wegführren und in die Rolle des professionellen Arbeitervertreters übergehen lassen könnte.

Die Psychoanalytikerin war mit vorsichtigem Optimismus zu dem Schluß gekommen, A.B. müsse sich "nicht masochistisch in vorgegebene Herrschaftsstrukturen fügen. Etwas spekulierend, kann man vermuten", so schreibt sie, "daß der liebevolle Großvater für ein Stück Ideal in Herrn B. steht, für das es sich zu kämpfen lohnt". Die zuletzt gegebene Einschätzung von A.B.s Motiven unter dem Gesichtspunkt ihrer Einbettung in Entwürfe seines Handelns fällt skeptischer aus, auch wenn sie zu der der Analytikerin nicht im Widerspruch steht. Hiernach bleibt offen, ob die psychisch interne Umschichtung insbesondere aggressiver Strebungen, die unter dem Einfluß des Abwehrmechanismus der Spaltung möglich wird, "glückt". Nur wenn A.B. den gewollten Wechsel seines Betätigungsfeldes durch einschlägige Erfahrungen konsolidieren kann, wird er nicht scheitern[77].

Obwohl einer der Jüngsten unter unseren Gesprächspartnern, war A.B. derjenige, der sich als am stärksten in der Tradition der Arbeiterbewegung verwurzelt darstellte. Die Verknüpfung seines Selbstverständnisses als lagebewußter und politisch handelnder Arbeiter mit gleichsam darunter liegenden, psychisch unbewußten Motiven und Vorgängen zeigt, wie gerade ein Verhaltensmuster, das sich in der Geschichte der Arbeiterbewegung herausbildete –

---

77 Erwähnt werden muß, welche Folgen ein Scheitern A.B.s haben könnte. Die Analytikerin weist darauf hin, daß A.B. in seiner Jugend durch Alkoholabusus gefährdet war.

Solidarisierungsfähigkeit und Kampfbereitschaft –, unter der Beteiligung von Motiven zustandekommt, die nicht in der bewußten Verfügung des Handelnden liegen. Vielleicht trifft es sogar zu, daß A.B.s unbewußt motivierter, an früheste Erlebnisqualitäten anknüpfender, wenngleich nicht gefestigter Lebensentwurf die Kraft der Motivierung zu politischem Handeln einbüßen würde, machte A.B. sich dessen Herkunft zugänglich.

5.2 I.J., Instandhaltungsschlosser

(1) Auszug aus dem soziologischen Interview mit einem Instandhaltungsschlosser, 44 Jahre alt, verheiratet, beschäftigt in dem industriellen Unternehmen A.

Der Auszug setzt ein, als I.J. geschildert hatte, wie ein Teil der Kollegen entgegenkommende Regelungen der Betriebsleitung mißbraucht und dadurch allen geschadet hätte.

I.J.: Das, das ist, das können Sie sich gar nicht vorstellen, wie der Bau war, da war'n die Toiletten so schön wie hier der Raum, da gibt's aber die Filzstifte ((Hmhm)). Sie müssen jetzt da mal 'neingehen, nur Sauerei, ich möcht' mal wissen, was die davon haben, ob die das daheim auch machen, das weiß ich nicht, da muß es bei denen aussehen wie bei den Schweinen, sollen sie doch froh sein, daß sie was Schönes gemacht kriegen, ((Hmhm)) das find ich. Das haben wir selbst auf der Betriebsversammlung schon angeschnitten, gell. ((Hmhm))

K.B.: Sie haben ja gesagt, daß vieles nicht das Wahre ist, ja? ((Ja)) Das war ihre Formulierung, und haben dann sehr viele Zustände geschildert ((Hmhm)), von denen Sie das meinten. Und nun könnte man sich natürlich fragen, wenn's so viele unbefriedigende Zustände gibt, ob nicht vielleicht die, die da also mit dem Filzstift rumschmieren und sich an bestimmte Regelungen nicht halten, die also so ein bißchen geschickt damit umgehen, sagen wir mal so, ((Ja)) daß das vielleicht auch eine Art ist, mit seiner Unzufriedenheit umzugehen?

I.J.: Das, das, das kann, das kann Möglichkeit, das kann die Möglichkeit sein, Beispiel, ((Ja)) durch die vielen Gastarbeiter, die wo da im Betrieb sein, nur ein Beispiel, ich hab' nichts gegen die Leut', warum?! Schreiben zum Beispiel "Türken mußt du würgen, hast du sie erwürgt, hat sich's ausgetürkt", das, was sind dann das, was hat das dann für'n Sinn? ((Hmhm)) Was hat dann das für'n Sinn? Die Türken, die kommen dann wieder: "Deutscher, deutscher Mann ein Nazischwein" ((Hmhm)) und lauter so ein Quatsch, malen sie Hakenkreuze dran oder wie, ja, warum? ((Ja, ja)) Die sollen doch froh sein, daß es ihnen gut geht, daß ihnen doch, daß sie doch Arbeit haben und es ihnen gut geht. (Kurze Unterbrechung durch eine Störung von außen)

K.B.: Ja, also Sie sagen ja, ich verstehe Sie so, daß Sie meinen, die Art, wie die ihre Unzufriedenheit ausdrücken, ist auch nicht das Wahre. ((Ja,ja)) Nicht? Und da habe mich natürlich gefragt, nach allem, was Sie geschildert haben, ob Sie für sich eine Möglichkeit sehen, diese Unzufriedenheit unterzubringen und sie auszudrücken.

I.J.: Ja, da, ich kann ja nicht, ich kann ja nicht, ich kann ja nur für mich gehen, nur von mir ausgehen, ((Hmhm)) gut, ich bin Vertrauensmann, aber wir haben auch, wir haben auch verschiedene bei uns, bei uns in der Abteilung, gell, als Schlosser, auch Griechen, Türken, gut, jeder Mensch hat seine Probleme, aber, da sieht man, ein Beispiel, da sind zwo Türken, der eine, eh, ein bißchen Altersunterschied, das, das kann ich Ihnen nicht sagen, sagen wir 5, 6 Jahr', aber ein Unterschied zwischen Tag und Nacht, der eine ist ein Unzufriedener, und der bringt das, der bringt das dann auch heraus, gell, nicht daß er zu uns dann irgendwie abweisend wäre, aber er frißt in sich was hinein, das hab' ich schon paarmal zu ihm gesagt, K., da bist du selbst dran schuld, Kollege, was, was, wir haben doch Pausen, der L. ist doch auch da, der L. ist ein Deutscher, ((Ja, ja)) das ist sein Chef quasi, der ist ja auch da, wo bist dann du, eija, ich bin da und da, und siehste, das ist, das ist wieder dein Fehler, du bist mit allem, du bist wieder unzufrieden, warum? Geh' doch her, setz dich doch dabei, wie's die ganze Zeit auch war, da kannst du doch mitreden, du versteht doch deutsch, du kannst doch deutsch babbeln, (Hmhm)) kannst doch mitreden, aber warum machste das denn nicht, hab' ich gesagt, guck doch einmal, der setzt sich ja auch dabei, der red' mit uns alles, der wird akzeptiert, da bist du doch selbst dran schuld, was willste dann mehr. Ei ja, ei ja, ei ja, ich werd' an die Arbeit gestellt, hab' ich gesagt, ei da ist doch einmal ganz logisch, für was bist du dann da? Für Däumchen zu drehen? Da brauche' wir keinen, wenn du die Arbeit nicht machst, muß sie ein anderer machen.

Später im Verlauf des Gesprächs wendet I.J. gegen die Interviewerin ein, die meinte, er klage über mangelnde Würdigung getaner Arbeit durch die Betriebsleitung:

I.J.: Das, das wird, eh, nicht von ganz oben runter, aber von den näheren Vorgesetzten, ja, der sagt, gut, das hast du, das hast du, siehste, das war mal wieder was Genaues, ((Hmhm)) dann, das kann man wohl sagen. Und da ist der, unser Vorgesetzter doch ehrlich, obwohl er mein Vorgesetzter ist, er ist menschlicher da drin, manche, manche auch nicht, ((Hmhm)) das ist klar, ist doch ganz klar. Ei ja, ein Prestige muß, muß gewahrt bleiben, ((Ja)) denn, aber es ist jeder seines Glückes eigener Schmied, das ist doch immer, das war schon immer so der Fall. ((Hmhm)) Dann wieder einer, der, '80, '81, wie die Lackiererei aufgemacht worden ist, ist er rüber gekommen von 'ner anderen, von 'ner ganz anderen Abteilung. Hatt' der Mann, hatt' der davon keine Ahnung, ja, er wollt' erst bei uns, ja, warum? Ei ja, es ist doch schön bei euch als Rohrschlosser, ja, da mußt du aber auch viel laufen, Kollege, da mußt du viel laufen, die Treppen, wenn's, wenn's nicht anders geht, die Leitern hoch, mußt mal oben gucken und so, mußt jedenfalls viel laufen. War er 14 Tage dabei oder vier Wochen, weiß nicht mehr genau, nein, kann er nicht, ich hab', ich hab's, er hat was an den Füßen, mal, hatte 'nen Fußzeh ab, da kann er nicht mehr so gut laufen, na gut, gehn wir bei die Bauschlosser, alles klar. Ja, der

Mann, der ist mit gar nichts zufrieden, der ist mit gar nichts zufrieden ... Früher hat's geheißen, der, der Mensch ist sich frei, ist die Uhr erfunden worden, der Mensch rennt der Uhr nach, jetzte, jetzt rennt der Mensch schon der Uhr und der Maschine nach, ((Ja)) ei ja.

K.B.: Ja, ein schönes Bild.

I.J.: Ei gewiß, die Uhr gibt die Zeit, die Maschine, die Maschine die Schnelligkeit, und der Mensch muß hintennach machen, aus, ist doch ganz klar.

K.B.: Naja, obwohl Sie jetzt natürlich eine ganze Menge Zusammenhänge geschildert haben, wo das nicht das Problem ist.

I.J.: Ei ja, psychologische Probleme, halt dabei, du sollst so schnell wie möglich, gewissenhaft, und für den Produktionsablauf arbeiten, daß, daß das fast gar nichts ausmacht, also gewissenhaft sein, so schnell wie möglich weg, ((Hmhm)) reparieren, so schnell wie möglich, egal wie, ((Hmhm)) wenn nicht da ist, mußt du halt was provozieren, und das ist ja das Problem, wir, wir sollten nichts hinlegen, das kostet alles Geld, wenn wir was bestellen wollen, wird nur die Hälfte oder noch nicht einmal die Hälfte genehmigt, wenn du so und so viel brauchst, ja, da ist nichts da, was machen wir dann jetzt? Jetzt kommt, jetzt kommt die größere Sache, also da mußt du provo, improvisieren, und dann heißt's, ja, was fahrt dann ihr für'n Mist zusammen, ei weil nichts da ist, was willst du machen? Das ist halt die Lagerhaltung, die was sie jetzt so durchführen wollen ...

K.B.: Aber offenbar gibt's doch solche Erfahrungen, daß die Gabe zu improvisieren enorm groß ist?

I.J.: Ja, du, bei uns mußt du dich mit der Situation abfinden, das, das ist das ja, das ist das ja, du sollst ja so schnell wie möglich arbeiten, damit das, der Ablauf wieder weitergehen kann, egal wie, wenn's über paar Stationen geht, aber so schnell wie möglich. ((Hmhm)) Und wenn's nur noch läuft bis heute Abend, die zwei, drei Stunden noch, ((Ja)) da wird's heute Nacht gemacht, ((Ja)) heute Nacht ist Zeit, nur halt momentan, egal wie, ((Hmhm)) und daß da eventuell vielleicht was passieren kann, Unfall oder was, ((Hmhm)) das ist, das ist eventuell durch die Hektik, kann passieren, das ist klar, aber so die letzte, obwohl wir die letzte Zeit viele Unfälle hatten, aber das war nicht durch die Hektik, sondern durch Selbst-, Selbst- oder, prr, was soll man sagen, nicht getrieben worden, pfff, vielleicht durch Handhabungen, aber hat sich einer in die Hand geschnitten, der andere draufgehauen, der andere draufgehauen gekriegt und der andere, der wo sich da drauf gehauen hat, der war natürlich krank, Daumen dick geworden, da mußte 'n anderer was machen, der hält'n anderen fest, der andere kommt mit'm Vorschlaghammer, kloppt ihm wider das Bein, da war der eine ohne Arbeit, zwei waren krank, nur aus, warum? Sie waren nicht getrieben worden und nichts, da weiß ich doch als Sicherheitsbeauftragter auch nicht, was ich da machen soll, ((Ja, ja)), gell. Durch, durch so, eh, wie soll man sagen, Fehlerhaftigkeit von der Person selbst, normal nichts drin, das war nur, warum? Warum hat dann der nebendran gehauen? Das, das sind halt dann so Sachen, die wollte ich die dann ausspielen, das geht dann, das geht dann, ah, guck' mal, seit, seit dem Urlaub bis jetzt 5 Unfälle gehabt, wo gibt's dann das, gell, Mensch, und da kommt natürlich auch wieder 'n bißchen Druck von oben runter, gell, könnte ja jeder klar sehen ((Hmhm)) und wegen jeder Kleinigkeit kommen sie, fangen sie dann an, ach, das, das ist nicht das Wahre, ich sag Ihnen ja, hab' gesagt, wenn die Produktion nichts bringt, und da ist das bei uns Mist, auf deutsch gesagt, da suchen sie in alles Fehler, ((Hmhm)) und die finden, die, die sitzen ja den ganzen Tag im Büro, die finden Fehler, das ist ganz logisch, ((Hmhm)) das ist ganz logisch.

(2) Affirmation des Gegebenen

Bei I.J. fällt eine generelle, auf Einsicht beruhende Bejahung seiner durch Arbeitsbedingungen und Produktionszwänge vorgegebenen Stellung im Betrieb auf. Sein Ausspruch, jeder sei seines Glückes eigener Schmied, meint daher nicht die Veränderung und Beeinflussung der Umwelt zum eigenen Vorteil und über bestehende Lebensverhältnisse hinaus, sondern die aktive Affirmation dessen, was als gegeben und nicht unterschreitbar zu sein beansprucht. Es ist ein Sich–Behaupten im status quo, den I.J. erhalten sehen will. Diese Einstellung kennzeichnet I.J.s aktuelles Arbeitserleben, wie er es im soziologischen Interview schildert, und zwar bezogen auf seine Beziehung zu Vorgesetzten, zu Kollegen sowie im Verhältnis seiner selbst zu vorgegebenen Produktionsbedingungen, soweit sie ihn als in der Instandhaltung Tätigen tangieren.

Die nahestehenden Vorgesetzten redeten mit ihm und äußerten sich anerkennend über seinen persönlichen Einsatz, von dem I.J. versichert, er sehe darin etwas Selbstverständliches. Die menschliche Zugewandtheit, die I.J. an seinem eigenen Vorgesetzten schätzt und die diesen Vorgesetzten ihm als Mensch gleichstellt, habe allerdings ihre berechtigte Grenze. Insoweit jeder seines Glückes eigener Schmied ist, verhalte auch sein unmittelbarer Vorgesetzter sich richtig, wenn er die Anerkennung von I.J. auf den Umfang begrenzt, der mit dem Innehaben und Bewahren einer mit Prestige ausgestatteten, übergeordneten Position vereinbar ist, damit diese nicht gefährdet werde.

Daß I.J. die aktive Statusabgrenzung, die der Vorgesetzte vornehme, bejaht, hindert ihn in konkreten Situationen anscheinend nicht, einen Kollegen, mit dem er früher an der Werkbank gestanden und der das "Glück" hatte, Obermeister zu werden, an dessen Abhängigkeit von den Alten, wie er einer ist, zu erinnern; wenn sie nicht mit ihm in die neue Anlage gegangen wären, würde dieser Obermeister "in der Luft rumfliegen und ... nicht landen" können. Mit einem anderen Obermeister teilt I.J., so erzählt er, die sentimentale Erinnerung an vergangene Zeiten, als es noch keine automatischen Straßen gab und es "schöner" war.

I.J. beurteilt seine Kollegen danach, ob sie in dem Bewußtsein handeln zu wissen, was sie wollen. Jedoch entspricht keiner unter ihnen diesem Kriterium.

Einem Kollegen, dem das Unternehmen, weil er eine Zehe verloren hat, durch die Umsetzung auf einen anderen Arbeitsplatz entgegengekommen sei, passe *keine* der Arbeiten in der Instandhaltung. Überhaupt würden den Kollegen vom Betrieb viele Annehmlichkeiten bereitet und für sie günstige Regelungen und freundliche Räumlichkeiten geschaffen. Dieses Entgegenkommen würde von ihnen aber ausgenutzt, durch Maßlosigkeit verspielt und mißachtet, wie das Beispiel der schönen Toiletten zeige, die mit Filzstift versaut würden, so daß es "wie bei den Schweinen" aussehe. Die Toiletten würden für unsinnige Streitereien der ausländischen Gastarbeiterfraktionen untereinander mißbraucht, etwa wenn die einen schrieben, "Türken mußt du würgen, hast du sie erwürgt, hat sich's ausgetürkt", und wenn die Türken auf diesem Wege – an die deutschen Arbeiter gerichtet – erwiderten: "Deutscher Mann, ein Nazischwein" und Hakenkreuze malten.

I.J.s Distanzierung von diesem gleichwohl ausführlich beschriebenen Kollegenverhalten besagt dem Sinn nach, es gebe eine Art moralischer Verpflichtung, das Entgegenkommen der Betriebsleitung zu respektieren und darüber hinaus Bereitschaft zu Flexibilität zu zeigen, Veränderungen betrieblicher Arbeitsbedingungen – ob positiv oder negativ, ob erwartbar oder überraschend – hinzunehmen und zu akzeptieren. Daß er diesen Anspruch für sich erhebt, erschließt sich im Gespräch aus der weidlich ausgeschmückten Kritik an den Kollegen. Deren Maßlosigkeit soll I.J. als maßvoll zeigen, deren Übertretung von Regeln seine Konformität, deren kurzsichtige Schlauheit seine durchgängige Redlichkeit. I.J. vermittelt den Eindruck eigener hochstehender Moralität durch das ausführliche Eingehen auf die Immoralität der anderen, besonders von Gastarbeitern.

Aus den Taktvorgaben von Uhr und Maschine folgen für I.J. Gebote an die Motivation, nämlich auf schnelles, gewissenhaftes, an den Produktionsablauf angeschmiegtes Arbeiten eingestellt zu sein bzw. an seinem Arbeitsplatz mit der ständigen inneren Bereitschaft zum Improvisieren sich offen zu halten. Neue Formen der Lagerhaltung zwängen aber, häufiger als früher zu improvisieren. Hierdurch handele man sich indessen erst recht den Vorwurf ein, "Mist" zu machen. Das Improvisieren bringe ihn, I.J., nur in Schwierigkeiten, weil er nicht einschätzen könne, ob seine Lösung am Ende als richtig oder verkehrt beurteilt wird. Überhaupt würden Entscheidungen darüber, was er an seiner Arbeitsstätte benötige, von anderen und nach Maßgabe von Erwägungen gefällt, in denen die Produktion den Vorrang vor der Instandhaltung habe, so daß über die ohnehin vorhandenen Unwägbarkeiten im Reparaturbetrieb hinaus nie kalkulierbar sei, was auf ihn, I.J., zukomme. Die Erfordernisse der Produktion seien so mächtig, daß sie Instandhaltungsarbeiten auch an Feiertagen erforderten und unabhängig davon, ob er dadurch Anlaß zu Betrübnis habe, etwa weil er sich etwas anderes vorgenommen hatte. Das Sprichwort, jeder sei seines Glückes eigener Schmied, ist daher für I.J. in einer seinen Sinn regelrecht verkehrenden Bedeutung nur wahr. An die Stelle des Ausschöpfens von

Spielräumen um der Durchsetzung eigener Vorstellungen willen tritt I.J.s aktive Bejahung von Spielraumlosigkeit und unkalkulierbarem Eingriff.

Beim Improvisieren und eiligen Wiederherstellen von Produktionsanlagen können Unfälle auftreten, die I.J. als Sicherheitsbeauftragter vermeiden helfen soll. Diese Unfälle – vor allem Verletzungen von Gliedmaßen (Hand, Daumen, Beine) durch ungeschicktes Benutzen von Werkzeug wie einem Vorschlaghammer – entstünden in der Regel durch Hektik, die aufkomme, wenn die Leute bei der Reparatur unter Druck gerieten. I.J. unterscheidet zwischen so zustande kommenden Unfällen und einer (durch seine Beispiele nicht belegten) anderen Art, die nicht darauf zurückzuführen sei, daß die Leute sich angetrieben fühlen. Diesen Unfällen gegenüber sei er, I.J., als Sicherheitsbeauftragter ratlos, wisse er keine Abhilfe. Solche Unfälle entstünden durch fehlerhafte Reaktionen, die in der Person dessen lägen, der die Verletzung sich oder anderen zufügt. Nur so ließe sich eine Reihe von Verletzungen in letzter Zeit erklären. Die Betriebsleitung aber, die den Ursachen auch dieser Art von Unfällen nachgehe, wenn sie gehäuft auftreten, finde Fehler auch da in den Arbeitsbedingungen, wo I.J. meint, als Sicherheitsbeauftragter für sie nicht verantwortlich zu sein.

(3) Das Tote und das Lebendige

Um zum Beitrag von I.J.s unbewußten Motiven und Konflikten für sein von ihm im soziologischen Interview geschildertes Arbeitserleben Zugang zu gewinnen, läßt sich die Analytikerin von einem ihr gleichsam ins Auge springenden Unterschied zwischen den beiden Interviews leiten: "Nach der Lektüre des Interviews von Frau Brede habe ich das Gefühl, mit einem anderen Menschen konfrontiert zu sein als mit dem, den ich im psychoanalytischen Interview kennengelernt habe. Während ich ihn freundlich zugewandt, manchmal allerdings auch leicht belehrend, aber deshalb nicht als unangenehm erlebt habe, begegnet mir im soziologischen Interviewprotokoll ein aggressiver, eher unsympathischer, zerfahrener und unaufmerksamer Gesprächspartner".

Die Tatsache, daß I.J. jedoch in die Beziehung zur Soziologin keinen aggressiven Affekt hineinträgt[78], führt die Analytikerin auf den Abwehrmechanismus der Spaltung zurück. Er gestatte I.J., die Beziehung von Aggression freizuhalten, ebenso wie er es ihm ermöglicht hatte, sich beiden Interviewerinnen als Mensch je anders zu präsentieren. Das Gemeinsame gibt sich unter dem Gesichtspunkt der inhaltlichen Thematisierung von Aggression überhaupt zu erkennen.

---

78 Die Soziologin bestätigt diesen Eindruck. Das Gespräch verlief gewissermaßen "unauffällig".

Auch im psychoanalytischen Interview war von Aggression die Rede gewesen, nämlich von toten, ausgestopften Tieren, ohne daß sich das Tote in der Beziehung zur Analytikerin manifestiert hatte. Die Analytikerin schreibt: "Erst in der Reflexion des psychoanalytischen Gesprächs spüre ich Ekel und Abscheu vor den toten Tieren von Herrn J. Unter Zuhilfenahme der Ausführungen im soziologischen Interviewprotokoll kann das Tote und Unlebendige mit wilden, ungezügelten, ungerichteten Aggressionen in Verbindung gebracht werden, die drohen, Herrn J., aber auch seine Umgebung zu zerstören. Diese Aggressionen sind auch durch den Einspruch des Überichs (des Sicherheitsbeauftragten) nicht einzudämmen. Von demjenigen, der sich in die Hand geschnitten hat, der sich auf den Daumen haut und dem draufgehauen wird, von dem, dem mit dem Vorschlaghammer wider das Bein gekloppt wird, sagt Herr J.: 'Sie waren nicht getrieben worden, mit nichts, da weiß ich doch als Sicherheitsbeauftragter auch nicht, was ich da machen soll'. Herr J. fühlt sich zwar von seinen aggressiven Triebdurchbrüchen, die mit dem Tod zu tun haben, bedroht, ja sogar überschwemmt, aber er beschuldigt sich zugleich, ohne jedoch Abhilfe zu finden: 'Durch, durch so, eh, wie soll man sagen, Fehlerhaftigkeit von der Person selbst, normal nichts drin'. Herr J. fühlt sich jedoch nicht wirklich schuldig". Er richtet an sich selbst keine Vorwürfe, die darauf hinauslaufen würden, als Sicherheitsbeauftragter z.B. etwas übersehen oder versäumt zu haben.

Daß die beiden Interviews hinsichtlich der inhaltlichen Thematisierung von Aggression übereinstimmen, und zwar so, daß ungezügelte Aggression in die assoziative Nähe von Totem – und nicht von Lebendigem, wie die Beziehungen zur Analytikerin und zur Soziologin es sind – gerät, läßt offen, wie Totes und Lebendiges miteinander verbunden sind. Daß beides Teil einer unbewußten Konfliktlösung ist, erschließt sich der Analytikerin erst durch die Gegenübertragung. Deren Entwicklung soll daher etwas eingehender wiedergegeben werden:

I.J. hatte der Analytikerin von seiner Freizeitbeschäftigung als Jugendleiter des Natur- und Vogelschutzvereins erzählt. Sie schreibt nach dem psychoanalytischen Erstinterview nieder: "Er hatte z.B. einen Reiher, den er tot gefunden hatte und der dann in die Tiefgefriertruhe gewandert ist. Ich blicke ihn irritiert an, er lacht und sagt, ... nein, die toten Tiere lägen nicht, wie ich das dächte, bei dem übrigen Fleisch. Das habe ich gar nicht gedacht". Schließlich, als die Analytikerin I.J. ein zweites Gespräch vorschlägt, lädt er sie statt dessen zu einer seiner Vogelkundestunden ein, "da könnte ich mal sehen, was Natur sei, und lacht. Ich interpretiere diese Äußerung als sexuelle Anspielung". Aus dem Eindruck einer durchaus angenehmen Männlichkeit, den sie gewonnen hatte, zusammen mit dieser Anspielung schließt die Analytikerin auf das Vorhanden-Sein eines libidinösen Wunschs an sie als Frau und auf den Befriedigungsmodus, den seine Phantasie vorsieht, indem er sie in die Welt seiner Freizeitbeschäftigung einführen will: "Der Akzent für sein unbewußtes Erleben liegt demnach nicht so sehr in der Lust am Zerstören selbst, sondern in der Liebe zu dem Zerstörten, dem Toten[79]. Seine Unterstellung, ich könne meinen, daß der tote Waldkauz und der tote Reiher bei dem eßbaren Fleisch in der Tiefkühltruhe zu Hause lägen, verweist auf seine unbewußte Phantasie, daß die toten Tiere nämlich orale Liebesobjekte sind, die er zum Fressen gern hat. Seine Einladung ... bedeutet in diesem Kontext, daß er mich zum toten Waldkauz machen will, den er in der Gefriertruhe aufbewahrt und den er eines Tages verzehren möchte".

Die Gegenübertragung erschließt somit eine unbewußte perverse, nekrophile Phantasie, die I.J.s Aggression, welche weder in der Beziehung zur Analytikerin noch in der zur Soziologin spürbar wird, an Totes bindet und ihm von daher die libidinöse Besetzung von Objekten – exotische Vögel ebenso wie die Analytikerin – gestattet. Die frühe Fixierung der Libido zusammen mit der Vermutung über I.J.s unbewußte perverse Phantasie bilden die psychoanalytische Grundlage für die Interpretation der weiteren Teile des soziologischen Interviews, die im folgenden wiedergegeben werden:

Der Fixierung auf dem frühen Stadium der Libidoentwicklung entspricht ein weiterer im Protokoll des soziologischen Interviews sich abbildender Abwehrmechanismus, der der Projektion. Projiziert werden Schweinereien, die die anderen, vor allem die Gastarbeiter begehen. "Da waren die Toiletten so schön wie hier der Raum, da gibt's aber die Filzstifte. Sie müssen jetzt da mal reingehen, nur Sauerei, ich möcht mal wissen, was die davon haben, ob die das daheim auch machen, das weiß ich nicht, da muß es bei denen aussehen wie bei den Schweinen, sollen die doch froh sein, daß sie was Schönes gemacht kriegen". An dieser Stelle im Protokoll des soziologischen Interviews zeichnet sich ein anales, homosexuelles Kloszenarium ab, in dem Schweinereien geschehen und Morde begangen werden, mit denen jedoch Herr J. bewußt nichts zu tun hat: "Durch die vielen Gastarbeiter, die wo da im Betrieb sein, nur ein Beispiel, ich hab' nichts gegen die Leut', warum?! Schreiben zum Beispiel 'Türken muß du würgen, hast du sie erwürgt, hat sich's ausgetürkt', das, was sind dann das, was hat das dann für'n Sinn? Was hat dann das für'n Sinn? Die Türken, die kommen dann wieder: 'Deutscher, deutscher Mann, ein Nazischwein' und lauter so'n Quatsch, malen sie Hakenkreuze dran oder wie, ja, warum? Die sollen doch froh sein, daß es ihnen gut geht, daß ihnen doch, daß sie doch Arbeit haben und es ihnen gut geht'. Ähnlich wie im Beispiel des Auf-den-Daumen-Hauens und des Sicherheitsbeamten, der angesichts von Aggressionen hilflos ist, spielt sich Herr J. im Klo als Saubermann auf. Aber die Lust an den Schweinereien und dem Morden wird auch diesmal durch den Einspruch des Überichs nicht eingedämmt, im Gegenteil, dieses wird korrumpiert.

---

79 Bereits am Ende ihres psychoanalytischen Interviews hatte die Analytikerin notiert, sie "überlege ..., ob die angenehme Atmosphäre nicht der Abwehr von Totem, Unlebendigem galt", aber erst der inhaltliche Hinweis auf die ungezügelten Aggressionen im soziologischen Interview liefert den Anhaltspunkt für das mit dem abgewehrten Toten verbundene, unbewußte Konfliktgeschehen.

In beiden Interviews fällt Herrn J.s. Sehnsucht nach dem Vergangenen auf. Als er noch Blumen- und Kerzenständer für die Kollegen schmieden konnte, war die Welt noch in Ordnung. In bezug auf das weiter oben entwickelte oral-anale Szenarium, in dem Töten und Sich-Einverleiben einen lustvollen libidinösen Charakter haben, läßt sich diese Sehnsucht nach der Vergangenheit als Bedürfnis der Regression auf diese Stufe der Libidoentwicklung interpretieren.

Aufgrund mangelnder biographischer Daten kann ich diese perverse Entwicklung nicht lebensgeschichtlich verankern. Offensichtlich aber hat sie eine stabilisierende Funktion im psychischen Haushalt von Herrn J. und läßt ihn die Berufssituation, die das soziologische Interview als nicht allzu positiv darstellt, und eine möglicherweise auch komplizierte persönliche Problematik, über die das psychoanalytische Interview allerdings nichts aussagt, besser meistern.

Der schwere Motorradunfall im 19. Lebensjahr hat ursächlich nichts mit der weiter oben ausgeführten unbewußten Thematik zu tun. Er hat möglicherweise jedoch eine bereits vorhandene Tendenz, eine gleichermaßen abgekapselte, latente Perversion zu entwickeln, nur noch vertieft. Wenn es zutrifft, daß freiflottierende und ungerichtete Aggressionen, die das Ich von Herrn J. bedrohen, zu der Entwicklung einer Perversion geführt haben, kann die durch den Unfall erneut freigesetzte Aggression, beispielsweise gegen den Freund, der den Unfall verursacht, dem jedoch im Gegensatz zu Herrn J. nichts passiert ist, eine Vertiefung des bereits Vorhandenen bewirkt haben. Das psychoanalytische Interview konnte überzeugend nachweisen anhand der geschilderten Beziehung, die sich zwischen Herrn J. und der Analytikerin entwickelte, daß die perversen Tendenzen von Herrn J. ihn lebendig halten.

(4) Arbeit und Freizeit

Ein auffälliger Handlungsentwurf, von dem I.J. berichtet, betrifft seine Aufgaben als Sicherheitsbeauftragter. Diese Aufgaben dürften darin bestehen, auf die Einhaltung von Sicherheitsvorschriften zu achten, Gefahren zu antizipieren und um der Vorbeugung willen Unfälle, die sich ereignet haben, auf ihre Ursachen hin zu untersuchen. I.J. scheint die hieran geknüpften Erwartungen an ihn aber nur unvollständig zu erfüllen. Denn die Suche nach Fehlern, mit denen eine Häufung von fünf Unfällen zu klären wäre, ist, so berichtet er, an diejenigen übergegangen, "die ... den ganzen Tag im Büro" sitzen, "die finden Fehler, das ist ganz logisch". Soweit I.J. selber schuld sein könnte, steht er diesen Unfällen hilflos gegenüber. Der Einschätzung der Analytikerin folgend, wonach er "von seinen aggressiven Triebdurchbrüchen ... bedroht, ja sogar überschwemmt" sich fühlen könnte, ist er an das unfallträchtige Geschehen vermutlich passiv ausgeliefert, vielleicht sogar in seinem Handeln gelähmt und kann nicht eingreifen oder gar Abhilfe schaffen.

Zu seiner Rechtfertigung teilt er die Unfälle in solche ein, die durch Hektik bedingt und, so betrachtet, den Umständen anzulasten sind, und solche, die in der Person des Unfallopfers liegen und daher seinem Einfluß als Sicherheitsbeauftragtem entzogen sind. Man kann nur vermuten, daß I.J. über keine spezifischen Antizipationen verfügt, in denen vorweggenommen wäre, wie er eine Handlung anzulegen hätte, damit bestimmte Unfälle nicht auftreten. Die Fähigkeit, Handlungen zu entwerfen, wäre demnach beschädigt. Zumindest dann, wenn betriebliche Unfälle, die ihm und seiner Umgebung drohen, unbewußte Aggressionen in I.J. aktualisieren, ist die Funktion seines Selbst eingeschränkt. Diese Einschätzung stützt sich auf die Strukturaussage der Psychoanalytikerin, wonach im Zusammenhang des unbewußten Umgangs mit den bedrohlichen Aggressionen I.J.s Überich die Funktion versagt und der Abwehrmechanismus der Spaltung zu dessen funktionalem Äquivalent wird. Folglich gibt es für I.J. zwei Arten von Unfällen. Für beide Fälle gibt er Voraussetzungen an, auf die er keinen Einfluß hat. Er scheint daher von der Notwendigkeit entlastet zu sein, sich mit Gefahren zu befassen, die Verletzungen herbeiführen können, oder gar Maßnahmen zu ergreifen, durch die er zur Verhinderung von Unfällen beitragen würde.

In den Interviews als Handlungssituationen zeigt sich, wie bereits ausgeführt, der Abwehrmechanismus der Spaltung darin, daß I.J. in die Beziehung zu seinen Gesprächspartnerinnen keine aggressiven Affekte hineinträgt. Darüber hinaus erreicht er in der libidinös getönten Beziehung zur Psychoanalytikerin, daß ihr erst in der Reflexion auf das Gespräch deutlich wird, wie I.J. in der angeregten Gesprächsatmosphäre dennoch ausführlich über Totes geredet hatte. Geht man davon aus, daß I.J. diese Fähigkeit auch in anderen Handlungssituationen zur Geltung bringen kann, dann hätte er mit der Erzählung von den beiden Meistern einen Hinweis darauf gegeben, wie sein Verhältnis zu Vorgesetzten bzw. Autoritäten im Betrieb tatsächlich ist. Mit dem einen Obermeister teilt er die wehmütige Erinnerung an Zeiten im Betrieb, als es noch "so schön" war. Dem anderen Obermeister, der sich "so von oben herab" verhalten habe, macht er dessen Abhängigkeit von den Alten, wie er einer ist, und von deren Erfahrungen klar. Es ist zu vermuten, auch in das Verhältnis zu diesen Meistern habe I.J. Aggression, die er in das Bild vom "in der Luft rumfliegenden" Obermeister kleidet, in die Beziehungsebene nicht hineintragen müssen.

So wie er die Soziologin vorübergehend duzt und sie sich gleichstellt, hat er dem Obermeister vielleicht tatsächlich, von Mann zu Mann, gesagt: "Gib einmal acht, ... 'greif nicht zu hoch, ... weißt du, was du früher warst und weißt, was du heute bist". Den geschilderten Episoden mit den beiden Obermeistern zufolge muß I.J. Formen der Entwertung und Geringschätzung, des Anerkennungsentzugs und der Mißachtung, die er im soziologischen Interview, bezogen auf sein Arbeitsverhältnis, beklagt, nicht mit Reaktionen begegnen, durch die er aufbegehrt. Er unterwirft sich nicht, er arrangiert sich mit Autoritäten. Sein – worauf noch zu kommen sein wird – Autoritarismus ist nicht einfach aus der direkten Auseinandersetzung mit Vorgesetzten und dem Erleben von Unterlegenheit, die diese ihn vielleicht spüren lassen, hervorgegangen, sondern aufgrund eines subjektiv vorteilhaften Modus der unbewußten Aggressionsverarbeitung in Erfahrungen der Einvernehmlichkeit eingebettet.

Allerdings können die jeweils eingegangenen Beziehungen dann auch nicht untereinander konsistent sein. Beansprucht durch den psychischen Aufwand, die Aggressionen aus Beziehungen überhaupt herauszuhalten (worin der Anpassungswert seiner unbewußten Aggressionsverarbeitung liegt), gelingt I.J. die Integrierung der im Handeln jeweils geltend gemachten Persönlichkeitsanteile nicht. In die zweierlei Handlungsentwürfe interveniert der Abwehrmechanismus der Spaltung. Die Handlungsperformanz ist Resultat voneinander getrennter, innerer Abwägungen zwischen den alter ego unterstellten Erwartungen an ihn und der Art, wie sein unbewußter oral-sadistischer Triebwunsch sich darin durchsetzen läßt. Dieser ist in der Beziehung zur Analytikerin deutlich erkennbar, in der Beziehung zur Soziologin, die von I.J. vermutlich eher wie die Meister im Betrieb erlebt wird, nicht. Was man daher nicht behaupten kann, ist eine in der Ebene des Entwerfens von Handlungen sich gleichbleibende, stabile Orientierung an einem Selbst mit einem Kern verläßlicher Erfahrungen, die innere Konsistenz zwischen Handlungsentwürfen und beobachtbare Kontinuität unter ausgeführten Handlungen garantieren würden.

Das tendenzielle Auseinanderfallen seines Selbst in disparate Handlungsentwürfe, das sich hierin äußert, soll offenbar durch die Ausgrenzung der Gastarbeiter, von deren Schweinereien er berichtet, aufgefangen werden. I.J. gewinnt die Behauptung eigener Moralität aus der Herabsetzung der Kollegen in der Fremdgruppe. Diese Behauptung muß ihm die nicht verinnerlichte Moralität ersetzen. Soweit die Darstellung seines Selbstbildes hierauf fußt, dürfte I.J.s Rede über sich im soziologischen Interview und seine Rede davon, wie er mit Gastarbeiter-Kollegen umgeht, gleichermaßen Geltung besitzen. Es ist daher anzunehmen, daß er *über* Gastarbeiter so redet, wie er *mit* ihnen spricht, nämlich moralisierend und herabsetzend als Kollegen, die "doch froh sein (sollen), ... daß sie doch Arbeit haben und es ihnen gut geht".

Eingangs war I.J. als jemand geschildert worden, der sich im status quo seiner betrieblichen Arbeitssituation zu behaupten sucht. Die in dem großen Industrieunternehmen, in dem er arbeitet, stattfindende, von technischen Neuerungen geprägte Rationalisierung der Arbeitsabläufe, von denen er berichtet, bedingt aber de facto eine zunehmende Abwertung seiner scheinbar unveränderten Stellung im Verhältnis zur Statusanhebung der Arbeiter in den technologisch höher organisierten Zentren von Produktion und entsprechender Instandhaltung. Wie I.J. sich im status quo zu behaupten beansprucht – "jeder ist seines Glückes eigener Schmied" –, zeigt, daß er von seinen durch Diskontinuität der Handlungsentwürfe bedingten Grenzen des erfolgreichen Konkurrierens um die begehrten Arbeitsplätze weiß. Die resultierende aktive Affirmation des Gegebenen läßt den 44 Jahre alten Mann als jemanden erscheinen, der, an die Vergangenheit gleichsam festgenagelt, auf eine Entwicklung schaut, in die er handelnd nicht involviert ist. Er ist, statt aus Erfahrungen

Schlüsse für neue Handlungsentwürfe ziehen zu können, in Versuchen befangen, sein durch Spaltung beeinträchtigtes Selbst zusammenzuhalten. Hierzu trägt die Abgrenzung gegen die Fremdgruppe der Gastarbeiter bei.

Die Analytikerin erwähnt zum Schluß ihrer Interpretation des soziologischen Interviews I.J.s Motorradunfall und vermutet, dieser Unfall könne Aggressionen gegen den Freund freigesetzt und die innere Notwendigkeit verstärkt haben, diese Aggressionen in die gleichsam abgekapselte, perverse Phantasie einzuarbeiten und darin zu bannen. Die "stabilisierende Funktion (dieser Phantasie) im psychischen Haushalt von Herrn J.", die sich hieraus ergibt, "läßt ihn die Berufssituation ... besser meistern". Daß I.J. seine Unterwerfung unter eine betriebliche Entwicklung, die sich über seinen Kopf hinweg vollzieht, als eine gewollte und bejahte hinnimmt und sich doch nicht ausgezehrt fühlen muß, verdankt er demnach dem Verlegen der subjektiv vorteilhaften Aggressionsverarbeitung in eine ihm nicht bekannte perverse nekrophile Phantasie. Im Verhältnis zu den heterogenen Bildern, die I.J. in Abhängigkeit von seinen Handlungspartnern hinterläßt, und auch im Verhältnis zu seinem Autoritarismus, über den er nicht hinausgelangt, hält ihn diese unbewußte perverse Phantasie, wie die Analytikerin schreibt, lebendig, und zwar über die Fragmente des von ihm dargebotenen Selbsts hinweg.

Unter dem Gesichtspunkt von I.J.s. sozialer Handlungsfähigkeit trägt diese Phantasie dazu bei, daß er einer Freizeitbeschäftigung nachgehen kann, mit der er dem kulturellen Muster des kleinbürgerlichen Sammlers folgt. Innerhalb dieses Musters wendet er sich einem Hobby, nämlich dem Ausstopfen und Ausstellen "exotischer" toter Vögel – Reiher, Käuze – zu als einer Betätigung, die ihm undurchschaut Vertrautes bietet. I.J. gelingt es über sein Hobby, sich einen libidinösen Beziehungsmodus, aus dem die Aggressionen verschwunden sind, zu erhalten. Dieser Modus dürfte ihm in der Beziehung zu Jugendlichen, zu bestimmten Frauen und bestimmten Vorgesetzten zugute kommen und reduziert ihn nicht auf seinen Autoritarismus. Er stellt auf diese Weise eine begrenzte Kontinuität vergleichbarer Handlungen in seinen Beziehungen zu alter ego her. Diese Kontinuität erzielt er, indem er zwischen Arbeit und Freizeitbeschäftigung unterscheidet, wie er auch schon nur der Psychoanalytikerin von seinem Hobby berichtet hatte. Freizeit insgesamt ist somit ein Handlungsfeld, auf dem Nischen der Gratifikation zu finden sind, wo mit dem seelischen Aufwand für innere Stabilisierung Befriedigungsmöglichkeiten einhergehen, die die betriebliche Arbeit mit ihren Geboten an die Kontrolle libidinöser Wünsche und aggressiver Impulse nicht bietet bzw. nicht mehr wie früher, als I.J., anknüpfend an seinen erlernten Schlosserberuf, noch Blumen- und Kerzenständer für die Kollegen im Betrieb schmieden konnte. Die Anpassungsleistung, die die Veränderungen im Betrieb I.J. abgefordert haben müssen, ist ihm, so kann man rekonstruierend vermuten, durch den Ausbau der Besetzung seiner Freizeitbeschäftigung gelungen. Wie schon bei A.B. ist bei I.J. in der Teilhabe an politischer bzw. Alltagskultur die progrediente

Wendung einer auf der Linie von Triebumwandlungen liegenden älteren, nämlich oral-sadistischen Ebene erkennbar. Statt daß aber Offenheit für Erfahrungen ihn die Entwicklung im Betrieb mitvollziehen läßt, indem er z.B. höher
qualifizierte Arbeiten übernimmt, verbreitert er – in einer dauerhaften Gegenwart gewissermaßen – seine Lebenswelt, indem er sich in der Freizeit die
Wünsche erfüllt, für die die Arbeitswelt nur wenig durchlässig ist.

5.3 G.H., Produktionsarbeiter

Vorbemerkung

Die Möglichkeit, Interpretationen herzustellen, an denen der Einfluß psychischer Vorgänge auf soziales Handeln in betrieblichen Arbeitssituationen sichtbar wird, war durch ausschließlich äußere Umstände auf fünf Darstellungen
begrenzt. Während es zwischen der Psychoanalytikerin und der Soziologin bei
der Auswahl der anderen vier Fälle spontane Übereinstimmung dahingehend
gab, daß die Auswertung des Materials aussichtsreich sein würde, wichen die
Einschätzungen des Materials zu G.H. stark voneinander ab. Ohne das psychoanalytische Interview zu kennen, hatten Rudolf Schweikart und ich als die
Soziologen, beeindruckt von dem ausführlichen Bericht G.H.s und neugierig
auf ihr psychoanalytisches Urteil, Mechthild Zeul zur Interpretation des soziologischen Interviews geradezu gedrängt. Die Psychoanalytikerin kam unserem
Wunsch nach und nahm die Interpretation des soziologischen Interviews vor.
Das psychoanalytische Erstinterview, auf das sie sich hierbei wie immer stützte, erschien ihr aber als nicht sehr ergiebig. Dem entsprach, daß das Ge-
sprächsprotokoll kurz ausgefallen war. Es ist unter allen 16 psychoanalytischen
Interviewprotokollen das kürzeste.
    Die Reichhaltigkeit des Materials, welche die Soziologen an G.H.s Schilde-
rung beeindruckte, und die Unergiebigkeit des psychoanalytischen Erstinterviews können als Hinweis darauf angesehen werden, daß in diesem Fall die
disziplinären Unterschiede der Aufmerksamkeitzuwendung besonders groß
waren. Das Material ist daher geeignet, über die entwickelte Interpretationsstrategie mehr herauszufinden. Die folgende Fallstudie soll zeigen, daß sie sich
gerade auch da bewährt, wo das Unterfangen aufgrund scheinbar unüberwind-
licher Auffassungsunterschiede als wenig aussichtsreich galt.

(1)	Auszug aus dem soziologischen Interview mit einem Produktionsarbeiter, 31 Jahre alt, verheiratet, beschäftigt in dem industriellen Unternehmen A.

K.B.: Ja, ich wollte Sie fragen, ob Sie mir berichten würden, wie Sie Ihre Arbeit erleben, was Ihnen dabei durch den Kopf geht, wenn Sie wollen, möglicherweise auch Probleme, die Sie dabei bewegen.

G.H.: Ja. Also ich hab mir von vorneherein gar keine genaue Vorstellung erstmal gemacht, wie ich hierher kam, und jetzt, was ich so erlebe bei der Arbeit, oder worüber ich nachdenke. Na also zum Nachdenken bleibt im Moment wenig Zeit. Ich weiß nicht, ob Sie wissen, daß wir jetzt so einen ziemlichen technologischen Wandel durchmachen, gerade bei (Firma A.) jetzt im Augenblick. Und ich bin im Preßwerk, ..., das tut vielleicht nichts zur Sache, aber wir haben da neue Transferpressen bekommen, und es ist jetzt im Augenblick so, also für mich persönlich ist es so, daß ich mich jetzt da, in die neue Technik da reinarbeiten muß. Das ist nicht so ganz einfach; also heute hatten wir wieder so einen Einführungslehrgang gehabt, obwohl ich bin ja noch, ich mein, ich bin ja noch relativ jung, aber trotzdem ist es auch für mich ein Problem, sich da 'reinzufinden. Und was mir dann so Gedanken macht, das ist, es wird immer weniger bei uns, also von der, von den Arbeitsplätzen her. Wenn ich bedenke, was da früher für Beschäftigte ..., was wir da für Beschäftigte hatten, und heute sind wir noch, ich kann da nicht so genau die Leute–Zahl sagen, aber etliche hundert Leute weniger. Ich glaube, 600 Mann sind wir weniger ... Also mich macht das schon betroffen, mich, mein, ob ich jetzt bei der Instandhaltung oder der Produktion bin, es macht einem Gedanken da. Der eigene Arbeitsplatz, die Angst um den Arbeitsplatz, wenn man damit nicht fertig wird, mit der, mit der neuen Technologie, da muß man dann halt eben Angst haben, daß man, besonders alt, älteren Teil des Preßwerks abgeschoben wird, der steht, in späteren Jahren passiert da gar nichts mehr, das sind halt eben jetzt noch so Ausweichpressen, wo Ausweichfertigung gemacht wird, Fertigung, wo es auf den neuen Pressen nicht klappt, wo die Produktion noch nicht so im Anlauf ist, wie sich das die Geschäftsleitung vorstellt. Ja, aber es wird natürlich der Zeitpunkt kommen, und da klappt das, und dann ist halt eben für die Mitarbeiter im älteren Teil des Preßwerks, hauptsächlich ältere, die sich überhaupt nicht mehr zurechtfinden mit der neuen Technologie, für die ist es natürlich schlimm, es wird immer weniger an Arbeit für sie. Und insofern hat man auch, also ich persönlich hab' da auch Angst, daß ich da irgendwie nicht mitkomme und daß ich, daß ich dann gesagt krieg', ja, wir brauchen dich hier vorne nicht, es klappt nicht. Ja, also das sind so meine Ängste, daß ich da halt eben nicht so 'reinkomme in die Arbeit, ne. Ja, und halt eben, was diese Technologie mit sich bringt, der Streß, daß die Pausen werden so erfaßt, durch halt eben die kleinen Computer, die Mikrocomputer, die Ausbringung von der Straße wird so erfaßt, die Reparaturzeit, die Störzeit, die Laufzeit, das ist also, sagen wir mal, was früher mal drin war, einen Kaffee trinken, eine Zigarette rauchen während der Produktion, das ist nicht mehr drin. Nee, nee, man muß also jetzt den ganzen Tag 8 Stunden fortwährend bei der Presse bleiben, 8 1/2 Stunden arbeiten wir, also die Pause ((Ja)) noch dazu, eine halbe Stunde, und das soll auch noch anders werden, die Geschäftsleitung oder die Betriebsleitung ... beabsichtigt, die Pressen 480 Minuten laufen zu lassen, also 8

Stunden. Wir haben ja mittendrin noch Erholungspausen, ((Ja)) eine 10-minütige und zwei 8-minütige, und jetzt wird beabsichtigt, 480 Minuten zu produzieren und dann durch Springer die Pausen ... ((abzudecken)) abzudecken. Aber ob das dann so klappt, ich mein', man hat so seine gewissen Erfahrungen, wie das vorher so war, mit Springer und so, ne, und dann durch Ausfälle, sei's Krankheit, sei's Urlaub und so, da wird das immer so hin und her geschoben, ich mein', o.k., man hat die Möglichkeit, im Betriebsrat da irgendwelche, also vom Betriebsrat her Hilfestellung zu bekommen, das klappt auch, ne, aber das wird doch immer wieder probiert, dann da eben gewisse Pausen wegzudrücken, daß sie halt eben ((Ja)), gut, o.k., die Meister, die müssen halt eben sehen, daß sie ihre Produktionszahlen 'rauskriegen, und die Beschäftigten wollen natürlich die Pausen haben. Und wenn der Meister zu wenig Leute zur Verfügung hat, da, es gibt da schon Probleme, ja, nachher, und das ist halt eben nicht so einfach. (...)

So sehe ich das jetzt im Augenblick, was jetzt von der Hektik jetzt noch mehr, das sind halt eben der Auswurf der Maschinen, Stillstand der Maschinen, da zählt jede Minute, jede Sekunde, das wird alles per Computer festgehalten, ne, und ich ertappe mich auch in der letzten Zeit immer öfters dabei, daß ich nicht mehr normal gehe von hinten nach vorne zur Presse, sondern daß ich immer schneller werde und immer mehr und, denn es kommen ja auch mehr, ich sehe das mehr so als psychologischen Aspekt der Firma an, daß wir jetzt so Störungszettel ausfüllen müssen, daß wir Störungszeiten erfassen müssen noch mal zusätzlich schriftlich, die Maschine erfaßt ja nur, wir haben 15 Minuten gestanden, und jetzt wollen die 'ne schriftliche Begründung, warum wir, was wurde gemacht in den 15 Minuten, ne, was war die Störung.

K.B.: Als die Maschine stand?

G.H.: Ja, ja. Und das muß man halt eben mit der Zeit in Einklang bringen, die Maschine produziert in der Stunde soviel Teile oder in der Minute, eine Minute ist es ja, ja, in der Minute, sagen wir mal, 14 Bügel, das sind 14 Teile ((Ja, hmhm)), ist besser ausgedrückt, Entschuldigung, und das ist in der Stunde halt, das wird hochgerechnet, ne, und die Ausfallzeit abgezogen und das muß dann stimmen, da mußt du dann in deiner Zeit halt hinkommen, da mußt du also ... weil es kommt ja, die Belastung, wo früher war durch Temperatur, jetzt kommt halt die Belastung durch Aufnahmezeit, Aufnahme, die wir selbst machen müssen, Ausfallzeiten, das wird halt eben immer mehr die Belastung, so empfinde ich das auf jeden Fall, ich glaube, meine Kollegen auch. Dann werden wir jetzt, am Montag waren wir zu einem Gespräch oben, im Sterbezimmer, wir sagen halt Sterbezimmer dazu, da mußten wir von jeder Pressenstraße einen Mann hinschicken, ich war dabei und noch andere Kollegen von anderen Straßen, wir mußten da berichten, warum diese Störungen wiederholt auftreten, oder solche Störungen, die wiederholt auftreten, warum das passieren kann ... Und da wird nicht immer so, auch so drauf reagiert, wie die Kollegen sich das vor ..., oder wie ich mir das vorstelle, ne, daß, wenn wir was erkennen, daß wir das auch vorbringen, und es ist nicht immer so, daß die Betriebsleiter das dann auch einsehen, ((Hmhm)) weil's halt eben auch innerbetriebliche Anprangerungen sind, wo wir sagen, hier, Materialzufluß, der fehlt, oder es klappt nicht so, und da wird das von denen da..., kann ja gar nicht sein und so, oder das Material ist schlecht, was wir zugeführt bekommen, und das, die verteidigen sich und so, und wir sagen das und das, und dann, das gibt da immer so ein Hickhack. (...)

K.B.: Also, die Differenzen werden immer schlimmer.

G.H.: Ja, was vorher überhaupt nicht war ((Hmhm)). Weil, es ist ja alles so zeitabhängig, ne, und es ist ja so, wenn das alles so genau erfaßt wird, das heißt also auch, zwischen den Schichten erfaßt wird ... Also ich selbst, ich bin schon dran interessiert, das muß ja laufen im Hinblick auf meinen Arbeitsplatz, und es soll ja auch gut laufen, nur, es ist halt eben, es fällt immer mehr in Hinsicht auf die Leute immer mehr Streß auf den einzelnen ((Hmhm)) aufgebaut. Wenn wir jetzt, wir beginnen um 14 Uhr 15 mit der Spätschicht, in der Frühschicht ist das nicht so gravierend, und um zwei Uhr sollen wir schon an der Maschine sein, um mit der Frühschicht noch abzusprechen, was es an Problemen gab in der Frühschicht, ((Ja)) und das hab' ich jetzt am Montag, hab' ich das, wo wir so unsere Probleme vorbringen sollten, die Störungen und so, was wir so haben an der Maschine und was wir sehen, was verbessert werden könnte, hab' ich das auch mal gesagt, wie man sich das so vorstellt, mit der Arbeitszeit und so; 'mein, das wär' schon seit 30 Jahren so und so, da würde es schon immer so eine Absprache geben, sage ich, ja, nur die Absprache war früher etwas anders, das war in der Werkstatt drin, da kam der Kollege vielleicht mal an den Pausenplatz, wo wir saßen, und hat gesagt, hör' mal, ich hab' da das und das ausgebaut und das gemacht, das kannst du vielleicht heute Mittag fertigmachen. Heute ist das so, aufgrund der vielen Störungen, wo's noch gibt, ((Ja)) weil die Pressen so neu sind, eh, sind wir eine Viertelstunde vorher an der Maschine und machen auf Aufforderung der Meister und auch in unserem eigenen Interesse, ((Ja)) weil, ich glaub', es will ja keiner, also ich persönlich, ich will's net, sonst beginnt nachher wieder eine mühsame Fehlersuche, wenn man, da haben wir so ein Diagnosegerät, damit prüfen wir dann Ausgänge, Eingänge und so, wo dann der elektrische Fehler herkommt oder, und wenn die Frühschicht also schon was festgestellt hat, da jetzt so die Absprache, oder was hatten Sie so an Materialfluß, waren wellige Partien beispielsweise, ne, daß wir das absprechen, das, was haben Sie dagegen unternommen, daß wir was fortführen oder beenden oder ne, (Hmhm) Sie wissen, was ich meine, ne. ((Ja)) (Kurze Pause). Und ja, jetzt haben wir da ein bißchen Differenz mit einem Meister gehabt, wir haben gesagt, nee, das wollen wir net machen, nee, dann machen wir vor, und dann, das gibt's net, das war schon immer so, das wird dann auf die Art so, also was ich damit im ganzen sagen will, also der Leistungsdruck, der wird immer größer, so empfinde ich das.

K.B.: Ich wollte noch mal nachfragen, ob ich das richtig verstanden habe, die Viertelstunde zwischen zwei Uhr und zwei Uhr fünfzehn, (Hmhm) die kriegen Sie, die ist offenbar außerhalb der angerechneten Arbeitszeit, und warum machen Sie's trotzdem ?

G.H.: Aus Eigeninteresse. Ich hab's eben schon mal gesagt, das ist, weil wir selbst das Interesse haben, daß die Maschine läuft, und zwar aus dem Grund, weil wir dann mehr Ruhe haben. ((Hmhm)). Weil, das, ich glaub', das kann man so sagen, weil wir dann, es ist so, wenn das Ding steht, dann steht, dann ist laufend jemand da, sei es der Bereichsleiter, sei es der

Betriebsleiter, warum klappt das net, und dann, dann wird man auch vielleicht ein bißchen nervös, mir geht's vielleicht nicht so, aber ich kenne zwei Kollegen bei mir, die sind ein bißchen nebendran, und dann passieren schon mal Dinge, die denen normal gar nicht passieren, und dann ist halt eben die Reaktion von dem Bereichsleiter entsprechend, ne, wie kann das passieren ... Es sind gewisse Gegensätze zwischen den Arbeitnehmern und den Angestellten, also es ist mit Schwierigkeiten verbunden, ich mein, eh, besonders ältere Mitarbeiter, ich stell' das immer wieder fest, wenn jemand im Anzug daherkommt, mit nem' Schlips und er steht da im Blaumann und, eh, er soll etwas erklären, es kommt auch vielleicht auf so ein bißchen rhetorische Begabung an und dann, besonders ältere Mitarbeiter immer so bißchen Zwänge und Schwierigkeiten, irgendwie 'ne Unterhaltung zu führen oder irgendwas zu erklären.

(2) Wahrnehmung des Eigeninteresses

Im Verhältnis zur Mittelbarkeit der Angaben, die die Arbeiter, mit denen Gespräche geführt wurden, sonst über arbeitsinhaltliche Vorgänge machten, fallen die Ausführlichkeit und Anschaulichkeit auf, mit der G.H. von seiner Tätigkeit in der Produktionsüberwachung und von seinen Erfahrungen mit der Einrichtung von technisch modernen Produktionsanlagen berichtet. Während I.J. die gleichen neuen Anlagen aus der Distanz eines schildert, an dem eine ihm fremd bleibende Entwicklung vorbeizieht, berichtet G.H. detailliert und für den Außenstehenden nachvollziehbar von automatisierten Abläufen an der Produktionsstraße, an der er seit einiger Zeit eingesetzt ist, für die ihm die Beherrschung neuer Aufgabenstellungen abverlangt wird, was für ihn in Streß und Hektik spürbar wird. Er verwendet in seinem Bericht Überlegungen, die seine Situation objektivieren und sozialwissenschaftlichen Vorstellungen über technische Neuerungen nahekommen. G.H. stellt sich als jemand dar, der – konflikthaft schwankend zwischen dem Festhalten an angestammten Rechten und dem Nachgeben gegenüber neuen Zumutungen – im Ernstfall sich auf die Wahrung seines Eigeninteresses, die Erhaltung seines Arbeitsplatzes, zurückziehen würde, wie er gesteht. Die Angst, mit der technischen Veränderung nicht mithalten zu können, wendet er hierbei als Rechtfertigung.

G.H. unterscheidet ältere und jüngere Kollegen. Zu letzteren rechnet er sich selbst. Die älteren Kollegen seien nicht mehr genügend lernfähig und aus diesem Grund nicht an die automatische Pressenstraße übernommen worden. Sie, die G.H. bedauert und seiner Unterstützung als Vertrauensmann versichert habe, arbeiteten im alten Preßwerk, das seit den technischen Umstellungen der Ausweichfertigung dient und für das G.H. voraussagt, es werde früher oder später geschlossen, weil sich Ausweichfertigung mit abnehmender Störanfälligkeit der neuen Anlagen erübrige.

Die Orientierung am Eigeninteresse teilt G.H., so sagt er, mit seinen gleichaltrigen Kollegen, die in der gleichen Lage wie er sind, gegenüber früher andere Fähigkeiten mobilisieren zu müssen, um den veränderten Anforderungen zu genügen. Mit ihnen fühlt er sich darin einig, zeitweilig auf rechtmäßige Ansprüche der Bezahlung von zusätzlicher Arbeitszeit lieber zu verzichten, als die Angreifbarkeit in der aktuellen Lernsituation als Schwäche nach außen erkennbar werden zu lassen. Auch die Verletzung bedürfnisgerechter Regelungen, wie die verstärkte Begrenzung der Pausen, scheint er in Kauf zu nehmen. Gegenüber der Abwehr des Zugriffs auf angestammte Rechte sowie auf informelle Spielräume ("einen Kaffee trinken") hat sein Vorsatz, Erwartungen an die Leistungsfähigkeit am neuen Arbeitsplatz zu erfüllen, unbedingte Priorität. G.H.s Schilderung bezieht sich auf die Phase der von Einführungslehrgängen begleiteten Einarbeitung an dem neuen Arbeitsplatz. Die Einarbeitungsphase ist nichts Vorübergehendes, sondern Vorbote eines neuen, höheren Niveaus an Arbeitsintensität. G.H. sieht seine Leistungsfähigkeit verstärkt in Anspruch genommen durch die hohe Produktionsgeschwindigkeit, die sich u.a. in der komplexen Zeitstruktur des Arbeitsablaufs ausdrückt.

Über der unbedingten Bereitschaft zur Anpassung an die hohen Anforderungen scheint G.H. die subjektive Kontrolle über die Leistungshergabe zumindest zeitweise zu entgleiten. Er beobachte an sich, daß er innerhalb eines Arbeitsgangs schneller werde. Zur Erklärung seines (wie er als ein erfahrener Arbeiter gewiß weiß: selbstschädigenden) Verhaltens führt er an, die persönliche Steuerung des Leistungsverhaltens werde durch objektivierte Kontrollen in Form eines Begründungszwangs für Störzeiten etc. abgelöst; die persönliche Steuerung werde hierdurch verunsichert und Hektik trete auf.

G.H. schildert sein Bestreben, sich an dem neuen Arbeitsplatz zu bewähren. Andernfalls würde er zu den Kollegen in das alte Preßwerk abgeschoben. Auf dem Spiel steht für ihn also ein Arbeitsplatz, der im Zentrum moderner, technisch fortgeschrittener, von G.H. bejahter Produktionsorganisation angesiedelt ist, ein Arbeitsplatz, an dem intellektuelle Fähigkeiten, wie das Auffinden von Ursachen für Mängel und die Ausarbeitung von Änderungsvorschlägen, gefragt sind, der ihm eine höhere Lohngruppe erschließt und ihn – möglicherweise durch eine hellblaue, ihn gegenüber der dunkelblauen der älteren Kollegen aufwertende Arbeitskleidung – den Angestellten annähert.

G.H. akzeptiert das Interesse der Meister daran, daß die vorgegebenen Produktionszahlen erfüllt werden, ebenso das Interesse der Betriebsleitung, Bedingungen zu schaffen, die Arbeitsleistung zu "optimieren". Die Grundlage für seine Bereitwilligkeit könnte die Vorstellung sein, die neuen kommunikativ anspruchsvollen Leistungen, die gefragt sind, würden geeignet sein, Gleichheit zwischen ihm als Arbeiter und Vorgesetzten herbeizuführen. Im "Sterbezimmer" berichteten er und seine Kollegen den Betriebsleitern, welche Ursachen sie für die jeweiligen Stillstände vermuten. Die Betriebsleiter versagten ihnen jedoch die erwartete Anerkennung für die Analysen, und die Beanstandungen würden mit "Anprangerungen" verwechselt, was den Vorwurf der mangelnden Loyalität gegenüber der Geschäftsleitung impliziert und die Hoffnung der Aufgestiegenen auf Gleichbehandlung wieder in Frage stellt.

(3) Anpassung als Ausweg

Was ergibt das soziologisch "interessante" Gespräch[80] aus psychoanalytischer Sicht? Um es vorwegzunehmen: die Psychoanalytikerin erkennt in ihm in erster Linie den Effekt einer geschickten Anpassung von G.H. an den Interviewstil der Soziologin und seine Übernahme ihrer von G.H. vermuteten Einstellung auf "Fakten". Sie schließt hieraus auf G.H.s unbewußte Motivierung zur Anpassung auch im Betrieb. Die Interpretation des soziologischen Interviews durch die Psychoanalytikerin setzt bei auffälligen Redewendungen G.H.s an. Sie schreibt: "Der Gesprächspartner, der ständig betonen muß, daß das, was er sagt, ehrlich gemeint ist, setzt sich beim unvoreingenommenen Betrachter der Vermutung aus, daß er etwas zu verbergen hat. In der Gesprächssituation mit der Interviewerin selbst dient dieses 'Ja, für mich persönlich muß ich ganz ehrlich sagen', 'also ich möchte das ganz ehrlich sagen', 'wenn ich jetzt ganz ehrlich bin, wie gesagt', 'dann würde ich sagen, ja, wenn ich ganz ehrlich bin', der Anpassung an die Gesprächsführung, die durch die Interviewerin vorgegeben wird". Der Analytikerin fällt die Ähnlichkeit im Stil von G.H.s Verhalten mit dem im psychoanalytischen Interview auf. Schon im Protokoll hatte sie hierzu notiert: "Er zählt dann eine Reihe von Dingen auf, von denen er glaubt, daß sie für mich wichtig sind: seine körperlichen Erkrankungen ..., die Erkrankungen seiner jüngsten Tochter ... und die Scheidung seiner Eltern". Ähnlich habe "Herr H. auch sehr schnell verstanden, worum es der soziologischen Interviewerin geht". Aber im Unterschied zum soziologischen Interview, in dessen Verlauf die Interviewerin G.H.s Anpassungsbedürfnis nachgekommen sei, "stolperte er (im psychoanalytischen Interview) über sein Bedürfnis, es mir recht machen zu wollen". Die Analytikerin hatte sich auf G.H.s Vorstellungen davon, was sie von ihm erwarte, nicht eingelassen und dem von G.H. ausgehenden Anpassungsdruck nicht nachgegeben. So blieb ihr Interview zunächst unergiebig.

Während die Analytikerin auf bedeutsame Gesprächsbeiträge verzichtete und lediglich Verständnisfragen stellte, zeigen ihr die Interventionen der soziologischen Interviewerin, welche Art von Reaktionen sie anderenfalls bei G.H. hervorgelockt hätte: "Interventionen der Interviewerin wie die folgende treiben Herrn H. einerseits in die Enge, andererseits weiß er sich geschickt daraus zu befreien. Freu Brede sagt: 'Sind Sie da nicht in einer schwierigen

---

80 Ich erinnere nochmals an die durchgehende Offenheit der soziologischen Gesprächsführung. Der in den Gesprächen einleitend verwendete Stimulus und die Beiträge der Interviewerin – besonders die konfrontativen – sollten dazu beitragen, Äußerungen zu bewußtseinsnahen Handlungsmotiven zu mobilisieren. Dieses Ziel war aber der Absicht untergeordnet, der Analytikerin mit dem Transkript des Gespräches einen Text zur Verfügung zu stellen, der sich ihrer Interpretationstätigkeit (beispielsweise durch einen strukturierenden Leitfaden) nicht verschließen würde. Im Gespräch mit G.H. "verstieß" die soziologische Interviewerin, wie im folgenden zu sehen ist, gegen diese Regeln der Gesprächsführung.

Situation, also, ich frage mich das deshalb, weil Sie ja damit angefangen haben zu berichten, daß Sie jetzt sich gerade umstellen auf die neue Technologie, d.h., Sie müssen ja nun eine ganze Menge Dinge sich angucken und lernen, die Ihnen ermöglichen, da in dem ... Werk zu bleiben. Und andererseits muß Ihnen dann doch durch den Kopf gehen, wenn Sie das tun, wenn Sie das können, daß Sie dann doch selber immer auch wieder mit daran arbeiten, daß da immer weniger Arbeitsplätze da sind'. Herr H. gibt 'ehrlich' zu, daß, wenn er zu wählen hätte zwischen Arbeit-Haben oder Solidarität mit den Kollegen, er sich 'ehrlicherweise' für die erste Version entscheiden würde. Es scheint so, als ob Herr H. ein über das andere Mal der Interviewerin sagt: 'Ja, ich bin schuldig, aber damit lassen wir das Thema auch auf sich beruhen'. "Warum aber", fragt daher die Analytikerin, "muß Herr H. sich auf Gedeih und Verderb an das, was er glaubt, daß es die Untersucherin wissen will, anpassen, d.h. so reagieren, wie er glaubt, daß es von ihm gewünscht wird?"

Dieser Frage am soziologischen Interviewtext nachgehend, kommt der Analytikerin ihr Verzicht darauf zugute, den Interviewten zu "interessantem" Material angeregt zu haben, auch wenn sie von G.H. zunächst nur Fakten, die nicht in Erlebniszusammenhänge gestellt sind, zu hören bekam. Sie konnte ihrem Gespräch mit G.H. einen Hinweis auf seine Art entnehmen, Gefühle zu äußern und kommunikativ zu integrieren. In ihrem Interviewprotokoll hatte sie vermerkt: "Vordergründig angepaßt, aber hintergründig aggressiv sagt er: 'Kennen Sie das, das wissen Sie wohl besser?' ... Er belehrt mich darüber, was eine Straußen-Wirtschaft ist, zunächst allerdings hatte er mich wieder in seinem scheinbar harmlosen Ton gefragt, ob ich wüßte, was dies sei. Das sei etwas Besonderes".

Im soziologischen Interview findet die Analytikerin diese aggressive Seite in G.H.s Erleben gleich in der Einleitungsphase wieder. Sie schreibt:

"Die (soziologische) Interviewerin beginnt ihr Gespräch folgendermaßen: 'Ich wollte Sie fragen, ob Sie mir berichten würden, wie Sie Ihre Arbeit erleben, was Ihnen dabei durch den Kopf geht, was Sie besonders bewegt'. Darauf antwortet Herr H.:'Ja, also ich habe mir von vorneherein keine genaue Vorstellung erst mal gemacht, wie ich hier her kam, und jetzt, was ich erlebe bei der Arbeit oder worüber ich nachdenke. Na, also zum Nachdenken bleibt im Moment wenig Zeit. Ich weiß nicht, ob Sie wissen, daß wir jetzt so einen ziemlichen technologischen Wandel durchmachen, gerade bei der Firma'. Er nimmt scheinbar bereitwillig die Aufforderung der Interviewerin auf, um ihr dann aber im nächsten Satz das, woran sie interessiert ist, zu entwerten, 'na, also zum Nachdenken bleibt im Moment wenig Zeit'. Aber schon hat er sich wieder gefangen und erklärt, daß ihm aufgrund des technologischen Wandels keine Zeit zum Nachdenken bleibt. Mit dieser Wendung bietet er zugleich der Interviewerin – wie er vermutet – interessantes Material an. Im psychoanalytischen Interview werden alle diese Impulse von Herrn H. deutlicher spürbar als im soziologischen Interview, weil er sich dort nicht hinter einem sachlichen Bericht über seinen Arbeitsplatz verbergen kann".

Gleichwohl findet die Analytikerin darin einen wichtigen Hinweis zu ihrer Frage, weshalb G.H. unter hohem Anpassungsdruck steht. Sie schreibt: "Nur an einer Stelle im soziologischen Gespräch wird deutlich, warum er seine Aggressionen kontrollieren und in Schach halten muß; sie können offensichtlich tödlich sein: Im Betrieb gibt es ein Sterbezimmer, verharmlosend fügt er seiner Schilderung hinzu: 'Wir sagen halt Sterbezimmer'. Gemeint ist mit diesem Zimmer auf der bewußten Ebene 'der Raum, da mußten wir von jeder Pressenstraße einen Mann hinschicken, ich war dabei und noch andere Kollegen von anderen Straßen, wir mußten da berichten, warum diese Störungen wiederholt auftreten, warum das passieren kann. Man muß sich also immer Gedanken machen, das, was an Reparaturen, was man vorher als einziges hatte'".

Die Handhabung der Gesprächsführung im soziologischen Interview hatte dazu beigetragen, das G.H. mehr und mehr nicht-persönliche Angaben zu seiner Arbeitssituation machte. Daß das soziologische Interview dennoch sich eignete, die psychoanalytische Interpretation voranzutreiben, ist möglicherweise darauf zurückzuführen, daß sich im Gespräch etwas davon reproduzierte, was G.H.s Aggressionen unbewußt tödlich werden lassen kann, wenn er sie nicht kontrolliert. Hierfür spricht, daß die Analytikerin die betriebliche Auseinandersetzung mit Vorgesetzten in der Übertragung auf die soziologische Interviewerin reinszeniert sieht; sie werde zu dem, "der – wie der Bereichsleiter – mit 'nem Schlips daherkommt". In den anderen Fallstudien fand die Analytikerin Zugang zum soziologischen Interviewtext über ihre Gegenübertragungsreaktion aus dem psychoanalytischen Interview. Im Falle G.H.s stützt sie ihre Interpretation schließlich auf diese Übertragungserscheinung im soziologischen Interview. Von ihr läßt sie sich im weiteren Interpretationsverlauf leiten:

Wenn Auseinandersetzungen mit einem Vorgesetzten, dem sich Herr H. unterlegen fühlt, tödlich sein können, muß er sie auf jeden Fall vermeiden. Im soziologischen Interview tauchen keine Frauen auf, obwohl Herr H. mit einer Interviewerin konfrontiert ist. Im psychoanalytischen Interview ist die Rede von seiner Frau, seiner Tochter und der Mutter. In der Übertragungsbeziehung im soziologischen Interview wird die Untersucherin zu dem, der mit 'nem Schlips daherkommt, dem Bereichsleiter, dem Herr H. etwas erklären, mit dem er eine Unterhaltung führen soll, dem er sich aber hoffnungslos unterlegen fühlt, dessen 'rhetorische Begabung' er bewundert. "Ja, weil es ja doch im Grunde so aussieht, daß, ich will's mal so sagen, daß wir sind doch oder ich seh' uns so, mich und meine Kollegen, daß wir mehr Praktikanten sind, und wenn ein Bereichsleiter dasteht, ich mein', gut, o.k., die sagen, warum klappt das nicht, das muß klappen, aufgrund, was weiß ich, weil die Konstruktion das so geplant hat, das muß klappen, oder es werden Fehler gemacht, wenn sie nebendran stehen, und dann ist halt eben die Reaktion von ihnen entsprechend, sie sagen, wie kannst du sowas machen, so 'ne und die Leute, die, naja, gut, ich mein', es versucht jeder so ein bißchen, keinen schlechten Eindruck aufkommen zu lassen, weil's wegen der finanziellen Lage, wegen dem Stundenlohn, oder halt eben um, um nicht Gefahr zu laufen, aus dieser Straße rauszukommen und in das alte Preßwerk abgeschoben zu werden, das sind halt eben so Dinge, warum man bemüht ist, selbst bemüht ist, also ich bin's zumindestens und die meisten meiner Kollegen auch, wo die neuen Straßen sind, daß das reibungslos läuft, auch im Hinblick auf unsere Arbeitsplätze, weil wir genauso wissen, was davon abhängt". An anderer Stelle formuliert Herr H. diese Beziehungsfigur, die eine Unterlegenheit, den Wunsch, sie zu überwinden, gleichzeitig aber auch die Wut darüber, sich in dieser Position zu befinden, enthält: "Wenn jemand im Anzug daherkommt, mit 'nem Schlips und er (ein Arbeiter) steht im Blaumann, und er soll etwas erklären, es kommt auch vielleicht auf so ein bißchen so rhetorische Begabung an und dann, besonders ältere Mitarbeiter immer so 'n bißchen so Zwänge und Schwierigkeiten, irgendwie 'ne Unterhaltung zu führen oder irgendwas zu erklären, da wird gefragt, warum ist das dann so und dann, es wird dann mehr so, wie ich eben schon gesagt hab', so ein Preßwerk-Deutsch geredet, und das ist dann doch für die Leute ein bißchen schwer verständlich, wollen wir's mal so sagen". Dieses Unterlegenheitsgefühl, gekoppelt mit der Hoffnungslosigkeit, sie jemals loswerden zu können, veranlassen Herrn H., angepaßt stramm zu stehen in der Hoffnung, die Bewunderung und Anerkennung des Überlegenen auf sich zu ziehen. Um die Bewunderung und Anerkennung des Überlegenen nicht zu verlieren, muß Herr H. sich hüten, auch nur den Anschein aufkommen zu lassen, daß er Aggressionen gegen diesen hegt. Wenn er etwas nicht so perfekt formuliert, wie er glaubt, daß die Interviewerin dies erwartet, entschuldigt er sich unterwürfig. "Ja, ... die Maschine produziert in der Stunde soviel Teile oder in der Minute ... sagen wir mal, 14 Bügel, das sind 14 Teile, ist besser ausgedrückt, Entschuldigung".

Der Ausweg aus dem Dilemma, einerseits beliebt, anerkannt und bewundert zu werden, aber andererseits gerade diejenigen, von denen er sich dies wünscht, wegen seiner Abhängigkeit von ihrem Lob zu hassen, sie ins "Sterbezimmer" einzusperren, besteht darin, sich allzeit informiert und verständnisvoll zu geben, immer darauf zu achten, dem entsprechenden Gesprächspartner das mitzuteilen, was er glaubt, daß dieser es hören will. Er greift die von der Interviewerin eingebrachte Diskrepanz zwischen der Einführung von neuen Technologien, die Erleichterung mit sich bringen, und den dadurch bedrohten Arbeitsplätzen bereitwillig auf: "Sagen wir's mal so, ich versuche, immer noch zu differenzieren, was gut ist für uns und was schlecht ist für uns, daß es die neuen Maschinen gibt und daß es neue Technologien gibt, Arbeitsplatz, also Erleichterungen, das begrüße ich ja, da bin ich voll dafür, aber daß es die Arbeitsplatzverluste gibt, die damit verbunden sind, nee, und daß man überhaupt gar keine Bemühungen macht, sei es, einerseits vom Betrieb her, oder sei es von seiten der Bundesregierung her, das bedrückt mich schon, daß das Heer der Arbeitslosen ja kontinuierlich wächst".

Die sehr viel offenere Gesprächssituation im psychoanalytischen Interview gibt Herrn H. keine Möglichkeit, sich exakt auf die Interviewerin einzustellen, wie er dies im soziologischen Interview tut, obgleich er auch dort den Versuch unternimmt. Das psychoanalytische Interview, das nicht auf Fakten, sondern auf Sinnzusammenhänge hin angelegt ist, zeigt Herrn H.s Unfähigkeit, sich auf gefühlshafte Zusammenhänge, und wenn sie auch noch so bizarr oder seltsam sind, einzulassen. Obwohl er mir mitteilen konnte, daß ihn die Scheidung der Eltern beschäftigt hat, macht er das Erleben daran fest, daß der Vater das gemeinsame Haus verkaufen wollte, während die Mutter aber – selbstverständlich – daran gehangen habe. Er stellt demnach innerpsychische Vorgänge, wie beispielsweise die Abhängigkeit der Mutter vom Vater, an äußeren Fakten, wie Haus behalten bzw. verkaufen, dar. Wenn ich in meinen

Schlußfolgerungen im psychoanalytischen Interview davon spreche, daß Herrn H.s Erzählweise an die psychosomatischer Patienten erinnert, so meine ich damit eben diesen Vorgang, Gefühle durch Fakten, innerpsychische Zusammenhänge durch äußere zu ersetzen.

Ich muß mich in meiner Interpretation auf die Zusammenhänge beschränken, die sich in der aktuellen Interviewsituation abbilden. Über die biographische Verankerung kann aufgrund der Dürftigkeit des psychoanalytischen Interviews keine Aussage gemacht werden. Ich gehe davon aus, daß sich im soziologischen Interview in der Übertragung eher Herrn H.s Beziehung zum Mann, in der des psychoanalytischen Interviews eher die zu Frauen manifestierte. Er hat jedoch in beiden Situationen ähnlich reagiert: angepaßt und latent aggressiv. Ich gehe deshalb davon aus, daß er Männern wie Frauen gegenüber sich gleich verhält, daß seine Antwort auf die beiden Interviewerinnen eher mit prägenitalen Konflikten, in der die Differenzierung zwischen Mann und Frau noch sehr rudimentär ist, verknüpft werden kann.

(4) Status und Komplementarität

In die Sprache der Handlungstheorie übertragen, besagt der Hinweis der Analytikerin auf die Vorrangigkeit prägenitaler Konflikte im Gespräch mit den beiden Interviewerinnen, daß für G.H. die Herstellung von Komplementarität zwischen seinen und alter egos Erwartungen ein wichtiges, seinem Handeln eigenes Bedürfnis ist. Denn Komplementarität meint die Fähigkeit des Kindes, empfangen und zugleich geben zu können; zum Empfangen von Fürsorge im ersten Lebensjahr tritt das aktive Geben von Zuwendung hinzu. Das Kind erfüllt erstmals die Bedingungen komplementärer Interaktion[81]. Ohne daß ihm dies bewußt wäre, ist die Handhabung von Komplementarität für G.H. vorrangig gegenüber der Orientierung an der Geschlechtsrollendifferenz, vorrangig auch gegenüber Autoritätsunterschieden zwischen Chefs und Forscherinnen und ebenso gegenüber Normen, die für das Ganze des Kollektivs oberhalb der internen Positionsverteilung im Betrieb verbindlich sind. G.H. verbindet mit ihm einen situationsübergreifenden Wunsch nach Anerkennung. Er steht aber unter dem Eindruck von Erfahrungen, wonach hierarchiegebundene Statusunterschiede verhindern, diese Komplementarität zu entfalten. Trotz vorhandener kommunikativer Kompetenz gelingt es ihm offenbar nicht, das situationsgebundene Angebot wahrzunehmen und das Verhältnis zwischen ihm als Arbeiter und der über ihn verfügenden Betriebsleitung auf die Grundlage wechselseitiger kommunikativer Anerkennung zu stellen. G.H.s Wunsch nach Komplementarität mündet, so gesehen, nicht in einen Lernschritt ein, der in der Umsetzung seiner neuen Erfahrungen in Handlungsentwürfe bestünde, mit denen er sich der paradoxen Erwartung an sein Handeln stellen würde. Hierin hätte ein Hinweis auf die psychische Beanspruchung gelegen, die mit dem Wechsel aus der Position des Arbeiters in die des Angestellten einhergehen

---

81 Näheres findet sich bei Talcott Parsons und Robert F. Bales (1956), S. 57 u. 73.

dürfte und die Rückschlüsse auf den individuell oder zwischen den Generationen sich vollziehenden "historischen" Wandel vom Typus des Arbeiters zu dem des Angestellten zuläßt. Diese interpretative These soll im folgenden Schritt für Schritt entwickelt werden[82].

Für G.H. hat sich eine neue Situation ergeben. Die Probleme sozialen Handelns, die er lösen muß, rühren nicht mehr von der horizontalen Verknüpfung des Verhältnisses der Kollegen untereinander her. An die Stelle der Beziehungen zwischen den Kollegen tritt eine dingvermittelte, psychisch registrierte Anforderungsapparatur; mit ihr gehe ein Hierarchievakuum einher: "... wenn die mal noch weg sind, da sind wir vier Mann noch da und zwei Mann von der Produktion, die die Teile hinten absetzen, also in Boxen, Wagen, Gestelle reinlegen, die werden aber mit der Zeit auch wieder wegkommen, da kommen Handhabungsautomaten hin, so nennt man die Dinger heute, so Roboter, die die Dinger aufnehmen und dann ablegen, also es wird praktisch immer leerer, so von der Vision der menschenleeren Fabrik, so was kommt schon langsam auf einen zu, ne. Und halt eben die, der Mensch wird viel besser erfaßt in dem ganzen Betrieb, in dem Arbeitsablauf, so kommt mir das vor, ne. Und, dann, wie ich schon gesagt hab', für persönliche Dinge bleibt immer weniger, sagen

---

82 Rudolf Schweikart hat – wie in den anderen vier Fällen auch – in einer gesonderten Analyse und von erzähltheoretischen Überlegungen ausgehend, gezeigt, daß und wie G.H. dieses Problem der Verwendung kommunikativer Kompetenzen zum Problem seiner Identitätsbildung macht. Schweikart konzentriert sich bei seiner Erzählanalyse auf sprachliche Wendungen, an denen (1) das Verhältnis des einzelnen zu sich selbst hinsichtlich seiner reflexiven Ausprägung sowie der (2) Beitrag zur Verzeitlichungen innerhalb einer Erzählung zu Identitätsentwürfen erkennbar wird (vgl. Brede u.a. 1987, S. 284 u. 297 – 303). Es kann als Bestätigung der vorliegenden Interpretation angesehen werden, wenn es bei ihm über G.H. abschließend heißt: "Zu dem Interview insgesamt ist zu sagen, daß es hier verschiedene Ebenen der Schilderung der Arbeitssituation gibt. Von den Ebenen, die rein sachliche Informationen enthalten, unterscheiden sich Äußerungen, die die allgemeine Angst um den Arbeitsplatz enthalten. Es schließen sich Darstellungen an, bei denen die Schilderungen über den Abeitsplatz mit Beschreibungen der Sozialdimension verwoben sind (das war früher alles anders etc.: Kaffeetrinken, Laufzeit, Erholungszeiten). Hier sind die Sachinformationen selbst auch noch relativ unproblematisch verwertbar, weil ihnen in der Darstellung eine gewisse 'Objektivität' anhaftet und es sich kaum um G.H.s Interpretationen des Verhaltens anderer Personen handelt (Meister). G.H. vermeidet dabei die Schilderung konkreter Personen; eher wird der verallgemeinernde Plural gebraucht, der die Einbindung in objektive Zusammenhänge signalisiert (Eigenarten der modernen Pressen).

Auf diese Ebene der Arbeitsplatzschilderungen und seiner objektiv vermittelten sozialen Einbindung zieht sich G.H. auch dann zurück, wenn die Frage nach den Arbeitsplatzkonflikten drängender werden und deutlicher objektive Konflikte anpeilen. Wo aus der Interviewsituation heraus ein deutlicher Selbstbezug verlangt wird, wird er von G.H. in die Schilderungen der Arbeitssituation eingewoben. G.H. stellt sich also insgesamt als ein Facharbeiter vor, dessen Arbeit von den technologischen Umgestaltungen unmittelbar betroffen ist. Charakteristischer Weise stellt er die damit verbundene Überforderung nicht als durch die Technik bedingt dar, sondern führt sie auf die vielfältigen kommunikativen Anstrengungen zurück, die mit dem Implementierungsprozeß verbunden sind. Der Interviewverlauf zeigt, daß G.H. sehr wohl über die Mittel der Selbstdarstellung innerhalb eines rationalen Diskurses verfügt, ihm diese Techniken jedoch eher fremd sind und ihre Anwendung einer besonderen Anstrengung bedarf, die er nicht 'freiwillig' aufbringt" (ebd., S. 303).

wir mal, früher hat man mit den Kollegen noch ein bißchen geredet, heute kommt's auch schon mehr dazu, daß man mit den Kollegen mal ein schlechtes Wort spricht". Konflikte unter den Kollegen – "so ein Hick-Hack", "so ein bißchen Krach", "Differenzen" –, die ihn beschäftigen, sieht G.H. als Auswirkung der "Hektik" an, die die Folge der noch nicht abgeschlossenen Produktionsumstellung ist.

Das Neue an G.H.s Arbeitssituation ergibt sich aus dem Ineinandergreifen von veränderten Aufgabenstellungen und der Notwendigkeit, innerhalb der unmittelbaren Konfrontation mit Bereichs- und Betriebsleitern kommunikative Kompetenzen zu mobilisieren. Ginge es allein um die sachliche Problemdimension, Reibungsverluste zu identifizieren und deren Ursachen aufzufinden, dann würde der konflikthafte Charakter der Verhandlungen im "Sterbezimmer" mit der Zeit möglicherweise abklingen. Auch die Gefahr, hektisch zu reagieren und, wie G.H. an sich beobachtet hat, seine Leistungshergabe nicht mehr steuern zu können, schwächte sich vielleicht wieder ab. Zu bewältigen bliebe ein neues, qualitativ verändertes Anforderungs- und Leistungsniveau, "die Reparaturausführung, die Produktion überwachen, ... Stillstände schreiben, ... ergründen für die Geschäftsleitung praktisch, warum diese Stillstände überhaupt auftreten, wie man sie beseitigen, also Verbesserungswesen, alles in einem".

Die Belastung für G.H. rührt offenbar in hohem Umfang daher, daß diese Dimension arbeitsinhaltlicher Probleme von einer anderen, herrschaftsstrukturell bedingten Konflikthaftigkeit durchsetzt ist. Auch soweit er meint, sich mit seiner Darstellung nur in der Ebene sachlich begründeter Probleme und ihrer Lösung zu bewegen, sieht G.H. sich augenscheinlich zugleich doch auch immer nach seinem Sozialstatus, als ein Arbeiter definiert, dessen Urteil Kompetenzzweifeln ausgesetzt ist. "Und da wird nicht immer so, auch so drauf reagiert, wie die Kollegen das vor- oder wie ich mir das vorstelle, ne, daß, wenn wir was erkennen, daß wir das auch vorbringen, und es ist nicht immer so, daß die Betriebsleiter das dann auch einsehen, weil's halt innerbetriebliche Anprangerungen sind, wo wir sagen, hier, Materialzufluß, der fehlt, oder es klappt nicht so, und dann wird das von denen da ..., kann ja gar nicht sein und so, und das Material ist schlecht, was wir zugeführt bekommen, und das, die verteidigen sich und so, und wir sagen das und das und dann, dann, das gibt da immer so ein Hick-Hack". G.H. macht die Erfahrung, daß ein von ihm und seinen Kollegen erkanntes Problem als Vorwurf und Kritik mißverstanden, daß der Hinweis auf stockenden Materialzufluß abgestritten oder der Hinweis auf schlechtes Material so ausgelegt wird, als wollten er und seine Kollegen sich von dem Vorwurf entlasten, Produktionsausfälle verursacht zu haben. Solche Szenen, die anscheinend montags im "Sterbezimmer" vorkommen, erstrecken sich auch auf freiwillige Beiträge der Arbeiter zur Umstellung. Offenbar war aber G.H.s Versuch zu erreichen, daß die 'Zeitzugabe' der Arbeiter vor Beginn der Spätschicht als interessenübergreifend von der Betriebsleitung wahrgenommen werde –, "weil, ich glaub', es will ja keiner, also ich persönlich, ich will's net, sonst beginnt nachher wieder eine mühsame Fehlersuche" – ebenfalls vergeblich.

Die Diskussionen und Auseinandersetzungen im sogenannten Sterbezimmer, auf die G.H. mehrfach zu sprechen kommt, lassen jenes zuvor, während der Tätigkeit in der Instandhaltung wahrscheinlich eher befriedigte Bedürfnis nach Komplementarität virulent werden. Es tritt vermutlich in dem Maße zutage, wie G.H. aggressive Regungen verspürt. Nach dem Urteil der Analytikerin "muß G.H. sich hüten, auch nur den Anschein aufkommen zu lassen, daß er Aggressionen gegen diesen (den Überlegenen) hegt". Demnach wird G.H. konflikthafte Konfrontationen, in denen er an einer einmal eingenommenen Position festhält, eher meiden. Seine Hoffnung, in den Genuß anerkannter Sachautorität zu gelangen und so betriebliche Machtverhältnisse sich vorteilhaft anzuverwandeln, wird im "Sterbezimmer" immer wieder zunichte.

Welche Funktion erfüllt dann aber sein unbewußter Wunsch nach Gegenseitigkeit in der Beziehung zu alter ego? Und wie schlägt dieser Wunsch sich in G.H.s Handlungsentwürfen nieder? Insoweit die Situation im "Sterbezimmer" ihm keine Aussicht für Gegenseitigkeit auf der Grundlage sachlich autorisierter Anerkennung bietet, weicht G.H. auf zwei Handlungsentwürfe aus: (1) "Ruhe haben" und gegen irritierende Einmischungen der Betriebsleiter sich abschirmen bzw. ihnen den Einblick verwehren und (2) der Rückzug auf sein Eigeninteresse.

(1) Das Sich-Abschirmen dient der Vermeidung von Auseinandersetzungen, in denen G.H. als derjenige, der sich als unterlegen erlebt, dazu verleitet werden könnte, in Konfliktsituationen verunsichert zu reagieren, wie er bei Kollegen beobachtet hat. "Wir selbst (haben) das Interesse, daß die Maschine läuft, und zwar aus dem Grund, weil wir dann mehr Ruhe haben. Weil, das, ich glaub', das kann man so sagen, weil wir dann, es so ist, wenn das Ding steht, dann ist laufend jemand da, sei es der Bereichsleiter, sei es der Betriebsleiter, warum klappt das net, und dann, dann wird man vielleicht auch ein bißchen nervös, mir geht's vielleicht nicht so, aber ich kenne zwei Kollegen bei mir, die sind dann ein bißchen nebendran, und dann passieren schon mal Dinger, die denen normal gar nicht passieren und dann ist halt eben die Reaktion von dem Betriebsleiter entsprechend, ne, wie kann das passieren". Kollegen, die in diesem oder ähnlichem Sinne verletzlich sind, bedürfen nach G.H., der Vertrauensmann ist, des von ihm moralisch verstandenen Schutzes. Deshalb ist durchaus vorstellbar, daß G.H. konflikthaft gefährliche Situationen, in die seine Kollegen geraten können, für sie rhetorisch meistert und sich folglich der Achtung der anderen aufgrund seiner Einfühlung in sie sicher sein kann. "Es ist mit Schwierigkeiten verbunden, ich mein', eh, besonders ältere Mitarbeiter, ich stell' das immer wieder fest, wenn jemand im Anzug daher kommt, mit 'nem Schlips und er steht da im Blaumann und, eh, er soll etwas erklären, es kommt auch vielleicht auf so ein bißchen auf rhetorische Begabung an und dann, be-

sonders ältere Mitarbeiter immer so ein bißchen Zwänge und Schwierigkeiten, irgendwie 'ne Unterhaltung zu führen oder irgendwas zu erklären, da wird gefragt, warum ist das dann so und dann, es wird dann immer so, wie ich Ihnen schon gesagt hab', so ein Preßwerk–Deutsch geredet". Wie das Transkript des soziologischen Interviews zeigt, verfügt G.H. über diese rhetorische Begabung und scheint sie jenen älteren, weniger eloquenten Kollegen zur Verfügung zu stellen. Daß er nicht den Anschein aufkommen lassen darf, Aggressionen gegen Überlegene zu hegen, wird somit durch seine Einfühlung in andere Kollegen bestätigt. Denn was er an sich nicht wahrnehmen darf – den aggressiven Affekt, der sich an sein eigenes Erleben von Unterlegenheit heftet –, macht ihn für die Schutzbedürftigkeit der angegriffenen anderen sensibel und kommt seiner Funktion als Vertrauensmann sicher zugute. Einen Hinweis darauf, daß G.H. sich für einen solchen Kollegen mit einem Vorgesetzten überwerfen würde, gibt es indessen nicht.

(2) G.H.s moralische Handlungsorientierung stößt an ihre Grenze da, wo, wie er sagt, sein Interesse an Selbsterhaltung – d.h. Sicherung seines Arbeitsplatzes und eines Verdienstes, mit dem er den Unterhalt auch für seine Frau und seine beiden kleinen Kinder bestreiten kann – "halt" gefährdet würde. Die Frage, wie G.H. in dieser Hinsicht in betrieblichen Handlungszusammenhängen tatsächlich sich verhält, ist schwer einzuschätzen. Im Interview nimmt er auf der einen Seite einen möglichen Vorwurf der Interviewerin vorweg, wonach die Berufung auf das Eigeninteresse moralisch fragwürdig wäre. Er gibt der Interviewerin nach und zeichnet von sich zur Entschuldigung ein Bild der Schwäche. Die Analytikerin faßt diese Beobachtung in die Überlegung zusammen: "Es scheint so, als ob Herr H. ein über das andere Mal der Interviewerin sagt: 'Ja, ich bin schuldig, aber damit lassen wir das Thema auch auf sich beruhen'".

Auf der anderen Seite zieht G.H. sich auf die Behauptung, im Ernstfall seinem Eigeninteresse zu folgen, geradezu entwaffnend zurück. Die Interviewerin hatte nachgefragt, ob sie "das richtig verstanden habe, die Viertelstunde zwischen zwei Uhr und zwei Uhr fünfzehn, die kriegen Sie, die ist offenbar außerhalb der angerechneten Arbeitszeit, und warum machen Sie es trotzdem ?" G.H.s Antwort lautete: "Aus Eigeninteresse. Ich hab's eben schon mal gesagt, das ist, weil wir selbst das Interesse daran haben, daß die Maschine läuft, und zwar aus dem Grund, weil wir dann mehr Ruhe haben". G.H. handelt nicht einfach aus Eigeninteresse, er behauptet mit dem Hinweis auf sein Eigeninteresse eine für ihn konflikthafte Brüchigkeit seines moralischen Engagements und macht daraus eine "ehrliche" Mitteilung, die die Interviewerin ins Vertrauen zieht, durch die er sie sozusagen gegenüber seinen Kollegen mit größerer Ehrlichkeit beschenkt. "Ja, für mich persönlich muß ich ganz ehrlich sagen im Hinblick auf meine Familie, ja, daß ich, also ich möchte das ganz ehrlich sagen, obwohl, ich würde jetzt wahrscheinlich das im Betrieb nicht so sagen, weil ich halt eben, eh, na ja, wie gesagt, ich bin in der Gewerkschaft ein bißchen engagiert, ich bin Vertrauensmann bei uns in der Abteilung und, eh, da würde ich das wahrscheinlich jetzt nicht so sagen, wie ich das gerade zu Ihnen gesagt habe, aber es ist, ich hab' ja eine gewisse Verpflichtung meinen Kindern gegenüber und meiner Frau gegenüber, meine Frau arbeitet nicht, und, eh, ja, würde ich schon sagen, ja. Das stimmt schon, obwohl ich würde schon gewisse Risiken auf mich nehmen, das heißt also, was jetzt so den Arbeitskampf betrifft ... Wenn Sie mich so direkt fragen, ob ich jetzt meinen Arbeitsplatz und meine Interessen für die neue Technologie, meine Bereitschaft, da mitzuarbeiten, vor den Arbeitsplatzverlust stellen würde, dann würde ich sagen, ja, wenn ich *ganz* ehrlich bin".

Diese Darstellung seiner Konfliktfähigkeit ist es unter anderem, die G.H. den Soziologen als besonders interessanten Gesprächspartner erscheinen ließ. Ganz abgesehen davon, daß es fraglich ist, ob jemand den Typus zweckrationalen Handelns so auf sich anwenden kann, daß das Eigeninteresse Ziel und die Beziehungen zu Kollegen und Vorgesetzten hierfür eingesetzt werden, weist der positive Effekt auf die Interviewerin, den G.H. mit der Präsentation seiner Konfliktfähigkeit erzielt, aber auf eine andere Seite seines Handelns hin, die wahrscheinlich auch im Betrieb positiv zur Geltung kommt. Das Bild der Schwäche, das er von sich hinterlassen kann, wirkt sich als Konsilianz im Handeln aus. Die ihn scheinbar entblößende Ehrlichkeit erfüllt Erwartungen, wonach G.H. glaubwürdig ist. Das Erzielen von Anerkennung, Achtung und Wertschätzung ist demnach das, was G.H. handelnd tatsächlich erreichen kann, auch wenn ihm die ersehnte sachliche Autorisierung abgesprochen wird.

Beide Handlungsentwürfe verweisen auf G.H.s elaborierten Stil des Eingehens auf alter egos Haltungen. Dieser Stil besteht darin, dem anderen in der Interaktion denjenigen Eindruck zu vermitteln, der ego bestätigt, jemand zu sein, wie der andere ihn sich wünscht. Dies hatte die Analytikerin aus ihrer Sicht bereits vermerkt. G.H. verfügt offenbar über ein facettenreiches Handlungsselbst. Der Stil der Kommunikation, der sich zwischen ihm und der Interviewerin einspielt, verweist indessen darauf, daß G.H. nur zu einer Steigerung im Abstraktionsniveau seiner Mitteilungen in der Lage ist, wo er von der Interviewerin auf persönliches Erleben angesprochen wird bzw. wo ihre Bemerkungen ihm die Wahl lassen. Er flüchtet sich in Abstraktionen. Auf die offene Bemerkung der Interviewerin "Also die Differenzen werden immer schlimmer" reagiert er mit dem Hinweis "Es ist ja alles so zeitabhängig". Auf die direkte Frage "Und warum machen Sie es trotzdem?" antwortet er: "Aus Eigeninteresse". Auf den Kommentar der Interviewerin "Und Ruhe-Haben heißt dann, die Bereichsleiter raushalten aus der Arbeit und aus dem unmittelbaren Zusammenhängen" antwortet er: "Ja, weil's ja doch im Grunde so aussieht, daß wir ... mehr Praktikanten sind". Schließlich hat die Interviewerin sich G.H. gegenüber so weit angepaßt, daß auch sie persönlich Schwieriges am Arbeitsplatz innerhalb von G.H.s abstrahierenden Angeboten zur Sprache kommen lassen will: "Und andererseits muß Ihnen dann doch durch den Kopf gehen, wenn Sie das tun, wenn Sie das können, daß Sie dann doch selber auch immer wieder daran arbeiten, daß da immer weniger Arbeitsplätze da sind", worauf G.H. bestätigt: "Eh, das ist vollkommen richtig".

Diese Verletzung logischer Ebenen der Verständigung, auf die sich die Kommunikation einpendelt, ist ein Indiz für eine bei G.H. vorliegende Abkapselung selbstvermittelten sozialen Handelns von der reflexiven Zuwendung zu Vorstellungen und Erlebnisqualitäten, in denen spontane Anteile vergangener Erfahrungen nachwirken und den "Fakten", von denen G.H. berichtet, latente Bedeutungen beigegeben würden. Selbst der Hinweis auf seine Angst dient G.H. dazu, den Schutz, den Subjektivität im Gespräch genießt, dafür in Anspruch zu nehmen, daß er – möglicherweise gleich zu Anfang Folgen der vermeinten Überlegenheit der Interviewerin antizipierend – unangreifbar wird.

Von der Verselbständigung der Rede wird auch die Interviewerin erfaßt. Sie paßt sich ebenfalls an und gewährleistet so den Erfolg von G.H.s Bestreben, sich an sie als die Überlegene anzugleichen; mit ihrer Anpassung zementiert sie das Dominieren der Überlegenen, als die G.H. sie sieht. Interaktion ist dann kein Prozeßgeschehen in dem Sinne mehr, daß sich egos und alter egos Einstellungen zueinander verändern würden. G.H. setzt auf seine Weise sein unbewußtes Bedürfnis nach Komplementarität über alle zu bestehenden inneren Auseinandersetzungen mit konflikträchtigen Differenzen hinweg durch. Aber der Wunsch, durch Komplementarität emotional befriedigende, libidinöse wie aggressive Beziehungsqualitäten seinem Handeln zu integrieren, bleibt unerfüllt.

Die Analytikerin hatte auf G.H.s Aneinanderreihen von bizarren Fakten hingewiesen. In der Interviewsituation mit der Soziologin entspricht dem eine Scheinhaftigkeit der Kommunikation, die durch eine formalisierte Vernünftigkeit in abstrakter Rede erreicht wird. Die Analytikerin hatte darauf hingewiesen, daß "Herr H. sich hüten (muß), auch nur den Anschein aufkommen zu lassen, daß er Aggressionen gegen diesen (den Überlegenen) hegt". Den Ausweg sollen Handlungsentwürfe weisen, mittels derer es G.H. gelingt, die Anerkennung anderer – der Soziologen, der Kollegen, der Betriebs- und Bereichsleiter – für sich zu erlangen. Doch ist die Aggression die eines tatsächlich und seinem Erleben nach Unterlegenen. Sie ist, so schreibt die Analytikerin, "mit der Hoffnungslosigkeit gekoppelt, sie (die Aggression) jemals loswerden zu können". Vor diesem Hintergrund wird nachvollziehbar, daß G.H.s Verinnerlichung einer traditionellen Sicht auf betriebliche Herrschaft und seiner Position als darin unterlegener Arbeiter ihm den Weg verstellt, sich eine neue – für Angestellte, wie ich meine, charakteristische – Version des Umgangs mit diesem Herrschaftsverhältnis aktiv und konfrontativ zu eigen zu machen. Die kommunikative Kompetenz hierfür besitzt G.H. Aber die Situation im "Sterbezimmer", die ihn möglicherweise verschärft mit der nur unbewußt gewußten Hoffnungslosigkeit konfrontiert, Aggressionen jemals in sein

Handeln einbinden zu können, weist ihm einen Ausweg, der ihn psychisch eher in die Enge treibt und ihn einmal erkranken lassen könnte. Er setzt sich einer schwer erträglichen Aufspaltung in ein emotional verarmtes, verselbständigtes Handlungsselbst und ein diesem nicht integrierbares, unbewußtes Erleben von vergeblichem Aufbegehren gegen versagte Anerkennung aus.

5.4 C.D., Leitungsreferent

(1) Auszug aus dem soziologischen Interview mit einem Leitungsreferenten, 45 Jahre alt, verheiratet, beschäftigt in dem industriellen Unternehmen B.

C.D.: Vielleicht wäre es günstig, wenn ich ganz kurz versuch' zu skizzieren, was ich überhaupt mache; ich bin Referent, Leitungsreferent und eigentlich kann man ja sagen, Leitungsreferent ist 'ne gehobene Sekretärin, eine Art Sekretärin oder Sekretär, d.h., das was die außer ... Schreibarbeiten anfällt, was ein Direktor nicht selbst erledigen will oder kann, das gibt er seinem Referenten. Insofern ist meine Arbeit sehr vielseitig und bis auf wenige Ausnahmen auch abwechslungsreich ... Wenn ich Aufträge habe, Komma, dann prüf' ich die ... und sorg gleichzeitig dafür, daß dieser Auftrag bei mir in meinem Computer irgendwo erfaßt wird, in so einer Art Statistik. Das ist meine wichtigste Statistik oder *unsere* wichtigste Statistik, denn so ein Vertriebsdirektor, der wird gemessen in erster Linie, ich möcht fast sagen zu 80%, eh, an der Erfüllung einer sogenannten Jahresquote ... Und für ihn ist es natürlich unheimlich wichtig, zu jedem Zeitpunkt zu wissen, wieviel hab ich davon ... Und das macht man heut so mit 'm Computer, geht also ganz toll, und Statistik mach' ich wahnsinnig gern, also weiß gar nicht warum, hab auch nie drüber nachgedacht warum, aber so am Computer sitzen und da die Statistik hin und her schaufeln und die, versuchen, die richtigen Auskünfte, die *echten, wahren* Aus− aus diesen Statistiken zu ziehen, die uns *weiterhelfen* in der Zukunft, Fehler erkennen lassen, und uns weiterhelfen, Fehler auszumerzen und mehr zu verkaufen, das macht mir unheimlich Spaß. (...)
Ja, es gibt ein Problem, das ich habe während, innerhalb meiner Arbeitsz..., innerhalb meiner Arbeit, aber es ist kein lebenswichtiges Problem. Das ist die Chefsekretärin meines Chefs, mit der ich mich nicht verstehe. Äh, ich kann nur vermuten, es ist unglaublich schwer festzustellen, woran das liegt. Ich bin Referent des Direktors geworden vor viereinhalb Jahren aufgrund einer internen Stellenausschreibung; und auf diese Stellenausschreibung haben sich zwei Leute beworben, diese Dame und ich; und ich vermute − einen andern Grund kann ich einfach nicht sehen − , daß darin der, oder die Abneigung dieser Dame gegen mich begründet ist. Ehm, vielleicht wichtig in dem Zusammenhang ist, daß es niemand gibt, der mit ihr auskommt; ich bin also nicht der einzige, sondern ich bin einer von 100%, es gibt keinen, der mit ihr auskommt mit Ausnahme des Chefs, aber der steht ja über ihr, die andern stehen alle als Kollegen *parallel* zu ihr. Es ist das, was man einen Drachen nennt. Ich sag das mal so im vollen Bewußtsein ((HmHm)) dieses harten Wortes ((Räuspern)), und ich in meiner Art als Mensch, der versucht, nirgendwo anzuecken, hab jahrelang versucht, fast − wie nennt man

das? – in den Hintern hineinkriechend, freundlich, obwohl es in mir grollte, mit der Dame zurechtzukommen, ist mir nicht gelungen; und so vor einiger Zeit hab ich das einfach eingestellt, hab gesagt, das geht nicht, du ärgerst dich ja nur darüber, laß es, nicht, wenn sie nicht will, dann eben nicht; ich hab dann mit meinem Chef mal ein Gespräch geführt, der da auch irgendwie mehr oder weniger gegrinst hat darüber, weil er das Problem kennt; dieses Problem hat jeder mit der Dame. Nur ist es für ihn natürlich etwas tragisch, denn, eh, er braucht uns beide, und eigentlich braucht er auch unsere Zusammenarbeit, nicht, denn Referent und Sekretärin eines Direktors sollten schon eng zusammenarbeiten, das wäre sicher der Sache förderlich und effektiver, geht nicht, hat er eingesehen, und nun machen wir so ein bißchen Kommunikation, Dienst nach Vorschrift. Und *das* gefällt mir nicht, das gefällt mir nicht, denn es, das, d..., das kann ich nie vergessen, das schwebt, weil ich die Dame natürlich jeden Tag sehe, und weil ich jeden Tag irgendwie ganz leicht oder mittelschwer irgendwo anecke bei ihr oder mit ihr in ihrer schroffen Art, kann ich das nicht einfach abstreifen, irgendwo belastet mich das doch; nur ist es kein Problem mehr, weil ich es nicht lösen kann. (...)

Ich hätte Angst, daß mir mal sowas passiert, irgendwas, eh, daß ich irgendwie jemand vor den Kopf stoße. (...)

K.B.: Wenn Sie einen Witz über ihren Chef machen würden und der stünde hinter Ihnen?

C.D.: Das macht nichts, der ist ((leichtes Lachen)) unheimlich lustig auch, so ein ganz dicker, ganz gemütlicher, lustiger Typ. Das, das glaub ich ... der weiß auch, wie ich zu ihm stehe, weil, das sag ich ihm auch, nicht, also er sagt mir mehr oder weniger, was er von mir hält; nicht *zu* oft, er ist 'n Mensch, der weder sehr viel lobt noch viel tadelt, sondern bißchen neutral einen fühlen läßt, daß er zufrieden ist; aber, eh, kann unheimlich viel Spaß vertragen, nicht. Der, der wüßte genau, wie ich zu ihm stehe; hab ihm oft genug gesagt, daß ich ihn toll finde, und des... deswegen wüßte der, daß das nicht auf seine Kosten irgendwas wäre ..., da hätt' ich keine Angst. Aber ich hätte zum Beispiel Angst, wenn ich irgendwie schlecht sprechen würde oder, oder mich amüsieren würde auf Kosten dieser Dame, die vielleicht hinter mir steht, das würde ich nun auch wieder nicht mögen, nicht.

K.B.: Mit anderen Worten, Sie sichern an Ihrem Arbeitsplatz alle Beziehungen dahingehend, daß Sie möglichst spannungsfrei sind.

C.D.: Eindeutig, ja, ganz klar. Ich versuche, 'ne Zeitlang war das extrem, ist 'n bißchen zurück... zurückgefallen, ich ver... hab versucht, mit *jedem* gut Freund zu sein, das, das können Sie auf die Dauer aber nicht schaffen ... Das hab ich ein bißchen so im Laufe der Jahre, bin ich älter geworden, hab ich ein bißchen zurückgedreht, aber grundsätzlich, eh, versuch ich, jedem zu helfen. Wenn einer zu mir kommt und sagt, ich brauch Ihre, deine Hilfe je nachdem, dann kann er also sicher damit rechnen, daß ich ihm auch versuche zu helfen. Das zum Beispiel ist für *mich* ein Ausdruck dafür, daß man Frieden haben will, nicht, denn es ist ja manchmal viel einfacher zu sagen, hab keine Zeit, hab keine Lust. Aber das würde mir sehr schwer fallen, selbst wenn ich keine Zeit hab, da würd ich also eher versuchen, wenn es sich um überschaubare Minuten handelt, die Arbeit liegen zu lassen und zu sagen, ja, ich versuch dir eben zu helfen. Nur um keine Spannungen aufkommen zu lassen. (Längere Pause) (...)

K.B.: Könnten Sie sich vorstellen, daß das, was ich jetzt sage, für Sie akzeptabel ist, daß – ich spitze es jetzt mal ein bißchen zu –, daß Sie mit dieser Beziehungsarbeit ((HmHm)) im Grunde genommen für mich ein Gegenbild darstellen, nämlich ein Bild von permanenter Bedrohung.

C.D.: Nein, kann ich mir nicht vorstellen. Ich wüßte im Moment nicht, wo sie liegt, wo sie liegen kann.

K.B.: In der schlechten Beziehung zum Beispiel.

C.D.: Ja, es kann 'ne schlechte Beziehung natürlich sein, aber warum sollte das 'ne Bedrohung sein? Ich hab ja eine schlechte Beziehung von den 85 mehr oder weniger ((Ja)) festen Beziehungen, die man hat, je nachdem, wieviel man zu tun hat mit den einzelnen Mitarbeitern bei B., die eine ist ja katastrophal schlecht. Nur 'ne Bedrohung ist es nicht, es ist auch noch nicht mal ein Problem, es schwebt irgendwo so ungelöst neben mir, aber es ist sicher 'ne Sache, mit der ich leben muß und auch leben kann.

(2) Beziehungsarbeit

C.D.s Darstellung gilt seiner Beziehung zum Unternehmen insgesamt, zu seinem Chef, der Sekretärin seines Chefs und zu Kollegen. Im eher formalen Sinne des Einnehmens der Perspektive des anderen auf sich selbst versetzen sich alle Interviewten mehr oder weniger oft in die Situation der Unternehmensleitung bzw. des Managements und entschärfen so Diskrepanzen zwischen der Wahrnehmung ihrer selbst als abhängig Beschäftigte und dieser Leitungsperspektive auf sie.

Bei C.D. fällt auf, daß seine Beschäftigtenperspektive mit der der Unternehmensleitung bis hin zur Ununterschiedenheit konvergiert. C.D. fühlt sich mit dem Unternehmen eins, sein Verhalten und seine Arbeitsaufgaben sind von scheinbar fragloser Wichtigkeit für dessen Fortbestand.

Er charakterisiert seine Arbeitssituation als persönliches, von wechselseitiger Sympathie begleitetes Dienstverhältnis mit seinem Chef. Die Unklarheit bezüglich der Arbeitsteilung zwischen beiden – C.D. sagt, er erledige nicht nur, "was ein Direktor nicht selbst erledigen will", sondern auch das, was der Direktor "nicht kann, oder nicht selbst koordinieren will oder kann" – erklärt C.D. mit einem Ergänzungsverhältnis von ihm zum Chef. Durch die Rede in der Wir–Form erscheint er als dessen gleichgestellter Partner. Er betont das Wechselseitige der Abhängigkeit. Indem C.D. seine Arbeitsbeziehung zum Chef als gemeinsames Prüfen der Machbarkeit von Problemlösungen darstellt, bleibt seine – ebenfalls gegebene – Abhängigkeit vom Chef unthematisiert. C.D. ist außerordentlich darum bemüht, seine Unentbehrlichkeit und Beliebtheit mit Hinweis auf seine engagierte Arbeitsweise und sorgfältige Pflege kollegialer Beziehungen zu versichern. Ähnlich nachdrücklich sucht er ausführlich den Nachweis zu führen, daß sein Arbeitsplatz unverzichtbar sei, was erst dann so recht verständlich wird, wenn er gegen Ende des soziologischen Interviews auf Nachfrage mitteilt, daß er vor gut vier Jahren als Verkäufer gescheitert war, er also die Sorge, den Arbeitsplatz zu verlieren, kennt. Im psychoanalytischen Interview berichtet er zudem, daß auch seine gegenwärtige Position als Direktionsassistent durch Bestrebungen, Arbeitsplätze einzusparen, in Frage gestellt sei. Darüber hinaus aber vermittelt die positiv ausgestaltete Schilderung der Beziehung zu seinem Chef den Eindruck eines Verehrungsverhältnisses zu einer der Kritik größtenteils enthobenen, mit viel Zuneigung bedachten Person, der sich C.D. als wert und unentbehrlich und in diesem Sinne gleichgestellt nähert.

Der Beziehung zu seinem Chef gleicht die Beziehung zu Kollegen insofern, als C.D. versichert, sich hier wie da um harmonische Beziehungen zu bemühen. Während aber die Beziehung zum Chef durch nichts belastet zu sein scheint, geht es C.D. in der Beziehung zu Kollegen darum, zu kontrollieren und Einfluß zu nehmen auf das, was konflikthaft sein könnte. Da unternehme er große Anstrengungen, das friedliche familiäre Klima, das er im Betrieb verwirklicht sehen möchte, selber aktiv herzustellen, wie er betont. Er scheint beherrscht zu sein von der Idee, bei den anderen im Betrieb im Rufe eines arbeitsamen, guten Menschen zu stehen. In den Dienst dieser Bemühungen tritt das Helfen. Es hat nicht den Sinn, Hilfe dem zukommen zu lassen, der sie benötigt, sondern "keine Spannungen aufkommen zu lassen". Dabei ist C.D. überzeugt, hierfür überlegene Fähigkeiten zu besitzen. Er hält sich für spontan und sehr humorvoll und glaubt, diese Eigenschaften mit der Sicherheit dessen einzusetzen, der die Macht hat, Unwägbarkeiten auszuschalten, und dem aufgrund seiner Fähigkeiten Erfolg beschieden ist. Was C.D. auf diese Weise akzeptiert, ist ein selbstgesetzter Anspruch. Dieser bildet einen deutlichen Gegensatz zur offenbar wiederholten Gefährdung seines Beschäftigungsverhältnisses, über die er erst am Ende des soziologischen Interviews und auch nur auf die – sich allerdings aufdrängende – Nachfrage der Interviewerin berichtet.

Karriere im Sinne des Aufstiegs aus einer unbedeutenden in eine "Schlüsselposition" hat C.D. seiner Darstellung nach im Betriebsrat gemacht. Nicht nur sei er von Platz 17 bei der ersten auf Platz 7 bei der zweiten Betriebsratswahl vorgerückt. Er hat inzwischen auch eine leitende Funktion in einem Ausschuß beim Betriebsrat inne, in dem es für C.D. keine Gegenmachtprobleme – "aus der Gewerkschaftsecke halte ich mich raus" – zu geben scheint. Allerdings haben C.D. nicht der freie Entschluß und Überzeugung dazu bewogen, im Betriebsrat mitzuarbeiten, er sei von anderen Betriebsratsmitgliedern "hineingepreßt worden", sei "in ihre Mitte" – wie in die Zange – "genommen" und "nicht wieder losgelassen" worden, bis er "schwitzend und voller Ängstlichkeit und ohne jede Lust" eingewilligt habe zu kandidieren.

Aus dem Rahmen der subjektivierenden Verortung der eigenen Person in der betrieblichen Wirklichkeit, an welcher er den "Spaß" an der Arbeit und die Bemühung um harmonische Beziehungen zu Kollegen betont, fällt der unbeeinflußbare Dauerkonflikt mit der Sekretärin seines Chefs heraus. Es gelingt C.D. nicht, so berichtet er, zu dieser Sekretärin ein sachlich–nüchternes Arbeitsverhältnis herzustellen. Der Gefahr, die von dem Konflikt mit der Sekretärin ausgehen könnte – er weiß, daß das Unternehmen verlangt, Konflikte, die Geld kosten, zu vermeiden –, suche er, C.D., dadurch zu begegnen, daß er sich um Einvernehmen mit seinem Chef gegenüber der Sekretärin bemüht. Dieses Einvernehmen mit dem Chef führe aber nicht dazu, daß die Sekretärin ausgeschaltet ist, und da der Chef sie trotz ihrer Launen offenbar weiterhin akzeptiere, bleibt der Konflikt ungelöst bestehen. C.D. erkennt ihm den Stellenwert eines Problems zu, das er nicht lösen könne. Deshalb sucht er es beiseite zu schieben; es "schwebt irgendwo so ungelöst neben" ihm. Zugleich entlastet er sich von dem denkbaren Vorwurf, er trage zu dem Konflikt mit der Sekretärin bei und beruft sich hierzu auf andere in der Firma, die hinsichtlich dieser Sekretärin gleicher Meinung seien wie er. Indem C.D. die schwierige Beziehung zur Sekretärin gegenüber der Interviewerin durch ihre Benennung als Problem objektiviert, gewinnt er die überlegene Position dessen zurück, der für die schwierige Situation der Sekretärin Verständnis aufbringt und die Konflikthaftigkeit in der Beziehung des Chefs zu ihr distanziert und mit Milde einzuschätzen vermag. C.D. nimmt die Sekretärin gegenüber dem Chef, der einen chirurgischen Eingriff bei ihr mit bösen Wünschen begleitet habe – "das Beste, was uns passieren kann, ist eigentlich, daß die bei der daneben schneiden", habe der Chef gesagt –, in Schutz, nicht ohne allerdings dem Chef einen Rat zu geben, der in das Leben der Sekretärin weit ernsthafter eingreifen würde als schlimme Wünsche; er habe dem Chef geraten, der Sekretärin zu kündigen.

Für C.D. erklärtermaßen unverständlich, versagen die Anstrengungen, die er zu Gunsten harmonischer und friedlicher Beziehungen unternehme, gegenüber der Sekretärin seines Chefs. Die Heftigkeit der feindseligen Äußerungen über sie – sie sei ein "Drache", der Chef solle ihr kündigen; im Gespräch mit der Analytikerin ist sie die "Frau mit den Haaren auf den Zähnen" –, zeigt aber auch, daß C.D.s Bemühungen um entspannte Beziehungen so umfassend sind, daß er diesen Konflikt als Ausnahme ausgrenzen muß, damit er zu seinem Werben um Sympathie und Beliebtheit nicht in Widerspruch gerät. Ob es Zufall oder eine Zwangsläufigkeit ist, daß C.D.s Feindseligkeit gerade diese Frau trifft, läßt sich anhand von C.D.s Schilderung allein nicht entscheiden. Zwar hatten C.D. und die Sekretärin um die Stelle, die C.D. nun innehat, konkurriert. Auch erklärt er ihre Feindseligkeit damit, daß er aus dieser Bewerbungssituation als Gewinner hervorgegangen ist. Aber es ist nicht ohne weiteres nachzuvollziehen, daß ein ehemaliges Konkurrenzverhältnis ohne weiteres Zutun auf beiden Seiten sich zu einem unlösbaren Dauerkonflikt verfestigt.

(3) Aggressionsbereitschaft und Vergeltungsangst

Die Analytikerin zeigt auf, daß C.D.s "Wahrnehmung unter dem Einfluß der Mechanismen der Verleugnung, Projektion und Idealisierung steht und der unbewußt motivierten Anstrengung gilt, ein bedrohtes narzißtisches Gleichgewicht bei gleichzeitiger narzißtischer Überbewertung eigener, vom bewußten Erleben abgespaltener Fähigkeiten und Möglichkeiten aufrechtzuerhalten".

Sie setzt bei C.D.s Vergleich seiner Tätigkeit mit der einer "gehobenen Sekretärin" an und schreibt: "Zum Auftakt des soziologischen Interviews stellt Herr C. sich vor als ein 'Referent, und eigentlich kann man ja sagen, Referent ist ne gehobene Sekretärin, eine Art Sekretärin oder Sekretär, d.h., das was die außer ... Schreibarbeiten anfällt, was ein Direktor nicht selber erledigen will oder kann, das gibt er seinem Referenten. Insofern ist meine Arbeit sehr, sehr vielseitig'. Die merkwürdige Formulierung Herrn C.s, er habe die Stellung einer gehobenen Sekretärin und die Einschätzung seiner Arbeit als vielseitig" werden für die Analytikerin vor dem Hintergrund des ersten psychoanalytischen Interviews verständlich.

Nach einer Schilderung seiner Tätigkeit hatte C.D. ihr berichtet, daß er zunächst in Süddeutschland, später im norddeutschen Raum als Verkäufer tätig war. Diese Tätigkeit gab er auf, als ihm die Stelle als Vertriebsreferent in K. angeboten wurde. Die Analytikerin notierte im Protokoll ihres ersten Interviews mit ihm:

Er schwärmt von den redseligen Schwaben, mit denen er gute Verkäufe tätigte, und beklagt sich über die nüchternen Norddeutschen, die nur Zahlen im Kopf haben (er ist gebürtiger Norddeutscher) ... Die Atmosphäre zwischen Herrn C. und mir ist angenehm, locker, und ich glaube, seine Bewunderung zu spüren, so daß ich zu der Überzeugung komme, daß er mich mit den geschwätzigen Schwaben gleichsetzt, deren Direktheit und Spontaneität ihn in den Verkaufsverhandlungen faszinierten. Die beiden einander entgegengesetzten Strömungen, die in seinen Schilderungen zum Ausdruck kommen, gegeneinander haltend, wohl wissend, daß ich indirekt auch ein Stück Übertragungsbeziehung anspreche, sage ich zu ihm: "Dann gibt es offensichtlich zwei Seiten in Ihnen, die redselige, die Sie mit den Schwaben verbindet, und die kontrollierte, die Sie in Norddeutschland ansiedeln". Mit dieser Deutung habe ich einerseits eine Größenphantasie angesprochen, die mit Vielseitigkeit zu tun hat, denn Herr C. ist redselig und kontrolliert zugleich, aber auch eine unbewußte Identifizierung Herrn C.s, die darin besteht, daß er offensichtlich glaubt, ebenso spontan zu sein wie die Schwaben (wie die Analytikerin). Gegen die Aufdeckung dieser Identifizierung mobilisiert Herr C. sofort Abwehr, indem er mir sagt, er habe die Spontaneität der Schwaben ausgenutzt, um günstige Verträge abzuschließen, er sei eher ein Mensch, der auf Sicherheit aus sei ... Herr C. sagt demnach zur

Soziologin sinngemäß, ich bin die bessere (gehobene) Sekretärin meines Chefs, und dieser wiederum muß mich aufgrund meiner Vielseitigkeit bewundern und mir seinerseits Zuwendung schenken.

Herr C. scheint aber an der Verläßlichkeit seines Chefs ihm gegenüber zu zweifeln, denn er betont die Angewiesenheit des Chefs auf seine, Herrn C.s vielseitige Einsatzmöglichkeit im Betrieb, wenn er z.B. sagt: "Das ist meine wichtigste Statistik oder unsere wichtigste Statistik, denn so ein Direktor (sein Chef), der wird gemessen in erster Linie, ich möchte fast sagen zu 80%, äh, an der Erfüllung einer sogenannten Jahresquote". Im zweiten psychoanalytischen Interview erfahre ich, daß Herrn C.s (jetzige) Stelle 'wackelt'. Aus dem soziologischen Interview geht zudem hervor, daß ihm die Stelle als Verkäufer vor vier Jahren gekündigt wurde. Es besteht eine Diskrepanz zwischen Herrn C.s Darstellung betrieblicher Tätigkeit und der tatsächlichen Situation, in der Herr C. sich anscheinend befand und noch befindet. Er hebt seine Bedeutung und Wichtigkeit für den Chef hervor, um seine Wertlosigkeit, seine Kränkung und Erniedrigung zu verleugnen. Er tut so, als sei der Chef auf seine Statistiken angewiesen, damit diesem in den Verhandlungen, die er zu führen hat, keine Nachteile entstehen. Die Umkehr der Wichtigkeit und die Verzerrung betrieblicher Realität – tatsächlich ist nicht der Chef auf ihn, sondern ist er, Herr C., auf diesen angewiesen – dienen der Aufrechterhaltung seiner Selbstachtung und seines Selbstwertgefühls. Herrn C.s. Formulierung "unsere wichtigste Statistik" verweist auf die Verschmelzung mit dem mächtigen, idealisierten Objekt Chef, der wieder für Herrn C. identisch ist mit dem Betrieb im norddeutschen Raum. Diese fantastische Nichtunterscheidbarkeit Herrn C.s vom Chef und vom Betrieb dient der Aufrechterhaltung eines inneren, tendenziell gestörten Gleichgewichts, das von einer latenten, aber beständig vorhandenen, diffusen Aggressionsbereitschaft bedroht zu sein scheint.

Als Hinweis hierauf im soziologischen Interview wertet die Analytikerin, wenn C.D. berichtet: "Alle Vierteljahr muß mein Chef nach D. mit den anderen sechs Chefs ..., das ist immer eine ganz heiße Geschichte, denn da sind natürlich auch Spezialisten, die auch über dieses Zahlenmaterial verfügen, und das Schlimmste, was erstmal passieren kann, ist, daß beide mit unterschiedlichen Zahlen kommen. ... Das sind unheimlich interessante Diskussionen, weil sich da irgendwann relativ schnell herausschält, was ist machbar und was ist nicht, wo liegen Probleme, welche Produktreihen sind vielleicht veraltet, wo muß man etwas tun". Die Analytikerin kommentiert: "Herr C. betont das Nicht-Konflikthafte, das Problemlösungswesen an dieser "heißen Geschichte". Er kann sich offensichtlich nicht gestatten, Aggressionen, die durchaus im konstruktiven Sinn im Zusammenhang mit Auseinandersetzungen im Betrieb gebraucht werden, zuzulassen"[83].

---

83 Im zweiten psychoanalytischen Interview hatte C.D. berichtet, wie er sich Auseinandersetzungen entzieht: "Er flüchtet vielmehr in eine 'stille Straße', wo er nur die Vögel zwitschern hört, und bewohnt das Haus einer reichen Tante, welches diese ihm überlassen hat, d.h., er hat alle Schwierigkeiten, Auseinandersetzungen und Kämpfe, die mit dem Bau oder dem Mieten eines Hauses verbunden sind, vermeiden können".

Die Analytikerin kann sich mit ihrer Vermutung einer untergründigen, schwer faßbaren Aggression C.D.s auf eine Gegenübertragungsreaktion im ersten psychoanalytischen Interview stützen. Sie hatte protokolliert:

Herr C. ist ein angenehmer Gesprächspartner ... Er verbreitet sehr schnell ein angenehmes Klima ... Während des Interviews beobachte ich ein Phänomen, welches ich aus Analysen oder anderen Erstgesprächen mit Patienten kenne. Ich habe das Gefühl, daß die Zeit im Flug verstreicht, als ich jedoch auf die Uhr blicke, stelle ich fest, daß dies ganz und gar nicht der Realität entspricht. Als ich um 13.30 Uhr auf die Uhr sehe, glaube ich, das Gespräch nähere sich seinem Ende (es wäre also bereits gegen 13.50 Uhr). Dieses Phänomen macht mich darauf aufmerksam, daß sich hinter der angenehmen Gesprächsatmosphäre offensichtlich auch andere, weniger angenehme, möglicherweise aggressiv getönte Gefühle verbergen. Zusammenfassend hatte ich in diesem ersten Interview diese Aggressionsbereitschaft mit seiner Angst vor der Frau in Zusammenhang gebracht, die er als spontan, unmittelbar, unberechenbar (wie die Schwaben) und exotisch zu erleben scheint und der er sich aufgrund seiner Abhängigkeit und ihrer Verfügungsgewalt über ihn hilflos ausgeliefert fühlt. Von der Frau geht zugleich aber auch eine magische Anziehungskraft aus[84].

Seine beständige Aggressionsbereitschaft, die unter anderem aus der Angst vor der Frau gespeist wird, läßt Herrn C. im Betrieb zu drastischen Mitteln der Kontrolle greifen. Mit dieser unterdrückten Aggression ist eine beständige Angst vor sich selbst und den anderen im Betrieb gekoppelt, die offensichtlich darin besteht, aus unterdrückten Aggressionen heraus, gleichsam ungewollt Situationen zu schaffen, die Niederlagen nach sich ziehen können. Wir wissen, daß Herr C. bereits eine Stelle verlor. Im zweiten Gespräch erfahre ich, daß auch seine augenblickliche Position bedroht ist. Wenn wir davon ausgehen, daß Aggression und die Angst davor die unbewußte Triebfeder für das Handeln im Betrieb darstellen, hat Herr C. möglicherweise versucht, sich mit allen Mitteln in den Betriebsrat wählen zu lassen, um seine bedrohte Stelle retten zu können. So gesehen, hat er nicht dem Willen anderer nachgegeben, dann hat er sich vielmehr selbst in die Zange genommen, "nicht wieder losgelassen" und "schwitzend und voller Ängstlichkeit und ohne jede Lust" vor sich selbst eingewilligt, für den Betriebsrat zu kandidieren. Und die Ereignisse haben seiner unbewußt gesteuerten Strategie der Kontrolle von Aggression, allerdings um den Preis einer massiven Selbstbestrafung – er muß sich dazu zwingen, für den Betriebsrat zu kandidieren –, recht gegeben. Aber die Angst, auch diese Stelle zu verlieren, bleibt bestehen. Herr C. ist augenblicklich dabei, sich für eine andere Position innerhalb der Firma zu interessieren. Die innere Notwendigkeit der Kontrolle von Aggression, die neben den Selbstbestrafungstendenzen teilweise bereits Reaktionsbildungscharakter aufweist – er will "jemandem helfen", "nur um keine Spannungen aufkommen zu lassen" –, kann jedoch die Wiederkehr der verdrängten Aggression nicht aufhalten, welche die

---

84 Den Beleg hierfür entnimmt die Analytikerin C.D.s Besuchen bei seiner Schwester in Mexiko: "Im psychoanalytischen Interview stellt sich diese Faszination vom Unbekannten, Exotischen an seiner Beziehung zu Mexiko dar. Er besucht seine Schwester, die in Mexiko-City verheiratet ist, ca. zweimal im Jahr. Er fühlt sich angezogen von diesen 'einfachen, fröhlichen Menschen', spürt zugleich aber auch, daß er nicht zu ihnen gehört, und bezeichnet sie entwertend als 'unorganisiert' und 'chaotisch'.

Bereitschaft, der Betriebsleitung gegenüber Schuld zu übernehmen, bedingt. So berichtet er von der Absicht der Geschäftsleitung, einen alkoholkranken Kollegen, der aus der Entziehungskur "weggelaufen" sei, fristlos zu kündigen, die dem Betriebsrat zur Stellungnahme unterbreitet worden sei: "Da war mein erster Gedanke, na gut, ist ja unmöglich, nicht, das ist'n Grund für eine fristlose Kündigung, hatte das gleich abgehakt, das Thema".

Neben der Linie einer unbewußten Aggressionsbereitschaft gibt es eine weitere, die C.D.s Erleben abgespaltener Fähigkeiten und Möglichkeiten beleuchtet. Die Analytikerin wird hierauf aufmerksam, als C.D. von Sicherheitsvorkehrungen berichtet, die er beim Autofahren trifft. Sie schreibt:

Während mich im ersten psychoanalytischen Interview die Schilderung von Herrn C.s Tätigkeiten im Betrieb langweilt, die Zeit stillzustehen scheint und ich, von diesen Gegenübertragungsreaktionen ausgehend, auf versteckte Aggressionen von Herrn C. schließe, fasziniert mich seine Schilderung der persönlichen Sicherheitsvorkehrungen. Er sei eher ein Mensch, der auf Sicherheit aus sei, z.B. vertraue er sich nie der Lufthansa an. Er fahre vielmehr immer mit dem Auto, wann immer er könne. Dann kommt eine Schilderung seiner Sicherheitsvorkehrungen in bezug aufs Autofahren, der Privatstatistiken, die er sich erstellt. Dabei hat er ermittelt, daß seine Weise des Autofahrens bei weitem größere Sicherheiten biete, als sich der Lufthansa anzuvertrauen. Er unterzieht sich und sein Auto jedes Jahr den verschiedensten Sicherheitsprüfungen, z.B. Fahren bei Extrembedingungen wie bei Glatteis oder hohem Schnee. Das Auto selbst ist mit allen nur möglichen Sicherheitsvorkehrungen ausgestattet. Er absolviert mehrere Fahrtüchtigkeitsprüfungen im Verlaufe eines Jahres. Ich höre diese Schilderungen erstaunt, mit offenem Mund an und mache aus meinem interessierten Erstaunen auch keinen Hehl. Es fasziniert mich zu hören, zu welchen Mitteln Herr C. greift, um subjektiv optimale Sicherheit für sich herzustellen. Gerade die Subjektivität seiner Sicherheitsvorstellungen ist irritierend, aber faszinierend zugleich. Er gibt mir zu verstehen, daß er mit dem Kopf wisse, daß er in einer Lufthansa-Maschine sicherer aufgehoben sei als in seinem Auto. Als ich dann noch erfahre, daß er die Strecke zwischen K. und D. früher in 3 1/2 Stunden zurückgelegt hat, komme ich aus dem Staunen über so viele irrationale Sicherheitsvorkehrungen nicht mehr heraus. Herr C. hatte mich offensichtlich über seine exhibitionistische Weise der Selbstdarstellung dazu gebracht, ihn zu bewundern und über diese Bewunderung sich bestätigt und geachtet und aufgefordert zu fühlen, mir immer mehr zu bieten. Er hatte mich in seine Größenphantasien einbezogen, und ich wiederum schien ihm seine Größe in meiner Bewunderung zurückzuspiegeln.

Die Größenphantasien über eigene Verfügungs- und Entscheidungsgewalt dienen offensichtlich der Abwehr aggressiver Tendenzen. Sie erfüllen offensichtlich die Funktion, die aggressiven Tendenzen, die Herr C. mit allen nur erdenklichen Mitteln zu kontrollieren bestrebt ist, durch Abwehrmaßnahmen an ihrer Äußerung zu hindern[85].

---

85 Wie vielschichtig diese Abwehrmaßnahmen sind, zeigt die Erklärung der Analytikerin dafür, daß C.D. sich keinem Flugzeug anvertrauen kann: "Da Herr C. alles über Flugzeugunglücke liest und im Interview über Spantax und Iberia spricht, die bekanntlich aufgrund sog. 'menschlichen Versagens' mehrere Flugzeugunglücke hatten, ist anzunehmen, daß Herr C.

Wie stellen sich die Phantasien eigener Vollkommenheit und Größe im soziologischen Interview dar? Im Zusammenhang mit seinem Scheitern als Verkäufer berichtet Herr C. der Soziologin, daß er die ihm vorgegebene Verkaufsquote nicht erfüllt habe: "Davor war ich Verkäufer mit all den Höhen und Tiefen, die ein Verkäufer hat, mit wahnsinnig viel Geld in vielen Jahren und dann plötzlich den Einbruch und, eh, den man schwer verkraften kann, nicht so sehr, bei mir war's nicht so sehr das Geld, da hab' ich eigentlich nie große, eh, Gelüste, viel Geld zu haben, aber, ich hab' Erfolgsgelüste, das kam, glaube ich, vorhin auch schon raus; ich will gut sein, und ich hatte also vor 5 Jahren, hatt' ich 4 Jahre meine Quote erfüllt, und einmal plötzlich nicht".

Wie Herr C. gegen seine Mißerfolge beim Verkauf seinen Willen setzt, "gut" zu sein und sich von seinen "Erfolgsgelüsten" leiten zu lassen, so hat er sich insgesamt seine eigene Welt errichtet, in der überwiegend nur die Maßstäbe gelten, die ihm seine Größenphantasie suggeriert. Dies führt zu Einschränkungen, zu Verkennungen beispielsweise realer Gefahren, die mit schnellem Autofahren verbunden sind. Ähnlich verkennt er betriebliche Realität, wenn er beispielsweise sein Scheitern als Verkäufer an seiner Selbstüberschätzung und nicht an der Nichterfüllung vorgeschriebener Quoten festmacht, wenn er nicht versteht, daß die Verkäufer, denen er Ratschläge anträgt, seine Hilfe zurückweisen. Nichts kann ihn offensichtlich aus dem Eingesponnen-Sein in seiner eigenen Welt herausreißen. Realitätsprüfung und Realitätssinn scheinen durch die von der übrigen psychischen Realität abgetrennte Größenphantasie eingeschränkt zu sein.

Herr C. ist – dank der Größenphantasie von eigener Vielseitigkeit – von seiner Wichtigkeit für den Betrieb (= Chef) überzeugt. Und doch trägt diese Phantasie eigener Größe und Omnipotenz nicht, denn Herr C. fürchtet offensichtlich trotzdem seine eigene Unwichtigkeit; um diese zu verleugnen, muß er – zusätzlich zu den Maßnahmen der Kontrolle von Aggression – seinen Chef und den Betrieb idealisieren. Über die Verschmelzung mit einem guten, idealen Objekt (Chef, Betrieb) wehrt Herr C. – worauf ich schon hinwies – eine auf äußere Feinde projizierte Aggression ab. Er fühlt sich insbesondere durch eine Kollegin bedroht, die er nicht in sein Kontrollsystem einbauen kann und die sich nicht seinen inneren Bedürfnissen nach Aggressionskontrolle unterwirft. "Ja, es gibt ein Problem, das ich habe während, innerhalb meiner Arbeitsz..., innerhalb meiner Arbeit, aber es ist kein lebenswichtiges Problem. Das ist die Chefsekretärin meines Chefs, mit der ich mich nicht verstehe ... Es ist das, was man einen Drachen nennt". Bei mir spricht er erst im zweiten Interview von "der Frau mit den Haaren auf den Zähnen". Wir erinnern uns, daß er sich selbst als Sekretärin bezeichnet hatte, wobei ich ihm unterstellte, daß er unbewußt die bessere Sekretärin für den Chef ist. Eingangs hatte ich von Herrn C.s Abwehr eigener Anteile gesprochen, die mit Spontaneität und Direktheit verbunden sind; an anderer Stelle hatte ich die Zärtlichkeit in der Beziehung zum Chef erwähnt. Seine Abneigung und seine Wut der Sekretärin gegenüber erscheinen, wenn wir diese Überlegungen zusammentragen, plausibel, denn er selbst möchte sich dem idealen Chef als Frau mit idealen Merkmalen anbieten. Aus dieser Sicht rivalisiert er mit der Sekretärin dem-

---

projizierte Attacken von Flugpiloten abwehren muß, die die ihnen anvertrauten Passagiere in den Tod fliegen. Herr C. kann sich aufgrund dieser unbewußten Phantasien keinem Flugzeug anvertrauen".

nach nicht um eine Position innerhalb des Betriebes, sondern vielmehr um die Liebe und Zuneigung des Chefs und muß daher die Vergeltung durch die Sekretärin fürchten.

Indem er sich auf diese libidinöse Weise den Männern zuwendet, hat er die ihn beängstigenden Frauen scheinbar ausgeschaltet. Aber in der Wortwahl "Drachen", "Frau mit Haaren auf den Zähnen" schimmert weiterhin Angst durch. Im ersten psychoanalytischen Interview hat er versucht, die ihn ängstigenden Frauen weitgehend auszuschalten, beispielsweise tauchte seine Rivalin erst im zweiten Gespräch mit mir auf. In der Übertragung machte er mich im ersten Interview einerseits zu einem Teil seines Selbst, der ihm Bewunderung für seine Exhibition zollte, andererseits zu dem bewunderten und zugleich geliebten Chef[86]. Ich erinnere ihn an die bewunderten Schwaben. Als wir uns telefonisch zum zweiten Gespräch verabredeten, verabschiedet er sich: "Ich freue mich", woraufhin ich spontan (wie die Schwaben) sage: "Ich mich auch". Unsere psychoanalytischen Überlegungen geben Aufschluß über den Grund für die gewünschte Entlassung der Sekretärin. Sie steht Herrn C. beim Chef im Wege, den er für sich als Liebesobjekt beansprucht, weshalb sie beiseite treten soll. Dieses Motiv trübt sein Urteil; obwohl sie "ne ex... exzellente Chefsekretärin" sei, rät er seinem Chef, sie zu entlassen.

Die exhibitionistische Weise, in der Herr C. mir seine Größenphantasien im psychoanalytischen Interview vorstellt, gewinnt aus diesem Blickwinkel die unbewußte Bedeutung eines Liebeswerbens. Er sagt mir sinngemäß: "Sieh' her, wie großartig ich bin, Du kannst doch nicht an mir vorbeigehen". In diesem Kontext erfährt die Angst vor der Frau eine Präzisierung. Neid und vermutete und gefürchtete Vergeltungsaktionen der Frauen bestimmen die unbewußte Beziehung Herrn C.s zu ihnen. Sie haben für ihn etwas 'Unverständliches' und Rätselhaftes, worüber sie die Männer verführen können, während er, trotz aller Anstrengungen, nicht die ersehnte Position beim Chef erreicht.

(4) Reden und Handeln

Die Psychoanalytikerin kommt zum Ergebnis, bei C.D. seien Realitätsprüfung und Realitätssinn eingeschränkt "durch die von der übrigen psychischen Realität abgetrennte Größenphantasie". Hieraus ergibt sich die Frage, inwieweit C.D.s Beschreibung seiner Arbeitssituation und der Betriebswirklichkeit insgesamt Schlüsse auf Handlungsentwürfe zuläßt, mit denen er an betrieblichen Handlungszusammenhängen tatsächlich teilhat.

C.D. ist offenbar bestrebt und bereit, viele und auch sehr unterschiedliche Tätigkeiten – Hausmeisteraufgaben, Aufträge des Chefs, Betriebsratsarbeit, Einarbeitung ins Rechnungswesen, Verkäuferberatung – auf sich zu vereinen. Er demonstriert damit seine Vielseitigkeit. Sie soll ihn als vielerorts einsetzbaren Mitarbeiter zeigen, den man nicht gehen läßt. Darauf, daß es ihm zumindest zeitweise gelingt, andere in seinen Bann zu schlagen, weist hin, wie

---

86 "Ich fliege seiner Meinung nach nicht mit sicheren Fluggesellschaften, sondern mit unsicheren, beispielsweise mit Spantax, die zugleich noch für ihre tollkühnen, furchtlosen Flugkapitäne bekannt ist."

sehr er die Analytikerin zu beeindrucken vermochte, als er ihr von den Sicherheitsvorkehrungen erzählt, die er fürs Autofahren trifft. Die Soziologin führte ihre Zufriedenheit mit ihren eigenen Gesprächsbeiträgen darauf zurück, daß C.D. als Gesprächspartner ihr durch seine entgegenkommende, breit angelegte Darstellung mit einer Vielzahl von Einzelschilderungen die Möglichkeit gab, ein 'aufschlußreiches' Gespräch zu führen. Sie fand 'sogar' heraus, daß C.D. seine Position als Verkäufer verlor und vor die Alternative gestellt war, entweder die Firma zu wechseln oder sich innerhalb des betrieblichen Stellenmarkts auf eine andere, seine jetzige Stelle, zu bewerben. Es ist daher zu vermuten, daß C.D. auch in seiner Firma andere, insbesondere seinen Chef, dazu veranlassen kann, an ihm das zu schätzen, wofür er Bewunderung auszulösen vermag. C.D.s Umsetzung der Erwartungen der Firma und des Chefs an ihn unter Rückgriff auf seine unbewußten Vorstellungen von eigener Größe hinterlassen indessen in seiner Rede über sein arbeitsinhaltliches Verhalten Spuren der Überzeichnung. So kann ihn die Schilderung von Arbeitsaufgaben zu Superlativen der Begeisterungsäußerung veranlassen: "Statistik mache ich wahnsinnig gern", "das macht mir unheimlich Spaß", ist "unheimlich interessant". Diese Redeweise dürfte er auch im Arbeitsalltag verwenden.

In der Vermutung, daß C.D.s tatsächliches Handeln sich in direktem Widerspruch zu Schilderungen im soziologischen Interview verhält, bestärken all die Äußerungen, die die Psychoanalytikerin zu C.D.s Bestreben, seine unterschwelligen Aggressionen zu kontrollieren, in Beziehung setzt. Es sei eine Eigentümlichkeit seiner Persönlichkeit, sagt C.D., in alle, nicht nur betriebliche "Lebenslagen ... Humor hineinzubringen". Vermutlich unterlaufen ihm hierbei Fehlleistungen, die die anderen zum Lachen bringen. Er sagt: "Da fällt mir das auch nicht schwer, immer irgendwo irgendwelche lockeren Geschichten miteinzubringen, so daß alle lachen müssen, das entkrampft irgendwie, das ist von mir gar nicht gewollt, ... und ich hab schon einmal gedacht, man muß vielleicht bißchen vorsichtig sein, irgendwann rutscht einem mal, weil ich nichts, nichts plane im Kopf, irgendwas raus, was ... gar nicht angebracht wäre, aber bisher habe ich da unwahrscheinlich viel Glück gehabt offensichtlich. Meine Kollegen, die lachen alle unheimlich über mich, und das ist sicherlich sehr sinnvoll, das halte ich also für sehr, sehr sinnvoll, und ich lach ja auch gern, ich muß dann auch über meine eigenen Sachen mal lachen".

Zur Feststellung der Analytikerin, wonach C.D. die Spontaneität der anderen (der Frauen) bewundert, während seine eigene Spontaneität durch Fehlleistungen vertreten ist, fügt sich im soziologischen Interview die Beobachtung, daß von Humor nichts zu spüren ist, wohl aber eine bestimmte ungewollte Clownerie. So ist wohl die Einfügung "Komma" zu verstehen, die C.D. macht, während er über seine Arbeitsaufgaben berichtet, und die sehr wahrscheinlich vom Umgang mit einem Diktiergerät herrührt. Handeln würde hiernach besagen, daß in solchen Situationen C.D.s Selbst und damit seine Fähigkeit zu intentionalem Verhalten überrumpelt wird. Impulse, die nicht in seiner Verfügung sind und ihm Angst bereiten, z.B. eine Sekretärin unabsichtlich zu kränken, verschaffen sich Ausdruck und tragen zu Reaktionen bei, die für andere erwartungswidrig sind; dann lachen seine Kollegen nicht über die Geschichten, mit denen er eine Situation entkrampfen will, sondern über ihn. Indem er sich den Unterschied nicht klar macht, bewahrt er sich die Vorstellung, bei anderen wegen seiner aufheiternden Späße beliebt zu sein. Die Thematisierung der Verunsicherung seines Handelns in solchen Situationen, die man erwarten könnte, wiegt C.D., so betrachtet, durch den Verzicht auf, den Erfahrungswert solcher Situationen differenziert wahrzunehmen. Indem er seine Wirkung auf andere als Humor begreift und diesen überbewertet, kann er meinen, auf jeden Fall, um jeden Preis etwas 'Sinnvolles' getan zu haben, nämlich eine "familiäre Atmosphäre im Büro" herzustellen.

Obwohl C.D. eingangs im soziologischen Interview sich mit einer "gehobenen Sekretärin" vergleicht und sich so – von ihm als humorvolle Bemerkung gemeint, wie er sagt – mit der Sekretärin seines Chefs gleichstellt, ist nicht auszuschließen, daß er sie im tatsächlichen täglichen Umgang als untergeordnet einstuft, als diejenige, die "Schreibarbeiten" macht, während er, als Generalist gewissermaßen, alles andere bzw. alles, "was ein Direktor nicht selbst erledigen will oder nicht kann oder nicht selbst koordinieren will oder kann", bei sich zusammenlaufen lassen möchte. Sofern er dies der Sekretärin zu erkennen gibt, die seit langem für seinen Chef schon arbeitet und an diesen, C.D.s Angaben zufolge, eine vergleichsweise enge Bindung unterhält, kann er, vielleicht weil sie das Entwertende spürt, mit *ihrer* Bewunderung offenbar nicht rechnen; sie habe ihm erklärt, daß er sie nicht interessiere. C.D. macht ihr, so scheint es, Arbeitsbereiche streitig, die auch bei einer Chefsekretärin anfallen und die möglicherweise, bevor C.D. hinzu kam, in ihren Aufgabenbereich fielen. Verschärfend mag sich auswirken, daß die Sekretärin in der Bewerbung auf die Stelle, die er, C.D., jetzt innehat, seinem Bericht zufolge unterlegen war. Demnach hat die Sekretärin sich eine Tätigkeit zugetraut, die er mit Hochschulabschluß nun ausübt. C.D. müßte sich folglich eingestehen, eine Arbeit zu tun, die auch eine Sekretärin erledigen kann, wie er selber sagt, oder er muß neue Aufgaben an sich ziehen, durch die er seine Tätigkeit aufwertet, was er ja auch angibt. Eine dritte Möglichkeit besteht darin, seine Tätigkeit auf Kosten der Sekretärin zu erhöhen. Zieht man zudem in Betracht, daß C.D. diese Stellung übernahm, nachdem er in der höheren und finanziell außerordentlich einträglichen Position als Verkäufer gescheitert war, so dürfte ersichtlich sein, daß der Konflikt mit der Sekretärin in jedem Fall vor dem Hintergrund einer massiven Bedrohung seiner Selbstachtung zu sehen ist. Sie mobilisiert anscheinend Aggressionen, die zur tiefsten bekanntgewordenen Schicht seiner unbewußten Konflikte gehören.

Die Analytikerin hatte aus der Bewunderung für ihn, zu der C.D. sie gebracht hatte, und aus der "exhibitionistischen Weise der Selbstdarstellung", mit der ihm dies gelang, auf die Bedeutung dieses Verhaltens als einem Liebeswerben geschlossen. Aber die Angst vor dem, was C.D. mit Weiblichkeit und dem Weiblichen in ihm selbst assoziiert – "Spontaneität", Unverständliches und Rätselhaftes – wird bestimmend für seine Beziehung zu den Frauen. Um keinen Preis dürfen sie gekränkt werden, auch nicht jene Sekretärin, "diese Dame". Denn "Neid und vermutete und gefürchtete Vergeltungsaktionen", so schreibt die Analytikerin, "bestimmen die unbewußte Beziehung C.D.s mit den Frauen". Diese unbewußte Seite in ihm erhält Bestätigung durch die anscheinend tatsächlich insgesamt beneidenswert gefestigte Position der Sekretärin beim Chef und durch ihre, wie es scheint, vernichtende Kritik an seinen beruflichen Fähigkeiten gegenüber Dritten. Seine Befürchtungen und das tatsächliche Verhalten der Sekretärin könnten zusammenfallen und seine Ohnmacht erklären, die in der Objektivierung dieses Beziehungskonflikts als "Problem" Ausdruck findet. Rivalisieren und Konkurrieren schießen zusammen zu einer unentwirrbaren Einheit von Durchsetzungsverhalten am Arbeitsplatz und unbewußt motivierter Angst vor der Frau, die ihm beides, Konkurrieren und Rivalisieren, verübelt.

Mit seinem Bericht über sein rücksichtsvolles, einfühlsames Verhalten gegenüber einer "anderen Sekretärin" führt C.D. eine weitere Frau in das soziologische Interview ein und bedeutet der Interviewerin damit, daß er die Frauen in der Firma differenziert wahrnimmt, daß die Eine Rücksichtnahme verlangt, während die Andere keine Rücksicht erwarten dürfe. Auch die Soziologin, die gerade ihren Beruf ausübt, kann damit rechnen, daß C.D. nicht "irgendwie schlecht über sie sprechen" oder daß er sich "auf (ihre) Kosten amüsieren würde". Das Interview enthält aber auch kaum einen Hinweis darauf, daß C.D. auf die Soziologin, außer mit Beweisen seiner förmlichen Zugänglichkeit für ihre Bemerkungen, persönlich eingeht. Mit aller Vorsicht muß daher in Betracht gezogen werden, daß er Frauen gegenüber – soweit C.D. sich ihnen nicht nähert, indem er ihre Bewunderung für ihn weckt – indifferent ist. Oder aber sie werden unter entsprechenden Umständen zum Ziel aggressiver Rede, womöglich auch rücksichtslosen Verhaltens.

Diese Darstellung von C.D.s Beziehung zu weiblichen Kollegen läßt sich indirekt stützen durch die überschwengliche, idealisierende Beziehung zu seinem Chef. Ihm bietet C.D. sich als ihn ergänzender Partner an. Er sucht sich mit ihm gegen die Sekretärin zu verbünden, was ihm nur unvollkommen zu gelingen scheint, was er aber aufgrund der Sympathien, die er vorbehaltlos für den Chef hegt, nicht ausreichend wahrnimmt. Man gewinnt einen Eindruck davon, welchen Beitrag die latente männliche Homosexualität, die bekanntlich auf die abgewehrte libidinöse Besetzung des gleichgeschlechtlichen, väterlichen Elternteils zurückgeht, zum undurchschauten wechselseitigen Entgegenkommen männlicher Kollegen zu leisten vermag, und zwar besonders dann, wenn Männer sich in die Vorstellung eigener vermeintlicher oder tatsächlicher Macht teilen und sich mit Chefs wie Unternehmen und Unternehmenszielen identifizieren. Dies ist die Kehrseite der Indifferenz gegenüber den Frauen im Betrieb.

Nach C.D.s Aussage erwartet niemand – weder der Chef noch die anderen – von ihm, daß er, der "beliebt" ist, sich mit der Sekretärin seines Chefs arrangiert. Die unbewußte Beziehung zu den Frauen einerseits und andererseits Handlungsentwürfe, in denen sie als ernst zu nehmende Kolleginnen nicht auftreten, erfahren demnach Entlastung bzw. Tolerierung dann, wenn sie nicht zu sozial geteilten, normativen Vorstellungen von der weiblichen Geschlechtsrolle im Widerspruch stehen. Daß C.D. sicher sein kann, mit ihm würden normative Vorstellungen von Weiblichkeit geteilt, die die Sekretärin nicht erfülle, gibt möglicherweise den Ausschlag dafür, daß C.D. sich erlaubt, den Konflikt mit ihr in der beschriebenen Weise zugespitzt darzustellen, und zwar auf Kosten einer differentiellen Wahrnehmung von Frauen.

Gegen Ende des soziologischen Interviews erfährt die Soziologin, daß C.D. vor mehr als vier Jahren seine Stelle als Verkäufer verlor und auch seinen Arbeitsplatz verloren hätte, wenn er nicht über den innerbetrieblichen Arbeitsmarkt die Stelle eines Leitungsreferenten erhalten hätte, die er zur Zeit innehat. Aus dem zweiten psychoanalytischen Interview ist zu erfahren, daß C.D.s derzeitige Stelle Einsparungen zum Opfer gefallen wäre, wenn ihn nicht seine Stellung als Betriebsratsmitglied davor bewahrt hätte. Die Analytikerin zeigt, wie er die Demütigungen, die für C.D. hiermit verbunden gewesen sein müssen, psychisch verarbeitet, nämlich durch die narzißtische Überbewertung von Fähigkeiten, die von seinem bewußten Erleben abgespalten ist. Rekapituliert man C.D.s im soziologischen Interview versteckte Darstellung der Gefährdung seines Arbeitsplatzes unter diesem Gesichtspunkt, dann erscheint die Verunsicherung seines Selbstwerts, die seine Situation nach sich ziehen dürfte, als von ihm umgearbeitet in die Hochschätzung seiner Person durch andere. In bezug auf den in seiner Situation naheliegenden Versuch vor vier Jahren, durch den Beitritt zum Betriebsrat sich gegen die befürchtete Kündigung zu schützen, läßt er sich so als jemanden erscheinen, der begehrt ist und deshalb schließlich dem Werben von Betriebsratsmitgliedern nachgegeben hat. Den Hinweis darauf, daß diese Selbstdarstellung den Tatsachen möglicherweise nicht entspricht, gibt die Analytikerin, indem sie C.D.s – anderenfalls unerklärlichen – offensichtlichen Angstdruck darauf zurückführt, C.D. habe seine bedrohte Stelle retten müssen und deshalb mit allen Mitteln die Aufnahme in den Betriebsrat betrieben.

Wie C.D. tatsächlich handeln mag, um auch in Zukunft, d.h., falls seine Stelle als Leitungsreferent eingespart würde, die Berechtigung auf sein Beschäftigungsverhältnis zu sichern, ist seinem Bericht nur indirekt zu entnehmen. Als eines seiner Hauptaufgabengebiete gibt er das Rechnungswesen an. Er erwirbt sich durch die Zusammenarbeit mit einem Controller, "so oft es geht", Wissen im Bereich der Gewinn–und Verlustrechnung. Aus dem zweiten Gespräch mit der Psychoanalytikerin wissen wir aber, daß C.D. mit dieser von ihm einerseits als Hauptarbeitsgebiet gekennzeichneten Betätigung andererseits den Wechsel in die Stelle des Controllers, der selber im Aufstieg in eine höhere Position begriffen ist, gerade erst vorzubereiten sucht. C.D. schafft somit von sich ein Bild, wonach er, der sich am Rande der Arbeitslosigkeit bewegt, unentbehrlich, geliebt, identifiziert und willens ist, vielseitig und gut im Bereich seiner Leistungen zu sein. Er kommt hierfür, wie auch seine Kooperationsbereitschaft mit der Analytikerin und der Soziologin gezeigt haben, allen möglichen normativen Erwartungen an ein positives soziales Verhalten nach, mobilisiert unbewußte Größenselbstvorstellungen, in die vermutlich ein zentraler unbewußter Konflikt interveniert, so daß er am Arbeitsplatz nicht als durchgängig sozial kompetenter Akteur auftreten kann; es bleibt ein "Problem", das er nicht lösen kann. Gleichzeitig scheint C.D. geschickt seine Weiterbeschäftigung zu betreiben, was aber in der Darstellung seiner selbst während der Interviews unbedeutend bleibt.

Erfahrungen, die C.D. aufgrund der wiederholten Gefährdung seines Beschäftigungsverhältnisses macht, scheinen hiervon weitgehend abgetrennt zu sein und gehen in C.D.s Handeln auf einer Ebene ein, von der er kaum etwas mitteilen kann, in der er aber anscheinend erfolgreiche Versuche unternimmt, sein Überleben in der Arbeitswelt zu sichern. Die Soziologin faßt es zunächst als eine für C.D. charakteristische Form des unwillkürlich komischen Understatements auf, wenn er sagt: "Ich freue mich morgens, wenn ich in die Firma geh, daß ich arbeiten kann. Dazu kommt in der heutigen Zeit etwas, was vielleicht viele, ich weiß es nicht, Menschen haben: es gibt rund 10% Arbeitslose, und ich bin nicht arbeitslos und darüber freue ich mich natürlich auch. Es ist mir bewußt, daß ich zwar zu der Mehrheit gehöre, 90% haben Arbeit, aber ich komme immer wieder ... mit Leuten zusammen, u.a. mit meinem Schwager, der über 10 Jahre arbeitslos ist, und sehe, wie schwer so was ... zu verkraften ist ..., und das gibt mir auch wieder ein ... freudiges Gefühl, wenn ich morgens an meine Arbeit geh zu sagen, ich habe Arbeit, ich habe nicht nur Arbeit, ich habe eine gute Arbeit, ich habe Arbeit bei einem sicheren Arbeitgeber". Im nachhinein erweist sich diese Rede als Andeutung über C.D.s Furcht, selber zu den 10% Arbeitslosen zu gehören, und diese Furcht erscheint als begründet, aber zugunsten einer eindrucksvollen Selbstdarstellung im Gespräch negiert. Sie macht es schwer abzuschätzen, ob C.D.s Handhabung realer Situationen der tatsächlichen Gefährdung seines Arbeitsplatzes adäquat ist oder ob die Einschränkung seines Selbst dadurch, daß er es vermeidet, sich eine ganze Reihe von Arbeitserfahrungen nachdenklich anzueignen, für sein Selbstbehauptungsstreben schließlich überwiegend nachteilig ist.

5.5 E.F., Computertrainer

(1) Auszug aus dem soziologischen Interview mit einem Computertrainer, 42 Jahre alt, ledig, beschäftigt im industriellen Unternehmen B.

Nachdem E.F. über das (erste) Problem seiner kommunikativen Isolation als Ausbilder für Computerbenutzer und über das (zweite) Problem seiner – gemessen an seiner Qualifikation – Unterforderung berichtet hat, kommt er nach einer längeren Pause auf ein weiteres Problem zu sprechen:

Ja, ein drittes vielleicht, ja, ich kann jetzt keine Schwerpunkte setzen, was, was daran ein Problem, (Hmhm) vom Problem, vom Schwerpunkt her stärker wiegt. Ich sag jetzt nur mal alles, was so, mir einfällt gerade. Eh, ein dritter Punkt ist vielleicht der Umstand, daß dadurch, wir sind eine Firma, die sehr viel – ich weiß nicht, ob Sie's auch deshalb gewählt haben –, die sehr, sehr starken Computereinsatz auch innerhalb der Firma hat schon. Jeder Mitarbeiter hat praktisch ein bis zwei Computer am, am Schreibtisch stehen. Eh ... (Räuspern und Pause) Jetzt hab ich den Faden verloren. Sagen Sie mal, was wollt ich denn jetzt sagen? (Lange Pause) Ja, damit zusammenhängend ... (Pause) also im Augenblick komme ich nicht mehr drauf. Irgendwie ist mir jetzt der Faden gerissen.

K.B.: Ja, es ging um die innere Struktur der Firma ((Ja, richtig)), um die Mitarbeiter, die ebenfalls alle Computer– ((Ja, ja)) Angestellte sind. Und da entstand ...

E.F.: Ach so, jetzt geht's, o.k., jetzt hat's wieder eingehakt. Eh, das führt dazu, oder hat, hat in unserer Firma dazu geführt, daß die, sagen wir mal, die Hierarchieebenen insgesamt unheimlich abgebaut worden sind. Die, man hat es quasi nur noch mit einem, mit einer Vielzahl von extremen Spezialisten zu tun. Und da, dafür ist eigentlich so die herkömmliche Hierarchie nicht mehr geeignet. Also dieses Denken in Hierarchiestufen, das wird dann generell, grundsätzlich vom, schon vom Inhalt der Arbeit her abgebaut. Man kann also im Prinzip keine Hierarchie mehr, so quasi Hauptabteilungsleiter, Unterabteilungsleiter usw. bis nach unten ((unterscheiden)), sondern es arbeiten viele, viele von diesen Spezialisten unter einer Führungsperson. Da zwischendrin gibt's nichts mehr. Das führt zum Teil so weit, daß Leute direkt unter quasi dem, dem obersten Direktor arbeiten, ohne irgendeinen zwischendrin zu haben. Eben weil jeder in der Lage ist, alle Informationen, die er braucht für seine Arbeit, und alle, eh, zu einer Entscheidung wichtigen Voraussetzungen über den Computer zu erhalten. Er kann also auch, wenn er mal tatsächlich ein, eine entscheidende Information braucht, das quasi, wie wir sagen, per electronic mail von seinem Chef bekommen, der vielleicht im Moment gar nicht da ist, sondern vielleicht in Amerika oder sonst irgendwo.

Also, es werden einfach diese Hierarchiestufen nicht mehr gebraucht; und das führt jetzt dazu, das weiß ich aus Erfahrung auch mit anderen Kollegen, das führt jetzt dazu, daß eh den Leuten quasi ein gewisser beruflicher Ausblick von vornherein, also Weiterentwicklung im Sinne von Aufsteigen, wie das ja so in Deutschland als der übliche Weg angesehen wird, daß das eigentlich als Anreiz fehlt. Das gibt's nicht mehr. So daß die Motivation einfach von anderer Seite her kommen muß. Und dafür gibt's in den meisten Firmen aus meiner Sicht, auch bei unserer Firma, bisher keinen vernünftigen Ersatz; also Motivationsersatz zu schaffen für diese fehlenden Aufstiegsmöglichkeiten. Oder Personalentwicklung nennt man das ja, ne ... Eh, also, um jetzt noch mal auf mich zurückzukommen, mich betrifft das insofern, eh, weil ich eben auch durch, sind eh, echte Erfahrungen, die ich gemacht habe, weil ich durch mehr Leistung, durch mehr Einsatz und durch, eh, durch, durch, daß ich eben mehr tue, Überstunden mache oder was auch immer, daß da nichts dabei herauskommt, also daß die Firma mir das überhaupt nicht be, mir überhaupt nicht belohnen kann, die findet keine Möglichkeit mehr, dafür irgendeine Belohnung auszusprechen, so möcht' ich mal sagen. Und das, das führt allmählich dann schon zu nem gewissen Leistungsverlust oder Motivationsverlust. Das seh ich als Problem an, das kann langfristig sicher sehr schwierig werden, weil, eh, ich beobachte das in meiner gesamten Umgebung eigentlich, weil die Leute alle allmählich so den Standpunkt haben, wenn ich weniger mache, dann, eh, passiert ja auch nichts. Sie kennen ja den Begriff der inneren Kündigung, irgendwo hängt das auch damit zusammen, daß man dann routinemäßig so die Dinge ablaufen läßt, ohne seine eigene Kreativität noch miteinzubringen. Weil eben man gelernt hat, daß es wenig, ja für einen wenig selbst bedeutet, wenig bringt. Man kann es sicher ne gewisse Zeit lang machen, aber wenn dann keine Rückkopplung kommt, kommt kein Feedback in irgendeiner positiven Form, es nur, sagen wir mal, Anerkennung ist vom Chef, aber der kann das im Prinzip auch nicht machen, weil sich da gezeigt hat, daß die meisten Leute, sobald sie (lacht leicht) Anerkennung in dieser Form bekommen, dann gleich die Hand aufhalten und sagen, wenn, dann mehr Gehalt; und das geht halt auch nicht. Das wäre so ein weiterer Schwerpunkt, ja. Geben Sie mir mal noch ne, noch ein Ansatzpunkt, was, in welcher Richtung ich Ihnen da noch Informationen geben kann.

K.B.: Eh, ne, ich finde das also sehr eindrucksvoll, wie Sie das geschildert haben, und ich habe mich jetzt so gefragt, wie Sie dann jetzt tatsächlich damit umgehen, nicht; wenn Sie die Situation so erfahren in Extremen, in Polarisierungen – so haben Sie's auf den verschiedensten Ebenen geschildert, daß es immer so zwei Extreme gibt und dazwischen gibt's keine differentiellen Ebenen, ((Ja,ja)) an die man sich irgendwie halten kann. ((Hmhm)) Und das hat bei Ihnen jetzt eingemündet in die Formulierung, daß Sie zwischen sich und Ihrer inneren Situation und die Arbeit da ((Hmhm)) so auch so eine Grauzone sehen und haben das dann eben innere Kündigung genannt. ((Hmhm)) Jetzt wollt ich fragen, wie sie denn jetzt also tatsächlich damit umgehen, ob Sie was tun dagegen, oder ob Sie vielleicht gar keine Möglichkeit sehen?

E.F.: Ja, doch, natürlich, ich seh schon Möglichkeiten, also ich, ich hab, eh, anfangs mich sehr stark dann ..., nachdem diese Prozesse sich nicht ändern, als nicht änderbar angesehen habe, ich hab also tatsächlich versucht am Anfang, schon irgenwo was dran zu drehen, aber diese Mechanismen, die da wiegen, die sind einfach zu stark, da kann man nichts gegen tun. Und, eh, vor allem ist ein guter, eh, wie sagt man da, ein guter Faktor, um solche Dinge, die man bei sich erlebt, zu verstärken oder zu sehen, indem man Leute beobachtet, die schon 20 Jahre in der Firma sind. Und bei denen treten solche, solche Dinge dann sehr viel extremer auf; also dort kommen dann solche Ausprägungen sehr viel stärker zutage. Und das konnt' ich bei solchen Leuten gerade sehr gut beobachten. Da gibt's also Mitarbeiter, die total resigniert sind.

Das hören Sie auch, wenn Sie mit den Leuten sprechen, das ist ne ganz flache Stimme und da, da ist überhaupt kein Leben mehr drin. Die sind wirklich, die sind, ich möcht' nicht sagen klinisch tot (Lachen), aber ((Ja)) da ist also nichts mehr da, was irgendwo Ansporn oder Kreativität liefert. Ich möcht' übrigens das jetzt nicht unbedingt nur auf, auf die Firma beschränken, wo ich jetzt bin. Ich war vorher bei zwo andern Firmen, wo ich ähnliche Dinge beobachtet, eh, beobachten konnte. Zwar vielleicht in anderen, vielleicht mit ner anderen, mit ner gewissen Verschiebung, aber so die Tendenz ist immer eigentlich ähnlich. Ja, und, was ich gemacht habe, war, nachdem ich das eingesehen habe oder gesehen habe, daß ich da für mich nicht sehr viel ändern kann. Ich hab' dann eben mich nach außen orientiert.

Nachdem E.F. anschließend seine Schulungstätigkeit und seine Unzufriedenheit damit geschildert hat, knüpft die Interviewerin an seine Erwägung an, die Firma zu wechseln:

K.B.: Würde das heißen, daß das für Sie in gewisser Weise dann auch von Vorteil ist, wenn Sie ihre Situation so wahrnehmen, daß Sie sich eigentlich nicht so richtig identifizieren können und daß das Ihnen auch die Chance gibt, sich zu überlegen, daß Sie diese Firma auch verlassen können?

E.F.: Das ist eine interessante Frage, eh. (Pause) Also bei mir geht die Entwicklung, ich hab's, ich hab' also diese Entwicklung schon mehrfach bei anderen Firmen ähnlich durchgemacht. Geht die Entwicklung immer so, daß, eh, daß am Anfang Neugierde da ist, daß ich also erstmal alles aufnehme, was da sich abspielt, dann kommt ein Prozeß des, ich möchte sagen, fast des totalen Engagements, wo ich voll einsteige und häufig mehr tue, als es den Vorgesetzten lieb ist, und dann werden aber diese Dinge häufig nicht angenommen, dann passiert das, was ich schon gesagt hatte, dann wird das eben nicht akzeptiert oder nicht angenommen oder, eh, sagen wir mal, eine Profilierung oder die Befriedigung gewisses, eines gewissen Ehrgeizes wird nicht zugelassen, und wenn ich das dann erkenne, wenn ich das klar erkenne, daß das nicht möglich ist, dann ist bei mir sofort aus, also dann, dann fällt meine Motivation auf Null, und dann mach ich zwar das, was ich alles zu tun habe, noch sehr gut, aber das Engagement ist dann Null. Dann mache ich auch eben nur so viel, wie ich brauche, um das Geld zu verdienen.

(2) Schwindende Leistungsmotivation

Die betriebliche Hierarchie als ganze wird von den Projektteilnehmern aus dem Unternehmen B – insofern überhaupt – unter dem Gesichtspunkt thematisiert, die darin enthaltenen Regeln der Über- und Unterordnung lockern zu wollen. Ein Interviewpartner stellt der hierarchiebedingten Macht eine Art Interaktionsmacht gegenüber, die praktisch bis zur Umkehrung der hierarchischen Abhängigkeiten reichen könne. Ein anderer beklagt die Zunahme des unpersönlichen Charakters, den Beziehungen zu Vorgesetzten haben, je höher deren Position in der Unternehmenshierarchie ist. E.F. demgegenüber sieht die Hierarchie im Unternehmen als weitgehend abgebaut an. Zur Begründung führt er den Einsatz von Computern auf allen Arbeitsplätzen der Mitarbeiter an. Durch das Abrufen von Informationen und Entscheidungen von diesen Geräten entfalle die Notwendigkeit hierarchievermittelter Kommunikation aus technischen Gründen. Statt dessen versammle das Unternehmen eine Vielzahl "extremer" Spezialisten, die sich gegenseitig nicht vertreten könnten und sich alle gleichermaßen 'massenhaft' an eine hierarchisch nicht oder nur unbedeutend untergliederte Unternehmensleitung wendeten.

Die hieraus erwachsende Vereinzelung der Mitarbeiter spitzt sich für E.F. zur Isolation an seinem Arbeitsplatz zu. Während er beim Herstellen von Schulungsunterlagen am Computer mit anderen nicht kommunizieren könne, müsse er in der Schulungssituation selber permanent kommunizieren, ohne daß seine Isolation dadurch aufgebrochen werde. Hinzu komme seine Unterforderung im Verhältnis zu der beruflichen Erfahrung, die er aus anderen Firmen mitbringe, und vor allem im Verhältnis zu seiner "komplexen" Ausbildung (vier aufeinander aufbauende Berufsabschlüsse). E.F. kann auf einen eindrucksvollen, über Umwege erlangten (Bildungs–)Aufstieg zurückblicken, der in den Beruf des Wirtschaftsingenieurs einmündete, ohne daß die Vielfalt der erworbenen Qualifikationen sich aber aktuell als nutzbar und vorteilhaft erweist.

E.F.s Bericht zufolge entspricht seinem an Kontakten zu anderen armen Arbeitsfeld in dem Unternehmen, das ihn beschäftigt, daß konkrete Personen für sein Arbeitserleben kaum von Bedeutung zu sein scheinen. Vorgesetzte stellten eine persönliche Beziehung, zumal der Anerkennung von Leistung und Engagement, zu ihm nicht her. Kollegen, die ihn vertreten könnten, gebe es nicht. Die Teilnehmer an seinen Schulungskursen samt den Firmen, die Kursteilnehmer zu ihm entsenden, stellten zudem eine unwägbare, E.F.s Einfluß entzogene Quelle möglicher negativer Urteile seines Chefs über ihn dar. Zu thematisieren bleibt für ihn daher vor allem nur die eigene Person.

E.F. steht unter dem Eindruck seiner schwindenden Arbeitsmotivation. Er erklärt diesen Motivationsverlust in erster Linie mit dem Mangel an betrieblich vorgesehenen Aufstiegsmöglichkeiten. Es gebe keine Anreize, die seine Leistungsmotivation fördern würden. Anerkennung im Sinn symbolischer Belohnungen, wie E.F. allein sie erwarte, würde nicht ausgesprochen, und über ein spezielles Personalentwicklungssystem, das E.F.s Kreativitätspotential erschließen und aktivieren könnte, verfüge die Firma nicht. E.F. führt deshalb seinen Motivationsschwund auf einen Mangel an Aufstiegschancen und Gratifikationen innerhalb seiner für ihn durch Hierarchielosigkeit und Vereinzelung gekennzeichneten Firma zurück.

E.F. erlebt sich als jemanden , der eine "extrem gute Leistung" bringt, aber die innere Bindung an seine Arbeit gelöst hat, weil sie ihm nicht 'gelohnt' wird, wo er doch Wertschätzung erwarte. Er erwägt daher, die Firma zu wechseln, und knüpft an diesen Wechsel die Hoffnung auf mehr Selbständigkeit und auf Freiräume, seine zur Zeit brachliegende Kreativität entfalten zu können, sowie auf einen Aufstieg ins mittlere Management.

(3) Verborgene Bedeutungen des Kontaktproblems

Insgesamt begründet E.F. den schlechten Zustand seiner Arbeitsmotivation und seine Lustlosigkeit mit Bedingungen, die in der Unternehmensorganisation angelegt sind. Die Analytikerin gelangt demgegenüber zu der Auffassung, E.F. schildere mit seiner Arbeitssituation, ohne es zu wissen, seinen inneren Zustand. Dies wird für sie jedoch erst in einem zweiten psychoanalytischen Gespräch mit ihm erkennbar. Im Protokoll zum ersten Gespräch hatte sie festgehalten, E.F. mache auf sie "den Eindruck eines kraftvollen Menschen, der weiß, welchen Weg er gehen und wie er es anstellen muß, erfolgreich zu sein". Sie setzte hinzu: "Das Gespräch bewegt sich zwar angenehm, aber doch sehr an den Fakten orientiert und ohne Möglichkeit meinerseits, psychoanalytisch zu intervenieren".

Das zweite Interview zwingt die Analytikerin dann dazu, den zunächst gewonnenen Eindruck zu revidieren: "Herr F. spricht von seiner Resignation und von seiner Müdigkeit. Es wird eine depressive Verstimmung deutlich". Er erklärt sie damit, daß er von dem "Chef der (Marketing-)Abteilung, in der er zuvor arbeitete, ein Zeugnis verlangt hatte, dieses sei aber 'sehr schlecht' ausgefallen". Nach einer offenbar beeindruckenden Selbstdarstellung im ersten psychoanalytischen Interview gelangt die Analytikerin nach dem zweiten Interview daher zu dem Schluß: "Herr F. leidet offensichtlich unter depressiven Verstimmungen, die sich unter einer Scheinaktivität verbergen".

Die Wende zwischen erstem und zweitem Interview hatte, so schreibt die Analytikerin, eine "Taktlosigkeit" ihrerseits vor Beginn des zweiten Gesprächs" eingeleitet: "Herr F. ist bereits da und sucht mich auf dem Flur des Sigmund-Freud-Instituts. Ich sage scheinbar völlig unmotiviert und plump: 'Ach, Sie wollen schon wieder gehen?' und entschuldige mich sofort dafür. Er blickt mich zu Recht etwas irritiert an". Dieser Auftakt macht sie im nachhinein, im Verlauf des anschließenden Gesprächs darauf aufmerksam, "daß sich das Kontaktproblem, von dem E.F. redet, auch in der aktuellen psychoanalytischen Situation hergestellt hat". Die Analytikerin hatte, so schließt sie, das zweite mit dem ersten Interview vergleichend, "im ersten Gespräch offensichtlich die Funktion eines Spiegels übernommen ..., der Herrn F. seine eigene Größenphantasie widerspiegeln sollte", "ohne ihn mit dem schmerzlichen Verlust dieser narzißtischen Phantasie zu konfrontieren". Der "Bruch" im Annehmen der Spiegelfunktion, der sich im "Auftakt des Gesprächs, meine plumpe Weise, ihn zu empfangen", vollzieht und der die Analytikerin Kontaktprobleme bei E.F. vermuten läßt, verweist aus dem Gesichtswinkel der

Gegenübertragung auf "ein Stück abgewehrter Aggression, die offensichtlich in Kontaktprobleme eingelassen ist und in der Beziehung zu mir kaum spürbar wurde".

Aus der Einsicht in E.F.s Kontaktproblem ergibt sich für die Analytikerin der Leitgedanke ihrer Interpretation des soziologischen Interviews. In ihm nimmt E.F.s Klage über mangelnde Kommunikationsmöglichkeiten in der Firma breiten Raum ein. Nach den Kontakterfahrungen der Analytikerin mit E.F. sind in diesen Mängeln indessen persönliche Kontaktschwierigkeiten zu sehen. Sie schreibt:

> In beiden Gesprächen, dem psychoanalytischen und dem soziologischen, beklagt Herr F. die Kommunikationsprobleme am Arbeitsplatz, daß beispielsweise Computer das übernehmen, was früher Menschen getan haben. Bei näherer Betrachtung jedoch fällt auf, daß es sich dabei um ein innerpsychisches Problem handelt, daß nicht die mangelnde Kommunikation außen, sondern daß ihn seine Unfähigkeit, sich auf Menschen zu beziehen, bedrückt. Um diesem quälenden Gefühl zu entgehen, will er von der Firma A. weggehen in der trügerischen Hoffnung, daß sich in ihm dadurch etwas ändert.
>
> Im soziologischen Interview fällt ein merkwürdiger Widerspruch – zumindest am Anfang des Gesprächs – auf. Einerseits kehrt Herr F. mit seinen Fragen nach dem Projekt nicht nur die Situation um – er stellt die Fragen, und die Interviewerin soll ihm antworten –, sondern stellt darüber scheinbar auch einen unmittelbaren Kontakt zur Untersucherin her. Dazu gehört, daß er den Faden verliert und die Interviewerin ihm sagen muß, wie es weitergeht bzw. was er ihr mitteilen wollte. Andererseits entsteht der Eindruck von Nicht–Kommunikation im soziologischen Interview. Herr F. nimmt zwar die Fragen der Untersucherin auf, aber nur scheinbar innerlich beteiligt. Es ist so, als ob er, einem inneren Getriebensein folgend, Dinge aus sich herausbringen muß, die ihn bedrücken: Er spricht von Resignation, von innerer Lustlosigkeit und von Antriebslosigkeit. Er macht diesen Zustand von Stillstand zwar an einem älteren Kollegen fest, tatsächlich beschreibt er sich jedoch selbst. Über die Schilderung von Problemen mit äußerer betrieblicher Realität gibt er einen ausgezeichneten Einblick in das, war mit ihm passiert, daß der anfänglichen Begeisterung über eine neue Arbeit immer die Ernüchterung und die Niederlage folgen. "Also bei mir ... geht die Entwicklung immer so, daß am Anfang Neugierde da ist, daß ich also erstmal alles aufnehme, was sich da abspielt, dann kommt ein Prozeß des, ich möchte sagen, fast des totalen Engagements, wo ich voll einsteige und häufig mehr tue, als es den Vorgesetzten lieb ist, und dann werden aber diese Dinge häufig nicht angenommen, dann passiert das, was ich schon gesagt hatte, dann wird das eben nicht akzeptiert oder nicht angenommen oder, sagen wir mal, eine Profilierung oder die Befriedigung ... eines gewissen Ehrgeizes wird nicht zugelassen, und wenn ich das dann erkenne, wenn ich das klar erkenne, daß das nicht möglich ist, dann ist's bei mir sofort aus, also dann, dann fällt meine Motivation auf Null, und dann mache ich zwar das, was ich alles zu tun habe, noch sehr gut, aber das Engagement ist dann Null". Offensichtlich tragen ihn zunächst seine Größenphantasien hinweg. In dem Augenblick, in dem diese sich an seinem Ich bzw. seinem Überich messen sollen, verfallen sie einem Verbot: "Sagen wir mal, eine Profilierung oder die

Befriedigung eines gewissen Ehrgeizes wird nicht zugelassen". Herr F. schildert, wie seine narzißtischen Wünsche nach Wiederherstellung von Allmacht scheitern und nur Resignation übrigbleibt.

Das soziologische Interview verdeutlicht Herrn F.s Suche nach dem idealisierten Objekt einerseits, mit dem er verschmelzen kann, und den Versuch, alle Macht und Größe in das eigene Selbst zu verlagern und die Außenwelt zu verachten und abzuwerten andererseits. Herr F. stellt sich der Soziologin vor: "Ich hab' 'ne sehr komplexe Ausbildung. Ich hab' über 'nen zweiten Bildungsweg ein Studium gemacht, und zwar Nachrichtentechnik, aber zuerst habe ich angefangen als Schlosser, dann habe ich bei der Bundespost gelernt und beide Sachen abgeschlossen. Dann bin ich über'n zweiten Bildungsweg auf die Fachhochschule gekommen, hab' dort Informationstechnik studiert, dann war ich drei Jahre in der Berufspraxis und hab' dann noch mal Wirtschaftsingenieurwesen studiert. Und danach war ich jetzt bei drei verschiedenen Firmen tätig". Diesen Bildungsweg als "komplex" zu bezeichnen verbirgt, daß Herr F. Umwege gehen muß - und offensichtlich nicht immer freiwillig -, bis er zu seiner heutigen Tätigkeit kommen konnte.

Er fühlt sich, gemessen an seinen Größenselbstvorstellungen, unterfordert, er glaubt, daß seine Kreativität in der Firma B. nicht wirklich zum Tragen komme; deshalb wird er auch gehen müssen. Er möchte nicht festgenagelt auf eine bestimmte vorgegebene Arbeit sein und sucht Freiräume. Da dieser Prozeß aber kein äußerer ist - wie Herr F. fälschlicherweise meint -, sondern ein innerer, wird er scheitern. Er weiß zwar, daß er letztlich immer erfolglos ist, aber er kann sich dieses Scheitern nicht wirklich erklären, obgleich er es, wie oben wiedergegeben, sehr präzise schildern kann. Was er nicht weiß, ist, daß er an seiner Selbstüberschätzung einerseits und an der Entwertung der anderen andererseits scheitert.

Da er die Außenwelt als ihm gegenüber feindselig gesinnt phantasiert, erlebt er jede nicht ausgesprochene bzw. unterlassene Bestätigung von seiten der Kollegen oder Vorgesetzten als Bestrafung. Da er glaubt, aus sich selbst heraus diese Situation überwinden zu können, ähnlich wie er versuchte, zu Beginn des soziologischen Interviews die Fäden in der Hand zu halten, überfordert er sich damit, immer eine extrem gute Leistung bringen zu müssen. Trotz dieser Anstrengungen aber wird er von seiner Umgebung enttäuscht, die natürlich nicht weiß, daß sie die Funktion hat, das gestörte narzißtische Gleichgewicht von Herrn F. aufrechtzuerhalten.

Obwohl Herr F. Freiräume, Selbstverwirklichungsmöglichkeiten seiner Kreativität sucht und beklagt, daß "halt so 'ne Kette (ist), der man eigentlich relativ hilflos ausgeliefert ist; und man erfährt häufig auch gar nicht, was da gelaufen ist, weil es manchmal auch von dem Vorgesetzten schon abgeblockt wird", vermißt er andererseits die Hierarchie. Seine bewußte Argumentation für eine Hierarchisierung des Betriebs ist der Anreiz für eigene Aufstiegsmöglichkeiten innerhalb des Betriebs, man kennt "also im Prinzip keine Hierarchie mehr, so quasi Hauptabteilungsleiter, Unterabteilungsleiter usw. bis nach unten, sondern es arbeiten viele, viele von diesen Spezialisten unter einer Führungsperson ... (Ein Mitarbeiter) kann also auch, wenn er mal tatsächlich eine, eine entscheidende Information braucht, das quasi, wie wir sagen, per electronic mail von seinem Chef bekommen, der vielleicht im Moment gar nicht da ist, sondern vielleicht in Amerika oder sonstwo. Also es werden einfach diese Hierarchiestufen nicht mehr gebraucht". Tatsächlich aber sucht er offensichtlich nach Objekten, die er idealisieren, an deren Macht er teilhaben kann und die ihn in seiner Minderwertigkeit aufwerten. Er vermißt die Belohnung, das Feedback durch Chefs, die ihn in seiner Motivation anspornen können. Zutreffend bezeichnet er den Zustand, der eintritt, wenn keine Zufuhr von außen in Form von Anerkennung oder Widerspiegelung eigener Größe mehr stattfindet, als einen, in dem der Mitarbeiter, d.h. er selbst, "klinisch tot" ist.

Der Versuch, die narzißtische Entwicklung von Herrn F. biographisch zu verankern, verweist auf die Geburt seiner nur ein Jahr jüngeren Schwester, d.h. auf den frühen zumindest partiellen Verlust der Mutter. Der bei der Geburt von Herrn F. bereits 47jährige Vater wird von ihm als nicht vorhanden bzw. als gefühlsmäßig immer abwesend bezeichnet. Mit dem 9 Jahre älteren Halbbruder aus der ersten Ehe des Vaters verbinden ihn Haß, Neid und Ablehnung. Dieser hatte offensichtlich einen Vater, während er, Herr F., leer ausging. In dem Bedürfnis nach Chefs, die er idealisieren kann, setzt sich die Suche nach einem Vater fort, den Herr F. während seiner Kindheit und Jugend vermißt hat. Herr F. hat als einziger der Geschwister studiert; darüber hat er offensichtlich versucht, sich narzißtisch aufzuwerten, sich das selbst zu verschaffen, was er glaubt, von den Eltern nicht bekommen zu haben.

Die Überfrachtung der Arbeitssituation mit dieser Selbstwertthematik kann dazu führen, daß Herr F. von einer Firma zur anderen gehen wird, in der Hoffnung, den idealen Vater zu finden, bzw. daß seine phantasierte Größe ihm endlich durch die Umwelt widergespiegelt wird.

(4) Verlust an Handlungskompetenz

In der Sicht der Analytikerin gibt E.F. einen "ausgezeichneten Einblick in das, was mit ihm passiert", wenn er äußere Probleme seiner betrieblichen Situation schildert. Die Beschreibung, auf die die Analytikerin sich an zentraler Stelle bezieht und wonach E.F. die Erfahrung vergeblichen, von Anerkennung nicht gefolgten Engagements an seine Arbeit macht, meint indessen zugleich einen spezifischen Handlungsentwurf. Für dessen Geltung verbürgt sich E.F., indem er auf eigene, wiederholte Erfahrungen in dieser wie auch in anderen Firmen sowie auf vergleichbare Vorgänge bei Kollegen, die er beobachtet hat, verweist.

E.F. nimmt sich anfangs einer Aufgabe an, läßt sich von ihr einnehmen, "steigt voll ein", d.h., ohne Distanz zwischen sich und die Ausführung dieser irgendwie in betriebliche Abläufe eingelassenen, ihm übertragenen Aufgabe herzustellen. Die Ausführung einer Arbeitsaufgabe hat offenbar zugleich die Funktion, dem Chef zu signalisieren, daß E.F. hierfür Anerkennung erwartet. In diesem Sinne ist die möglichst gute Ausführung von Arbeitsaufgaben Entwurf einer sinnhaften, intentionalen Handlung. Allerdings trifft E.F. nicht auf die erwartete Reaktion; "diese Dinge (werden) häufig nicht angenommen", und er schließt daraus, zurückgewiesen worden zu sein. Statt daraufhin seinen Handlungsentwurf zu modifizieren, gibt er es offenbar auf, das Erfüllen seiner Arbeitsaufgaben als Handlungsentwurf an Chefs zu richten. "Dann mache ich eben nur so viel, wie ich brauche, um das Geld zu verdienen". Dieser Vorgang, der ihn auf den Ausgangspunkt seines Handlungsentwurfs zurückwirft, kann sich, sofern E.F. zu Modifikationen nicht gelangt, nur wiederholen. Er ist vermutlich für E.F.s betriebliche Situation bestimmend und nicht, wie er der Analytikerin zunächst nahebringt, vereinbar mit dem "Eindruck eines kraftvollen Menschen, der weiß, welchen Weg er gehen und wie er es anstellen muß, erfolgreich zu sein", aber auch nicht mit dem Eindruck eines Menschen, der, nachdem er initiativ geworden ist, "die Fäden in der Hand behält". Hierauf deuten, wie bereits in einiger Hinsicht ausgeführt, sowohl das psychoanalytische Interviewgeschehen, insbesondere der Bruch zwischen erstem und zweitem Interview, als auch der Ablauf des soziologischen Interviews hin. Bei der Soziologin verliert E.F., nachdem er zunächst durch Fragen die Gesprächsinitiative übernommen, also 'Tatkraft' demonstriert hat, den Faden seiner Erzählung. Danach nehmen Anzahl und Umfang der Beiträge der Soziologin zum Gespräch zu, ohne daß man immer sagen könnte, E.F. beziehe sich auf ihre Bemerkungen. "Es ist so", bemerkt die Analytikerin "als ob er, einem inneren Getriebensein folgend, Dinge aus sich herausbringen muß, die ihn bedrücken".

Auch E.F.s inhaltliche Beschreibung seiner Tätigkeit wandelt sich im Verlauf des soziologischen Interviews. Anfangs stellt er sie der Soziologin als eine wenn auch einseitige so doch höchste Konzentration erfordernde Einübung in neue Programme vor und als pädagogisch anspruchsvolle Vermittlung ihrer Besonderheiten. Im weiteren Verlauf reduziert er diese Arbeit formelhaft auf "nur ein Umsetzen von vorgegebenen Regeln in das Verständnis solcher Regeln", in eine "Pflichtentätigkeit". E.F.s deprimierte Verfassung ist, so gesehen, zusammengesetzt aus dem negativen Resultat seiner erfolglosen Versuche, bei Chefs anerkennende Reaktionen auf seine Arbeit auszulösen, und der Abwertung seiner Arbeitsaufgaben, die er daraufhin vornimmt. Aber auch die Umkehrung gilt: Wären die Arbeitsaufgaben bedeutsamer, würden sie Anerkennung durch die Chefs nach sich ziehen. Deshalb will E.F. die Firma wechseln und sich dadurch 'verbessern'. Gegen seine negativen Erfahrungen bietet E.F. vermehrt Vorstellungen von eigener Größe und Kreativität auf, die er an seiner komplexen Ausbildung festmacht und ihn berechtigen, Anerkennung einzufordern. Die soziale Umwelt läßt sich hierauf aber nur selten, beispielsweise im ersten psychoanalytischen Interview, ein.

E.F. scheint darüber hinaus nicht in der Lage zu sein, dem anderen Hinweise darauf zu geben, wie dieser seine Arbeit einschätzen soll. Als die Soziologin, sich auf die Schilderung verschiedener Aspekte seiner Trainingstätigkeit einlassend, ihm Gelegenheit gibt, zu detaillieren, worin das Anspruchsvolle seiner Tätigkeit besteht, kann er die Chance nicht nutzen. Vielmehr zieht er sich auf eine weitergehende Entwertung seiner Arbeit zurück; es handle sich dabei um die "Umsetzung von ... Computerfunktionen in das Erklären solcher Funktionen ... Wenn Sie Schreibmaschine-Schreiben lernen, da lernen Sie auch nichts anderes als der Umstand, auf welchen Knopf Sie drücken müssen, auf welche Taste, damit eben etwas Bestimmtes passiert, und etwas anderes tun Computertrainer auch nicht". Die Gelegenheit, den Kontakt zur Soziologin zu nutzen, um ihr zu vermitteln, daß seine Arbeit ihre Wertschätzung verdiene, wird von E.F. vertan zugunsten einer Abwertung seiner Tätigkeit bei gleichzeitigem Rückgriff auf sein Größenselbst; denn die außerordentliche Kreativität, die ihm möglich wäre, brauche man nicht, sie "fällt total weg". Demnach ist nicht auszuschließen, daß E.F. seinen Chefs, die sicher nicht in erster Linie an der Weitergabe von Wertschätzung und Belohnung orientiert sind, keine Verhaltensweisen entlocken kann, die Anerkennung ausdrücken würden[87].

E.F. wird auf die Selbstvergewisserung seiner intellektuellen Fähigkeiten und seiner Kreativität zurückgeworfen. Weder folgen die Chefs seiner Erwartung von Anerkennung, noch kann er diese bei ihnen hervorrufen. Die Alternative aber, seine Erwartungen zu modifizieren, indem er sein Bild von eigener Größe revidiert, steht ihm nicht offen. Vermutlich würde sie eine Angst auslösen, die der Alternative angemessener Reaktionen im Wege stünde. Als die Analytikerin im zweiten Interview E.F.s spürbare Ängstigung mit seinem Kontaktproblem in Zusammenhang bringt, berichtet E.F. von dem schon erwähnten schlechten Zeugnis, das er nach dem ersten Interview erhalten habe. Die Verunsicherung bewältigt er, indem er sich, "noch nachdem er das schlechte Zeugnis bekommen hat, als Herr der Situation (phantasiert)". Hätte E.F. sich dem Empfinden von Angst ausgesetzt, so hätte dies bedeutet, seine Vorstellung eigener Größe an seinem Überich zu messen und sich zu fragen, ob er zu dem schlechten Zeugnis beigetragen habe. Sein Größenselbst hat die Aufgabe, die negativen Folgen seiner eingeschränkten Selbstkritik für seine Arbeitsmotivation zu begrenzen.

Der zweite hervorstechende Handlungsentwurf, von dem E.F. berichtet, folgt der letzten Phase jenes Vorgangs, der nach E.F.s eigener Beschreibung in den Motivationsverlust mündet, wenn er nämlich erkannt habe, daß "eine Profilierung ... nicht zugelassen" ist: "Dann ist es bei mir sofort aus, dann fällt meine Motivation auf Null, und dann mache ich zwar das, was ich alles zu tun habe, noch sehr gut, aber das Engagement ist dann Null". Wie sehen die Handlungsentwürfe aus, auf die E.F. sich einstellt, wenn der Kontakt zum alter ego der Chefs verlorengegangen ist? Da seine Firma über keine motivationsbildenden Struktureigenschaften – sei es in Form einer Hierarchie, innerhalb derer man aufsteigen kann, sei es in Form eines Personalentwicklungssystems – verfügt und die Mitarbeiter einander nicht vertreten können, weil "jeder ... der einzige ... Spezialist auf seinem Fachgebiet ist", sei eine "gewisse ... Isolation" das Resultat.

Alles, was er, E.F., für seine Arbeit benötige, liege im Computer selbst. Zu 70–80% seiner Arbeitszeit kommuniziere er daher nicht mit anderen. Die

---

87 So reagiert jedenfalls auch die Soziologin, die nach E.F.s Vergleich mit den Anforderungen ans Bedienen einer Schreibmaschine in Frageform bemerkt: "Mit anderen Worten: das Neue, was Sie da immer auch (tun), ist nichts Kreatives?"

"extrem anderen Situationen" der Schulung, in denen E.F. "permanent kommunizieren muß", haben keine ausgleichende Wirkung. Sie konstellieren "Spannungen" mit, die daher rühren, daß E.F. – da er die Wertschätzung seiner selbst durch Anerkennung bei seinen Chefs nicht stützen kann – meint, sich in sozial undefinierten Situationen zu bewegen, während er arbeitet. Nach der Alternative verfahrend: wer nicht ausdrücklich mein Freund ist, kann nur mein Feind sein, umgeben ihn feindselig gesonnene Chefs. Ein alter ego, von dessen Reaktionen man abhängig ist, das man aber nicht zu beeinflussen vermag, kann nur als Angreifer wahrgenommen werden, d.h. als jemand, dessen Verhalten nicht einzuschätzen ist und von dem daher immer Gefahr ausgeht. In diesem Sinne erwartet E.F. von den Chefs Bestrafung, der er nur dadurch entgehen zu können meint, daß er sich durch Leistung unangreifbar zu machen sucht; er bringe "permanent eine extrem gute Leistung ..., wenn Sie das nicht tun, dann werden Sie sofort bestraft ... Ich muß immer hundertprozentige Leistungen bringen, sonst kommt sofort die Bestrafung".

Vorgesetzte aus den Kundenfirmen riefen nicht ihn, sondern seinen Vorgesetzten an und in der Regel auch nur dann, wenn etwas zu beanstanden sei. So sei er "ständig immer am Laufen", müsse "ständig hin- und heragieren", "sich sofort immer umstellen", "sich sofort immer auf diesen Fehler (des je individuellen Lehrgangsteilnehmers) einstellen, ohne der Willkür entgehen zu können, auf die hin Strafe erfolge – beispielsweise weil "die Leute einfach während des Kurses schlafen quasi, nicht aufpassen", nichts gelernt haben "und dann sagen ..., der Lehrer war schlecht". Mit einer sozialen Kompetenz, die seinen Anerkennungswünschen entgegen käme, nicht ausgestattet, allein auf die positive Selbsteinschätzung gestützt, muß E.F. sich so überfordern.

Die Analytikerin belegt diese Überforderung damit, daß E.F., nachdem er im Gespräch mit der Soziologin zunächst die Intiative an sich gezogen hatte, den Faden verliert. Er gibt die Gesprächsführung an die Soziologin ab, nehme ihre Fragen "nur scheinbar innerlich beteiligt" auf. "Es ist so, als ob er, einem inneren Getriebensein folgend, Dinge aus sich herausbringen muß, die ihn bedrücken". Es scheint, als könne er Kontakten keine Dauer verleihen und überlasse sich einer Stimmung, die inhaltlich von der Sorge über seine schlechte psychische Verfassung bestimmt ist. Die Überforderung rührt, so betrachtet, daher, daß E.F. gegen einen Mangel an Handlungskompetenz mit der inneren Möglichkeit der Selbstaufwertung angeht, die zugleich aber die psychische Bedingung seiner eingeschränkten sozialen Kompetenz ist. E.F. bewegt sich in einem Zirkel. In Anbetracht seiner Abhängigkeit von Chefs als idealisierten Vaterfiguren ist E.F. auf entsprechende soziale Kompetenz einerseits angewiesen. Andererseits dürfte die nämliche Idealisierung, weil sie sich auf einen Vater, der für ihn "nicht vorhanden bzw. ... gefühlsmäßig immer abwesend" war, bezieht, den Erwerb einer entsprechenden sozialen Kompetenz schon in der Kindheit nicht eingeschlossen haben.

E.F. schildert einen enthierarchisierten Unternehmensaufbau, in dem 'vereinzelte Einzelne' und Spezialisten wie er nicht zueinander in Beziehung treten und sich nach Direktiven einer teilweise leiblich nicht präsenten Unternehmensleitung richten. Die psychoanalytische Interpretation legt nahe, mit diesem futuristischen Bild der Organisation seines Unternehmens habe E.F. an dessen tatsächlichem Aufbau vorbei seine Darstellung entsprechend seiner psychodynamischen Situation funktionalisiert. Nimmt man das von der Analytikerin beschriebene Verhältnis zu Geschwistern und zum Vater hinzu, so ließe sich geradezu von einer subjektiven Familialisierung, d.h. einer Projektion der Beziehungskonstellation in der Familie seiner Kindheit auf das Unternehmen sprechen. Damals habe E.F., so vermutet die Analytikerin, versucht, sich im Unterschied zu den Geschwistern, die nicht studiert haben, als einziger "das selbst zu beschaffen, was er glaubt, von den Eltern nicht bekommen zu haben". Diese Interpretation wird auch dadurch gestützt, daß E.F. der einzige unter den sieben Gesprächspartnern aus diesem Unternehmen ist, der auf Hierarchielosigkeit des Unternehmens abstellt. Indessen ist in E.F.s Schilderung auch ein Deutungsmuster wiederzuerkennen, das die Entwicklung und Strukturveränderung von Betrieben unter dem Einfluß neuer Technologien aufgreift und futuristische Assoziationen nahelegt. Insoweit dieses Deutungsmuster Strukturveränderungen im betrieblichen Alltag angemessen wiedergibt, folgt E.F.s Rückzug auf sein Größenselbst einer Veränderung in den strukturellen Bedingungen betrieblicher Arbeit. Er ist, so betrachtet, von gesellschaftlicher Relevanz für die Herausbildung neuer Verhaltensmuster mit narzißtischer Thematik.

6. Identität, Autorität und Geschlecht als Dimensionen der Verallgemeinerung

Die Fallstudien hatten zum Ziel, den psychologischen Aufbau von Handlungsweisen sichtbar zu machen, die für unsere Gesprächspartner, drei Arbeiter und zwei Angestellte, an ihrem Arbeitsplatz mit großer Wahrscheinlichkeit zutrafen. Durch die Einbeziehung psychoanalytischer Aussagen wurde eine Fülle von Gesichtspunkten erkennbar, unter denen egos Interaktionsbeiträge verstanden werden können und die es ermöglichen, die Auswirkung unbewußter Motive und Konflikte auf das individuelle Handeln sowie auf die Handhabung sozialer Konflikte einzuschätzen, wie sie im Betrieb vorkommen. Selbst wo die Materialbasis schmal war und nur wenige Anhaltspunkte für die psychodynamischen Vorgänge vorlagen, mußte dennoch nicht das Prinzip der Vermittlung verletzt werden, nach dem bei der Interpretation verfahren wurde. Für jede der Fallstudien gilt, daß sich aus disziplinär getrennt erhobenen Materialien – d.h. unterstellend, unbewußte Vorgänge können unabhängig von bewußten, dem individuellen Handeln nahestehenden Vorstellungen und Motiven angegeben werden – auf die persönliche Einheitlichkeit des Handelns schließen ließ.

Ergebnis sind Rekonstruktionen von individuellen Entwürfen betrieblichen Arbeitshandelns und des Einwirkens unbewußter Motive auf sie. Über diese unbewußten Motive läßt sich sagen, daß sie vom einzelnen in Fähigkeiten umgesetzt wurden, mit dem regelmäßig zumindest latent gegebenen, sozialen Konfliktgehalt konkreter betrieblicher Arbeitssituationen umzugehen. Insgesamt stützen die Fallinterpretationen die Vermutung, daß Verhältnisse abhängiger Beschäftigung beim einzelnen Elemente unbewußter Konflikte und die gegen deren Aufbrechen gerichtete Abwehr aktivieren und hiergegen innere Möglichkeiten des Erlebens mobilisieren, die bereits in der Kindheit geschaffen worden waren. Die aufgebotenen unbewußten Motive scheinen zwar vorteilhaft zu sein, soweit es um die Bewältigung des Arbeitsalltags geht. Man gewinnt jedoch nicht den Eindruck, sie würden regelmäßig die Wahrscheinlichkeit von individuellen Entwicklungsfortschritten steigern, es sei denn, sie können in Erfahrungen eingebettet werden, die zum wiederholten Rückgriff auf sie ermutigen. Ansatzweise wird eine solche progrediente Lösung bei A.B. erkennbar, der aus der Wiederholung festgefahrener, als belastend erlebter Konfliktkonstellationen sich zu lösen sucht.

Die Fallstudien bieten sich zu Folgerungen und Verallgemeinerungen an, die nach den folgenden drei Seiten hin unternommen werden sollen:

1. Die Interpretationsstrategie wurde im Vorgriff auf ein Konzept über den Aufbau der sozialen Handlung entwickelt, das sich auf die Unterscheidung zwischen Selbst und Ich als Schwerpunkten psychischer Arbeit stützt. Nun wird zumindest skizzierbar, und an den Interpretationen selber wird zu zeigen sein, wie die Personen, denen sie galten, divergente äußere und innere Anforderungen an ihr Handeln erfüllen, indem sie Funktionen ihres Selbst wie auch ihres Ichs in Anspruch nahmen. Hierbei stößt man unvermeidlich auf die Frage, wie sich die Kategorie des Selbst zu der der Identität verhält bzw. welcher Stellenwert dem Selbst im Prozeß der Identitätsbildung zukommt. Dieser Frage war ich im 3. Kapitel ausgewichen, indem ich die Gleichsetzung von "Selbst" mit "Identität" in der deutschen Übersetzung von Meads "Mind, Self, and Society"[88] nicht mitvollzogen habe und nachdem Eriksons Auffassung von Identität Anlaß zu Einwänden gewesen war (s.o., S. 72f.).

2. Ohne daß den Projektteilnehmern dieser Topos bekannt gemacht worden wäre, bezog sich ein zentrales Untersuchungsinteresse auf betriebliche Herrschaftsverhältnisse. Verstanden als die Macht, spezifische Anforderungen an Arbeitsleistung und Arbeitsverhalten durchzusetzen, sollte danach gefragt werden, wie abhängig Beschäftigte betriebliche Machtverhältnisse wahrnahmen, welche Handlungsspielräume sie sich in der Position von Unterlegenen auf welchen psychischen Grundlagen verschaffen. Die Fallstudien ermöglichen unter diesem Gesichtspunkt eine Lesart, nach der deutliche Unterschiede zwischen den drei Arbeitern und den beiden Angestellten hinsichtlich ihres Umgangs mit Vorgesetzten bestehen. Die Beobachtungen hierzu zeigen, (1) daß, wie ich für die Angestellten zeigen werde, soziologische Schlüsse aufgrund der psychoanalytischen Ergebnisse der Modifikation bedürfen. Darüber hinaus legen die Ergebnisse die Vermutung nahe, (2) über die betrieblichen Gegebenheiten von Macht und Unterordnung hinausgehend, mache sich ein neues Erscheinungsbild des Autoritarismus bemerkbar, dessen Bedeutung über Verhältnisse betrieblicher Arbeit hinausreicht.

3. Der zunächst einmal methodisch vorteilhafte Rahmen, in dem die Erhebung stattfand – zwei Interviewerinnen führen je ein Gespräch mit einzelnen Arbeitern und Angestellten –, bringt im Spiegel der Interpretationen zum Vorschein, wie die männlichen Gesprächspartner Frauen wahrnehmen, zu denen sie in eine Beziehung treten, die vom Thema der Arbeit geprägt ist. An der Entfaltung der Gesprächsbeziehung läßt sich daher zeigen, wie diese Männer Frauen an ihren Arbeitserfahrungen teilhaben lassen, zu denen sie Frauen gegenüber den ausschließlichen Zugang haben oder zu haben meinen. Anders gefragt: wie äußert sich ihr exklusiver Zugang zu ihrer Arbeitswelt in ihrer Wahrneh-

---

88 Siehe die Anmerkung der Übersetzer von "Mind, Self, and Society" (Mead 1934b, S. 442) sowie Joas (1987, S. 17f.).

mung, Einstellung und ihrem Verhalten gegenüber den beiden Interviewerinnen? Die Folgerungen aus den Beobachtungen reichen bis in eine allgemeine Betrachtung des Einflusses dessen hinein, was Simmel und Adorno das "männliche Prinzip" genannt haben.

An alle fünf Fallstudien wird je eine Lesart in diesen drei Dimensionen herangetragen. Auf diese Weise entstehen Fallskizzen hin zur Seite (1) der individuellen Ausprägung der subjektiven Konzeptualisierung von Handlungen, (2) des Stils der Verinnerlichung von Macht- und Autoritätsverhältnissen und (3) der Reflektierung von männlichen Arbeitserfahrungen in der Beziehung zu Frauen. Die jeweilige Straffung der Fallstudien geht auf Kosten der Unterscheidbarkeit von Aussagen und Formulierungen durch die Analytikerin gegenüber denen der Soziologin, die die Lesarten formuliert hat. Aber nicht nur die Autorenschaft verwischt sich, auch die Darstellung der Gesprächspartner wird durch das Bemühen um Verallgemeinerung viele Nuancen ärmer. Dennoch sind die so vorgenommenen Typisierungen vertretbar. Denn sie können jederzeit mit den Fallstudien verglichen werden, aus denen sie hervorgegangen sind.

6.1   Handlungskompetenz und Unbewußtes

Die Ausführungen über den psychologischen Aufbau der sozialen Handlung (vgl. Kapitel 3) waren in die Frage eingemündet, ob die Wissenschaftsperspektiven von Soziologie bzw. Meadscher Handlungstheorie und Psychoanalyse in einem theoretischen Konzept zusammenführbar seien, das die psychischen Vorgänge, in denen sich eine Handlung aufbaut, angemessen zu beschreiben erlaubt. Es wurde gefragt, ob die von einer Person ausgeführte, vollzogene Handlung auf einen Arbeitsaufwand sowohl des Ichs als auch des Selbst zurückgeführt werden muß. Die Fallstudien lassen die inneren Vorgänge, die in eine Handlung münden, anschaulich werden und eignen sich daher, die vorangegangenen Überlegungen weiterzutreiben.

Die Fallstudien sind aus der Verknüpfung der beiden Perspektiven hervorgegangen und daher einerseits von deren jeweiligen theoretischen Prämissen nicht unabhängig. Andererseits wird für sie doch der Anspruch erhoben, die tatsächlichen Vorgänge, die zum Vollzug einer bestimmten Handlung führen, umfassender und adäquater zum Vorschein zu bringen, als wenn sie in nur einer der beiden Perspektiven erfaßt worden wären. Gerade die Arbeitsteilung zwischen Soziologie und Psychoanalyse, die für die Forschungsoperationen eingeführt wurde, ermöglicht einen Einblick in den komplexen psychischen Aufbau individueller Handlungen, dürfte allerdings die jeweilige disziplinäre Auffassung vom Wissenschaftsgegenstand nicht unbeeinflußt lassen.

Die theoretischen Vorüberlegungen reichten jedoch weiter. Es wurde vermutet, die disziplinär vorgefundene Inkompatibilität zwischen Ich und Selbst hindere nicht daran anzunehmen, daß beide von ihrer jeweiligen Arbeitsweise her koordiniert sind. Das Selbst repräsentiert die Vernunftbegabung (Mead) der handelnden Person und ihr Bestreben, Vorstellungen, die impulsgeleitet und affektbesetzt sind, in begründungsfähige Handlungsabsichten zu integrieren. Die Spuren dieser Integrationsarbeit finden sich in der Ebene der Handlungsperformanz. Die Integrationsleistung wird in dieser Ebene erkennbar an Diskrepanzen zwischen Selbstdarstellungen der Gesprächspartner gegenüber verschiedenen alter egos (den beiden Interviewerinnen), in heterogenen Handlungsansätzen des jeweiligen Gesprächspartners und ebenso in Unterschieden zwischen Behauptungen über eigene Handlungsweisen einerseits sowie tatsächlichem, der Interaktion während der Interviews zu entnehmendem Handeln andererseits. Diese Diskrepanzen sind aber nicht als Mangel an Konsistenz zwischen einzelnen motivationalen Dispositionen zu verstehen, die Rückschlüsse auf den Identitäts-"zustand" einer Person zulassen würden, wie in einer Reihe von einschlägigen soziologischen Ansätzen angenommen wird. Sie sind unvermeidbare Folge der permanenten Vereinbarung der beiden reflexiven Perspektiven, die das Individuum auf sich einnimmt – einmal im Hinblick auf die Zuweisung von Bedeutungen, die ego an den von alter ego ihm aufgezeigten Haltungen vornimmt, so daß sinnhaftes Handeln möglich wird, zum anderen im Hinblick auf die Äußerung eigener, ambiguer Wünsche und Bedürfnisse *innerhalb* einer Handlung in einer gegebenen, andere Handelnde einschließenden Situation.

Welche Schlußfolgerungen lassen sich aus den unübersehbaren Spuren dieser subjektiven Integrationsarbeit für das Verhältnis von Selbst und Ich ziehen? Bevor ich mich dieser Frage zuwende, skizziere ich die konzeptuelle Leitvorstellung für eine Lesart der Fallstudien, die die psychische Arbeit von Selbst und Ich sowie die Einwirkung dieser Arbeit auf das Handeln jedes der Gesprächspartner erkennen lassen. Mit der Darstellung dieser Leitvorstellung führe ich Überlegungen zum Verhältnis von psychoanalytischem Ich und soziologischem Selbst fort (s.o., S. 82ff.). Es folgen knappe Darstellungen der Fallstudien gemäß dieser Lesart. Abschließend werden Schlußfolgerungen zum Verständnis von Identitätsbildung gezogen, die die Fallskizzen nahelegen.

Die konzeptuelle Leitvorstellung erfaßt psychische Vorgänge von der Ebene der Handlungsperformanz her. Sie unterstellt, daß es Handlungselemente gibt, die "gleichzeitig wirksam und unbewußt sind"[89]:

---

89 Bezogen auf die Hypnose trifft Freud eine Unterscheidung, die bereits zwischen dem Bewußtsein einer auszuführenden Handlung und ihrem unbewußten Motiv, dem verborgen bleibenden, unbewußten Auftrag zur Handlung durch den Hypnotiseur trennt, aber beidem Handlungswirksamkeit zuschreibt; nicht nur "die Idee der ... Handlung", auch "die Idee des Auftrages" sei handlungswirksam. "Die Idee der in der Hypnose aufgetragenen Handlung wurde in einem bestimmten Augenblick nicht bloß ein Objekt des Bewußtseins, sondern sie wurde auch wirksam, und dies ist die auffallendere Seite des Tatbestandes; sie wurde in Handlung übertragen, sobald das Bewußtsein ihre Gegenwart bemerkt hatte. ... auch die Idee des Auftrages (ist) wirksam geworden ... Dennoch wurde dieser letztere Gedanke nicht ins

Handlungsentwürfe bauen sich aus egos Zuweisung von Bedeutungen an die Äußerungen eines alter ego auf. In die Handlungsentwürfe gehen Bedeutungen ein, die mit unbewußten Impulsen und Affekten aufgeladen sind. Ego mobilisiert für seine Handlungsentwürfe Erfahrungen aus dem mit seinem Selbst gegebenen, lebensgeschichtlichen Erfahrungsfundus. Es führt eine Handlung aus, der es selber oder Dritte rückblickend den Einfluß seiner Bedeutungszuweisung ansehen können, ohne daß die Bedeutung, die alter ego der von ego vollzogenen Handlung entnimmt, mit der von ego intendierten übereinstimmt. So stimmt vermutlich die Bedeutung, die andere in einer Situation C.D.s Verhalten zuweisen und die sie veranlaßt zu lachen, nicht mit der Absicht überein, die C.D. für sein Verhalten in Anspruch nimmt, nämlich durch seine humorvolle Art die Atmosphäre zu entspannen.

Die Arbeit des *Selbst* besteht in der Umsetzung von Erfahrungen sozialen Handelns, die für das Selbst einen Fundus bilden, in Vorstellungen vom eigenen Handeln, die bei Handlungsbedarf in die Antizipationen eingearbeitet werden, die jeder Handlungsentwurf enthält. Diese *Vorstellungen* repräsentieren Beziehungen zwischen der eigenen Person und anderen und sind aus vergangenen Erfahrungen hervorgegangen. Mit diesen Vorstellungen setzt die handelnde Person sich zu sich selbst in Beziehung. Sie stellt an sich die Frage "Was will ich?" oder "Was beabsichtige ich?" Die Frage "Wer und was bin ich?" bildet, so gesehen, eine Phase des selbstreflexiven Innehaltens im Ablauf einer Handlung. Sie dient der Klärung zukünftiger Handlungsoptionen. Dennoch muß die Antwort auf die Frage nach der eigenen Identität die Rationalität eigenen Handelns nicht erhöhen, wie E.F.s Gründe für den Plan, den Arbeitsplatz zu wechseln, verdeutlichen. Als vergleichsweise günstiger für seine Zukunft ist A.B.s Veränderung seiner Handlungsoptionen anzusehen.

An die Vorstellungen von der eigenen Person, von anderen und von der Beziehung zwischen sich und anderen Personen lagern sich *Derivate*[90] von

---

Bewußtsein aufgenommen, wie es mit seinem Abkömmling, der Idee der Handlung, geschah; er verblieb unbewußt und war daher gleichzeitig wirksam und unbewußt" (Freud 1913, S. 432). Das heißt aber auch, daß im Handlungsentwurf oder, gemäß Freuds Formulierung, in der Idee der Handlung eine *unbewußte* Bedeutung aufgegriffen ist. Sie besteht in der Bereitschaft, einer Äußerung alter egos bzw. des Hypnotiseurs die Bedeutung eines Auftrags zuzuweisen. Wie diese Bedeutung hat unbewußt werden können, erklärt Freud an anderer Stelle (vgl. Freud 1921, S. 122ff.).

90 Als Derivat bezeichne ich hier und im folgenden die Äußerung einer Person dann, wenn ego mit ihr für alter ego eine Intention aufzeigt, die auf zum Teil unbewußte Vorgänge verweist. Indem man den Sinn des Mitgeteilten erschließt, stößt man auf Bedeutungen, die nur durch den *Rückschluß* auf unbewußte, der sich äußernden Person verborgene Konflikte zugänglich sind.

Das sprachliche Äquivalent bei Freud bilden die "Abkömmlinge". Abkömmlinge sind Äußerungen, "die entgegengesetzte Bestimmungen in sich vereinigen" und in denen sich "*ubw* Triebregungen" (Freud 1915a, S. 289) niederschlagen. Sie werden auch als "Ersatzbildungen

Triebwünschen und Affekten an. Ihr Auftreten ist ebenfalls an Vorstellungen gebunden. Um einen "Sitz" (Mead) im Selbst zu erwerben, figurieren sie dort als Bedeutungselemente von bewußten oder bewußtseinsfähigen Vorstellungen. Ich nenne solche Vorstellungen Derivate, um kenntlich zu machen, daß sich in ihnen das Ergebnis der Arbeit des Ichs niedergeschlagen hat. In den Fallstudien verweisen auf solche Derivate Vorstellungen, wie z.B. die von den zerstrittenen Kollegen (A.B.), hinter der sich die Sehnsucht nach einem guten Leben verbirgt; wie die über besondere Vogelbälger (I.J.), die auf eine unbewußte Phantasie von der Liebe zu Totem verweist; oder auch die von der Frau als Drachen und mit Haaren auf den Zähnen (C.D.), der der angstbesetzte unbewußte Wunsch entspricht, spontan wie die Frau zu sein.

Derivate sind Vorstellungsgebilde, in denen das *Ich* verdrängte bzw. abgewehrte Triebwünsche sowie den dem Objekt geltenden Affektbetrag zuläßt. Die Bildung solcher Derivate ist die Voraussetzung dafür, daß überhaupt ein Einwirken unbewußter Motive auf soziales Handeln stattfindet bzw. daß Unbewußtes Element zunächst einmal von Handlungsentwürfen wird. Der Derivatbildung unterwirft das Ich auch dem Selbst entzogene, narzißtisch besetzte Repräsentanzen der eigenen Person. Das "Material", das das Ich zur Produktion der Derivate verwendet, ist das *Unbewußte* mit seinen Triebkonflikten, Phantasien und verdrängten Erlebnisqualitäten.

Hierin erschöpft sich die Arbeit des Ichs jedoch nicht. Das Ich gibt dem sich anbietenden unbewußten Material verschiedene Formen, die auf Mechanismen wie Projektion oder Spaltung zurückgehen, in denen das Ich die *Abwehr* unbewußter, an Objekte gerichteter Strebungen organisiert. In den Fallstudien wird dies unter anderem am Abwehrmechanismus der Spaltung deutlich. Dabei zeigt sich aber auch, daß dieser Abwehrmechanismus aufs Handeln einer Person nicht abbildartig einwirkt. Die Spaltung der Objekte in gute und böse kann, obwohl sie regelmäßig der Versuch ist, eigener Aggressionen Herr zu werden, an unterschiedlichen Vorstellungskomplexen im Selbst ansetzen, je nachdem, wie nahe diese Vorstellungskomplexe dem unbewußten Konfliktgeschehen kommen. Zudem ist sie hinsichtlich der Objekte beweglich und kann die gesamte Vorstellungswelt treffen. Bei I.J. bewirkt sie, daß libidinös unter-

---

und als Symptome bewußt ..., in der Regel nach großen Entstellungen gegen das Unbewußte, aber oft mit Erhaltung vieler zur Verdrängung auffordernden Charaktere" (ebd., S. 291). Während also Freud mit dem Ausdruck "Abkömmling" die Perspektive des Triebes auf seine Objekte einnimmt, betont der Ausdruck "Derivat" die Perspektive der sozialen Handlung, in der eine Bedeutung dann als unbewußt gilt, wenn es erforderlich ist, einen bewußt nicht zugänglichen Sinnzusammenhang anzunehmen, damit die Äußerung möglichst vollständig verstanden werden kann.

Strachey übersetzte "Abkömmling" mit "derivative" (vgl. Freud 1915b, S. 159ff.) – ein Hinweis, den ich Heinrich Desemo verdanke. Der Perspektivenwechsel, der in dieser Übersetzungsentscheidung impliziert ist, macht nicht nur kulturelle Einflüsse auf die Übersetzung deutlich, sondern auch den Spielraum, der hierdurch für den Anschluß von handlungstheoretischen Ansatzweisen wie der vorliegenden entsteht.

schiedlich getöntes Einvernehmen mit seinen Handlungspartnern Vorrang gegenüber der Wahrnehmung für die Struktur einer Handlungssituation erhält – ob sich die Interaktion etwa zwischen ihm und einer Autoritätsperson oder einer gegengeschlechtlichen Person abspielt. Am ehesten ist sie – wie vielleicht jeder Abwehrmechanismus – als charakteristische Einwirkung auf die Wahrnehmung von sozialen Situationen zu kennzeichnen und prägt insoweit Stile der Bedeutungszuweisung für die aufgezeigten Haltungen anderer, auf die sich die Reaktion stützt. Über die Organisierung von Erfahrungen vom Selbst her gewinnt die Abwehr so Einfluß auf die Vorstellungen, die ego über sich und bezüglich seines Handelns ausbildet.

Der vorliegende Versuch, Selbst und Ich einander zuzuordnen und deren eigentümliche Funktion im Hervorbringen einer sozialen Handlung anzugeben, soll sich an den nachfolgenden Fallskizzen bewähren. Auf sie ist er abgestimmt, in ihren Grenzen allein kann, soweit überhaupt, der Anspruch erhoben werden, eine zutreffende Verallgemeinerung zu leisten.

6.1.1 Die Fallskizzen

A.B. – Vor dem Hintergrund der Wahrnehmung des Interessengegensatzes, der zwischen Arbeitern und Betriebsleitung besteht, und entschieden für die Seite der in der Gewerkschaft und im Betriebsrat verkörperten Gegenmacht kämpfend, hat A.B. sich einen Bezugsrahmen geschaffen, in dem es ihm möglich erscheint, sein Handeln unambivalent und für ihn rational begründbar auf die Durchsetzung von Arbeiterinteressen auszurichten. Die einzelnen Handlungsansätze, die er zur Festigung dieses neuen Bezugsrahmens macht und an denen das Einwirken unbewußter Motive erkennbar wird – beispielsweise sein "Traum", der Leserbrief, die Beteiligung an unserem Projekt –, liegen auf dieser Linie. A.B.s Selbstdarstellung zufolge löst diese Orientierung eine ältere, als sozial konflikthaft erlebte ab. Bisher hatte er im Handlungsmuster der Solidarisierung die begründete Chance gesehen, Arbeiterinteressen durchzusetzen. In dieser Absicht nahm er vermutlich eine distanzierte Autoritätshaltung ohne Rückhalt in der Betriebshierarchie für sich in Anspruch. Sie entfremdete ihn den Kollegen und versetzte ihn in eine nur schwer erträgliche Spannung, unter anderem weil er die Solidarisierung nicht oder nicht dauerhaft zu erzwingen vermochte. Insbesondere die schmerzliche Erfahrung, entgegen seinem Anspruch an sich selbst der eigenen Verstrickung in Streitigkeiten nicht Herr zu werden, hat A.B. zur Umzentrierung seines Engagements veranlaßt. Man kann hierin einen überlegten, nachvollziehbaren Lernschritt sehen, mit dem er die Konsequenz aus Erfahrungen zieht, die sein eigenes Scheitern einbegreifen und ihn ein für sein Erleben wie auch sein Handeln weniger konflikthaftes Feld betriebspolitischer Betätigung finden lassen.

Es steht allerdings dahin, ob es A.B. möglich sein wird, sich diesen konflikthaften Erfahrungen dauerhaft zu entziehen. Im Gegenteil, das neue betriebspolitische Engagement führt ihn an Situationen wie die Aushandlung der Samstagsarbeit heran, die die Wiederauflage von konfliktnahen Erfahrungen begünstigen. Sie betreffen Streitigkeiten unter Kollegen und können A.B. in ohnmächtige Wut versetzen. Von ihr rührt eine innere Spannung her, der er sich zu entziehen gesucht hatte. Als Derivat unbewußter, vom Ich umgestalteter Konflikte gesehen, verweist die Vorstellung von diesen Streitigkeiten auf einen aus der Kindheit herrührenden, sadomasochistischen Beziehungsmodus, den A.B. in der gegenteiligen moralischen Orientierung an Solidarität innerlich zu bekämpfen scheint. Hieraus ergibt sich zumindest teilweise jene Spannung, der A.B. zu entgehen sucht, indem er seiner moralischen Orientierung durch autoritative Distanz Geltung verschafft und Kollegen für ihre Verläßlichkeit honoriert. An dieser für A.B. handlungsrelevant gewordenen Vorstellung von Autorität, die ein Teil seines Selbstbildes ist, erweist sich dessen Schwäche als Derivat. Denn ohne Rückhalt in einer betrieblich vorgesehenen Autoritätsposition kann aus ihm kein stabiles Motiv werden, das A.B.s Umgang mit den Kollegen Durchsetzungskraft verleihen würde. A.B. überfordert sich daher wie schon in der Kindheit, als er Streitigkeiten unter seinen Brüdern an des Vaters Stelle zu schlichten suchte.

Die Spuren, die die Arbeit des Ichs in A.B.s Vorstellungen hinterlassen hat – Verstrickung in Streitigkeiten, Distanz schaffende Autoritätshaltung –, eignen sich nur schwer, A.B.s persönliches Projekt, das an das Ideal gesellschaftlicher Solidarität anknüpft, zu stützen. Der unbewußte Wunsch nach liebevoller Zuwendung, der in diesen Derivaten verborgen ist, kehrt im Selbst in einer Weise verändert wieder, die nur wenig Aussicht auf Befriedigung läßt. Der Abwehrmechanismus der Spaltung scheint A.B. einen persönlichen Ausweg zu eröffnen. Einerseits schwächt er – indem A.B. auf eine bessere Zukunft setzt, für die er kämpft – rachsüchtige Motive ab und lenkt den unbedingten Liebeswunsch, der der Mutter gegolten hatte, in sozial hochgeschätzte Bahnen. Andererseits verzichtet A.B. darauf, die Gesamtheit seiner Kollegen zu umwerben; die Unbedingtheit der Solidarisierung weicht der interessenpolitischen Orientierung als seinem persönlichen Projekt, in dem er der Einsicht folgt, sich andernfalls zu überfordern.

Ob und in welchem Umfang die Derivate in A.B.s Handeln für ihn befriedigend wirksam werden können, hängt indessen von dem betrieblich-strukturellen Bedingungsgefüge ab, in dem politisch gewendete Erfahrungen in abhängigen Beschäftigungsverhältnissen allein umgesetzt werden können; in der Stellung von Betriebsrat und Gewerkschaft als Gegenmacht ist die Wahrscheinlichkeit, Ohnmachtserfahrungen zu machen, objektiv angelegt. Keine noch so klare Einsicht in tief in seiner Lebensgeschichte verankerte persönliche Motive würde ihm ermöglichen, hiergegen anzukommen, ohne daß A.B. zugleich Kompromisse schließt.

I.J. – I.J. zeigt eine gleichmäßig hohe Bereitschaft zur Teilnahme an sozialen Situationen. Ob er mit Meistern, Gastarbeiterkollegen, Jugendlichen oder Frauen umgeht, nie scheint der kommunikative Austausch in Frage gestellt zu sein. Wo er allerdings eine libidinöse Besetzung des anderen vornimmt, wie der Analytikerin und vermutlich dem einen Meister sowie den Jugendlichen gegenüber, dürfte sein Verhalten, zumal bei leiblicher Präsenz, an Lebendigkeit und Zugewandtheit gewinnen. Indessen folgt die Ausführung von Handlungen jenseits dieser Einvernehmlichkeit nicht der persönlich einheitlichen Orientierung an einem bewährten Erfahrungsfundus und über situationsgebundene Erwartungen hinweg. I.J.s Verhalten ist von dem Bestreben geprägt, Aggression aus jedweder Beziehung herauszuhalten. Sie ist vornehmlich in den Inhalten seiner Gesprächsbeiträge vertreten. Andernfalls müßte er wegen der Bedrohlichkeit seiner aggressiver Triebwünsche auf ein Aktiv-Werden ganz verzichten, etwa wenn er aufgefordert ist, seine Aufgabe als Sicherheitsbeauftragter verantwortungsvoll wahrzunehmen.

Sich auf die Aufgaben als Sicherheitsbeauftragter zu verpflichten würde von I.J. verlangen, sich Szenen möglicher Unfälle vorzustellen. Er liefe Gefahr, innerlich von Aggressionen überflutet zu werden. Um ihnen nicht ausgeliefert zu sein, müssen I.J.s Vorstellungen von ihnen daher frei bleiben. Das hat aber zur Folge, daß die Reflektierbarkeit seines sozialen Handelns eingeschränkt ist. Denn insoweit die Kompetenz zu sozialem Handeln dadurch gekennzeichnet ist, Äußerungen, Hinweise und Anzeichen in einer Situation auch hinsichtlich ihrer inneren strukturellen Bedeutung wahrzunehmen und zu Vorstellungen über die eigene Stellung als Handelnder in Beziehung zu setzen, gilt für I.J., daß er über diese Reflexivität im Einflußbereich seines inneren Konflikts nicht verfügt. Das Freihalten der Vorstellungen von aggressiven Affekten und die herabgesetzte Handlungskompetenz bedingen einander offenbar. Handlungen, in die I.J. einen libidinösen Triebwunsch einlagert, wie gegenüber der Analytikerin, unterscheiden sich hiervon nicht grundsätzlich. Im Gespräch mit ihr setzt sich I.J. über den als Forschungstätigkeit definierten Charakter der Situation hinweg. So gesehen, ist die Funktion des Selbst für I.J.s Handeln in dem Sinne beschädigt, als er, stellte er sich die Frage "Wer bin ich?", von den Bedeutungen, die er den Äußerungen anderer in einer sozialen Situation entnimmt, nur begrenzt mit seiner inneren Verfassung zu verknüpfen vermag.

Das Freihalten des Selbst von aggressiven Impulsen stützt sich auf eine Derivatbildung des Ichs. Als vom Ich produziertes Derivat betrachtet, gehen ins Selbst Aggressionen in der Gestalt von Vorstellungsinhalten über gefährliche Unfälle und ihr Zustande-Kommen ein. Der Impuls und der Affekt, die in der Regel zur Wahrnehmung eigener Aggression gehören, werden demgegenüber nicht spürbar. Angesichts der nur schwach ausgebildeten Überichfunktion fällt die innere Überwachung der eigenen Aggression dem Ich zu. Das Ich arbeitet mit dem Abwehrmechanismus der Spaltung, d.h., es isoliert die aggressiven und libidinösen Impulse gegeneinander. So schafft es die Voraussetzung sowohl für ihre qualitativ unterschiedliche Repräsentierung im Selbst – als kaum verhüllter libidinöser Triebimpuls und als bloß inhaltlich ausgedrückte Aggression – als auch für ihre Kontamination in der unbewußten perversen Phantasie von der Liebe zu Totem, über die I.J. sich seine Lebendigkeit bewahrt.

G.H. – G.H. macht Erfahrungen, wonach er die Prämisse wechselseitiger, egalisierender Anerkennung im kommunikativen Austausch mit der eines Machtgefälles zwischen ihm und Vorgesetzten in Einklang bringen müßte, wollte er eine Position einnehmen, die der der Angestellten vergleichbar ist. Es gelingt G.H. anscheinend nicht, Handlungsentwürfe zu entwickeln, in denen der Widerspruch in dieser Anforderung aufgelöst wäre.

Gleichwohl verfügt G.H. über ein facettenreiches Handlungsselbst. Es ermöglicht ihm, auf die Erwartungen anderer, wie der Soziologin, einzugehen und sich in die Lage anderer zu versetzen, wie sein Verhältnis zu älteren, wenig wortgewandten Kollegen zeigt. Auch hat er die Fähigkeit, seine eigene Lage als Selbstanteil in die kommunikative Situation einzubringen, indem er sein Eigeninteresse und seine Angst, die technischen Neuerungen nicht zu bewältigen, zur Darstellung bringt und so sich selbst für den anderen sichtbar macht. In dieser durchgängigen Orientierung seines Handelns an der Komplementarität von Erwartungen wirkt sich ein im einzelnen unbekannt gebliebener, psychisch konflikthafter Vorstellungskomplex aus. Lediglich die Unbedingtheit, mit der G.H. Komplementarität zwischen sich und den jeweils anderen herzustellen sucht – *keiner* soll "mit 'nem Schlips daherkommen"–, verweist auf die hohe Bedeutung eines entsprechenden Derivats für seine Vorstellung davon, wie die Aufmerksamkeit anderer zu gewinnen und zu erhalten sei. Die Anstrengungen, die G.H. in dieser Absicht unternimmt, gehen mit einem Verlust an differenzieller Zuweisung von Bedeutungen an alter egos Gesprächsbeiträge einher. Die Folge ist, daß es keinen auf "Einsicht" gegründeten Gesprächsfortschritt gibt. Dies zeigt sich an der "Unergiebigkeit" des Gesprächs mit der Analytikerin ebenso wie an dem zunehmend unpersönlichen Verlauf des Gesprächs mit der Soziologin.

Indem bei G.H. die Wertschätzung durch andere über die Herausbildung persönlicher Identität gestellt ist, verfügt er vermutlich immer nur über Fragmente seines Selbst. Zu einer Kontinuität stiftenden Arbeit des Selbst kann es nicht kommen. Das Ich entzieht G.H.s Handlungsbeiträgen die subjektive Komponente, von der eine Gefährdung der Komplementarität in den Beziehungen zu anderen ausgehen könnte. Was folglich auf den ersten Blick als ausgeprägte soziale Kompetenz beeindruckt, erzielt G.H. um den Preis, daß sein Handeln von Aggression frei bleibt. Aggression als "Resonanzboden" seines Handelns darf für andere nicht spürbar werden. Das erreicht G.H., indem er die beschriebene Komplementarität einfordert oder aber sich auf "Fakten" zurückzieht, wenn sein Komplementaritätsangebot zurückgewiesen wird, wie von der Analytikerin. Die weitergehende Möglichkeit, im Umgang mit den Erwartungen anderer an deren Haltungen aktiv Bedeutungen zu erschließen, die seinen Handlungsentwürfen etwas Innovatives, die Beziehung Veränderndes verleihen würden, steht G.H. nicht zur Verfügung. Vermutlich hat für ihn bereits dieses Moment des Aktiv-Werdens die Bedeutung von Aggression, die seine "Vernichtung" zur Folge haben könnte. Nicht einmal als Aktiv-Werden erlangt Aggression im Selbst eine Repräsentierung. Wie bei I.J. hat die Derivatbildung des Ichs dazu geführt, das Selbst von Aggression freizuhalten. G.H.s Werben um Aufmerksamkeit und Zuwendung zeigt indessen, daß die einseitig libidinösen Wünsche, die sich folglich an sein Handeln heften, ihm seine Individualität nehmen; er gibt sie zugunsten dessen auf, was seiner Auffassung nach andere von ihm erwarten. Es ist dieser Grenzfall einer vom Ich gleichsam eingesperrten und gefangen gehaltenen Aggression, die G.H.s gestaltenden Einfluß auf soziale Situationen schmälert und zugleich die ihm nicht bewußte Gestimmtheit von Hoffnungslosigkeit nährt, seine Aggression jemals loszuwerden.

Bevor ich die Fallstudien auch der beiden Angestellten C.D. und E.F. unter dem Gesichtspunkt des Verhältnisses von Selbst und Ich zusammenfasse, halte ich als Zwischenergebnis die folgenden Punkte fest:

1. In allen drei Fällen ist für die Heterogenität der verschiedenen Handlungen untereinander, wenngleich in unterschiedlichem Umfang, maßgeblich, daß die persönliche soziale Kompetenz nicht durch Aggression beeinträchtigt wird. Die Integriertheit in soziale Situationen, die als konflikthaft sich erweisen könnten oder es bereits sind, wird dadurch gewahrt, daß die Spielräume des Handelns situationsgebunden eingeschränkt werden, wenn der Rückgriff auf Aggression – in welcher Ausdrucksform auch immer – erforderlich würde.

2. Zweck der Derivatbildung, die vom Ich ausgeht, ist es, Triebwünschen und Affekten eine sozial gebilligte Ausdrucksgestalt zu ermöglichen. Die stark verpönten aggressiven Impulse schränken aber die Befriedigungschance auch der libidinös getönten Wünsche ein. Dies äußert sich in ihrer Unterordnung unter das Ziel der Aggressionskontrolle.

3. Allein von den Leistungen des (psychoanalytischen) Ichs her läßt sich auf den Vollzug einer Handlung nicht schließen. Implizit finden diese Leistungen aber Eingang in die Handlungsentwürfe, die vom Selbst her ausgebildet werden. Das Moment der Spontaneität, das die tatsächliche Handlung unvorhersehbar sein läßt, sorgt dafür, daß sie als Element der vollzogenen Handlung wirksam und erkennbar bleiben.

4. In den inneren Vorgang der Bedeutungszuweisung, die auf die von alter ego aufgezeigte Haltung hin erfolgt, gehen Ergebnisse der Arbeit des Ichs – Abwehr und Abgewehrtes – ein und geben der Bedeutungszuweisung einen spezifischen subjektiven Akzent bei. Zumindest erhellen sie Eigentümlichkeiten individuellen Handelns, die allein von den sozialen Spielräumen her, die jede ego aufgezeigte Geste läßt, nicht nachvollziehbar sind.

E.F. – E.F. scheint es nicht zu gelingen, sein Handeln dauerhaft so anzulegen, daß alter ego seinen Wunsch, anerkannt zu werden, wahrnimmt und auch die gewünschte Anerkennung gewährt. Soziale Situationen erscheinen ihm daher als undefiniert. Er faßt sie als mechanisches, nach dem Schema von Reiz und Reaktion ablaufendes Geschehen ohne einen Sinn auf, den die Interaktionsteilnehmer einander bedeuten. Dem entspricht, daß E.F. ein Handeln mit an alter ego gerichteten, beispielsweise Zielstrebigkeit bezeugenden Handlungsentwürfen – etwa in der ersten Begegnung mit der Analytikerin – nicht fortsetzen kann. Das Vakuum, das entsteht, weil sein Kontaktwunsch scheinbar nicht erwidert wird, kompensiert E.F., indem er sich selbst aufwertet. Ausdrücklich beansprucht er für sich, kreativ zu sein.

Negative Erfahrungen, wie das schlechte Zwischenzeugnis, können sein Selbstwertempfinden daher scheinbar nicht beeinträchtigen. Es entsteht ein Zirkel, in dem E.F. sich gegenüber immer nur die Haltung einnehmen kann, die nicht alter ego ihm entgegenbringt, sondern die er, orientiert am Bild eigener Größe, sich selber aufzeigt. Auf der einen Seite macht E.F. auf diese Weise andere zu seiner Umwelt. Deren Funktion es ist, ihm zu helfen, etwa den Gesprächsfaden wiederzufinden, wozu der andere die Position des gleichgestellten Gesprächspartners verlassen muß. Auf der anderen Seite bilden ausschließlich an das Ich angelagerte, unbewußte Selbstrepräsentanzen eine Art Gegenüber, dem ersatzweise die Funktion zufällt, seine Auslegung dessen zu stützen, was ihm zugestoßen ist, und die Behauptung eigener Kreativität mit der seiner unbewußten eigenen Größe abzustützen.

Die innere Kommunikation mit dieser unbewußten Selbstrepräsentanz füllt das Vakuum, das aus der gefühlsmäßigen Abwesenheit des anderen, wie schon des Vaters seiner Kindheit, entsteht. "Kontaktprobleme" sind, so gesehen, die Folge von Erfahrungen mit einem gefühlsmäßig nicht präsenten alter ego, die auf den Wunsch nach Anerkennung fixiert geblieben sind, so daß Anerkennung keinen intentionalen Stellenwert in E.F.s Handlungsentwürfen erlangen kann. Folglich hat er die Möglichkeit zur Modifikation seines Erlebens von Isolation durch Erfahrung nicht.

Das Festhalten an der eigenen Kreativität hilft vermeiden, daß E.F. ihn entwertende Erfahrungen seinem Überich als der Instanz vorzeigen muß, die die Funktion des inneren Be- und Verurteilens ausübt. Indem er es vermeidet, sich dem Urteil seines Überichs auszusetzen und hieraus Schlüsse über sich zu ziehen, kann E.F. aber auch nicht herausfinden, wie das Urteil des Überichs ausfiele, wagte er dies, bzw. er kann nur unterstellen, dieses innere Urteil wäre vernichtend. Auf diese Weise scheint ein äußerst strenges Überich E.F.s Erleben zu überschatten. Das Ich flüchtet sich aus der Konfrontation mit diesem Überich in die Besetzung unbewußter Selbstrepräsentanzen (Größenselbst) und belegt seine Vorstellung von eigener Kreativität mit narzißtischer Libido. Das Bewußtsein eigener Kreativität und unbewußtes Größenselbst stabilisieren sich gegenseitig. Die psychische Selbstaufwertung immunisiert E.F. scheinbar gegen enttäuschende Erfahrungen. Der einer Sackgasse gleichenden Verlegung des Schauplatzes seiner Selbstbehauptung in sein Inneres sucht E.F. konsequent durch Arbeitsplatzwechsel zu begegnen.

C.D. - C.D. löst aus Handlungssituationen, die immer mehrdeutig sind, eine Schicht heraus, die sein Bild von seiner Person zu thematisieren erlaubt und geeignet ist, dieses Selbstbild durch Bedeutungszuweisungen an das Verhalten anderer zu stützen, die ihn aufwerten. So schließt er aus dem Lachen der anderen, daß er ein humorvoller Mensch sei, ohne zu prüfen, ob sein, das Lachen der anderen auslösendes Verhalten nur die Bedeutungszuweisung zuläßt, die er vorgenommen hat. Darüber hinaus sucht er bei anderen (der Analytikerin, dem Chef) Haltungen hervorzulocken, durch die er erreichen kann, daß die anderen ihn bewundern. Auf diese Weise erschafft sich C.D. eine Welt, die andere dann mit ihm teilen, wenn sie die Haltungen zu ihm, die ihnen von C.D. angetragen werden, für sich als gültig akzeptieren und ihm etwa die erhoffte Bewunderung tatsächlich zollen. C.D. wirkt nicht nur auf sein Selbstbild ein, sondern kann auch bei anderen erreichen, daß sie ihre Einstellung auf sein Selbstbild ausrichten.

Im Unterschied hierzu bleiben C.D.s Erfahrungen und sein Handeln im Zusammenhang der wiederholten Gefährdung seines Beschäftigungsverhältnisses im Hintergrund dessen, wovon er berichtet. Erfahrungen, die die Bedrohung seiner beruflichen Existenz betreffen und nicht geeignet sind, sein Selbstbild zu stützen, verkehrt er in ihre gegenteilige Bedeutung (Widerstand vs. Wunsch, für den Betriebsrat zu kandidieren), oder aber er überläßt es anderen aufzudecken, was ihm zugefügt worden ist (etwa der Soziologin, die auf ihre Nachfrage hin von dem Leistungsdruck erfährt, unter den ihn die Geschäftsleitung gebracht hatte und dem er vermutlich nicht standhielt).

Verhaltensregulierende Normen wie die über die Weiblichkeit berufstätiger Frauen erreichen C.D. nur als von ihm immer schon erfüllte. Normen können daher ihre Verinnerlichungswirkung – verstanden als selbstkritische Wendung an die eigene Person – nur eingeschränkt entfalten. Im Konflikt mit der Sekretärin übernimmt die 'Mehrheitsmeinung' diese Funktion für C.D. Die Entlastung, die die Berufung auf das mit anderen geteilte Urteil herbeiführt, scheint die Funktion des Überichs überflüssig zu machen. Der Druck, der vom Überich ausgeht und sich gegen aggressive Triebimpulse (sein Neid auf die Frau und das Verbot, das darauf liegt, selber wie die bewunderten Frauen zu sein) richtet, wird aber in der Furcht vor Vergeltungsaktionen der Frauen für seinen Neid erkennbar. Er muß beteuern, daß er nicht der Verursacher des Konflikts mit der Sekretärin ist, und diesen Konflikt als Problem isolieren, dessen Lösung nicht in seiner Macht steht. Zudem betont er das Einvernehmen mit seinem Chef.

Während in anderen, von C.D. berichteten Zusammenhängen Aggression vorwiegend nur als Sorge um Kontrollverlust vertreten ist, bricht sich im Derivat von der Frau mit den Haaren auf den Zähnen ein Triebimpuls Bahn, der ihn zu offen geäußerten Beseitigungswünschen hinreißt; er rät seinem Chef, die Sekretärin zu entlassen, und gibt damit zu erkennen, daß seine Erwägungen von seiner Wut abhängig geworden sind.

Die Fallskizzen weisen auf Unterschiede zwischen den drei Arbeitern und den beiden Angestellten hin, die ihr Verhältnis zu sich als handelnden Personen sowohl in der Interviewsituation als auch bei der Arbeit betreffen. Für die drei Arbeiter gilt, daß unbewußte Konflikte, die sich auf bestimmte Aspekte im Verhältnis von Libido und Aggression beziehen, psychisch die Funktion übernommen haben, auf dem Erheben von Ansprüchen an eine Realität zu insistieren, die sich hinsichtlich "objektiver", nicht verhandelbarer Anforderungen betrieblicher Arbeit als unzugänglich erwiesen hat. Das Hadern mit der Mutter der Kindheit, die dem Wunsch nach unbedingter Liebe nicht genügt hat; das Stillegen von Aggression in der Liebe zu Totem; das Aufgeben der Hoffnung, Aggressionen "los"-zuwerden – jedes Mal unbewußte Wünsche mit der Betonung auf ihrer Unerfüllbarkeit – bilden Aspekte psychischer Konflikte, mit denen die drei Arbeiter auf eine Welt reagieren, in der sie auf die Position festgelegt sind, über sich unter Bedingungen von Entfremdung verfügen zu lassen. Global trifft es zu, daß diese Qualität von Unbewußtem gesellschaftlich produziert ist, wie Erdheim in seiner Psychoanalyse der Herrschaft sagt (Erdheim 1982). Doch enthält das Unbewußte die Szenen, die von der eigenen Unterlegenheit zeugen, nicht inhaltlich, sondern in Gestalt unbedingter, nicht erfüllbarer Wünsche. Auf sie hat sich die Freiheit zurückgezogen, die in der Welt der Arbeit an Erfahrungen von Zwang und Angriffen auf Handlungsspielräume zu zerschellen droht. Das Unbewußte wird zum Stützpunkt des bewußten Erlebens von Freiheit, Lebendigkeit und Hoffnung. Der Preis ist Reduktion der Reflexionsfähigkeit auf die stumme Kommentierung von Erlebnisqualitäten untereinander.

Zugleich wird sichtbar, daß Freihalten des Selbst von dem, was nach Mead unter die Kategorie des Subjektiven fiele, also vor allem die Aggression, dieses Subjektive keinesfalls unbestimmt läßt im Hinblick auf seine Funktion für soziales Handeln. An entsprechende Vorstellungskomplexe geheftet, bleiben "das Subjektive" und ihm nahestehende Vorstellungen nicht "unbestimmt im Raum hängen" (Mead). Sie werden im Unbewußten als unbedingter Liebeswunsch, als nekrophile Phantasie, als Gestimmtheit der Hoffnungslosigkeit fixiert und erhalten von diesem "Ort" aus jedesmal eine stabilisierende Funktion in der Identitätsbildung.

In den Kurzdarstellungen über die drei Arbeiter bleibt im Verhältnis von Selbst und Ich der Strukturgedanke der Psychoanalyse erkennbar: Die Derivate vertreten verpönte Affekte und Impulse durch Bedeutungen, die die Verdrängungsschranke passiert haben, der Person selbst und anderen aber nur in Gestalt von Vorstellungen zugänglich werden, die sie als Teil des Selbst ausweisen, d.h. als potentiell handlungsrelevant und verwendbar innerhalb der Begründung vollzogener Handlungen. Die Frau "mit Haaren auf den Zähnen", der die unbewußte Bedeutung der Angst vor Vergeltung durch die Frau zukommt, prägt als bewußt zugängliche Vorstellung die Einstellung gegenüber der Sekretärin und wird von C.D. angeführt, um die Darstellung seines Verhaltens zu ihr zu begründen.

Das Strukturmodell um ein Handlungsselbst zu erweitern hat – aus psychoanalytischer Sicht – den Vorteil, Derivate, deren Bildung durch das Ich an unbewußtem Material vor sich geht, nicht ans Ich fixieren zu müssen. Die Ausdrucksqualität von Unbewußtem wird aufgrund der Umsetzungsleistung des Ichs zumindest potentiell sprachlich faßbar, wenn sie ins Selbst aufgerückt ist. Für die Psychoanalyse wird hierdurch die Zirkularität vermeidbar, die dann entsteht, wenn das Ich die Derivate psychisch erzeugt und zugleich sozial verwenden können soll; die Neigung, das Ich mit unzähligen und inkompatiblen Aufgaben zu überfrachten, die schon im Zusammenhang der Darstellung ich–psychologischer Ansätze deutlich wurde, ist, so gesehen, ein Artefakt disziplinärer Selbstbehauptung, die selbst Zirkelschlüsse in Kauf nimmt.

Die Fallskizzen zu den beiden Angestellten hinterlassen hinsichtlich des Verhältnisses von Handeln und Unbewußtem ein teilweise anderes Bild. Bei ihnen steht ihm Vordergrund, wie die Handlungspartner zu beeinflussen seien. Mit den Interviewerinnen wird "etwas gemacht". Die Darstellung der eigenen Person soll die Interviewerinnen beeindrucken und dem Dargestellten gemäße Reaktionen bei ihnen hervorrufen, unabhängig davon, ob diese Form der intentionalen Selbstdarstellung durchgehalten werden kann oder nicht. Dies trifft zwar auch auf G.H. zu, aber G.H. kann zu diesem Zweck kein ihn aufwertendes Selbstbild mobilisieren. Die beiden Angestellten unterscheiden sich von ihm durch die Thematisierung und die Bemühung um ausdrückliche Darstellung ihrer Identität, was voraussetzt, daß sie ihr Selbst "entdeckt" haben und darin die Quelle gerichteter Offenbarung von Gefühlen, Einstellungen und moralischen Orientierungen sehen. Indem sie ihre Identität darbieten und zum Gesprächsgegenstand machen, schlachten sie den reflexiven Charakter, der der Identitätsbildung immer eignet, aus, um ihre Subjektivität zu objektivieren, d.h. sich ihrer an den Reaktionen der anderen zu versichern. Sie verlassen sich nicht, wie die Arbeiter, auf die der Handlungsperformanz impliziten Zeugnisse von Identität, sondern nehmen das Bezeugen persönlicher Identität selber in die Hand.

Die narzißtische Dynamik, die mit diesen Darstellungen von Identität einhergeht, ersetzt aber nicht die Dynamik von Verdrängung, Abwehr und Wiederkehr unbewußter Konflikte in Derivaten. Besonders deutlich wird das an C.D.s unbedingtem *unbewußten* Wunsch, sich seine Geschlechtsidentität nicht vom Primat der Heterosexualität vorgeben zu lassen. Auch an seinen unbewußten Konflikten zeigt sich ein Insistieren auf einem unbedingten und nicht verwirklichbaren Anspruch. So gesehen, schiebt sich die narzißtische Dynamik vor die strukturell bedingte psychische Dynamik und läßt letztere nur wenig greifbar werden. Gleichzeitig entsteht der Eindruck, die selbstkritische Funktion des Überichs laufe leer und erhalte nicht die Chance, erprobt und persönlich entmystifiziert zu werden. Diese Art von psychischer Tabuierung des Überichs bleibt nicht ohne Folgen für die Identitätsdarbietung. Sie scheint mit einer Einbuße der Fähigkeit zur Realitätsprüfung erkauft zu werden, zumindest soweit das Größenselbst durch die Auslegung der Reaktionen der anderen in Frage gestellt werden könnte. Die Identitätsbildung läuft daher verstärkt Gefahr, mit Selbsttäuschung einher zu gehen.

6.1.2 Identitätsbildung

Die Frage nach der Identitätsbildung hatte sich aus der Kritik an Eriksons ichpsychologischem Identitätskonzept ergeben, das auf eine Überhöhung des Individuums in empfundener Einzigartigkeit hinausläuft. Es wurde festgehalten, daß Ich-Identität sich nicht in der Selbstwahrnehmung von Individualität und Besonderheit erschöpft. Identitätsbildung schließt die Selbst-Lokalisierung des Individuums als handelnde Person in sozialen Situationen ein. Mit ihr vergewissert sich die Person ihrer selbst auch anhand von Reaktionen anderer auf ihr Verhalten. Allerdings läßt Ich-Identität sich ebensowenig allein von egos Einnahme der Einstellung alter egos sich selbst gegenüber herleiten. Denn zum einen verändert sich das Selbst unter dem Einfluß des Akts der Selbstwahrnehmung. Zum anderen erfaßt die Person von ihrem Selbst immer nur die ihr subjektiv zugängliche Seite, nicht jedoch diejenigen Bedeutungen, die die Kehrseite bilden und für die die Psychoanalyse die Kategorie des Unbewußten vorgesehen hat. Sowohl Soziologie als auch Psychoanalyse sind, so gesehen, an der Entwicklung eines Konzepts von Ich-Identität zu beteiligen. Diese Forderung bereitet dann Schwierigkeiten, wenn disziplinär beschränkte Bestimmungen beanspruchen, vollständig zu sein, wie es für den Psychoanalytiker Erikson und den Soziologen Lothar Krappmann gilt.

Das Identitätskonzept in der Soziologie ist zwar über die Vorstellung von einem "'Sammelsurium' von 'Motiven'" (Parsons 1968, S. 83) hinausgelangt, das vom Individuum als Träger mehr oder weniger kompatibler Rollen kognitiv zusammengehalten wird. Unter dem Eindruck des Symbolischen Interaktionismus hat Krappmann es schon Ende der sechziger Jahre revidiert und

Identität an die Bedingungen des persönlichen Balancierens zwischen divergenten Rollenanforderungen, des Rekurses auf eigene Bedürfnisse und des Dokumentierens von Individualität gebunden. "Diese Identität stellt die Besonderheit des Individuums dar; denn sie zeigt auf, auf welche besondere Weise das Individuum in verschiedenartigen Situationen eine Balance zwischen widersprüchlichen Erwartungen, zwischen den Anforderungen der anderen und eigenen Bedürfnissen sowie zwischen dem Verlangen nach Darstellung dessen, worin es sich von anderen unterscheidet, und der Notwendigkeit, die Anerkennung der anderen für seine Identität zu finden, gehalten hat" (Krappmann 1969, S. 9). Es ist Krappmanns Verdienst, die innere Beweglichkeit des Individuums gegenüber allseitigen Anforderungen als Betätigung der Reflexion ausgewiesen und das Identitätskonzept der Soziologie von einer sozialdetermistischen Version gelöst zu haben, in der es um "stabile Merkmalskonstellationen individueller Fähigkeiten" gegangen war, um "die Summe der Rollenrepräsentanzen, für die Dimensionen wie Voraussagbarkeit und Konstanz von zentraler Bedeutung" gewesen sind (vgl. Cogoy 1977, S. 99).

Auch mit Krappmanns Konzept könnten aber die psychischen Vorgänge der Identitätsbildung, wie sie in den Fallskizzen zum Vorschein kommen, nicht ausreichend dargestellt werden. Gleich Erikson erhebt Krappmann den Anspruch, Identität als erlebte resp. erfahrene Einzigartigkeit zu bestimmen. Er beschränkt sich hierbei auf soziologische Denkmöglichkeiten des Balancierens zwischen tendenziell unvereinbaren Erwartungen als einer Erfahrung von Individualität. Entweder erfassen also beide Autoren identische Sachverhalte lediglich in unterschiedlichen Theoriesprachen, so daß zu prüfen wäre, ob nicht eine von beiden hinfällig ist. Oder Krappmann "konkurriert" mit Erikson um ein "besseres", soziologisches Identitätskonzept.

Für den zweiten Gesichtspunkt spricht, daß Krappmann – nicht zu Unrecht – einwendet, nach Erikson solle Identität das Individuum "nur in die Lage versetz(en), ... Spannungen und Konflikte hinzunehmen" (Krappmann 1969, S. 92). Um selber einem solchen Vorwurf, der einen Mangel an kritischer Distanz zum Problem impliziert, zu entgehen, will Krappmann das Individuum aber auch aus der "Determination" durch seine psychische Verfaßtheit herausgelöst wissen. Er erklärt es als sein Ziel zu zeigen, "wie es ohne Anlehnung an feste Persönlichkeitsstrukturen dem Individuum gelingen kann, allein durch seine Fähigkeit, zwischen diskrepanten Anforderungen zu balancieren statt sie zu verdrängen, Identität aufrechtzuerhalten" (ebd., S. 89).

Krappmann erhebt also die Soziologie zur "besser" geeigneten Wissenschaft, ein Konzept von Identität zu entwickeln. Er vernachlässigt hierüber die Anforderungen an die Konstruktion eines solchen Konzepts. Mit der Problematik eines reifizierenden Identitätsbegriffs vertraut (vgl. ebd., S. 84ff.), unterschätzt er dennoch die Folgen, die das Insistieren auf der Reflexivität für die Konzeptualisierung von Identität hat. Als besseres oder schlechteres interaktorisches Fähigkeitsniveau begriffen, bleibt bei ihm Identität ein Selbst-

Bewußtsein, das vom einzelnen 'gehandhabt' wird. Krappmann muß ein der Identität äußerlich bleibendes Bewußtsein mitdenken. Von ihm her "wahrt" das Subjekt seine Identität, "behauptet" es sie, "erhält" es sie "aufrecht". Anders formuliert: Krappmanns Identitätskonzept erliegt der Zirkularität, in die jede theoretische Konstruktion hineingerät, die nicht ernst nimmt, daß das Objekt, welches ein Subjekt sich im Prozeß der Identitätsbildung gegenüberstellt, es selbst ist[91]. Indem auf diese Weise zwei Ansichten des Selbst – als Subjekt und als Objekt – auseinandergerissen und einander gegenübergestellt werden, verliert Identitätsbildung ihren prozedierenden Charakter; ego, das sein Selbst wahrnimmt und hierdurch seiner Identität gewahr zu werden meint, kann dies nur in Akten der Wahrnehmung seiner selbst tun, durch die sich seine Identität sogleich verändert. Krappmanns Konzept weist somit eine logische Schwäche auf, durch die Identitätsbildung unversehens zu einer für das Subjekt greifbaren Fähigkeit und daher für normative Urteile – beispielsweise über ihr Gelingen resp. Nicht–Gelingen – anfällig wird[92]. Es wäre zu prüfen, inwieweit die Frage nach der Einzigartigkeit, die für Krappmann wie für Erikson zum Zentrum von Identitätsbildung wird, zwangsläufig in das Bestreben mündet, der Identität als eines wie auch immer flüchtigen Zustands habhaft zu werden.

Identitätsbildung geht, worauf Parsons nachdrücklich hingewiesen hat (vgl. Parsons 1968), zwischen den Polen von Freiheit und Determination vor sich. Sie kann daher nicht als Vorgang konzipiert werden, in dem ich mir die Freiheit nehme, mich von den Bedingungen zu lösen, die mir in einer Situation gesetzt sind, und mich über meine psychische Verfaßtheit hinwegzusetzen, die mir die eine Auslegung der Situation näher sein läßt als eine andere. Die Fallskizzen zeigen, daß soziale Situiertheit und psychische Verfaßtheit den irreduziblen Rahmen bilden, in dem Identitätsbildung sich bewegt. Innerhalb dieses Rahmens kann Identität als Prozedieren zwischen Handlungsentwürfen beschrieben werden, in denen ego in Antizipation von alter egos Reaktion festlegt, was es will, und durch Rekonstruktion des Zustande–Kommens seiner vollzogenen Handlungen angeben, ob es erreicht hat, was es wollte, und wer es ist. Die Ordnungs– und Koordinationsleistungen, die sich hierbei abspielen,

---

91 Tugendhat hat im Zusammenhang einer Kritik der Übersetzung von Meads "Mind, Self, and Society" ins Deutsche und der Gleichsetzung von "self" mit "Identität" darauf hingewiesen, daß das Selbst Subjekt und Objekt zugleich ist. Er zitiert Mead: "It is the characteristic of the self as an object to itself that I want to bring out. This characteristic is represented in the word 'self,' which is a reflexive, and indicates that which can be both subject and object" (Mead 1934a, S. 136f.; Tugendhat 1979, S. 246f.) Joas hat sich über Tugendhats Einwand hinweggesetzt und sich für die Übersetzung von "'self' ... mit Ich–Identität bzw. abgekürzt Identität" (Joas 1987, S. 17) ausgesprochen.

92 Das Konzept ist für normative Urteile dann anfällig, wenn beispielsweise der Wissenschaftler den Standpunkt äußerlicher Bewußtheit gegenüber den Subjekt einnimmt, von dem die Rede ist, und wenn er für es die Entscheidung fällt, ob die Identitätsangaben, die jemand über sich macht, wahr oder falsch sind. Dann ersetzt der Wissenschaftler die Freiheitsgrade, die er vorfindet, durch sein Urteil darüber, welche vorhanden zu sein hätten.

sind als Vorgänge der Identitätsbildung ausweisbar, aber für sie muß kein gesondertes Subjekt angenommen werden.

Die sozialpsychologische Rekonstruktion konkreter Operationen der Identitätsbildung, als die die Fallskizzen gelesen werden können, zeigt, daß das, was als Identität der jeweiligen Person wahrnehmbar ist, in unhinterfragtem Wollen und durch Erfahrung fragwürdig gewordenem Wollen bzw. Nicht-Wollen zum Ausdruck gebracht wird. G.H.s Darstellung dessen, was er erreichen will und womit er scheitert, bleibt eng an die Wahrnehmung negativer, seine unbewußte Hoffnungslosigkeit bestätigender Erfahrungen gebunden. A.B. entwirft neue Handlungsoptionen, während I.J. je nach Lebensbereich auf die Äußerung eigenen Wollens entweder verzichtet oder es eng an Triebwünsche bindet. E.F. möchte durch eine willentliche Entscheidung, den Arbeitsplatz zu wechseln, sich neue, zur Verwirklichung seines Bildes von sich selbst beitragende Erfahrungen zuführen. Er wie auch C.D. steigern Identitätsbildung zur Identitätsdarbietung. Nur auf sie beide trifft zu, daß sie "ihre" Identität handhaben; daß sie sie "wahren", "behaupten", "aufrechterhalten", indem sie sich auf Bilder ihrer eigenen Größe wie auf Gegenständliches beziehen. Sie greifen Rahmenbedingungen von Identitätsbildung auf und wollen sich dieser Bedingungen entheben, um ihrer tatsächlichen psychischen Verfaßtheit zu entgehen. So laufen sie Gefahr, in ihren Äußerungen unauthentisch zu werden.

Parsons hat mit Rücksicht auf ihren prozedierenden Charakter Identität als "metamotivationales" System gekennzeichnet, das nicht handele. Er schreibt der Identität in der Sprache seiner Systemtheorie die Funktion der Code-Erhaltung zu. Die Identität sei "in erster Linie das Bezugssystem, *innerhalb dessen* persönliche Bedeutungen konkret symbolisiert und 'ausgedrückt', 'ausagiert', 'realisiert' usw. werden können. In diesem Sinne ist sie selbst kein Aggregat von konkreten Bedeutungselementen, sondern muß als Inbegriff all der Organisationsprinzipien und Regeln für die Interpretation und Verbindung von einzelnen Bedeutungselementen konzipiert werden" (Parsons 1968, S. 83). Gegenüber dem Überich, dem Parsons im systemischen Zusammenhang seiner Handlungstheorie eine zentrale Stellung einräumt, bleibt das Selbst zwar theoretisch unterbestimmt. Es ist aber kein Fundus für ein konsistenzbedürftiges "Sammelsurium von Motiven", sondern ist bestimmt durch den vom Aktor jeweils anzugebenden, je eigenen "Ort" in einem Handlungssystem.

Identitätsbildung meint für Parsons die "Koordinierungs- und Durchsetzungsprozesse" im "individuell Handelnden", die nicht mit Vorgängen im Selbst zusammenfallen, sondern eben einen Metastatus haben. In ihr "treffen sich das 'Ich' (I), das handelt, und das 'Mich' (me), das für Selbst und andere Objekt ist. Als solches 'handelt' das Identitätssystem nicht, sondern fungiert als Bezugssystem für die Interpretation der Bedeutung der Handlungen des Individuums für das Individuum" (ebd., S. 82). Auf die wiedergegebene Art und Weise bestimmt Parsons Einzigartigkeit soziologisch, ohne sie zum Mittelpunkt der Frage nach der Funktion von Identitätsbildung zu machen. Er entgeht der erwähnten Gefahr der Zirkularität (vgl. ebd., S. 84). Parsons zufolge ist Identität die persönlich charakteristische Verwendung von Regeln, nach denen der einzelne seine Handlungen entwirft und rekonstruiert – einschließlich ihrer Steigerung zur Selbstdarbietung im Handeln. Das wirft allerdings die Frage auf, welche Auswirkungen es für ein solches Identitätskonzept hat, daß sowohl ein Selbst als auch ein Ich eingeführt wurden, um den psychischen Aufbau von Handlungen in den Einzelfallstudien beschreiben zu können. Die unterschiedlichen Blickweisen, die in dieser Unterscheidung vorausgesetzt sind – nach außen auf die Beziehung zwischen ego und alter ego und nach innen auf die Dynamik des Erlebens –, wurde mit Hilfe der Annahme von Derivaten zusammengeführt. Derivate sind Stützpunkte einer nach außen wie auch nach innen gewandten Blickweise; ihre Bedeutung ändert sich, je nachdem welche Blickweise gewählt wird. Aber sie vermitteln doch den Eindruck von Durchgängigkeit im Aufbau sozialer Handlungen. So betrachtet, steht die Darstellung des Handlungsaufbaus Parsons' Auffassung vom Verhältnis zwischen sozialem und Persönlichkeitssystem nahe. Parsons geht allerdings von einer hierarchischen Kontinuität einander kontrollierender und bedingender Systeme aus und setzt sich über die Möglichkeit einer systematischen Differenz zwischen psychischen und sozialen Prozessen hinweg, wie die Psychoanalyse sie der Soziologie durch die Annahme eines strukturellen Unbewußten entgegengebringt.

Diese Vorstellung von Durchgängikeit täuscht. Zwischen dem praktischen Vollzug von Identitätsbildung durch ego und der Art und Weise, in der Identitätsbildung mit Hilfe der Unterscheidung von Selbst und Ich anhand der Fallskizzen nachvollzogen wurde, besteht ein grundlegender Unterschied. Denn das Individuum verfügt nicht in der gleichen Weise über den Einblick in innere Vorgänge, den wir uns durch die wissenschaftliche Exploration psychodynamischer Vorgänge und ihrer Einwirkung auf die Handlung verschafft haben. Der einzelne kann verschiedene seiner Reaktionen – eine Fehlleistung ebenso wie ganze Vorstellungs- und Handlungskomplexe – als ihm fremd, als "ich-fremd" wahrnehmen und auch ablehnen, ohne daß deshalb auf die Annahme von Prozessen verzichtet werden muß, in denen Identität sich bildet.

Das Festhalten an zwei Blickweisen war damit begründet worden, daß die Selbstreflexivität, die die Psychoanalyse für therapeutisches Handeln in Anspruch nimmt, bei der inneren Kommentierung seelischer Ereignisse durch Erlebnisqualitäten ansetzt. Zweifellos ist es Ziel jeder therapeutischen Behandlung, diese stumme Reflexivität in sprachlichen Ausdruck zu überführen, was mit einem Wechsel der Blickrichtung einhergeht, die der Therapeut ermöglicht. Aber zum einen gelingt dieser Wechsel nie endgültig, und zum anderen kann er für lebenspraktische Identitätsbildung als gezieltes Vorhaben nicht sinnvoll unterstellt werden. Bei dem Versuch, Identitätsbildung theoretisch zu fassen, ist genau dieser Umstand zu berücksichtigen, indem zwischen praktischer Identitätsbildung und ihrer wissenschaftlicher Rekonstruktion unterschieden wird.

Habermas hat zwischen "der *epistemischen* Selbstbeziehung des erkennenden und dem *praktischen* Selbstverhältnis des handelnden Subjekts" unterschieden (vgl. Habermas 1988, S. 218). Im praktischen Selbstverhältnis des Subjekts komme seine "motivationale Dimension ... ins Spiel" (ebd.). Das me sei "Instanz der Selbstkontrolle", das I – Habermas scheint es mit dem praktischen Ich gleichzusetzen – bilde "ein Unbewußtes, das sich in *zweifacher* Weise bemerkbar macht: als Andrang der Impulse, die der Kontrolle unterliegen, wie auch als Quelle der Innovationen, die konventionell erstarrte Kontrollen aufbrechen und erneuern" (ebd., S. 219). Obwohl Habermas also den psychischen Vorgang der Verdrängung mit dem "unbewußten" Status des I in Verbindung bringt, vermeidet er es doch, das Problem der Wiederkehr des Verdrängten bzw. der Beteiligung seiner Abkömmlinge an Identitätsbildung anzugehen. Was über den Richtungssinn der Spiegelung hätte in sein Blickfeld rücken können – die stumme, vorsprachliche Kommentierung von seelischen Ereignissen durch Erlebnisqualitäten, die in diesem Zustand ihrer Überführung in Sprache nicht zugänglich sind –, wird wie bei Mead anscheinend erst relevant, wenn es vom Selbst her als bereits entäußertes Subjektives anerkannt werden kann (s. Fn. 35 auf S. 66). So bleibt eine unvermittelte Konfrontation von "vorsozialer Triebnatur" und "Stoß der schöpferischen Phantasie" auf der einen sowie "institutionalisierten Formen des gesellschaftlichen Verkehrs" (vgl. ebd., S. 219f.) auf der anderen Seite unvermeidlich. Habermas' Darstellung des praktischen Selbstverhältnisses läuft also auf den Versuch hinaus, der kommunikationstheoretischen Argumentation den Gesichtspunkt der "Revolte abgespaltener Motive und unterdrückter Interessen" zu erhalten. Zugleich wird der Gehalt dieses Gesichtspunkts unterlaufen, indem Willentlichkeit zum herausragenden Moment der Vergewisserung durch Handeln und damit der Identitätsbildung wird: "... das handelnde Subjekt (will sich) nicht *erkennen*, sondern als Initiator einer allein ihm zurechenbaren Handlung, kurz: als freier Wille *vergewissern*" (ebd., S. 220)[93]. Anders die "epistemische Selbstbeziehung": Sie meint "die *Erfassung* des Subjekts im Vollzug seiner spontanen Leistungen" durch alter ego (vgl. ebd.).

Die Fallskizzen zeigen, daß das "praktische Selbstverhältnis" eine Identitätsbildung impliziert, für deren Nachzeichnung auch Habermas' Überlegungen nicht ausreichen. Gerade das Bezeugen von Identität in Akten der Willentlichkeit hat keinen Bestand – weder vor undurchschauten, auf unbewußte Konflikte zurückgehenden Motiven, die der Vergewisserung des eigenen Willens leicht einen Strich durch die Rechnung machen können (E.F., A.B.), noch

---

93 Weiter heißt es: "das Selbst des praktischen Selbstverhältnisses ist ... ein Wille, der sich einzig durch Vergesellschaftung zu einem 'Ich will', zu einem 'Ich kann einen neuen Anfang setzen, für dessen Folgen ich verantwortlich bin', konstituiert" (Habermas 1988, S. 221).

angesichts der Bereitschaft zur Selbsttäuschung, als die selbstbestimmte, willentliche Akte entziffert werden können (C.D., E.F.). Aber auch da, wo Zeugnisse der Selbstvergewisserung nur wenig deutlich sind (G.H., I.J.), geht Identitätsbildung vor sich. Sie erweist sich als prozedierende Reflexion auf begründbare und doch undurchschaute Bedeutungen vergangener Handlungen, die sich nicht notwendig zu einem Innehalten bei der Frage "Wer bin ich, und was will ich?" und noch weniger zur Vergegenständlichung von Identität steigern muß, um ein "praktisches Selbstverhältnis" zu begründen, das mit dem Risiko undurchschauter Motive behaftet ist.

Im Selbst sind Derivate des Unbewußten als Ergebnis der Arbeit des Ichs vertreten. Deren unbewußte Bedeutung bleibt dem sich seiner selbst vergewissernden ego unbekannt; allenfalls hat es eine Ahnung von etwas ihm Vertrauten, über das es sich aber nicht Klarheit verschafft. Dennoch gehen diese undurchschauten Bedeutungen – etwa die Angst vor der Vergeltung durch die Frau – in die Handlungsentwürfe, in die Antizipation von alter egos Reaktion auf die prospektive Handlung und in die vollzogene Handlung ein; sie "individuieren" die Handlung. So gesehen, geschieht innerhalb des "praktischen Selbstverhältnisses" Selbstvergewisserung unter Einschluß von verborgen bleibenden Bedeutungen für Affekte und Impulse. Das I, das für Mead das Unberechenbare, Unvorhersehbare und Innovative in einer ausgeführten Handlung repräsentiert, steht nicht für Spontaneität an sich, sondern ist auch dazu bestimmt, Bedeutungen, deren man sich nicht vergewissern kann, unfreiwillig zum Vorschein zu bringen. Der Ausdruck von Unbewußtem in der vom Ich bearbeiteten Gestalt scheint auf das Prinzip der Spontaneität in noch einem ganz anderen Sinne angewiesen zu sein als die von Mead hochgeschätzte Kreativität. Spontaneität schafft das Gegengewicht zu einer der Möglichkeit nach grenzenlosen Kontrolle unbewußter Motive und verhilft Unbewußtem zu Ausdruck, ohne daß gegen die (spontane) Äußerung der Vorwurf der Unvernunft erhoben werden muß.

Mit der wissenschaftlichen Exploration des Handlungsaufbaus und Erkenntnissen über die Einwirkung unbewußter Vorgänge auf die Handlung wird das "praktische Selbstverhältnis" rekonstruiert und durchschaubar gemacht. Deshalb kann der Eindruck von Durchgängigkeit im Aufbau der Handlung entstehen, wo für das praktische Procedieren von Identitätsbildung tatsächlich Spontaneität konstitutiv ist. Anders als bei Parsons trägt die wissenschaftliche Darstellung von Identitätsbildung durch die zwei Perspektiven, aus denen die Derivate betrachtet werden können – als nach innen und nach außen, auf Unbewußtes und Begründbares verweisend – dem Tatbestand des "praktischen Selbstverhältnisses" Rechnung. Was unter Ich–Identität zu verstehen ist, bleibt dann allerdings der wissenschaftlichen Rekonstruktion von Identitätsbildung überlassen. Denn nur durch sie kann der Anteil offengelegt werden, den Unbewußtes an der vom Subjekt vollzogenen Handlung hat.

Das Festhalten an der Funktion eines Ichs, wie sie in der Psychoanalyse gesehen wird, innerhalb eines handlungstheoretischen Bezugsrahmens hat sich somit als brauchbar erwiesen, tatsächliche Vorgänge der Identitätsbildung zu beschreiben. Welche Folgerungen hieraus für die Theoriebildung zu ziehen sind, konnte nur angedeutet werden. Folgendes wird indessen erkennbar:

1. Geht man mit Mead davon aus, daß das Selbst, wie das Verhältnis von me und I zeigt, immer Objekt und Subjekt zugleich ist, dann muß seine Arbeitsweise als ein Vereinbaren von zentrischen Impulsen, in denen sich Derivate des Unbewußten durchsetzen, mit der handlungsorientierten Zuweisung von Bedeutungen an alter egos aufgezeigter Haltung durch ego konzeptualisiert werden.

2. Dieses Vereinbaren findet als Prozedieren von Identitätsbildung statt. Der einzelne kann über seine Identität als Zustand oder dauerhafte Verfassung keine Angaben machen, ohne daß seine Identität durch diese Angaben verändert wird. Hieraus folgt indessen nicht, daß Identitätsbildung praktisch nicht ständig stattfinden würde.

3. Identitätsbildung geht als praktisches "Abwägen" von ego zwischen seiner Perspektive auf sich als Aktor in sozialen Situationen und seiner Perspektive als erlebendes Subjekt mit einer "Unbekannten", den vom Unbewußten derivierten Vorstellungen, vor sich.

4. Die Befangenheit im Prozeß der Identitätsbildung kann epistemisch aufgelöst werden. Seine rekonstruktive Analyse deckt den Zusammenhang in einer Vollständigkeit auf, die egos Beitrag zu bzw. Einwirkung auf den gesellschaftlichen Prozeß anzugeben erlaubt[94].

5. Darüber hinaus ist die vorgeschlagene Konzeptualisierung des Verhältnisses von Selbst und Ich aussichtsreich, die normative Unterscheidung zwischen Normalität und Pathologie zu entschärfen. Der Fall von Handlungen, deren Sinn nur schwer erschließbar ist oder die ihrer Bedeutung nach nicht entzifferbare Handlungselemente enthalten, würde zwar weiterhin auftreten, er bliebe aber eingeschlossen in die interaktionsvermittelte Selbstauslegung des

---

94 Die Aufwertung des Vorbewußten, wie sie in der "objektiven Hermeneutik" (Oevermann) vorgenommen wird, aber auch in Leuschners psychoanalytischer Forschung über Traumvorgänge sich abzeichnet, hängt möglicherweise mit dem ausschließlich epistemischen Zugang zu Unbewußtem zusammen. Hier ist – anders als im Zusammenhang der Aufgabe therapeutischen Fremdverstehens – der zu verstehende andere aus der leibhaftig–unmittelbaren Kommunikation von Sinn ausgeschaltet, durch Text und gezeichnetes Traumbild ersetzt. Widerstand als Ausdruck praktischer Identitätsbildung in der therapeutischen Gesprächssituation entfällt (vgl. Leuschner 1995).

Individuums. Auf ihr äußerlich bleibende normative Urteile könnte daher verzichtet werden.

6.2 Macht, Autorität und Unterlegenheit

Die Fallstudien ermöglichen, auf betriebliche Machtausübung unter dem Gesichtspunkt des Verhältnisses einzugehen, das unsere Gesprächspartner zu Vorgesetzten – Meistern, Bereichs- und Abteilungsleitern, Vertretern der Unternehmensleitung – unterhalten. Für unsere Gesprächspartner sind Vorgesetzte in den Grenzen, in denen sie Macht auszuüben vermögen – Anweisungen erteilen, Leistung fordern und kontrollieren, Versetzungen und unter Umständen Kündigungen einleiten, Zeugnisse ausstellen – Autoritätspersonen. Ihnen gegenüber sind sie weisungsgebunden und äußern sie in je anderer Weise Bereitschaft zu Unterordnung und Gehorsam.

Insofern die Untersuchung Aussagen zur psychologischen Dimension von Unterordnung ergibt, stehen im folgenden Überlegungen zu der Frage im Vordergrund, wie Macht und Überlegenheit anderer in die Bereitschaft umgesetzt werden, sich unterzuordnen. Es wird also um das Verhältnis von Über- und Unterordnung und regelmäßig auftretende Einstellungen gehen, in denen jemand zuläßt, daß über ihn verfügt wird. Unter diesem Gesichtspunkt eröffnet das Fallmaterial gleich zwei Felder: (1) die Stellung von Angestellten als abhängig Beschäftigte im Unterschied zu Arbeitern und (2) die Herausbildung eines neuen Autoritarismus, der ein anderes Bild von der Teilhabe an Macht aus der Position der Unterordnung heraus nahelegt als das, welches herkömmlich mit dem autoritären Charakter gemeint ist. Die beiden Betrachtungsfelder überschneiden sich. In den Fallskizzen wird der Akzent auf Aspekte des Autoritarismus gelegt, was ihrer Verallgemeinerung in Richtung der Stellung der Angestellten indessen nicht hinderlich ist.

6.2.1 Die Fallskizzen

Zunächst können zwei der fünf Fallstudien mit der herkömmlichen Autoritarismusthematik in Verbindung gebracht werden:

A.B. – Bei A.B. finden sich einige Hinweise, die den inneren Konflikt mit dem Vater betreffen. Er versucht, als Vertrauensmann Konflikte unter seinen Kollegen, die die Fähigkeit zur Solidarisierung beeinträchtigen, dadurch zu lösen, daß er ihnen gegenüber eine erzieherische Position einnimmt, von der er sagt, sein Vater habe früher einen Teil davon ihm übertragen. So geriet er zwischen Vater und Geschwister. Er fühlt sich Vorgesetzten näher und kann deren Anweisungsbefugnis akzeptieren und in Verhandlungen damit umgehen, während er in der Beziehung zu seinen Kollegen offenbar in Konflikt darüber gerät, ob er ihnen gegenüber die Vater- oder die Geschwisterposition innehat. Diese belastende Konstellation sucht er dadurch aufzulösen, daß er, der zum Eingehen eines sadomasochistischen Beziehungsmodus neigt, sich von einem Motiv der Sehnsucht nach gesellschaftlicher, seine Harmoniebedürfnisse stützender Veränderung leiten läßt, im Betriebsrat und in der Gewerkschaft aktiv wird. Nicht ohne Einfluß hierauf dürfte die Institutionalisierung des Klassenkonflikts sein, die sich in der Bildung von Tarifverträgen und der gesetzlichen Verankerung vergleichsweise starker Betriebsräte ausdrückt. Beides verleiht A.B.s politischem Engagement Ernsthaftigkeit und läßt ihn an gesellschaftspolitischer Verantwortung teilhaben, Arbeitnehmerinteressen in geregelten Bahnen wahrzunehmen.

A.B. läßt den Versuch einer nicht-autoritaristischen Auflösung der Vaterthematik erkennen. Sie ist nicht ohne Risiko (Alkoholgenuß) und vom Halt in einer gefestigten Gruppe abhängig. Ein starkes Motiv, wonach es sich lohnt, für etwas zu kämpfen, hält die Bedeutung des Abwehrmechanismus der Spaltung – zwischen guten, verläßlichen und bösen, von ihm ausgegrenzten Kollegen – in Schach. Von einer Spielart des Autoritarismus läßt sich meines Erachtens *nicht* reden.

I.J. – Anders verhält es sich bei I.J., einem Arbeiter, der im gleichen Unternehmen beschäftigt ist wie A.B. Zur Vaterthematik enthält unser Material keine Hinweise, dafür um so mehr über I.J.s Aggressionsverarbeitung. I.J. vereinigt in sich viele Züge des herkömmlichen Autoritarismus. In ein anal-sadistisches Szenarium eingebettet, sieht er die verschiedenen Gastarbeiterfraktionen als diejenigen an, die die schönen Toiletten beschmieren, indem die einen schrieben, "Türken mußt du würgen, hast du sie erwürgt, hat sich's ausgetürkt" und die Türken auf dem gleichen Weg antworteten, "Deutscher Mann, ein Nazi-Schwein" und Hakenkreuze malten. Gleichwohl vermittelt I.J. nicht den Eindruck des negativ besetzten Klischees vom nach oben buckelnden und nach unten tretenden Autoritären. Zumindest teilweise kann dies mit dem Stellenwert erklärt werden, den der Abwehrmechanismus der Spaltung hat.

Für seine Angst vor frei flottierenden, auch seinen eigenen Aggressionen hat I.J. einen Weg gefunden, aus seinen jeweils aktuellen, teilweise libidinös getönten Beziehungen die Aggression herauszuhalten. Der Abwehrmechanismus der Spaltung wird zum funktionalen Äquivalent des Überichs. Die Aggression wird nicht, wie im Autoritarismussyndrom vorgesehen, durch identifikatorische Teilhabe an der Macht von Höherstehenden aktiviert. Von einem auf sie verlagerten, externalisierten Überich läßt sich nicht zutreffend reden. Vielmehr bewirkt der Abwehrmechanismus der Spaltung, daß die Aggression verschwindet. Sie verschwindet in einer nekrophilen Phantasie, der Liebe zu Totem, die sich im Sammeln schöner toter Vögel, die I.J. ausstopfen läßt, ausdrückt. Das Lebendige von Zuneigung und Liebe bleibt ihm so erhalten.

I.J. sieht Kollegen neben sich zu seinen Vorgesetzten werden. An ihm geht ein technologischer Wandel im Betrieb vorbei, im Verhältnis zu dem sich seine Arbeitssituation verschlechtert hat. Sie ist unpersönlicher und wird von strengeren Vorschriften und weniger kalkulierbaren Arbeitsanforderungen als früher bestimmt. Wo erwartet werden könnte, daß sich bei ihm ein Ressentiment aufbaut, erkennt man allenfalls eine sprachlich diffus bleibende, herablassende Einstellung zu ausländischen Arbeitskollegen. Je nach der Anlage einer Erhebung autoritärer Einstellungen, die das Ziel einer empirischen Untersuchung sein könnte, in die er als Befragter hineingeraten würde – etwa eine Sinus-Studie –, ließe er sich vielleicht als autoritär einstufen. Dennoch gewinnt man den Eindruck eines sozial befriedeten Autoritarismus – befriedet durch die Nische eines Hobbies, das seine Freizeit füllt und ihn in einen Jugendverein einbindet, in dem er ornithologische Lehrspaziergänge veranstaltet.

Auf innerbetriebliche Machtverhältnisse bezogen, hinterlassen A.B.s und I.J.s Einstellungen zu Autoritätspersonen den Eindruck von Abgeklärtheit. Vorgesetzte werden fraglos anerkannt. Die berufliche Bewährung bleibt auf die geleistete Arbeit bezogen. A.B. nimmt sich in dieser Hinsicht als unangreifbar wahr, I.J. weiß, daß Fehler in Arbeitsvorgängen aufgedeckt und nachgewiesen werden können. In der Wahrnehmung beider erscheint ihr Verhältnis zu Übergeordneten als entschärft durch objektivierbare Leistung.

Beide Kurzfassungen sind, verallgemeinernd betrachtet, Beispiele für das Funktionieren einer Gesellschaft, deren Vermögen zur sozialen Integration ihrer Mitglieder hoch ist im Verhältnis zu ihrer Komplexität, so hoch, daß ihre Krisen den gesellschaftlichen Zusammenhalt nicht sogleich infrage stellen und auch nicht so weitreichend, daß die einzelnen, wenn die Krisen sie in Form von technischer Rationalisierung ereilen, diese nicht mit ihren Kompetenzen und psychischen Fähigkeiten auffangen könnten. Allerdings wissen wir aus den Darstellungen zum Verhältnis von Selbst und Ich auch, daß die Einlagerung psychisch konflikthaften Erlebens ins Unbewußte zu dieser Integrationsleistung beiträgt. Es bleibt daher offen, was auf der Ebene des Psychischen entbunden würde, wenn die Institutionalisierung des Klassenkonflikts (Arbeit im Betriebsrat und für die Gewerkschaft) sich auflöste und das Vereinswesen mit seinen Idyllen instabil würde.

Die jeweils charakteristischen Persönlichkeitszüge von C.D. und E.F. erinnern in kaum einer Weise an die, die mit dem herkömmlichen Autoritarismussyndrom assoziiert sind. Dennoch trifft auf beide zu, daß sie mit ihrer Beziehung zu Vorgesetzten und persönlichen Chefs präokkupiert sind. Der Einfluß dieser Autoritätspersonen auf sie kann bis in psychodynamische Vorgänge der unbewußten Konfliktverarbeitung hinein verfolgt werden. Jedesmal tritt das Strukturverhältnis von Überich und Ich, auf das sich das Autoritarismuskonzept stützt, zurück hinter die Bedeutung des Selbst für die Bewältigung schwieriger und konflikthafter Situationen am Arbeitsplatz.

C.D. – C.D. stellt sich als für sein Computer-Unternehmen unentbehrliche Kraft dar, als Generalist mit vielseitigen Fähigkeiten, der aufgrund seiner Gabe, ausgleichend auf andere einzuwirken und mit Humor Situationen entspannen zu können, geschätzt wird. Er rivalisiert mit einer Sekretärin seines Chefs um dessen Gunst. Deren glaubt C.D. sich sicher, was er mit der charakterlichen Integrität dieses Chefs begründet.

Die Idealisierung des Chefs paart sich mit Vorstellungen eigener Größe, die es C.D. ermöglichen soll, mit dem Chef eine enge Gemeinschaftlichkeit herzustellen, für die unbewußte Verschmelzungswünsche maßgeblich sind. Indem er ein Bild eigener Größe aufbietet, kann er den tatsächlichen Unterschied zwischen sich und dem Chef hinsichtlich sachhaltiger Autorität, Macht und Stellung in der Betriebshierarchie unbeachtet lassen.

Die Aggression, die die Erfahrung von tatsächlicher Unterlegenheit zur Folge haben könnte, ist in C.D.s Verschmelzungswunsch abgewehrt, der durch weitere Abwehrmaßnahmen ergänzt wird, die alle der Kontrolle seiner Aggressionen dienen. Würde C.D. Aggression zulassen, käme er erst in die Lage, Schuld zu erleben. Schulderleben erspart er sich, indem er die Funktion seines Überichs gar nicht erst in Anspruch nimmt. Als dessen funktionales Äquivalent kann das Größenselbst angesehen werden. Seine Funktion aber ist auf die Darstellung der eigenen Person gegenüber anderen ausgerichtet. Mit der Darstellung seiner selbst in einer Situation bedeutet C.D. dem anderen, wie er sei – nämlich gut, friedlich, humorvoll – und wie der andere die Situation, auf die er mit den genannten Eigenschaften einwirkt, auffassen soll. Der kommunizierte Sinn nimmt in Anspruch, die reale Situation zu sein, von der er nur zeugt.

Es handelt sich also um eine (zirkuläre) Aufwertung seiner selbst durch Bedeutungen, die C.D. sich in einer Kommunikationssituation zuweist, wobei, so ist anzunehmen, Interview- und Arbeitssituation ähnlich gehandhabt werden. Daß der Gespräch*gegenstand*, seine Arbeitssituation, fern war, während C.D. mit der Soziologin *darüber* sprach, war sicher der Trennung förderlich, die er charakteristischer Weise zwischen tatsächlicher, ihn einbegreifender Handlungssituation am Arbeitsplatz und der Darbietung seines Selbst vornahm – nicht nur im Interview, sondern auch in bezug auf die Wahrnehmung seiner selbst in seiner Arbeitssituation. Darüber hinaus, im psychoanalytischen Interview mit Mechthild Zeul, wird erkennbar, daß C.D. auch seine Subjektivität aufgetrennt darbietet, und zwar nach der Seite hin, von der her sie von außen erfaßbar ist, und nach der anderen Seite hin, die "um keinen Preis" zum Vorschein kommen darf. Der Effekt dieser Auftrennung ist nun nicht, daß eine Suche nach dem Eigentlichen beginnt, sondern daß sich die Frage nach der Glaubwürdigkeit dessen, was dargeboten wird, in den Vordergrund schiebt. Zum Problem wird damit C.D.s Autorisierung in eigener Sache, seine Authentizität.

E.F. – E.F., im gleichen Unternehmen beschäftigt, hält sich im Verhältnis zu seinen kreativen Fähigkeiten für unterfordert und sieht hierin ein Hindernis, die Anerkennung zu erlangen, die ihm die Chance, etwas Außergewöhnliches zu leisten, zuteil werden ließe. Er zieht infolgedessen die Aufmerksamkeit von der Realität seiner sozialen Beziehungen zu Autoritäten ab, wie er sich schon in seiner Kindheit von seinem Vater, den er als gefühlsmäßig abwesend erlebt hatte, abwandte und seine Energie auf seinen sozialen Aufstieg lenkte. Die Chefs, auf die die innere Repräsentierung des Netzes an sozialen, hierarchischen Beziehungen im Betrieb zusammensurrt, verkehren sich in feindselig gesonnene Chefs. Ihnen bzw. der Gefahr, die von ihnen ausgeht – weil wer nicht lobt, tadelt und straft –, hält er sein Größenselbst entgegen – um den Preis, sich der Erprobung seiner selbst im alltäglichen Umgang mit Autoritätspersonen zu entziehen. Die Alternative hierzu, nämlich seine Erwartungen an Chefs zu modifizieren, indem er sein Bild von eigener Größe revidiert, würde wahrscheinlich die Angst auslösen, seine Vorstellung von sich seinem Überich auszusetzen und dessen Kritik zu verfallen.

E.F. kann den ersten Eindruck, den er beim anderen hervorruft, nämlich jemand zu sein, der weiß, was er will, nicht vertiefen. Er hat Kontaktprobleme, zieht sich auf eine innere Welt eigener Größe zurück, was sich in Konzentrationsmangel im Gesprächsverlauf und einem mechanischen Erfüllen von Kommunikationsanforderungen äußert. Dieser Rückzug wirkt sich als Isolierung, Selbstentwertung und Resignation aus, gegen die er sich mit der Wiederauflage der Suche nach einem Chef, den er idealisieren kann, wehren will. Er plant einen Arbeitsplatzwechsel. Das wiederholte Erleben von Zurückweisung leitet also nicht eine realistischere Einschätzung seiner selbst ein, sondern verstärkt das Bedürfnis nach Idealisierung von Autoritäten.

Wie bei C.D. ist die Funktion der Realitätsprüfung, deren Intaktheit von der Koordination des psychischen Kräftefelds im Ich abhängt, überlagert von einer Schicht seelischer Vorgänge, mit denen faktische Autoritätsbeziehungen durch eine aufwertende Darstellung des eigenen Selbst vorteilhaft und befriedigend gewendet und ihrer sozialen Asymmetrie entledigt werden sollen; die Abhängigkeitsbeziehung soll "herrschaftsfrei" werden, was eine contradictio in adjecto ist.

6.2.2 Angestellten-Individualität (und eine weitere Fallskizze)

Die Fallskizzen über die Angestellten C.D. und E.F. bringen eine enge persönliche Verknüpfung von Autoritätsverhältnis und Individualität als Verhaltensstil zum Vorschein. Bevor ich daher auf die Frage nach einem "neuen" Autoritarismus eingehe, werde ich den Stellenwert einzuschätzen versuchen, den Individualität für die beruflichen Anforderungen an Angestellte hat, und auf die psychischen Grundlagen dieses Verhaltensstils eingehen.

Die beiden Fallskizzen geben einiges von dem wieder, wodurch Angestellte ihren Sozialstatus charakterisiert sehen: persönliche Umgangsformen, Entscheidungs- und Handlungsspielräume, schöpferische Tätigkeit, Kultiviertheit etc. Die Aufwertung von Individualität hält seit dem Übergang von traditionsgelenkter zu Massengesellschaft an und ist im Zuge der Einführung neuer Technologien in allen Wirtschaftsbereichen zu einer Standardqualifikation der Produktions- und Zirkulationssphäre aufgerückt. Der Schleier der Selbsttäuschung, der dem Angestelltenbewußtsein seit Kracauers Beschreibungen in den zwanziger Jahren (vgl. Kracauer 1929) nachgesagt und immer wieder gegen ihre Berufsideologie kritisch gewendet wurde, scheint keine Rolle mehr zu spielen. Auch in den Sozialwissenschaften gelten die Angestellten weithin als der Typus des Arbeitnehmers, der den des Arbeiters historisch abgelöst hat[95]. Unter dem Eindruck des derzeitigen Rationalisierungsschubs steht die Frage danach im Vordergrund, in welchem Umfang das Individualitätsmuster, das der Angestellte verkörpert, als Qualifikationsstandard der Arbeitskraft erhalten und wie die Stellung der Angestellten in den Betrieben gefestigt werden kann. Der Rationalisierungschub, der zur Zeit abläuft, kann nicht rechtzeitig genug untersucht werden, wenn es gilt, seine negativen Auswirkungen auf die Beschäftigten abzuwenden. Die Angestellten sind hierbei von besonderem Interesse, weil ihre zukünftige Stellung im Betrieb und deren gesellschaftliche Auswirkungen noch kaum prognostizierbar sind. Hierauf weist auch der Titel hin, den Martin Baethge und Herbert Oberbeck ihrer Studie über die Angestellten gegeben haben: "Zukunft der Angestellten".

Zur Berufsförmigkeit von Angestelltentätigkeiten zählen nach Baethge u. Oberbeck "die Momente der Identitätsbildung und der Selbstbestätigung des eigenen Vermögens sowie der Stabilisierung der sozialen Position, die sich lange Zeit mit den Berufen kaufmännischer Angestellter verbunden haben ... Sie sind traditionell im wesentlichen gebunden an eine gewisse Exklusivität und Originalität der persönlichen Qualifikationen – des Wissens, der Verhaltenskompetenzen, der Situationsbeherrschung" (Baethge u. Oberbeck 1986, S. 361). Aufgrund der technologischen Neuerungen, denen Fähigkeiten wie die von Baethge u. Oberbeck beschriebenen gerecht werden, genügt es deshalb nicht, die der Praxis von Individualitätsstilen entspringenden Fähigkeiten als "extrafunktionale" (Dahrendorf) zu werten. Auf allen Ebenen – Verwaltung, Verkauf bzw. Absatz und Produkt – sind die beschriebenen sozialen Kompetenzen des Personals notwendige Bestandteile erfolgreicher Unternehmensstra-

---

95 Einen geschichtlichen Überblick zur Entwicklung der Angestelltenberufe geben die Ausführungen von Schweikart (1994); für die siebziger und achtziger Jahre s. Baethge u. Oberbeck 1993, S. 59ff. u. 297ff.

tegien[96]. Neue Technologien, in die selber Kommunikationsregeln eingelassen sind und die Grenzen zu allgemeinen kommunikativen Bezügen des Handelns scheinbar unscharf werden lassen, werden auf all diesen Ebenen eingesetzt. Sie verändern die Grundlagen qualifizierter Arbeit, nicht zuletzt weil die Arbeitsvorgänge, die nicht regelbar sind, den Einsatz von Fähigkeiten erforderlich machen, die Individualität ausmachen, insbesondere der Umgang mit Situationen, die mit Unsicherheit und Ungewißheit behaftet sind. Individualität als Bündel sozialer Kompetenzen ist in die Ebene der Qualifikationen eingewandert, auf die sich der Erfolg eines Unternehmens stützt.

Baethge u. Oberbeck als auch Ulf Kadritzke gehen vor allem der Frage der Dequalifizierung der Angestellten unter dem Einfluß der Standardisierung, Leistungsobjektivierung und Kontrollierbarkeit ihrer Tätigkeiten nach. Im Zuge dessen entdecken sie allerdings auch die gesellschaftspolitische Relevanz der Kompetenzen, auf die die Unternehmen sich angewiesen zeigen. Sie erkennen hierin die Chance einer interessenpolitischen Mobilisierung der Angestellten, wenn die Gewerkschaften die "neue(n), politisierungsfähige(n) Ansprüche an Arbeit, Beruf, persönliche Lebensgestaltung und Gesellschaftspolitik" (Kadritzke 1993, S. 320) aufgriffen. Darüber hinaus erwarten sie für die Zukunft die Herausbildung eines Typus des politisch aufgeschlossenen, verantwortlich handelnden Staatsbürgers. "Die ethische Sensibilität und die Diskurs–Orientierung deuten wir als vorwärtsweisende Momente im professionellen Bewußtsein der 'technisch–wissenschaftlichen Intelligenz'" (Baethge 1991, S. 51; s.a. Kadritzke 1993, S. 319). Baethge u. Oberbeck vermissen die politische Auseinandersetzung über die kulturellen Folgen des Rationalisierungsprozesses, der die Angestellten erfaßt habe. Es sei nicht ins Bewußtsein gedrungen, daß Rationalisierung auf die Betriebe nicht beschränkt bleibe, "sondern zugleich über Konturen gesellschaftlicher Verkehrsformen, und das heißt über Vielfalt nationaler Kultur entschieden" (Baethge u. Oberbeck 1986, S. 391) werde.

Ohne die Ernsthaftigkeit und Bedeutung dieser Erwägungen schmälern zu wollen, ist doch nicht zu übersehen, daß die Argumentation von Baethge u. Oberbeck sowie Kadritzke – und damit wende ich mich wieder Anregungen zu, die den Fallskizzen über die beiden Angestellten zu entnehmen sind – doch auf eine folgenreiche Art und Weise einseitig sind. Obwohl die von ihnen beschriebenen Individualitätsstile ohne ihre Grundlage in der Psychodynamik der einzelnen, die sie hervorbringen, kaum angemessen begriffen werden können, setzen sie sich über die psychologische Seite des Bildes hinweg, das sie über den 'mündigen' Angestellten lancieren. Kadritzke vor allem son-

---

96 "Da viele Tätigkeiten in den Dienstleistungsbereichen regelmäßige Kommunikation mit Kunden und Geschäftspartnern aufweisen, kann man sich einen ständig unter Kontrollangst stehenden, sich duckenden und in seinem kommunikativen Verhalten nur begrenzt eigenständigen Angestellten nicht leisten" (Baethge u. Oberbeck 1986, S. 38).

dert statt dessen als ungeeignet für die erhoffte Politisierung der Angestellten Teilgruppen aus, die die Angestelltenaura entweder durch Dequalifizierung bereits verloren haben oder unter den Einfluß ethischer Bindung an ihr Unternehmen und die Fixierung auf "Karriere und Machtteilhabe" geraten sind (vgl. Kadritzke 1993, S. 320; s.a. S. 317). Sowohl Baethge als auch Kadritzke scheinen auf eine Angestelltenelite zu setzen, die sich an die Spitze all der Angestellten setzt, denen ihre Dequalifizierung oder aber die Beschränkung auf ihr Eigeninteresse den Zugang zu ihren "wahren" Interessen versperrt.

Um welche vernachlässigten sozialpsychologischen Voraussetzungen handelt es sich? Die Praxis von Individualitätsstilen, deren Gebrauchswert in kommunikativer Kompetenz ebenso wie Entscheidungsfähigkeit, Initiative, Kreativität, moralischem Urteilsvermögen und Distanz gegenüber sich und dem eigenen Sozialstatus liegt, stellt Anforderungen, die ideale psychische Verhältnisse zur Voraussetzung haben. Es wird ein Selbst unterstellt, in dem vergangene Erfahrungen einen im wesentlichen uneingeschränkten Einfluß auf den Entwurf zukünftiger Handlungen ausüben können. Die Handlungen selber müssen die Chance enthalten, von alter ego anerkannt zu werden. Diese Grundlagen individuierten Handelns müssen darüber hinaus in Arbeitssituationen sich bewähren, die ihnen zuwider laufen, weil sie an betriebliche Machtverhältnisse rückgebunden sind. Konflikte mit Personal in Machtpositionen müssen in dem Bewußtsein bestritten werden können, die Paradoxie von kommunikativer Anerkennung und deren einseitiger Suspendierung durch Machtausübung durchschaut zu haben.

Die Fallskizzen über E.F. und C.D. zeigen, daß nicht die verschiedenen Seiten der Individualität an sich das sind, was Angestellte kennzeichnet, sondern das stilbildende Bewußtsein davon, daß Individualität in Verbindung mit fachlichem Können zum Qualifikationsprofil gehört. Denn Individualität wird auf dem Arbeitsmarkt explizit nachgefragt[97]. Ihr Marktwert verlangt, sie als Qualifikation auszuweisen. C.D. und E.F. wissen das und orientieren ihre Selbstdarstellung in den Interviews unter anderem auch hieran. Sie mobilisieren zu diesem Zweck Fähigkeiten, die eine spezifische Psychodynamik zur Voraussetzung haben. Gerade weil es sich bei beiden um "looser" handelt, die Kadritzke vermutlich nicht dem Typus des politisierbaren Angestellten zurechnen würde, zeigt ihr Stil der Auseinandersetzung mit Arbeitsanforderun-

---

97 Kadritzke stellt an den Anfang seines Aufsatzes den Text einer Stellenanzeige, der für unzählige andere steht. Der gesuchte Bewerber wird persönlich angesprochen: "'Als Ingenieur aus dem Fachbereich Elektronik/Elektrotechnik haben Sie bereits Erfahrung im Vertrieb technischer Produkte gesammelt. Eigenständiges und zielorientiertes Handeln kennzeichnen Ihre tägliche Arbeit. Sie sind bereit und in der Lage, steigende Verantwortung zu tragen. Dann übernehmen Sie für uns mit Eigeninitiative und Engagement die Betreuung und den Ausbau unseres Kundenstammes sowie die Intensivierung unserer Geschäftsbeziehungen'" (Kadritzke 1993, S. 297).

gen, worin die psychische Beanspruchung besteht, der Angestellte vermutlich regelmäßig ausgesetzt sind.

C.D. und E.F. führen ihr Versagen, das objektiv als schwere Existenzbedrohung anzusehen ist, wie unwesentliches Beiwerk ihrer Erzählungen mit sich. C.D. wurde in seiner gut bezahlten Position im Außendienst gekündigt und war auch zur Zeit unserer Erhebung wieder kündigungsgefährdet. E.F. ist in einem Zwischenzeugnis seine schwache Leistung bescheinigt worden. Es bedurfte aber besonderer Aufmerksamkeit seitens der Interviewerin, damit diese Mitteilungen gebührende Beachtung fanden. Verantwortlich für diesen Effekt ist eine Art Kumpanei des Ichs mit dem Größenselbst, ohne die C.D. und E.F. ihre Unterlegenheit im Konflikt mit betrieblichen Autoritätspersonen hätten preisgeben müssen. Beide können die Konflikthaftigkeit ihrer Autoritätsbeziehungen nicht auflösen, weil sie mit dem Eingeständnis von Bedrohung, Erniedrigung und Vernichtung einherginge und daher kaum erträglich wäre.

Ich vermute, das Phänomen der Individualisierung sensu Beck (1986), dessen Diskussion die Soziologie seit geraumer Zeit beschäftigt, nimmt psychodynamische Vorgänge wie die beschriebenen unausgesprochen in Anspruch. Denn Individualisierung handelt von der singularisierten Machbarkeit, vom individuellen Management sozialer Situationen auf der Grundlage von vermeintlichen oder tatsächlichen Entscheidungs- und Handlungsspielräumen unter restriktiven gesellschaftlichen Bedingungen auf dem Arbeitsmarkt, gegenüber dem Sozialstaat und sonstigen gesellschaftlichen Teilsystemen. Unterschlagen werden dabei die psychischen Vorgänge und Mechanismen, durch deren Kenntnis die Anfälligkeit des Individuums für Täuschungen offensichtlich werden könnte. Die Becksche Individualisierungsthese stützt und rechtfertigt, so gesehen, Vorstellungen, wonach der einzelne seinen Lebensentwurf als individualisierte Serie von Entscheidungen begreift und damit die Machbarkeit seines Lebens auch unter Bedingungen von Rückschlägen sich zu beweisen sucht.

Obwohl ihr Ausgangspunkt einmal betriebszentrisch gewesen sein mag, hat die Becksche Individualisierungsthese den Vorzug, individuelle Handlungsentwürfe nicht als unmittelbare Reaktion auf den Wandel des betrieblichen Anforderungsspektrums fassen zu müssen. Sie setzt voraus, daß aus Sozialisationsprozessen Bedürfnislagen und Persönlichkeitsstrukturen hervorgegangen sind, die bereits die Befreiung von traditionsgeleiteten Verhaltensmustern geleistet haben, zumindest aber die Grundlage dafür enthalten. Der derzeitige technologische Rationalisierungsschub mobilisiert nicht nur bisher ungenutzte psychische Fähigkeitspotentiale, sondern findet ein Angebot an individuationsorientierten Basisqualifikationen bereits vor, aus denen sich Angestelltenkarrieren "zimmern" lassen. Der partielle Optimismus von Baethge u. Oberbeck sowie Kadritzke stützt sich auf diesen Umstand einer begrenzten Fungibilität von Qualifikationen, die mit Individualität zusammenfallen. Wo "den

Arbeitern und Angestellten Interpretations– und Urteilsfähigkeit sowie eine situationsbezogene Aktualisierung ihrer fachlichen Kompetenz" abverlangt werde, sei "die Ausschöpfung ihres Qualifikationspotentials ... schwer von oben zu dekretieren, sie ist auch schwer kontrollierbar, am ehesten ist sie mit Zugeständnissen an Eigenverantwortlichkeit, Kompetenz und Status vereinbar. Daraus erwachsen den inhaltlichen, kommunikativen und expressiven Bedürfnissen der Beschäftigten neue Realisierungschancen im Betrieb ..." (Baethge 1991, S. 46).

Die Grenzen einer solchen Fungibilität, bei der die Individualität selber in Regie genommen werden soll, werden an G.H. erkennbar. G.H.s Situation zeichnet sich dadurch aus, daß er im Wechsel begriffen ist aus der Position des an stoffliche Produktionstätigkeit gebundenen Arbeiters in die eines Beschäftigten, an den sich kommunikative Arbeitsanforderungen stellen.

G.H. – Obwohl G.H. über die entsprechenden kommunikativen Kompetenzen verfügt und sich an Erwartungen alter egos anpassen kann, gelingt es ihm nicht, die neuen Qualifikationsanforderungen "von unten" her, wie Baethge es formuliert, auszufüllen. An den beiden Angestellten wurde deutlich, welche psychische und soziale Leistung hierfür zu erbringen gewesen wäre: unter Interaktionspartnern, die in einem Überordnungs–Unterordnungsverhältnis zueinander stehen, Wechselseitigkeit im Sinne der Verständigung unter Gleichen herstellen. Dieser paradoxen Aufforderung zu folgen hätte von G.H. verlangt, sein als Arbeiter verinnerlichtes Verhältnis zu Autoritäten im Betrieb, mit dem eine autoplastische Verarbeitung von andernfalls für ihn tödlicher Aggression einhergeht, für ungültig zu erklären. Er hätte seine unbewußte Gestimmtheit von Hoffnungslosigkeit, die durch Erfahrungen mit betrieblichen Machtverhältnissen Nahrung erhält, suspendieren und sich der Verunsicherung durch Fremdverfügung und Willkür neu aussetzen können müssen, um für jene paradoxe Anforderung an ihn ein "angemessenes" Reaktionsmuster auszubilden. G.H. müßte Teile seines psychischen "Inventars" auswechseln können, um den neuartigen Anforderungen zu genügen – und zwar auf mehreren Ebenen zugleich: der seines bisher auf Komplementarität ausgerichteten Handlungsstils, der für den Umgang mit Paradoxien nur wenig geeignet ist; der seines Selbst, das er reflexiv als seine Identität darbieten müßte, und der seiner unbewußten Verarbeitung von Aggressionen.

Nur unter diesen Voraussetzungen wäre G.H. in der Lage, ein psychisches "Qualifikations"–profil auszubilden, das dem der beiden Angestellten gliche. Dies kann ihm nicht gelingen, weil die Bändigung seines Hasses und die Befriedigung seines Bedürfnisses nach Komplementarität einander bedingen. G.H.s Setzen auf Sachautorität und objektive Begründungszwänge bietet keinen Ausweg aus seiner sozial und psychisch verfahrenen Situation.

Integrierte man Baethges industriesoziologischen Überlegungen also die beschriebene psychologische Dimension, dann würde das unter Umständen äußerst prekäre psychische Gleichgewicht erkennbar, das hinter den "inhaltlichen, kommunikativen und expressiven Bedürfnissen" sich verbergen kann, welche durch neue Arbeitsanforderungen, prognostisch betrachtet, Aufwertung erfahren könnten. Das prekäre Psychische macht sich zudem nicht nur dann bemerkbar, wenn, wie im Falle G.H.s, die im Verlauf des Sozialisationsprozesses erworbenen Fähigkeiten nicht geeignet sind, neue Anforderungen zu erfüllen. Mit der Aufwertung von Individualität geht auch der Zwang zu ihrer Objektivierung und Verdinglichung als Identitätsdarbietung einher. Dieser Zwang ist auch unabhängig vom Leistungsniveau wirksam, auf dem sich der einzelne bewegt. Die Fallskizzen über die beiden Angestellten zeugen von den psychodynamischen Rückwirkungen, die vom Zwang zur Identitätsdarbietung als solcher ausgeht. Der Soziologie ist diese Dimension dann nicht zugänglich, wenn sie die psychische Verarbeitung von Affekten, die Ausbildung psychischer Kompromisse für ambivalente Gefühlsregungen und die handlungsstabilisierende Funktion von – unbewußten – Konfliktlösungen und narzißtischen Selbstbesetzungen nicht berücksichtigt.

Ein gesellschaftsdiagnostischer Optimismus muß nicht die Folge sein, aber eine Skotomisierung der Wirklichkeit kann eintreten, der darüber, die Möglichkeiten der eigenen wissenschaftlichen Disziplin auszuschöpfen, die psychologische Dimension der sozialen Welt aus dem Blickfeld gerät. Zu den Folgen zählt sicherlich, daß prognostische Aussagen einseitig werden können, und ebenso, daß zeitdiagnostische Aussagen, die ihre Geltung aus dem Aufkommen neuer Verhaltensstile beziehen, unterbleiben, soweit sie auf "starke" psychologische Annahmen angewiesen sind.

Hierauf will ich mit der Frage eingehen, inwiefern die paradoxen Anforderungen, die sich Angestellten im Umgang mit Macht und Autorität stellen, Auswirkungen auf die psychische Verarbeitung von Erfahrung und Erleben eigener Unterlegenheit haben und eine Variante des Autoritarismus begünstigen.

6.2.3 Das Erscheinungsbild eines neuen Autoritarismus

Autoritarismus ist ein zusammen mit den "Studien zum autoritären Charakter" (Adorno 1950) eingeführtes charakterologisches Konzept. Es meint Einstellungsmuster, in denen Unterlegene die Ausstattung von Überlegenen mit tatsächlicher oder vermeintlicher Macht in der Weise umdeuten, daß bei ihnen eine Abschwächung des Erlebens eigener Unterlegenheit eintritt. Diese Umdeutung geschieht nicht als absichtsvoller Akt und ergibt sich, worauf schon Simmel ausdrücklich hinwies (vgl. Simmel 1908, S. 162), aus Handlungsspielräumen, die der Situation eigen sind, in der sich die Unterlegenen befinden.

Nach den "Studien zum autoritären Charakter", von Adorno und anderen bekanntlich in der zweiten Hälfte der vierziger Jahre in den USA durchgeführt (Adorno u.a. 1950), drückt sich diese Umdeutung in einer Reihe von Persönlichkeitszügen aus. Zu ihnen zählen starre Bindung an konventionelle Werte, Unterwürfigkeit, aggressive Wendung gegen anders Lebende, Geringschätzung von Sensibilität, Aberglaube und Rigidität im Denken, Orientierung an Über- und Unterordnungsverhältnissen, Machismus, Zynismus und Menschenverachtung, Überwertigkeit sexueller Vorgänge (vgl. Adorno 1950, S. 45ff.).

Die Beobachtungen an den Angestellten legen nahe, zwischen altem und neuem Autoritarismus zu unterscheiden. "Alter" Autoritarismus meint eine charakterliche Konstellation, die, als sie ermittelt wurde, zur Erklärung des Gefolgschaftsverhaltens im Nationalsozialismus beitragen sollte. Er wurde – wenn auch keinesfalls ausschließlich – als sozialpsychologische Konstruktion über persönlichkeitsprägende Folgen der familienstrukturellen Entmachtung des Vaters begriffen. Seine theoretischen Grundlagen sind der psychoanalytischen Strukturlehre (vgl. Freud 1923; 1932, S. 62ff.) im Korsett der Freudschen Massenpsychologie (vgl. Freud 1921) entlehnt[98]. Die autoritätsgebundene Persönlichkeit kennzeichnet, daß die Funktion der inneren moralischen Urteilsbildung, an der das Überich maßgeblich beteiligt ist, in ein idealisiertes äußeres Objekt verlagert, externalisiert wird. Das Ich entlastet sich von aufwendiger Realitätsprüfung und wird infolge seiner Schwächung für aggressive Impulse durchlässig, die es gegen Fremdgruppen wendet. Fremdgruppen sind von dem libidinösen Verbund ausgeschlossen, den das äußere Objekt – ein Führer, eine große Idee – und alle, die seine Idealisierung teilen, zusammen bilden (vgl. Adorno 1950, S. 303ff.). Auf einen "neuen" Autoritarismus weisen Besonderheiten in den Fallskizzen zu C.D. und E.F. hin, die die Wahrnehmung des eigenen Selbst in der Beziehung zu Autoritätspersonen betreffen. Sie stehen zunächst mit der Herausbildung von Individualität als Verhaltensstil in Zusammenhang. Bei näherem Hinsehen zeigt sich dann aber, daß zugleich die Beziehung zu Übergeordneten mit Hilfe der narzißtischen Besetzung des eigenen Selbst umgedeutet wird. Die nähere Untersuchung dieses neuen Erscheinungsbildes des Autoritarismus kommt daher, wie ich zeigen will, allein mit dem Rückgriff auf die psychoanalytische Strukturlehre – wie noch die klassische Studie über den autoritären Charakter – nicht aus.

Obwohl die Fallstudien durchaus auch Einblick in die Verarbeitung von Machtverhältnissen geben sollten, wurde mit ihnen dennoch nicht das Ziel verfolgt zu prüfen, ob das "Syndrom" des Autoritarismus noch Geltung habe bzw. was an seine Stelle getreten sein könnte. Das Erscheinungsbild eines "neuen" Autoritarismus ist eine auf induktivem Wege gewonnene "Entdeckung", die nun auf ihre empirische Triftigkeit hin zu prüfen ist. Daher wäre

---

98 Das Konzept des autoritären Charakters ist auch in neuerer Zeit der Kritik ausgesetzt gewesen (vgl. Wacker 1979; Altemeyer 1988; Hopf 1992; Meloen 1993).

es auch falsch zu meinen, die narzißmustheoretischen Gesichtspunkte, die in den – die Fallstudien unumgänglich vereinseitigenden – Skizzen hervortreten, entsprächen einer vorab eingenommenen Position bzw. gingen auf vorgängige Hypothesenbildung zurück. Sie sind vielmehr Teil der *abduktiven* Fassung von (1) eigentümlich egalisierenden Beschreibungen des persönlichen Verhältnisses zu Vorgesetzten, (2) Besonderheiten der unbewußten Aggressionskontrolle und (3) der eingeschränkten Selbstwahrnehmung unter dem Begriff des *Autoritarismus*.

Von neuem Autoritarismus zu sprechen impliziert, ihn vor dem Hintergrund jenes alten, bereits erwähnten zu sehen, und ebenso, daß ein Wandel im Erscheinungsbild des Autoritarismus stattgefunden hat, durch den es entweder zu einer Ablösung des alten durch den neuen Autoritarismus gekommen ist, oder aber die beiden Erscheinungsbilder koexistieren. Ich lasse dieses Problem dahingestellt und verwende den Ausdruck "alter Autoritarismus" vorwiegend dazu, Aspekte eines zeitgenössischen Autoritarismus besser herausstellen zu können.

Den beiden Fallskizzen über C.D. und E.F. lassen sich Hinweise darauf entnehmen, wie Erfahrungen mit Macht und eigener Unterlegenheit in Einstellungen umgeformt werden, die Unterordnung erträglich sein lassen, ohne daß ihre Geltung auf Situationen betrieblicher Arbeit begrenzt ist. Dann teilt dieser neue Autoritarismus mit jenem alten Autoritarismus das schwierige und prekäre Verhältnis zur Aggression. *Dort*, wo man herkömmlich von Autoritarismus spricht, wird die Aggression in der identifikatorischen Teilhabe an Macht und deren Symbolisierungen ein greifbarer gesellschaftlicher Tatbestand und durch Abwehrmechanismen wie die der Spaltung und der Projektion aus der Beziehung gleich Eingestellter untereinander auf Gruppen verlagert, die aufgrund ihres Status nicht verhindern können, daß Aggressivität gegen sie gewendet wird. *Hier* wissen wir bisher nur von der Verpöntheit der Aggression und daß sie innerlich nicht als Strukturkonflikt bearbeitet wird, sondern als ein den Strukturkonflikt überlagerndes Kontrollproblem. Für den neuen Autoritarismus ist charakteristisch, daß die Aggression in den Kommunikationsstil eingelagert ist, sei es als psychologistische Entschärfung der "Atmosphäre", die gar nicht gelingen kann, sei es als "Kontaktproblem", das zu Vereinsamung führt.

Neuer Autoritarismus scheint sich zu altem wie eine negativ erweiterte Stufe der Vergesellschaftung zu verhalten. Die Selbstthematisierung *überlagert* die dem alten Autoritarismus eigene Entgleisung der Aggressionsverarbeitung. Konflikte mit Autoritäten können nicht aufgelöst werden, weil sie mit dem Eingeständnis von Bedrohung, Erniedrigung und Vernichtung einhergehen würden und daher unerträglich sind. C.D.s und E.F.s Ausweg ist nicht die Verlagerung eigener Schwäche und eigenen Versagens, von Unbedeutendheit und Ersetzbarkeit in eine Fremdgruppe, nicht das Ressentiment, in das sich die Aggression eingenistet hat, und nicht eine Unterwürfigkeit, die im Triumphieren über Unterlegene ihren Ausgleich sucht. Um Aggression aus der Darstellung der eigenen Person herauszuhalten, nehmen C.D. und E.F. eine Größenvorstellung von sich in Anspruch, die ihnen ermöglicht, dem inneren Urteil ihres Überichs zu entgehen. Die Folge ist eine kaum spürbare, nur untergründige Aggression auf der einen Seite. Auf der anderen Seite werden Willensstärke, Härte bis hin zu Brutalität zu Elementen der Identitätsdarbietung. E.F. "fantasiert sich als Herr der Situation" (so die Analytikerin), nachdem ihm einer seiner Chefs ein schlechtes Zeugnis ausgestellt hatte. C.D. rät seinem Chef scheinbar sachlich, die Sekretärin zu entlassen, mit der er um seine Gunst konkurriert. Beide kompensieren auf diese Weise eine Unterlegenheit, einen Mangel an Macht und Einfluß. Sie suggerieren sich zugleich ihre Teilhabe daran.

In Anbetracht dieses Materials kann neuer Autoritarismus hiernach provisorisch folgendermaßen umschrieben werden: Er meint Konstruktionen der Wirklichkeit, in denen sich die kommunikative Dimension sozialen Handelns als das Ganze der Realität auf narzißtischer Grundlage etablieren soll. In Wahrheit hat sich diese kommunikative Dimension aber psychisch verselbständigt, so daß auf der einen Seite ein Größenselbst scheinbar Gleichheit mit bewunderten Personen in Autoritätspositionen herstellt. Auf der anderen Seite wird die Konfrontation mit Forderungen des Überichs gemieden, was dessen Funktion der Aggressionskontrolle auf spezifische Weise einschränkt.

Mir kommt es bei der Mitteilung dieser Beobachtungen auch auf die Effekte an, die dieser Modus des Umgangs mit Autorität hat. Es entsteht der Eindruck einer Unzuverlässigkeit des Berichteten, der Unglaubwürdigkeit einer Reihe von Gesprächsaussagen. Die Art der Identitätspräsentation provoziert geradezu den Zweifel an ihrer Sachhaltigkeit. Sie kann, so stelle ich mir vor, bei anderen leicht Reaktionen auslösen, wonach C.D. und E.F. nicht zur Sache kämen, Worthülsen produzierten, unglaubwürdig seien, sich selbststilisierten und vieles andere mehr. Es ist ganz einfach denkbar, beide provozierten durch ihre Selbstdarstellung in anderen den Wunsch, autoritativ eine Sachaussage dagegenzusetzen oder ihre Selbstdarstellung zu demontieren.

Ich ziehe aus den verschiedenen Beobachtungen den hypothetischen Schluß, in den an C.D. und E.F. beschriebenen Stilen des Umgangs mit Machtverhältnissen zeige sich ein Autoritarismus, der, abgesehen von der Einlagerung der Autoritätsbindung in die Dynamik unbewußter psychischer Vorgänge, mit dem herkömmlichen, in den Studien über den autoritären Charakter ermittelten, nur wenig gemeinsam hat. Der neue Autoritäre ist derjenige, der die schwere innere Belastung, die aus der Diskrepanz zwischen der Realität, die ihm sein Größenselbst suggeriert, und einer sozialen Realität, die sich darauf nicht einläßt, aufbricht, indem er sich im anderen die Autorität errichtet, mit der er sich eins fühlen kann. Der Lichtkegel, der auf die bewunderte Autorität fällt, erfaßt auch ihn. Der Verschmelzungswunsch lenkt von den aggressiven Impulsen ab, die nach ständiger Kontrolle verlangen, statt daß sie an einem

Überich gemessen werden, das ihnen doch ihre vermeintliche Gefährlichkeit nähme, indem es den Ausdruck eines Teils dieser Impulse zuließe[99]. Der Ausweg, den der neue Autoritäre findet, der ihn aber noch weiter in die Enge treibt, ist die Manipulation anderer, die ihn wie die Autoritäten bewundern sollen, denen er sich gleichstellt.

Betrachtet man die Fallskizzen als Einblicke in psychische Grundlagen eines neuen Erscheinungsbildes des Autoritarismus, dann könnte man von einer Formspezifität des Autoritarismus sprechen: Dort um die Strukturachsen des psychischen Apparats angesiedelt, hier durch Selbstrückbezüglichkeit als Individualität sich darbietend, der die Kontrolle der Aggression scheinbar gelingt. Die "Unauffälligkeit", die hiernach dem Phänomen eines neuen Autoritarismus anhaftet, läßt erwarten, daß es schwierig ist, es überhaupt sichtbar zu machen.

Der alte Autoritarismus wurde nach 1945 untersucht[100]. Zwar auf US-amerikanische Verhältnisse bezogen und erst in der zweiten Hälfte der vierziger Jahre untersucht, wurde doch beansprucht, mit diesem Syndrom die psychologischen Grundlagen des nationalsozialistischen sozialen Konsenses erfaßt zu haben. Dabei wurde vorausgesetzt, daß in allen kapitalistischen Gesellschaften ein faschistoides, untergründige Aggressionen bündelndes Potential vorhanden ist, dessen gewaltförmige Komponente allerdings nur unter bestimmten Bedingungen mobilisierbar sei und in Deutschland im Nationalsozialismus zum organisierten Genozid führte.

Während man also wußte, wonach man suchte, ist der neue Autoritarismus nur schwer gegen Verhaltensstile abzugrenzen, die die Moderne vermutlich generell hervorgebracht hat: das Präsentieren von Argumenten im Schutze der eigenen Subjektivität, Ambiguitäts*in*toleranz gegenüber komplexen und unübersichtlichen Konfliktkonstellationen, konsumistische Spielarten des Ästhetizismus, Verkennung der Realität im Dienste der (Selbst-)Idealisierung, gesteigerte Selbstreferentialität allgemein. Selbst der Rückgriff auf "starke" psychologische Annahmen, wie die Psychoanalyse sie dem soziologischen Denken nahelegt und wie sie in den "Studien zum autoritären Charakter" auch verwendet wurden, könnte die Abgrenzung eines neuen Autoritarismus gegenüber ubiquitären Phänomenen der Moderne allein nicht gewährleisten. Lasch (1979) etwa stellt mit solchen psychologischen Mitteln kulturell avangardistische Verhaltensstile dar, ohne sie im mindesten zu einer autoritaristischen

---

99 Das heißt nicht, daß die Funktion des Überichs außer Kraft gesetzt sei. Es bleibt aber "archaisch" und kommt in "harten" Urteilen zum Vorschein wie dem von C.D., der fristlosen Kündigung eines Suchtkranken zustimmen zu wollen, und von E.F., der seine Verachtung für diejenigen zum Ausdruck bringt, die ihre guten Leistungen materiell entgolten haben wollen, statt mit Anerkennung zufrieden zu sein.

100 Einen Einblick in die zeitgenössische Autoritarismusforschung und ihre Ergebnisse gewährt der von Gerda Lederer und Peter Schmidt herausgegebene Band "Autoritarismus und Gesellschaft" (1995).

Verarbeitung von Aggression in Beziehung zu setzen. Ähnliches gilt für Sennett (1977).

6.2.3.1 Verknüpfungen mit der Soziologie

Ich erwähnte bereits, daß es schwer ist, in einschlägigen soziologischen Veröffentlichungen Anhaltspunkte zu finden, die zur Stützung dieser Beobachtungen herangezogen werden könnten. Lasch, der von Haus aus Historiker ist, stützt sich mit seinen Ausführungen über soziale Stile des Narzißmus bekanntlich auf Kernbergs Narzißmustheorie und damit auf psychoanalytische Überlegungen. Er stellt detailliert Einstellungen, Verhaltensweisen, Kommunikations- und Handlungsstile in verschiedenen Lebensbereichen zusammen, die zeigen sollen, wie sich die Tatsache auswirkt, daß das Individuum durch die Selbstaufwertung seiner Person sich zum Objekt wird. Das auf gesteigerter Selbstwahrnehmung beruhende Eindrucksmanagement, die "amerikanische Übung in Freundlichkeit", wie Lasch sagt, verhülle "einen mörderischen Wettstreit um Güter und Positionen" (Lasch 1979, S. 90) in einer hobbesianischen Gesellschaft. Im Mittelpunkt stehe die Selbstbezogenheit, "die das moralische Klima der zeitgenössischen Gesellschaft" (ebd., S. 45) präge. Das lassen auch die beiden Angestellten-Fallskizzen ahnen.

Dieser Selbstbezogenheit ist die therapeutische Kultur funktional (in die in gewisser Weise auch das Forschungsprojekt eingebettet war, aus dem die Fallskizzen hervorgegangen sind). Der Weg führt von der Angewiesenheit auf die Präsenz des anderen als Spiegel, der zur Bestätigung von Selbstachtung da ist (vgl. ebd., S. 27), zur Hoffnung auf Erlösung von der inneren Leere im therpeutischen Gespräch. Das Verstehen schiebt sich in den Vordergrund, gewinnt Priorität gegenüber dem Sachverhalt, von dem es handelt, und wird unabhängig davon, ob es nun etwas Alltäglichem oder einer Ungeheuerlichkeit gilt.

Leider geht Lasch dem Syndrom des Narzißmus selber auf den Leim. Er, in dessen Erfahrungshorizont die Gefährdung individueller Grundlagen demokratisch verfaßter Gesellschaften offenbar keine Rolle spielt, greift auf den Ruf nach der Autorität zurück, die den narzißtischen Spuk beseitigen soll, damit der Weg zur Kritik von Herrschaft wieder frei werde (vgl. ebd., S. 230ff.). Dennoch stützen seine Ausführungen die Annahme von spezifischen modernen Handlungsstilen. Meine Vermutung ist, der neue Autoritarismus sei in sie eingelassen.

Um das Erscheinungsbild eines neuen Autoritarismus soziologisch besser verorten und hinsichtlich seiner politischen Auswirkungen zumindest ansatzweise einschätzen zu können, greife ich – als zweitem Anknüpfungspunkt an soziologisches Denken – auf einen Aufsatz von Parsons (1947) zurück, in dem das gesellschaftliche Aggressionspotential im Mittelpunkt steht, und zwar als eine Bedingung für die Polarisierung von Einstellungen zwischen extremen gesellschaftlichen Gruppen.

Parsons hat in dieser verhältnismäßig frühen Arbeit auf das "ungeheure Aggressionsreservoir" (ebd., S. 251) in westlichen Industriegesellschaften – Deutschland in seiner nationalsozialistischen Ära eingerechnet – hingewiesen. Er führt es auf die Kumulierung sozialer Kontrollen zurück. Sie wirkten auf das Individuum erst im Verwandtschafts-, dann im Berufssystem ein und seien in Anbetracht des fortgesetzten Rationalisierungsprozesses erforderlich. Diese Aggressionen würden von institutionellen Strukturen aufgefangen. Wo die Kontrollen unvollkommen sind bzw. dem Aggressionsdruck nicht stand- halten, zeige sich dies in Sündenbockstrategien, in Ressentiment und Ärger bei den "Verlierern".

Für meine Zwecke ist ein Zwischenschritt in Parsons' Argumentation inter- essant, der sich auf die Verteilung des Aggressionspotentials zwischen gesell- schaftlichen Gruppen bezieht. Parsons schreibt: "Es ist ... die Art und Weise, wie er (der Rationalisierungsprozeß) die Richtung des aktuellen und des po- tentiellen Ausdrucks der Aggressivität strukturiert, die ihn so wichtig macht. Er ist einer der Hauptfaktoren in der Polarisierung der Einstellungen, vor allem indem er zu einer Verteilung der Einstellungen auf die verschiedenen Gruppen in der Gesellschaft beiträgt, durch die Angst und Aggressivität *auf eine einzige strukturierte Spannungslinie* gerichtet werden" (ebd., S. 247; Hervorhebung von mir). Die Polarisierung der Einstellungen, von der Parsons hier spricht, bezieht sich auf die – von Parsons an zweiter Stelle genannten – "zwanghaften Vertreter der emanzipierten Werte" einerseits und andererseits auf die "'fundamentalistische Reaktion'" mit "einer zwanghaft verzerrten Über- steigerung der traditionellen Werte", insbesondere im Bereich der "nicht- logischen Symbolsysteme" von "Religion, Familie, Klasseneinstellungen, informellen Traditionen der Volkskultur" (ebd.). Die Solidarisierung innerhalb dieser Gruppen trage zu einem "circulus vitiosus von wachsendem Antagonis- mus" bei, den Parsons auf die Schwierigkeit zurückführt, geleitet vom Wert der Rationalität, emotional fundierte Solidaritäten rational zu verteidigen (vgl. ebd., S. 249).

Die Vorstellung einer "strukturierten Spannungslinie", auf die in Einstel- lungs-"gipfeln" gebündelte Aggression schließen läßt, kann für die Frage nach dem Stellenwert eines neuen Autoritarismus dann nutzbar gemacht werden, wenn man ein sozial vergleichsweise schwach strukturiertes, nicht in einem Extrem sich ballendes Ausdrucksfeld für Aggressionen annimmt. Dieses Aus- drucksfeld ist zwar im Griff institutionalisierter sozialer Kontrolle, d.h., die Handelnden können ihre aggressiven Impulse sozial unauffällig abwehren bzw. bleiben unbehelligt, weil sich ihr Verhalten innerhalb der alltäglichen Brutali- tät etwa des Konkurrierens bewegt. Aggression muß aber auch unter dieser

Voraussetzung externalisiert[101] werden. Ein solches Ausdrucksfeld könnte mit dem – so gesehen, aus der Mitte der Gesellschaft heraus erfolgenden – Dulden, Zulassen, Stimulieren und In–Szene–Setzen von aggressiven Einstellungen und Gewalttätigkeit *bei* anderen *gegen* Dritte einhergehen. Es wäre dann zu erwägen, ob der "neue" Autoritäre mit seiner massiven, aber psychisch vergeblichen, inneren Kontrolle seiner Aggressionen dieses Ausdrucksfeld besetzt hält. Dann stünden sich allerdings nicht konturierte, benennbare Gruppen gegenüber, die ihre Konflikte offen und öffentlich austragen. Vielmehr liegt es nahe, von einem unterschwelligen Zusammenhang zwischen neuem Autoritarismus und Extremismus auszugehen. Daß er besteht, würde zunächst einmal nur an der extremen Gruppe offensichtlich, die nun aber auch nicht mehr unter dem Druck stünde, ihre extreme Position auszuweisen und für sie Rationalität zu beanspruchen. Sie kann sich auf unlegitimierte, den Übergang in Gewalttätigkeit nicht mehr ausschließende Phraseologie beschränken und dennoch auf ein politisches Echo rechnen. Der neue Autoritäre wird, ihm nicht bewußt, zum Komplizen des Extremisten und zu seinem potentiellen Mitläufer.

Exkurs: Rechtsextremismus–Forschung

Ich will meine Überlegungen pointiert in eine Hypothese zum Verhältnis von neuem Autoritarismus und Rechtsextremismus kleiden, die zu diskutieren wäre. Danach könnte rechtsextremistische Phraseologie und Gewalttätigkeit gegenüber Dritten – Schwachen, Behinderten, anders Lebenden, Gezeichneten – die Reaktion auf Personen und Gruppen sein, denen das "Syndrom" des neuen Autoritarismus gemeinsam ist.

Diese Hypothese setzt zweierlei voraus. *Zum einen* muß der neue Autoritäre beim Rechtsextremisten etwas wiedererkennen, was ihm vertraut ist, etwa seine unbeherrscht gebliebenen Aggressionen oder eine geneidete Kameraderie von Kombattanten, die seinen latenten homosexuellen Wünschen entgegenkommt. Deren weniger verblümte Äußerung zieht ihn an, er will sie "verstehen"; an sie gewandt, offenbart er seine eigenen xenophobischen Impulse; ihnen drückt er seine "Einfühlung" in die durch das Eindringen von Asylanten vorgeblich oder tatsächlich veränderte Lebenssituation aus etc. *Zum anderen*

---

101 Mit dem Ausdruck "externalisieren" nehme ich darauf Rücksicht, daß Kollektive nicht *projizieren* können. Im Unterschied zum innerpsychischen Vorgang der Projektion mit verzerrender Wirkung auf die Wahrnehmung anderer meine ich mit *Externalisierung* den sozialen Mechanismus der Unterstellung geteilter Wertorientierungen für das Handeln anderer und die kommunizierte Interpretation des Verhaltens anderer als ihre Abweichung von den eigenen Wertorientierungen. In einer weitergehenden Analyse etwa von Fremdenfeindlichkeit wären diese beiden Mechanismen zueinander ins Verhältnis zu setzen. Keinesfalls aber lassen sie sich aufeinander reduzieren.

muß derjenige, der unverhohlen fremdenfeindlich sich äußert, ressentimentgeladen reagiert und in Gewaltakten vorgeblich eine ultima ratio sieht, die psychische Funktionsweise des neuen Autoritarismus intuitiv kennen. Nur dann kann behauptet werden, rechtsextremistische Orientierungen und Tätlichkeiten realisierten, was der neue Autoritäre selber nicht vermag; sie seien an ihn gerichtet, um ihn im Schwachpunkt seiner Selbsttäuschungen zu treffen, bloßzustellen und aus ihm die Haltung herauszulocken, die das eigene Bedürfnis nach Orientierung und Halt befriedigt.

Die beiden genannten Voraussetzungen implizieren ein Interagieren zwischen Rechtsextremist und neuem Autoritären mit der Neigung des letzteren, an die Stelle dezidierter Urteile und Haltungen eine ihn aufwertende Darbietung seiner selbst, auch als urteilender Person, treten zu lassen. Es muß offen bleiben, worin dieses Interagieren besteht; ob es an die persönliche Begegnung gebunden ist oder ob es ausreicht, daß überindividuell zu verhandelnde Topoi wie das Verhältnis der Deutschen zum Nationalsozialismus sich eignen, ein "Klima" von Nicht-Authentizität zu erzeugen, das zum Provozieren Gelegenheit gibt. Fest steht lediglich, daß diese "Begegnung" gerade nicht in den "circulus vitiosus von wachsendem Antagonismus" einmündet, wie Parsons ihn für den Konflikt zwischen polarisierten Gruppen beschreibt. Eher läßt sich von einer unbewußt motivierten Komplizenschaft mit dem Rechtsextremisten sprechen, die sozialstrukturell auf das Verhältnis von rechtsextremistischer Gruppe und deren Agressionsobjekten *verschoben* zum Vorschein kommt.

Als Hinweis auf eine solche Komplizenschaft könnte man Reaktionen werten, die der Verwendung von Nazi-Symbolen durch den Rechtsextremisten gelten, zumindest insoweit diese Reaktionen bloßlegen, daß das NS-Geschichts-"bild" der Deutschen kaum Bedeutungszuweisungen erlaubt, die unumstritten sind und in denen das Problem der Handhabung von Schuld einer Lösung zugeführt wäre. Dies zeigt sich beispielsweise an dem Film "Beruf Neonazi" (1993), in dem der Regisseur Wilfried Bonengel dem Rechtsextremismus nahestehende Aktivitäten einschließlich der Auschwitzlüge zeigen wollte, dessen Inhalt ihm wegen seines vorgeblich streng dokumentarischen Stils aber als pro-nazistisch bzw. als Mangel an ablehnender Eindeutigkeit ausgelegt werden konnte. Meines Wissens liegt kein befriedigendes Konzept vor, dem der Vorwurf des Psychologismus erspart bliebe[102] und das dennoch

---

102 Ich denke hierbei insbesondere an den Essay "Die Unfähigkeit zu trauern" von Alexander und Margarete Mitscherlich (1967). Die Autoren müssen solche Austauschprozesse unterstellen, damit eine kollektive Manifestation individuell unbewußter, aber handlungswirksamer Mechanismen der Verleugnung vormaliger Idealisierung und damit Derealisierung auf der *Verhaltens*ebene begründet behauptet werden kann. Nicht von ungefähr, so meine ich, hat Moser erst kürzlich und im Zusammenhang der Suche nach Ursachen des Rechtsextremismus den Autoren den Vorwurf des unangebrachten moralischen Gestus gemacht (vgl. Moser 1993, S. 74ff.). Soweit dieser Vorwurf berechtigt ist, verweist er darauf, daß damals der Gestus die Stelle geteilter moralischer Orientierungen ersetzen mußte. Die Orientierungen waren das, was infolge der "Unfähigkeit zu trauern" sich nicht herausgebildet hatte.

erlauben würde, eine solche unbewußt motivierte und ungewollte Verstärkung eines verpönten Geschichtsverständnisses darzustellen, es sei denn, man greift zu Annahmen, wie ich sie für einen neuen Autoritarismus eingeführt habe. Hiernach könnte auf die Begegnung des Regisseurs mit dem Hauptdarsteller, der neonazistischen Nachwuchs–Führerfigur Langhans, ein unbewußter, im übrigen unbekannter Konflikt in der Weise eingewirkt haben, daß um der Produktion eines eindrucksvollen Films willen der Regisseur eine ablehnende Parteilichkeit auf keiner Ebene für sich in Anspruch nehmen konnte. Langhans seinerseits könnte die Wehrlosigkeit, die im Rückzug auf die Absicht des Dokumentierens ohnehin angelegt ist, gespürt und zu seinen Gunsten umgewendet haben.

Welche Hinweise, die diese Überlegungen zu stützen vermögen, können der Rechtsextremismus–Forschung entnommen werden? Und wie verhält es sich mit der Mutmaßung einer unbewußten Komplizenschaft? Ich richte diese Fragen an Texte von Heitmeyer und seiner Forschungsgruppe sowie von Gertrud Hardtmann. Beide Versuche, sich das Phänomen des Rechtsextremismus zu erschließen, fanden, wenn auch in unterschiedlichem Umfang und gerichtet an eine je andere wissenschaftliche Bezugsgruppe, in der derzeitigen Diskussion Beachtung.

In der soziologischen Rechtsextremismus–Forschung wird das Konzept des Autoritarismus kaum berücksichtigt[103]. Bevorzugt werden krisenanalytische Ansätze. Danach schaffen Wohnungsnot, der Verfall traditionaler Netze wie Familie und Nachbarschaft und das Versagen demokratischer Institutionen "Gelegenheitsstrukturen" – so Willems in "Fremdenfeindliche Gewalt" (1993) – für fremdenfeindliche Vorstellungen, Haltungen und gewaltförmiges Handeln. Dem Rechtsextremismus wird unwillkürlich eine im Kern nachvollziehbare Rationalität des Protests gegen Not- und Mißstände zugebilligt. Ihn in den Griff zu bekommen verlange daher, bei seinen Ursachen anzusetzen, d.h., Notstände zu beseitigen und mehr Rücksicht auf Mentalität und Gefühle zu nehmen.

Die Untersuchungen des Pädagogen Heitmeyer und seiner Forschungsgruppe brechen aus diesem krisenanalytischen Schema nicht aus, spitzen es eher zu, indem es mit der schon in den zwanziger Jahren umlaufenden These zu Gefahren sozialer Desintegration kombiniert wird. Sie nehmen die Perspektive der Sozialisationsforschung auf politische Orientierungen von Jugendlichen ein und fragen nach deren Veränderung unter dem Einfluß zunehmender sozialer Unsicherheit. Ihr Interesse gilt Bedingungen im Sozialisationsprozeß, die die Hinwendung der Jugendlichen zu rechtsextremistischer Phraseologie begünsti-

---

103 Eine der wenigen Ausnahmen bildet eine Untersuchung von Christel Hopf, die explizit an den qualitativen Teil der klassischen Studien zum autoritären Charakter anknüpft und einen Zusammenhang zwischen familialen Beziehungserfahrungen und rechtsextremistischen Orientierungen unter Jugendlichen herstellt (vgl. C. Hopf 1993).

gen: ungleiche Chancen, ein Beschäftigungsverhältnis zu erlangen, Verlust der Bindung an traditionale Milieus, enttäuschte Teilhabe am politischen Leben. Von Erfahrungen in diesen Bereichen macht Heitmeyer (1987) das Gelingen bzw. Mißlingen einer Identitätsbildung abhängig, die der "Eigenständigkeit" des Jugendlichen gilt.

Mit Blick auf meine Überlegungen zum Verhältnis von Autoritarismus und Rechtsextremismus ist es nun interessant, was Heitmeyer über das (soziologisch verstandene, an beobachtbarem Verhalten orientierte) Selbst der Angehörigen seiner Jugendlichen-Untersuchungsgruppe herausfindet. Entgegen gängigen, auch seinen eigenen Annahmen, wonach vor allem Jugendliche im Vorfeld des Rechtsextremismus mit ihrem Verhalten erkennbar auf eigene Minderwertigkeitsgefühle reagieren und Deprivationen mit der Demonstration eigener Stärke kompensieren, ergibt seine Untersuchung, daß Jugendliche mit positivem Selbstkonzept und Zügen entweder der Selbstüberschätzung oder der Selbstkritik dennoch in erheblichem Umfang "autoritär-nationalisierende Sichtweisen" zeigten (vgl. Heitmeyer 1987, S. 156). Heitmeyer erkennt durchaus, daß dieses Ergebnis mit seiner krisenanalytischen Grundvorstellung, wonach aus enttäuschten Erwartungen erkennbar Selbstentwertung resultieren müßte, nicht vereinbar ist; Jugendliche mit positivem Selbstkonzept, so schließt er daher, täuschten den Forscher über ihre Deprivationserfahrungen.

Heitmeyer läßt sich seine krisenanalytische Grundvorstellung von seinem ihn irritierenden Ergebnis nicht korrigieren. Er zieht nicht in Erwägung, daß die Auslegung ihres eigenen Lebens durch die Jugendlichen selber, daß ihre Selbstdarbietung eine Faktizität eigener Art schafft. Statt dessen lenkt er seinen interessanten Befund in die Bahn seiner theoretischen Ausgangsposition um. Er schreibt: "Diese Diskrepanz von objektiv vorhandenen und subjektiv verschwiegenen Deprivationen, die sich dann in einem gleichsam konstruierten 'positiven' Selbstkonzept im Sinne eines Selbstschutzes ausdrücken kann und in der Tat sehr ernst zu nehmen ist – denn wer gibt schon gerne das eigene schwierige oder negative Selbstbild zu – verweist darauf, daß der Abwehrbias unsere Ergebnisse eher verschönt, als daß sich die faktischen Problemlagen in ganzer Breite abbilden" (ebd., S. 156f.).

Heitmeyer ist auf einen empirischen Sachverhalt gestoßen, der durchaus die Funktion eines Korrektivs haben könnte, wie es sich der Soziologe wie jeder Forscher wünscht. Hiernach wäre die selbstaufwertende Darbietung der eigenen Person ein Tatbestand, von dem aus sich auf eine spezifische innere *Verarbeitung* von erfahrener Enttäuschung und Ausgrenzung schließen ließe. Auch hätte sich angeboten, das Bild, das sich Soziologen von potentiellen Rechtsextremisten machen, zu differenzieren. Und auch ich hätte meine Vermutung prüfen können, wonach der Rechtsextremist die psychische Funktionsweise des neuen Autoritarismus intuitiv, nämlich von seinem eigenen Erleben her kennt. Heitmeyer indessen beharrt darauf, ein positives Selbstkonzept könne nur ein von den untersuchten Jugendlichen "verschwiegenes", negatives sein, ein wenn auch verständliches Zeichen von Unwahrhaftigkeit, das in dem Umfang, in dem die Jugendlichen es präsentieren, die Ergebnisse der Forschung "verschönt"; die Untersuchungsergebnisse bleiben hinter dem Umfang zurück, in dem "objektiv vorhandene Deprivation" die Jugendlichen tatsächlich beeinträchtigt.

Diese Herangehensweise an das Untersuchungsmaterial hat unter anderem zur Folge, daß sie in der vorgängigen Auffassung bestärkt, wonach gesellschaftliche Krisenerscheinungen rechtsextremistische Orientierungen fördern, wenn nicht verursachen. Der rationale Kern rechten Protests erhält scheinbar Bestätigung. Verstehen wird auf den Nachvollzug dieses rationalen Kerns festgelegt und eingeengt. Hierin liegt eine Schwäche auch der Longitudinalstudie mit ausführlichen biographisch angelegten Fallstudien über einzelne Jugendliche, die Heitmeyer und seine Forschungsgruppe 1992 vorlegten (Heitmeyer u.a. 1992). In ihr fallen ganze Dimensionen des von den Jugendlichen Mitgeteilten der Einengung des Verstehens auf den Nachvollzug des vom Forscher vermeinten rationalen Kerns zum Opfer. Da die Interpretationen nicht all das gelten lassen, was sich ihnen darbietet, entgeht den Forschern die depressive Gestimmtheit und, so mein Eindruck, Suizidgefährdung von Daniel, dem "vorbildlichen", politisch aufgeschlossenen Jugendlichen. Das Dissozialitätssydrom bei Till, der in die schlichte Delinquenz abzugleiten droht, scheint im Unterschied zu seinen oberflächlichen rechten Phrasen unbegriffen zu bleiben. Diese Verkennung der Materiallage ist der Verwechslung von "Verständnis für" die Jugendlichen mit dem methodischen Verstehen der Gesamtheit von Beweggründen für das Aufgreifen rechtsextremer Orientierungen geschuldet. Hierfür hätte es noch keiner psychologischen Mittel bedurft, wohl aber eines klar umrissenen Konzepts von Identität, mit dem, die Perspektive der Jugendlichen selbst einnehmend, Heitmeyer u.a. das Verhältnis von Erfahrung, Orientierung und Handlung innerhalb von Prozessen der Identitätsbildung hätten detailliert beschreiben können[104].

Die Gefahr, die ich sehe, besteht darin, daß der Gestus der forscherischen Kompetenz über das Wahrnehmen und Registrieren der Wirklichkeit des Rechtsextremismus triumphiert. Der "soziologische Rechtsextremismus", wie Heitmeyer seinen Forschungsgegenstand nennt, wäre in der Tat nur der Rechtsextremismus des Soziologen und nicht der, zu dessen "Erklärung" die Soziologie mit ihrem objektivierenden Blick beitragen will.

---

104 Damit will ich nicht sagen, daß es gleichgültig sei, welche psychologische Theorie soziologisches Denken sich zu eigen macht. Willems' lerntheoretischen Annahmen entlehnte These "Vorbildhandeln schafft Nachahmungsbereitschaft" (Willems 1993, S. 245) vermag nicht zu präzisieren, worin die psychischen Grundlagen republikanischen Engagements der Gesellschaftsmitglieder im Unterschied zu denen liegen, die man im Falle rechtsextremistischer Orientierungen vermuten muß. Identifiziert mit dem Problem gesellschaftlicher Ordnung per se, verflacht Willems das klassische soziologische Theorem gesellschaftlicher Verinnerlichung zur Forderung vom "Zwang zum Selbstzwang" (ebd., S. 253) und unterschlägt so individuelle Freiheit als Voraussetzung politischer Partizipation.

Hardtmann stellt ihre Beobachtungen an rechtsradikalen Jugendlichen und ihren Betreuern in einem sozialpädagogischen Feld dar und vertieft sie durch eine psychoanalytische Interpretation, bei der sie, wie sie sagt, auf einen "Indiziennachweis" angewiesen ist, weil diese Jugendlichen die psychoanalytische Behandlung nicht suchen. Ihre "gesamte innere Welt erscheint mitunter leer, ein leerer Raum, in dem kein innerer Dialog und keine innere Auseinandersetzung stattfindet" (Hardtmann 1994, S. 49). Im Mittelpunkt ihrer Ausführungen stehen die rechtsradikalen Jugendlichen, deren Adressaten "die Schwächsten und Wehrlosesten" (ebd., S. 63f.) sind. Unbewußte Komplizenschaft in der oben eingeführten Bedeutung gibt es bei ihr zwischen den Sozialarbeitern und den Jugendlichen, indem die Sozialarbeiter das mit der Autorin und ihrer Kollegin vereinbarte Programm, das den Jugendlichen geboten werden sollte, unterliefen und so die Position der Autorin schwächten: "Ich habe das als eine *unbewußte Komplizenschaft* gegen uns – als wenn man die Hunde scharf macht – registriert" (ebd., S. 54). Komplizenschaft gibt es zum anderen mit der Mutter der Kindheit, die zusammen mit dem Sohn den Vater "heimlich ausgebootet" (ebd., S. 67) habe. Sie ist psychogenetischer Grund einer weiteren Komplizenschaft, der mit der Macht und der Justiz, auch in Gestalt der Gewalt, von der man Gebrauch macht, wenn man die Macht dazu hat (vgl. ebd., S. 62). Schließlich gibt es eine Komplizenschaft mit dem anderen gegen die Wahrheit (vgl. ebd., S. 58), die mit politischer Zivilität angestrebt wird. Auf ihre Glaubwürdigkeit macht der Rechtsradikale die Probe, indem er sie mit Militanz provoziert und die Interessen der politischen Rechten stärkt[105] (vgl. ebd., S. 64).

6.2.3.2 Zeitdiagnostisches: Der Provokateur und sein Adressat

Hardtmanns Darstellung kann als Komplement zu meiner Beschreibung des neuen Autoritären betrachtet werden. Auch bei ihr bleiben – die Schilderung des komplizenhaften Verhältnisses der Sozialarbeiter zu den Jugendlichen verläßt die Beispielsebene nicht – die Regeln und sozialen Mechanismen unklar, nach denen sich unbewußte Komplizenschaft mit dem Rechtsextremisten in die Schwächung der Position des Dritten umsetzt, so daß dieser zum Aggressionsobjekt wird, während der neue Autoritäre, solange der Rechtsextremist über die Macht des Angreifers verfügt, faktisch zum Mitläufer wird.

---

105 Hinsichtlich ihrer Militanz gibt es Ähnlichkeiten zwischen rechtsextremistischen und autonomen Jugendlichen-Gruppen. Obwohl beide der politischen Rechten in die Hand arbeiten, stimme ich Gertrud Hardtmann zu, die auf die folgenden Unterschiede aufmerksam macht: "Die linke (Jugendgewalt) wendet sich offen gegen die Autoritäten, hinterläßt Bekennerschreiben, fordert den Staat und nicht seine schwächsten Mitglieder heraus, mit denen sie sich im Gegenteil solidarisiert. Linke Gewalt hat seit Generationen in Deutschland die Polizei gegen sich gehabt" (Hardtmann 1994, S. 51).

Hardtmann beschreibt, was auch ich für charakteristisch nicht nur für Jugendliche im Umfeld des Rechtsextremismus halte[106]: die demonstrative "Generalisierung" der "Objekte" von Aggressivität. Es geht um alle, die zur Projektion von Schwäche sich eignen bzw. zu diesem Zweck erschaffen werden, bis hin zu Frauen und dem Fremden allgemein. Unübersehbar ist auch der Konsumismus unter Jugendlichen, die mit rechtsextremistischen Einstellungen zu tun haben. Als spektakulärer Bürgerschreck sich gebärdend, karikieren sie, wie Sammy bei Heitmeyer u.a., den üblichen Konformismus. Würde er sich hierauf reduzieren, könnte man diese Art von Rechtsextremismus als Aggressionsverarbeitung während der Adoleszenz eingrenzen. Aber die Tätlichkeit und ihre Einbettung in das Zitationsverhältnis zum Nationalsozialismus deuten darauf hin, daß via Gewalt Verpöntes kommunikabel gemacht werden soll. Deshalb ist es notwendig, auf den gesellschaftlich–historischen Kontext zu achten, in den der Rechtsextremismus eingelassen ist, und die Frage nach dem Adressaten zu stellen, an den Provokationen und Gewalttaten – unter dem Gesichtspunkt ihrer Appellativität gesehen – sich richten.

Meiner gewagten Hypothese zufolge ist der Adressat der neue Autoritäre, dessen Aggression massiver, aber nur begrenzt wirksamer psychischer Kontrolle unterliegt. Selbst die knappen Fallskizzen dürften ein Licht darauf werfen, daß die psychischen Konflikte und Mechanismen, die unter der Schicht großer Eloquenz sichtbar werden, dem Aufbieten von narzißtischer Libido gegen eigene Angst und Aggression gelten. Der Provokateur bzw. Rechtsextremist spürt die Lähmung auf, die die verdrängten Aggressionen des neuen Autoritären nach sich zieht. Er übernimmt die sadistische Rolle dessen, der, wie ich es oben beschrieben habe, einen archaischen Bestrafungswunsch erfüllt, indem er seinen Adressaten damit attackiert, nicht zur Sache zu kommen, Worthülsen zu produzieren, unglaubwürdig zu sein, sich zu stilisieren. Der neue Autoritäre provoziert im Rechtsextremisten den Wunsch, die von ihm als unauthentisch empfundene Fassade niederzureißen – ohne allerdings dahinter die "wahre" Autorität zu finden; was er findet, ist Verstehen, Belehren, Erziehen als Gestus.

Brisant wird dieser Angriff auf den neuen Autoritären durch die Verwendung von Symbolen des Nationalsozialismus. Der Rechtsextremist unterstreicht kraft dieser Symbole seine Stellung als Täter der Gegenwart und ruft die Erinnerung an vergangene Täter wach. Er wird selbst zum Symbol vergangener Täterschaft und erzwingt so die Einsicht in eine geschichtliche Kontinuität vom Nationalsozialismus bis in die Gegenwart, die man durch Tabuierung der Vergangenheit glaubte außer Kraft setzen zu können. Dennoch ist die Tabuierung nicht folgenlos geblieben. Sie erst macht es dem Rechtsextremisten möglich, stillgestellte Identifizierungen mit dem Nationalsozialismus,

---

106 Weitere einschlägige Beschreibungen enthalten Streeck–Fischer (1992), Bohleber (1995) und Leuzinger–Bohleber (1995).

welche die Tabuierung zur Folge hatte, bloßzulegen. Die schlecht vernarbte, vermeinte Wunde eigner Täterschaft ergänzt der Rechtsextremist durch die Gewalt gegenüber Schwachen und Wehrlosen, die aufgrund der eingesetzten NS-Symbole auch die Opfer nationalsozialistischer Verbrechen stellvertreten. Die Doppelbödigkeit dieser Konstellation von Rechtsextremist und Opfer birgt für den Adressaten die Chance, die provokativ gemeinte Decouvrierung zu akzeptieren und die Leugnung von historischer Kontinuität aufzugeben. Wird aber – stellvertretend für eine Auseinandersetzung – an der Tabuierung festgehalten, bietet es sich geradezu an, das Verständnis der gegenwärtigen Taten auf das Morden marodierender Banden zu reduzieren und den geschichtlichen Kontinuitätsbruch festzuschreiben. Die tätig werdende Justiz würde nicht nur für die aktuelle Tat strafen, sondern auch zur Löschung der historischen Schuld der Täter scheinbar beitragen. Da sich die Schuld in Wahrheit aber nicht löschen läßt, bliebe dem Rechtsextremisten der Spielraum, den er benötigt, um den Geschichtsabschnitt des Nationalsozialismus weiterhin verherrlichend zu umschreiben und durch Provokation und Konfrontation auf seiner Kontinuität mit der Gegenwart zu beharren. Rechtsextremistische Gewalt bliebe unser ständiger Begleiter. Was, so ist also zu fragen, hält die Dialektik von Täter und Opfer, die sich vor dem Hintergrund der Bewunderung für Macht und nicht erträglicher, externalisierter Unterlegenheit entfaltet, in Gang?

Für den neuen Autoritären verwandelt sich das Verleugnete, auf dem er seine Selbsterhöhung seinem historischen Bewußtsein nach errichtet hat, in das regulär Verpönte von Gewaltkriminalität. Eine doppelte Entlastung tritt scheinbar ein: Die Tabuierung der Symbole des Nationalsozialismus bleibt erhalten, während die verbrecherischen Taten vermeintlich eindeutig werden und nicht mehr auch die Verbrechen der Vergangenheit sind.

Der Typus des neuen Autoritären, den ich zu beschreiben versucht habe, spricht in jedem von uns etwas an, was wir an uns ablehnen. Und zugleich verkörpert niemand von uns einen Typus. Meine Absicht war, ihn als Typus anschaulich werden zu lassen unter Bedingungen und in Verhältnissen, in denen sich eine historische Katastrophe nicht schon vollzogen hat, wie es für jene klassische Studie über den autoritären Charakter gilt. Es ging darum, der aktuellen Einwirkung eines autoritaristisch verarbeiteten Verhältnisses zu Macht und vermeintlicher oder tatsächlicher Überlegenheit auf gesellschaftlich und politisch krisenhafte Vorgänge in der Mitte der Gesellschaft nachzuspüren. Im Zentrum stand daher nicht ein "Extremismus der Mitte"[107], sondern ein – wie von mir skizziert – Autoritarismus im Zustand eines Potentials, das dem Rechtsextremismus förderlich ist. Aus diesem Grund rückte die Frage der Lokalisierung von nicht statthafter, abgewehrter Aggression in konflikthaften sozialen Situationen und ihrer Organisierung in Weltbildern in den Mittel-

---

107 Vgl. Kraushaar (1994) über "Extremismus der Mitte" in dem von Lohmann herausgegebenen Sammelband gleichen Titels.

punkt, die der Orientierung in rechtsextremistischen, auch gewaltförmig handelnden Gruppen dienen. Hierbei wurden auch Probleme erkennbar, deren mangelhafte Lösung die Kritik des psychoanalytischen "Anwendungsdiskurses" (Reiche 1995) zu Recht herbeiruft. Es ist der Vorwurf des Psychologismus abzuwenden, dem psychoanalytisches Denken erliegt, wenn psychische Mechanismen ungebrochen auf kollektive Vorgänge übertragen werden. Der Einwirkung von unbewußten Konflikten auf das Verhalten von Individuen nachgehen heißt einsehen, daß sie zum Element sozialer Strukturen werden und zu deren Veränderlichkeit beitragen. Ich habe einige wenige dieser Probleme zu benennen gesucht. Inwieweit ich zu ihrer Lösung habe beitragen können, muß sich zeigen.

6.3 Männlichkeit im Spiegel ihrer Wahrnehmung durch die Interviewerinnen

Unsere Gesprächsteilnehmer waren Männer. Die Darstellungen ihrer Arbeitserfahrungen und ihres Arbeitserlebens richteten sich an zwei Frauen, die – ihrem Beruf nachgehend und ihrer jeweiligen wissenschaftlichen Perspektive und Denkweise folgend – von diesen Gesprächen Einsichten in psychologische Grundlagen des Verhaltens und Handelns am Arbeitsplatz erwarteten. Durch die Gesprächssituationen hindurch zog sich also eine Linie der Differenz der Geschlechter zwischen Interviewerinnen und ausnahmslos männlichen Exploranden.

Die Auswahl ausschließlich männlicher Gesprächspartner ging auf Erwägungen zur praktischen Handhabung des Forschungsvorhabens zurück und wurde schon in der Planungsphase vorentschieden. Maßgeblich war zum einen der Gesichtspunkt, die Auswertung des anfallenden Materials bewältigen zu können, zumal es galt, das im vierten Kapitel dargestellte interdisziplinäre Verfahren im Zuge des Forschungsprozesses erst noch zu entwickeln. Zum anderen sollte der Bezugsrahmen für die Interpretationen in Anbetracht der vielen, mit der doppelten – soziologischen und zugleich psychoanalytischen – Perspektive vorgegebenen Unwägbarkeiten überschaubar bleiben. Selbst wenn wir ausschließlich berufstätige Frauen in den Mittelpunkt gerückt hätten, wäre die Untersuchung nur dadurch gerechtfertigt gewesen, daß zusätzlich zur Frage nach dem Arbeitserleben dem Problem der charakteristischen Doppelbelastung von Frauen durch Beruf und zugleich Familie nachgegangen worden wäre[108].

Bedingt durch die rezeptive, die intentionale Darstellung der eigenen Person zurücknehmende Gesprächsführung, bildeten die Interviewerinnen einen wiewohl nicht unsignierten Projektionsschirm. Einerseits waren sie aufgrund der

---

108 Die höhere Komplexität dieser Fragestellung verdeutlichen die Forschungen, die Regina Becker-Schmidt und ihre Forschungsgruppe durchgeführt haben (vgl. Becker-Schmidt 1983).

je anderen Wissenschaft, die sie vertraten, und durch ihr äußeres Erscheinungsbild deutlich unterschieden. Andererseits war die Hinwendung der Männer zu ihnen als Frauen immer wieder aufschlußreich und erbrachte wichtige Hinweise für interpretative Einzelentscheidungen. Ob die Gesprächspartner ihnen eher als Personen mit weiblichen oder männlichen oder aber geschlechtsunspezifischen Zügen entgegentraten, war aufschlußreich und beeinflußte oft den weiteren Gang der Interpretation.

Zugleich birgt die Anlage der Untersuchung die Möglichkeit, vom Umgang der Männer mit den Interviewerinnen im Gespräch auf ihre Wahrnehmung der Frau rückzuschließen. Es wird etwas von der psychischen Repräsentierung des Weiblichen bei diesen Männern diesseits und jenseits ihrer persönlichen Arbeitswelt erkennbar. Der Rückschluß wird, wie schon erwähnt, durch die zurückhaltende Art der Gesprächsführung erleichtert, die die Interviewerinnen mehr oder weniger zum Projektionsschirm für männliche Wahrnehmung werden ließ. Dies schließt ein, daß die tatsächliche Geschlechtsidentität der Interviewerinnen zurücktritt hinter das, was die Interpretation männlicher Vorstellungen hierüber zum Vorschein bringt. Auf diese Weise gewähren die Fallstudien einen Einblick darein, wie vor dem Hintergrund des Arbeitserlebens männliche und weibliche innere Repräsentanzen unbewußte Konflikte der Männer mitgestalten (G.H., E.F.) und wie diese unbewußten Konflikte auf die Manifestation von Triebwünschen in der Beziehung zu Frauen einwirken (A.B., I.J.), besonders dann, wenn die Triebwünsche weibliche Anteile im Mann betreffen (C.D.).

Die soziologische Gesprächsführung war weder darauf ausgerichtet noch versetzte sie dazu in die Lage, Gesprächsangebote in Aussagen psychologischen Gehalts umzuwenden, ohne augenblicklich den (externen) soziologischen Untersuchungsgegenstand der Arbeit aus dem Blick zu verlieren. Demgegenüber ist Gegenstand der psychoanalytischen Gesprächsführung immer und explizit die psychodynamisch entfaltete Psychosexualität des Gesprächspartners, die seine manifeste Rede gleichsam unterfüttert. Denn das Verhältnis von Männlichkeit und Weiblichkeit ist dem psychoanalytischen Erkenntnisgang inhärent. Die gesprächsstrategische Funktion von Übertragung und Gegenübertragung ist in dem Umfang erfüllt, wie der weibliche oder männliche Analytiker die weit verzweigten Manifestationen von Triebwünschen bei Frauen oder Männern als ihren Analysanden zum Vorschein bringen kann. Wie sie und die Soziologin als Frauen durch ihre männlichen Gesprächspartner wahrgenommen wurden, ist daher für die Psychoanalytikerin von zentralem Interesse und ein wichtiger Wegweiser zum Verständnis unbewußter Konflikte gewesen[109].

6.3.1 Die Fallskizzen

E.F. – E.F.s generelle Befangenheit in Kontaktproblemen, unter denen er leidet, ließ für ihn die Weiblichkeit der Interviewerinnen unbedeutend bleiben gegenüber seinen angestrengten Bemühungen, überhaupt ein Bild von sich als erfolgreicher und umgänglicher Person zu vermitteln. Er hinterläßt den Eindruck, sich in einer homogenen Männerwelt zu bewegen. Bei der Analytikerin scheint sich E.F. auf ihr therapeutisches Verständnis zu stützen und gewährt ihr Einblick in seine schwierige innere Situation. Auch der Soziologin gibt er, auf ihr Verständnis rechnend, etwas von seinem beschädigten Selbstwertempfinden preis und nimmt ihre Hilfe, den verlorenen Redefaden wiederzufinden, in Anspruch.

G.H. – G.H. "überträgt" auf die beiden, ihrem Beruf nach für ihn unterscheidbaren Interviewerinnen Vorstellungen, die sich von ihrem Geschlecht anscheinend gelöst haben. Denn die Soziologin wird zu "dem, der mit 'nem Schlips daherkommt", und zur Analytikerin stellt er keinen libidinösen Bezug her. Trotz seines Bestrebens, sich seinem Gegenüber anzupassen, verfehlt er in der Begegnung mit der Analytikerin die Erwartungen, die sie von ihrer Berufsrolle her an ihn hat. Vermeinend, ihren Erwartungen entgegenzukommen, drückt er sein und das Erleben anderer, für ihn bedeutsamer Personen in Angaben über Krankheiten und Streitobjekte aus, die indirekt Gefühlsbeziehungen meinen, aber in der vorgebrachten Weise für die Analytikerin nicht brauchbar sind.

Mit Erwartungen, die sich an die soziologische Berufsrolle knüpfen, scheint er demgegenüber vertraut zu sein. Die Sicherheit, mit der er diese Erwartungen handhabt, könnte er aus der Gewerkschaftsarbeit oder der Fortbildung bezogen haben, wo soziale und psychische Konsequenzen der technologischen Neuerungen möglicherweise thematisiert werden. Die Argumentation, die er der Soziologin vorträgt, entstammt demnach Denkzusammenhängen, in die er eingeübt ist, über die er hat Sicherheit erlangen können und denen wohl auch seine Arbeitserfahrungen entsprechen.

G.H.s beide Male latent aggressiver Umgang mit den Interviewerinnen legt für die Analytikerin den Schluß auf prägenitale Konflikte nahe, ein Schluß, der bei aller sonstigen Unbestimmtheit die Soziologin zu der Vermutung von

---

109 Die Untersuchung von Rohde-Dachser u.a. (1993) zeigt die weitreichenden – Wahrnehmungsdefizite auf Seiten des behandelnden männlichen oder weiblichen Therapeuten einschließenden – Konsequenzen des Operierens mit der Geschlechterrelation in Behandlungen sowie für das Bild von Weiblichkeit, das in Fallstudien sichtbar wird.

G.H.s Bedürfnis nach Komplementarität hinführt. Komplementarität im Sinne eines wechselseitigen sozialen Austauschs von Erwartungen aneinander fällt aber in eine Phase des Erwerbs erster Handlungsfähigkeiten in der Kindheit. In ihr ist die Befriedigung über das Gelingen von Wechselseitigkeit überhaupt, wie sie in der Beziehung zur mütterlichen Bezugsperson eingeübt wird, vorrangig. Demnach ist die Kehrseite von G.H.s schwacher Wahrnehmung von Weiblichem in den Gesprächen ein von der Bemühung um Kompetenz geprägtes und in dem Sinne männliches Denken. Komplementarität wird durch Kompetenz gewährleistet, die G.H.s wenig deutliche, eigene Männlichkeit vertritt. Einer darüber hinausgehenden, auf das Geschlecht der Interviewerinnen sich beziehenden libidinösen Komponente entbehrt sein Verhalten.

Es hat den Anschein, als nähmen E.F. und G.H. die Interviewerinnen von ihrer beruflichen Tätigkeit her wahr. Die Vorstellungen, die sie mit den Berufen der beiden Frauen verknüpfen, erweisen sich bei eingehender Betrachtung aber als schablonenhaft. Sie sind der eigenen persönlichen Arbeitswelt entnommen, wie bei G.H. gegenüber der Soziologin, oder sie sind mit Wünschen, "verstanden" und mit Hilfen und Unterstützung versorgt zu werden, versehen, die die Interviewerinnen auf weibliche Berufsbilder festlegen würden. Das jedesmal deutlich werdende Bedürfnis, über psychische Schwierigkeiten zu sprechen, die die Arbeitssituation hervorruft, zeigt, daß die beiden Frauen in ihrem beruflichen Handeln wie weiblich-mütterliche Personen gesehen werden, mit denen man "sich aussprechen", über Persönliches reden kann, von denen man diese Haltung geradezu erwartet. Der an E.F. und G.H. beobachtbare Zusammenhang ihrer Vorstellungen von und Erwartungen an Frauen verdeutlicht, so gesehen, einen Sog, in den die Herausbildung weiblicher Geschlechtsidentität gelangen kann: Entweder zeigt die Frau die Bereitschaft, an den Gratifikationen einer männlich geprägten, "interessanten" Arbeitswelt *über* den Mann, abhängig von seinen Mitteilungen teilzuhaben, indem sie sich ihm einfühlend zur Verfügung stellt. Oder die Frau ergreift selber einen Beruf, orientiert sich bei ihrer Berufswahl aber an weiblichen Fähigkeiten der Einfühlung und des Versorgens und dehnt so ausgesprochen männlich geprägte, das Spektrum möglicher Befähigung einschränkende Erwartungen an die private Rolle von Frauen auf die Arbeitswelt aus, womit sie der von männlichen Interessen und Wünschen geprägten Naturalisierung ihrer Weiblichkeit das Wort redet. In beiden Fällen tragen Frauen dazu bei, die Polarisierung der Geschlechter festzuschreiben, die von den Männern vertreten wird, und die Absolutheit des "männlichen Prinzips" (Simmel) zu bestätigen, nach dem das Verhältnis des weiblichen Geschlechts zum männlichen vorab festgelegt ist und auch, was das Weibliche sei. Diese Tendenz wird bei I.J. und A.B. noch deutlicher:

I.J. – Sich über den Charakter des Gesprächs als Forschungssituation hinwegsetzend, in der er der Explorand ist, der sich zu Forschungszwecken zur Verfügung gestellt hat, lädt I.J. die Analytikerin zu einer Vogelkundestunde gemeinsam mit ihm ein. Daß er sie als begehrenswerte Frau meint, verdeutlicht der Analytikerin eine Anspielung, die als sexuelle zu verstehen ist und die ihr im Wege der Gegenübertragung den Zugang zu I.J.s unbewußter nekrophiler Phantasie verschafft. Danach hat I.J. die Analytikerin "zum Fressen gern", wie ein entsprechendes Idiom lautet, und will sie zu dem Toten machen, das er lieben kann. Diese archaische Phantasie wie auch das Idiom verdeutlichen einerseits das gepaarte Auftreten von männlicher Sexualität und konsumatorischer Vernichtung der Frau durch ihre Gleichsetzung mit einem begehrten Triebobjekt, das aber tot sein muß, um geliebt zu werden. Andererseits bildet I.J.s nekrophile Phantasie die psychisch unbewußte Grundlage seiner offenbar ansprechenden Männlichkeit und darüber hinaus seiner Fähigkeit, auch aus der Beziehung zu anderen Frauen – wie der Soziologin, zu der er sich ähnlich wie zu einem Meister im Betrieb verhält – Aggression herauszuhalten. Die Frauen überleben ihn psychisch, weil I.J. sie als leblose Objekte begehrt oder auch nur ihnen seine Aggression erspart.

In seiner anscheinend durchgehend von Männern ausgefüllten Arbeitswelt gewährt ihm die Lebendigkeit, die er aus dieser Phantasie bezieht, die innere Stabilität, die ihn die technischen und personellen Veränderungen im Betrieb überstehen läßt, der für ihn keine Chance bereithält. I.J.s Freizeitbetätigung, das Sammeln seltener, toter Vögel, erscheint demgegenüber als eine triebnahe, befriedigende Umsetzung der nekrophilen Phantasie. Die ihm eigentümliche libidinöse Besetzung ihn ansprechender, toter Objekte zeigt sich auch darin, daß er der Analytikerin Photos nicht von seiner Familie, sondern der ausgestopften Vogelbälger zeigt. Frauen dürften hiernach von I.J. seelisch unversehrt bleiben; seine Liebe gilt schönen Vögeln, die tot sind.

A.B. – Die Aufforderung durch eine Frau, die Analytikerin, im persönlichen Gespräch und in privat anmutender Umgebung sich über Privates zu äußern, ruft bei A.B. offenbar ein Gefühl von ängstigender Nähe und Intimität hervor, die er verweigern muß. Indem er die Analytikerin provoziert, ihm den Abbruch des Gesprächs anzubieten, hält er sich eine Rückzugsmöglichkeit offen, die ihn hinsichtlich normativer Erwartungen ihr und der Soziologin gegenüber bei anderen ins Recht setzen könnte, statt daß er sich über seine Angst (vor der bösen Verfolgerin) im klaren werden muß. Denn wäre es zu einem Abbruch gekommen, hätte er die Schuld daran der Analytikerin geben können, indem er sie als ihm gegenüber "zudringlich" ausgeben würde, als Frau, die normativ–männliche Erwartungen an sie durch ihr – beruflich angesagtes – Aktiv–Werden verletzt hat.

A.B. setzt mit seinem Verhalten und der Einnahme der masochistischen Position gegenüber der Analytikerin die Konflikthaftigkeit eines Beziehungsmodus fort, der bereits seine Beziehung zu seiner Frau und auch zur Mutter seiner präödipalen Kindheit kennzeichnet. Schon die Beziehung zur Mutter

könnte vom Nicht–zustande–Kommen eines glücklichen und zufriedenstellenden Lebens geprägt gewesen sein, vermutet die Analytikerin. A.B. entzieht
sich solcher Konflikthaftigkeit durch die Identifizierung mit dem Vater, indem
er wie dieser sich darauf zurückzieht, machen zu können, was er will, andere
von sich fernzuhalten, und durch den Rückzug in eine geschwisterliche Männerwelt, soweit er mit ihr die Geltung von Rationalität, die Anerkennung von
Machtverhältnissen und Berechenbarkeit verbindet. In dieser Welt bewahrt er
sich aus der frühen Beziehung zur Mutter das Motiv der Sehnsucht nach
liebevoller Zuwendung, die eine bessere Zukunft bereit halten soll, für die zu
kämpfen er in der Lage ist. Wenn A.B. entsprechende Erfahrungen machen
würde, ist eine konfliktmäßigende Rückwirkung auf seine Beziehung auch zu
den Frauen nicht ausgeschlossen.

I.J. und A.B. berichten den Interviewerinnen von ihrer Arbeit als einer
Welt, in der sie anscheinend nur Männer und Männliches wahrnehmen. Wie
schon E.F. und G.H. scheinen sie sich in einer homogenen Männerwelt zu
bewegen. Ihre Wahrnehmung steht unter dem Vorzeichen der Strukturierung
ihrer Lebenswelt in Arbeits– und Privatsphäre, wobei die Frauen die Privatsphäre repräsentieren und das, was die Männer damit jeweils assoziieren. Im
Unterschied zu E.F. und G.H. haben sich I.J. und A.B. von der Gliederung der
Lebenswelt in Arbeits– und Privatssphäre aber eine Bedeutung letzterer zu
eigen gemacht, die das Private mit Intimität und Erotik verknüpft und durch
die Präsenz von Frauen virulent wird. A.B. verweigert sich der Aufforderung
der Analytikerin, über Privates zu berichten, als würde damit die Grenze zur
Intimsphäre überschritten. Das heißt, er will die Verberuflichung von Pro-
blemfeldern der privaten Lebenspraxis gar nicht zur Kenntnis nehmen. Hierüber schließt er ansatzweise ein Bündnis mit der Soziologin, in der er möglicherweise eine Gleichgesinnte vermutet und mit der er daher gern, *aber* über
die Arbeit redet. A.B. gibt also die Bedingung vor, unter der er zu ihr die
libidinös getönte Beziehung aufnimmt, und sucht die Interviewerin damit auf
seine geschwisterliche Männerwelt und sein Verständnis von Rationalität
festzulegen, welche ihn die Kontrolle über die Situation scheinbar behalten
läßt.

I.J. setzt umgekehrt das Gespräch über Persönliches mit einer privaten
Unterhaltung gleich, zeigt der Analytikerin Photos und spricht ihr gegenüber
zusammen mit einer Anspielung eine Einladung aus, wie sie aus einer privat
geschlossenen Bekanntschaft mit einer Frau folgen könnte. Weiblichkeit und
Privates fallen tendenziell zusammen ohne Rücksicht auf den beruflichen
Rahmen, in dem das Gespräch stattfindet. Eine Frau, die I.J. libidinös nicht
besetzt hat, wie die Soziologin, bleibt insofern auf die Privatsphäre festgelegt,
als eben die Wahl nicht auf sie, sondern auf die andere fällt. Der Soziologin
gegenüber stellt er sich weder als angenehmer Mann noch als jemand dar, der
bemüht ist, ihr zu zeigen, daß er mit ihr etwas teilt, nämlich die spezifische

Disziplin beruflicher Arbeit; "zerfahren" und "unaufmerksam", merkt die Psychoanalytikerin über seine Beiträge im soziologischen Gespräch an[110].

C.D. – C.D.s Bericht über seinen Arbeitsalltag ist bis zu einem gewissen Grad beherrscht von dem Konflikt mit der Sekretärin seines persönlichen Chefs. Die Fallstudie über ihn gewährt daher als einzige Einblick in die individuelle, unbewußt motivierte Konflikthaftigkeit einer geschlechtsdifferenten Arbeitsbeziehung aus der Perspektive des Mannes. Der Konflikt ist manifest, offenbar betriebsöffentlich bekannt und scheint von der Sekretärin wie auch von C.D. aktiv gehandhabt zu werden durch direkte und indirekte Angriffe aufeinander. C.D.s Beitrag zu dem Konflikt läßt sich am besten von seiner ambivalenten Beziehung zu Frauen her entwickeln. Unbewußt neidet er den Frauen ihre Spontaneität und fürchtet deshalb ihre Vergeltung. Denn er macht sich von ihrer Weiblichkeit die Möglichkeit zu eigen, selber Objekt männlicher Triebwünsche zu sein. Er sucht sich vom anderen Geschlecht dadurch unabhängig zu machen, daß er es zu seinem eigenen macht, um auf diese Weise von ihm unabhängig werden zu können. Der unbewußte Triebkonflikt, der ihm diese Möglichkeit nahelegt, hat weitreichende psychodynamische Konsequenzen. Ihre Einwirkung auf C.D.s um Harmonie und Friedlichkeit bemühte Arbeitseinstellung kulminiert in dem Konflikt mit der Sekretärin und bedroht sein Selbstverständnis, so daß er diesen Konflikt als unlösbares Problem einkapseln muß.

Auf der einen Seite hat die Angst vor der Frau offenbar zu seiner ständigen Bereitschaft beigetragen, sich zu wehren bzw. seinerseits anzugreifen. Die Kontrolle über diese Aggressionsbereitschaft findet vor allem in der Sorge um ein friedliches, einvernehmliches Betriebsklima ihren Ausdruck. Auf der ande-

---

110 Eine gewisse Bestätigung dieser auf Verallgemeinerung angelegten Aussagen läßt sich rückblickend dem Zwischenbericht zum Projekt von 1986 entnehmen. Damals schrieb Mechthild Zeul auf der Basis von 18 psychoanalytischen Interviews: "Wir haben keine Hinweise darauf gefunden, daß von der Existenz eines psychischen Unterschichtensyndroms ausgegangen werden kann, das Produktionsarbeitern eine bestimmte psychische Struktur aufprägt, wie es von Cremerius u.a. (1979) vermutet wird. Sie kommen zu dem Schluß, daß Angehörige der Arbeiterklasse aufgrund einer extrem triebfeindlichen Entwicklung, die Phantasietätigkeit unterdrückt, ein überstrenges Überich ausbilden. Dieses seinerseits schwäche mit seiner Forderung das Ich. Weiterhin gehen sie davon aus, daß es aufgrund mangelnder sprachlicher Interaktionsmöglichkeit mit der Mutter der Kindheit nicht zu einer Einbindung von Affekten kommt. Aggressive und sexuelle Triebdurchbrüche im Erwachsenenalter sehen sie als Folge dieser defizienten Entwicklung an. Unsere Beobachtungen legen demgegenüber eher nahe, daß die spezifische Sprachverwendung der Arbeiter den professionellen Erwartungen der untersuchenden Analytiker nur wenig entspricht und das Fehlen eines reflexiven Argumentationsstils den Deutungsmustern der Psychoanalyse nicht entgegenkommt. Die unmittelbar interaktiven Momente (Duzen, körperliche Reaktionen der Anerkennung und Ablehnung) können den Untersucher dazu veranlassen, vorschnell auf eine fehlende emotionale Distanz und damit auf eine unterentwickelte psychische Struktur zu schließen. Von den Angestellten unterschieden sich die Arbeiter unter anderem dadurch, daß die Sexualität nicht in der Sprache mitschwingt, sondern verhaltensunmittelbar ist (ohne daß diese Unmittelbarkeit, mit der Sexualität thematisiert wird, mit sexueller Aktion gleichgesetzt werden darf)".

ren Seite umwirbt C.D. seinen persönlichen, von ihm idealisierten Chef, indem er sich ihm als die bessere Sekretärin – und unbewußt als Liebesobjekt – anbietet. Während es ihm insgesamt gelingt, von sich das Bild eines seine Aggressivität kontrollierenden, für das Betriebsklima konstruktiven Mitarbeiters zu bewahren, aktiviert sein Werben um die Gunst seines Chefs, mit dem er sich verbunden fühlt, die Angst vor der Frau, die er – im Sinne eines unbewußten Gegenangriffs – in Gestalt der Sekretärin entwerten muß als diejenige, die "exzellent" ist, aber "Haare auf den Zähnen hat"; ihr gegenüber zieht er es vor, so könnte man sagen, selber die "Haare auf den Zähnen" zu haben.

Bisher habe ich den Rückschluß auf die Wahrnehmung der Frauen durch die Gesprächspartner als relationales Verhältnis zwischen ihnen und den Interviewerinnen dargestellt. Diese Zugangsweise erlaubt, am relationalen Verhältnis von männlichen und weiblichen Anteilen bei Männern und Frauen – seien sie nun reflexiv gewendet oder unbewußt unzugänglich und stünden sie dem einzelnen zur Disposition oder nicht – das Operieren des männlichen Prinzips sichtbar zu machen, nach dem die "*Machtstellung* der Männer" (Simmel 1923, S. 53) von beiden Geschlechtern unablässig generiert wird. Über eine Psychologie *der* Frau und *des* Mannes hinausgehend, bleibt auf diese Weise etwas vom ständigen Hervorbringen und Befestigen eines männlichen Hegemonieanspruchs sichtbar, der sich auf längst gefestigte Machtverhältnisse stützen kann.

6.3.2 Das Männliche und das Objektive

Man erkennt in der Darstellung des konflikthaften Verhältnisses von C.D. zur Sekretärin das Schema eines Arbeitskonflikts, der so ausgehen kann, daß die Frau die unterlegene und ausgegrenzte wird, die durch ihr Verhalten männliche Hegemonieansprüche bestätigt hat. Für diese Konfliktkonstellation dürften nicht zuletzt gesellschaftlich-normative Bilder von Weiblichkeit maßgeblich sein, die sich in einer männlich dominierten Arbeitswelt gegen die Frau kehren und bei ihr eine Art von Weiblichkeit anmahnen, von der die Frau meint, sie gefährde ihre Selbstbehauptung an ihrem Arbeitsplatz, die sie sich aber auch nicht absprechen lassen möchte. Im Falle eines Arbeitskonflikts ist sie in jedem Fall im Nachteil: Behauptet sie sich, büßt sie an Anerkennung bezüglich ihrer Weiblichkeit ein. Gibt sie nach oder auf, ist es ihre Weiblichkeit, die ihr als Schwäche und "typisch" weibliche Konfliktunfähigkeit ausgelegt werden kann.

Wenn wir auch nicht wissen, ob insgesamt der Konflikt zwischen C.D. und der Sekretärin diesem Schema tatsächlich folgt, wird doch die dynamisierende Beteiligung unbewußter Motive auf Seiten des Mannes deutlich. Sie betrifft nicht nur die Bedrohung durch die Frau, sondern ebenso die mit ihr einhergehende latent homosexuelle Koalition mit dem anderen Mann, den ein anderes Unbehagen an der Frau in die männliche Koalition treibt. Bei C.D. zeigt sich, daß das überindividuell Bedrohliche, das für den Mann von der Frau ausgeht, in ihrer Verkörperung von Fähigkeiten der Unmittelbarkeit und Spontaneität und darüber hinaus ihrer Sexualität und Generativität liegen könnte. Die Ursachen hierfür sind nicht in einer irgendwie gearteten Natur der Frau zu suchen, sondern in den Vergesellschaftungszumutungen, in die der historische Rationalisierungsprozeß zuerst und – unmittelbar umfassender – die Männer hineingezogen hat.

Parsons, der im gesellschaftlichen Aggressionsreservoir die Auswirkung des historischen Rationalisierungsprozesses erkennt und die Berufssphäre als von Männern rekrutiert abhandelt, weist auf die Notwendigkeit "ständiger Kontrolle der Gefühle" hin und – in Anbetracht der Erwartung an den Mann, ein '"guter Verlierer"' zu sein – den "Zwang zur Verdrängung von Ressentiments und Ärger". Obwohl es soziologisch plausibel ist, daß folglich für Aggression "indirekte Ausdruckskanäle mobilisiert" (Parsons 1947, S. 243) werden müssen, übersieht Parsons die Entlastung, die von libidinös zusammengehaltenen Koalitionen ausgeht, wenn sie auf latent bleibender Homosexualität beruhen. In solche Koalitionen eingeübt, hatten sich die Männer von den Frauen längst unabhängig gemacht, als diese zu beanspruchen begannen, in der Arbeitswelt beruflich gleichgestellt zu werden.

Alle fünf Männer suchen die Frauen in ihre – hier vorwiegend auf die Arbeit bezogene – Vorstellungswelt mit dem Versprechen hineinzuziehen, sie von ihr aus anzuerkennen. Die Männer weisen den Frauen die, wie sie zu meinen scheinen, weniger bedeutende, zu ihrer Welt relative Privatsphäre als ihre Domäne zu. Unausgesprochen nehmen sie die Macht und ein Wissen in Anspruch, durch das dem weiblichen Geschlecht kulturell ein sozialer Ort angewiesen ist, der den Männern ihre männliche Welt als die gesamte Welt vorbehält. In ihr sind die Frauen im Weiblichen der Männer vertreten. Auf diese Weise können die Männer in der Vorstellung befangen sein, sich, wie Simmel vielleicht sagen würde, den Anspruch darauf zu erhalten, das "im geschichtlichen Leben unserer Gattung" Objektive zu vertreten (vgl. Simmel 1923, S. 52).

Die relationale Zugangsweise hat gezeigt, daß die Männer, die unsere Gesprächspartner waren, die Frauen, zu denen sie in Beziehung traten, eingeschränkt wahrnehmen, zeigte sich doch, daß das Verständnis der beruflichen Rollen der Interviewerinnen im Unterschied zu Erwartungen an sie als Frauen von geringer Bedeutung oder aber unzutreffend war. Die Bedeutungszuweisungen der Männer an die Interviewerinnen sind nicht objektiv in dem Sinne, daß sie die Mehrschichtigkeit des Verhaltens der Frauen wahrnehmen. Zwar müssen die Besonderheiten der Interviewsituation – die rezeptive Gesprächsführung war vermutlich geeignet, charakteristisch männliche Einstellungen hervorzulocken –, berücksichtigt werden, doch wird gerade durch sie deutlich, daß die Gesprächspartner männlichen Wünschen, Vorstellungen und Phantasien von sowie Gewißheiten über das vermeintliche Wesen der Frau folgten, statt daß sie die Mehrdeutigkeit ihres Gegenübers genutzt hätten, dessen Weiblichkeit reflexiv zu wenden, um etwas von der Differenz herauszuarbeiten, die ihre Stellung in der Arbeitswelt im Unterschied zu der der Interviewerinnen im Gespräch hätte erkennen lassen. Die Männer bezogen sich nicht auf die Interviewerinnen, um etwas über sich als männliche Aktoren in konkreten Arbeitssituationen zu verdeutlichen.

Beobachtungen wie diese können als Anhaltspunkt für Simmels weiterreichende Behauptung genommen werden, wonach der Mann sich durch seine Rolle als Kulturträger sich selbst entfremdet: "Obgleich es der populären Ansicht widerstreitet: dem tiefsten Wesen des Mannes liegt dieses Sich-zum-Mittel-Machen, dieses Verlassen des eigenen Zentrums viel näher als dem der Frau. ... Daher es denn auch unzählige Frauenpsychologien, aber kaum eine Männerpsychologie gibt" (Simmel 1923, S. 59 u. 74). Obgleich diese Feststellung Simmels im großen und ganzen immer noch zutrifft, ist die Begründung, die er gibt, unzureichend. Er geht davon aus, daß die Geschlechter sich zu entgegengesetzten Polen der Vergesellschaftung hinbewegt haben: das männliche Geschlecht, indem es sich "zum Allgemein-Menschlichen" (ebd., S. 53) als dem Objektiven schlechthin aufgeworfen hat; das weibliche Geschlecht, indem es sich durch "Geschlossenheit" und "Bei-sich-Sein" auszeichnet, während es äußerlich vom Mann abhängig bleibt (vgl. ebd., S. 59 u. 76). Hiernach würden die Geschlechter nur noch von den beiden Polen her, d.h., nachdem ihr Austausch die Geschlechtsrelativität ihrer Stellung zueinander ausgeschlossen hat, aufeinander Bezug nehmen. Die Fallskizzen zeigen jedoch, daß diese Polarisierung ständig erneuert und so aufrechterhalten wird. Das heißt aber auch, daß Simmel sich der Vorstellung benahm, die Polarisierung der Geschlechter wäre der Veränderung zugänglich, indem die unannehmbaren Prämissen männlicher Hegemonieansprüche aufgedeckt und deren Herkunft vom relationalen Charakter der Geschlechterdifferenz her rekonstruiert wird[111].

Von Simmels Darstellung des jeweils Absoluten für das männliche und das weibliche Geschlecht her stellt sich vermutlich jede Angleichung, die die Frau für sich gegenüber dem Mann vornimmt und die von ihr ausgeht, als Verrat an dem ihr zugedachten "weiblichen Prinzip" dar. So betrachtet, besteht eine Ähnlichkeit zwischen Simmels Stilisierung des weiblichen Wesens und dem Weiblichkeitsbild, das dem Konzept des Penisneids in der ersten, Freudschen Version zugrunde liegt. Penisneid bezeichnet ein chronisches Begehren von Frauen, sich (vergeblich) etwas Unmögliches zugänglich machen zu wollen, was sich indessen nur auf die Anatomie der Geschlechter bezieht und auch nur unter der (falschen) Annahme zutreffend wäre, daß die Bedeutungen des

---

111 Das andere Extrem einer ständigen Vergewisserung des eigenen Geschlechts wird an den Anstrengungen deutlich, die Transsexuelle unternehmen müssen, um situative und innere Eindeutigkeit für die Wahrnehmung ihres weiblichen resp. männlichen Geschlechts herzustellen. Sie müssen erreichen, daß ihr Verhalten in den Geltungsbereich normativer Heterosexualität fällt (vgl. Hirschauer 1993, S. 21ff.; s. vor allem auch Lindemann 1993).

anatomischen Geschlechtsunterschieds nicht kulturell erzeugt, sondern unhintergehbar natürlich sind.

Während Freud zufolge der Knabe sich am Mädchen der Ernsthaftigkeit der Kastrationsdrohung versichert und mit "Abscheu vor dem verstümmelten Geschöpf" reagiert oder es mit "triumphierender Geringschätzung" bedenkt, verhält es sich beim Mädchen anders: "Sie ist im Nu fertig mit ihrem Urteil und ihrem Entschluß. Sie hat es gesehen, weiß, daß sie es nicht hat, und will es haben" (Freud 1925b, S. 24). Weil es an der unhintergehbaren, anatomischen Natur des weiblichen Körpers abprallt, wird das Gleichstellungsbegehren der Frau sie immer wieder auf die Geringschätzung ihrer selbst zurückwerfen: "Die psychischen Folgen des Penisneides ... sind vielfältige und weittragende. Mit der Anerkennung seiner narzißtischen Wunde stellt sich – gleichsam als Narbe – ein Minderwertigkeitsgefühl beim Weibe her. ... (es) beginnt, die Geringschätzung des Mannes für das in einem entscheidenden Punkt verkürzte Geschlecht zu teilen und hält wenigstens in diesem Urteil an der eigenen Gleichstellung mit dem Mann fest"[112] (ebd., S. 25).

Es ist nicht meine Absicht, die psychodynamischen Vorgänge anzuzweifeln, auf die klinisch Bezug genommen wird, wenn von Penisneid die Rede ist (vgl. etwa Torok 1964). Indessen ist im Konzept des Penisneids verschlüsselt, was Simmel als das Absolute am Wesen der Frau benennt und was durch die Frau, ist es erst einmal absolut gesetzt, scheinbar nur noch verraten werden kann: ein gewordenes In-sich-Ruhen, in dem es kein Verlangen nach Teilhabe an der von den Männern besetzten Kultur gibt und äußere Abhängigkeit hingenommen ist. Erschöpfte sich hierin die Begründung für die auf Ausschluß geeichte gesellschaftliche Stellung der Frau, wäre in der Tat jeder ihrer unmittelbaren Zugriffe auf die Betätigung in Wirtschaft, Kultur und Politik unbillig. Selbst ihre Klage über Entwertung wird als Eingeständnis von Minderwertigkeit desavouiert. Es rückt ihr Gleichstellungsbegehren ins Zwielicht, obwohl seine Legitimität unabweisbar ist.

Simmel und Freud ergänzen einander. Freud schreibt psychologisch fort, was Simmel soziologisch und lebensphilosophisch entwickelt hat. Nicht nur Simmel (vgl. Habermas 1983, S. 252), auch Freud bleibt – obwohl er Frauen sexuelles Empfinden in seinen wissenschaftlichen Aussagen zuerkannt hat – in

---

112 Bei Simmel heißt es entsprechend: Die Frauen haben die männliche "Art, die Welt aufzubauen" und über "die Spitze der Wertreihe" zu entscheiden, "nachträglich" legitimiert, "indem (sie) selbst jene Rangordnung der seelischen Verhaltensweisen, die ihrem tiefsten Wesen zuwiderläuft, als die gültige zugeben" (Simmel 1906, S. 81). Auch von dem Preis, den die Männer für die Behauptung und Aufrechterhaltung des "eigenen Gesetzes" zahlen – "einem wahren oder irrigen" (ebd.) – weiß Simmel ebenso wie Freud. Er bemerkt: "Sein (des Mannes) theoretisches wie sein praktisches Ideal enthält ein Element von Entselbstung" (Simmel 1923, S. 59). Für Freud ist es das "Bedürfnis nach Erniedrigung des Sexualobjekts" (Freud 1910, S. 87), das den Mann seinen Anspruch auf Kulturträgerschaft kosten kann. Die weitreichenden, komplementären Aussagen des Soziologen Simmel und des Psychologen Freud sind den Vergleich wert, zu dem ich hiermit nur anregen kann.

zeitgenössischen Männerphantasien über das Weibliche befangen. Den Fallskizzen zufolge liegt die politische Bedeutung solcher Männerphantasien nicht
in der Annahme einer inneren Repräsentierung von Weiblichem im Mann –
hieran ist nichts Neues. Sie liegt in der konsequenten vorstellungsmäßigen
Ausschließung der Frauen von der Arbeit "mit Allen am Glück Aller" (Freud
1930, S. 435). Ihre Grundlage ist die subjektive Emanzipierung des Mannes
vom weiblichen Geschlecht dadurch, daß der Mann meint, über die Frauen zu
verfügen, wenn er das Weibliche in ihm gegen sie ins Feld führt. Nur so kann
es zur Gleichsetzung des Männlichen mit dem Menschlichen und zu seiner
Verwechslung mit dem Objektiven kommen, eine Gleichsetzung, die im Ausdruck vom männlichen Prinzip hinsichtlich ihrer bis in die Konstitutionsbedingungen von Erkenntnisprozessen hinein reichenden Folgen bis heute kaum
durchschaut ist[113].

Ich gehe davon aus, daß die kapitalistische Produktionsweise, für sich
betrachtet, grundsätzlich gleichgültig gegenüber dem Geschlecht als Merkmal
der Arbeitskraft sich verhält. In ihr gelten ausschließlich verwertungsrationale
Kriterien. Ökonomische Gleichheit drückt somit aus, daß das Geschlecht als
Strukturierungsvariable von Gesellschaft – wie es für viele vorindustrielle
Gesellschaften gilt – außer Kraft gesetzt ist, was nicht ausschließt, daß die
Geschlechter im ökonomischen System unterschiedlich erfaßt sein können,
insofern selbst ihre jeweilige Individualität eine ökonomisch mehr oder weniger begehrte Qualifikation ist. Aus dieser Sicht hätten Tätigkeiten, die die
Männer unserer Interviews ausübten, auch Frauen übertragen sein können,
selbst die des Elektrikers und die des Instandhaltungsschlossers. Der "Ver-
kehrswert" der Charakterisierung einer geschlechtsspezifischen Strukturierung
von Gesellschaft durch patriarchale Herrschaft liegt demnach bei der Macht,
Männern die Herrschaft über Wertordnungen zu sichern, die Simmel und nach
ihm Adorno (vgl. 1951, S. 52) das "männliche Prinzip" (vgl. Simmel 1906, S.
81) nannten. Soweit diese patriarchalen Wertordnungen die ökonomische
Rationalität der Wertverwertung nicht stören, wird der Kampf der Geschlechter um ökonomisch-berufliche Chancengleichheit beeinflußt bleiben durch die
Suggestivkraft männlich-psychologischer, Objektivität für sich in Anspruch
nehmender und das Allgemein-Menschliche definierender Auslegungen von
Weiblichkeit. Das "männliche Prinzip" ist, schreibt Simmel, "einer der typi-
schesten Fälle, in denen ein subjektives Machtverhältnis durch die bloße Tatsache seines Bestehens die realen Grundlagen beschafft, die es objektiv rechtfertigen" (ebd.). Dies schließt allerdings auch ein, daß sich die Geltung des
"männlichen Prinzips" auf Unwahres stützt und daher um so hartnäckiger und
subtiler vertreten wird, je größer die Gefahr ist, daß das Unwahre zum Vorschein kommt. Es aufzudecken ist offenbar Skandal genug, damit feministi-
sche Kritik dauerhaft politische Wirkung zu entfalten vermag.

---

113 Für Freud hat dies erst kürzlich Vera King (1995) gezeigt.

7. Abschließende Überlegungen

Das Hin- und Hergehen zwischen soziologischen und psychoanalytischen Überlegungen in der vorliegenden Untersuchung konnte leicht dazu führen, daß die Absicht, die sich hiermit verband, hin und wieder unkenntlich wurde. Mit ihm war, wie ich in der Einleitung zu diesem Buch ausgeführt habe, bezweckt, systematische Differenzen hinsichtlich der Aussagen sichtbar werden zu lassen, durch die psychoanalytisches Denken dem in der Soziologie etwas hinzuzufügen hat. Obwohl es eine Reihe guter Gründe dafür gibt, daß es eine solche produktive Aussagendifferenz gibt, galt es doch, die Untersuchung auch für die Widerlegung dieser Annahme offen zu halten. Die Fallstudien haben diesbezüglich gezeigt, daß sich die Interpretationen der soziologischen Interviews unter dem Einfluß von psychoanalytischen Einsichten entscheidend veränderten. Es spricht also einiges dafür, daß es eine solche produktive Aussagendifferenz im Verhältnis von Soziologie und Psychoanalyse gibt.

Rückblickend läßt sich darüber hinaus auch der Rahmen charakterisieren, der die Untersuchung vereinheitlicht. Die Einheitlichkeit ergibt sich aus (1) der Vorentscheidung für handlungstheoretische Annahmen, (2) der Verbreiterung ihrer Grundlagen durch das Zusammenstellen soziologischer und psychoanalytischer, für den Aufbau der sozialen Handlung maßgeblicher Gesichtspunkte und (3) deren Verwendung auf allen eingeführten Ebenen – der methodischen ebenso wie der in den Fallstudien und der Verallgemeinerungen.

Die Wahl eines handlungstheoretischen Ausgangspunkts legte es nahe, in der Unterscheidung zwischen (psychoanalytischem) Ich, (soziologischem) Selbst und sozialer Handlung den Bezugsrahmen zu sehen, in dem sich soziologische und psychoanalytische Überlegungen zusammenführen ließen. Im methodischen Vorgehen kehrt dieser Bezugsrahmen wieder. Die Darstellung unseres Vorgehens erfolgte unter Gesichtspunkten, die methodisch maßgeblich waren. Es war zu begründen, daß unser kommunikatives Verhalten in den Interviews und unser interpretativer Zugang zu den produzierten Materialien geeignet waren, die kommunikative Interaktion zwischen uns und unseren Gesprächspartnern als Ausgangspunkt für Aussagen über das soziale Handeln und über den Aufbau von Handlungen bei den Gesprächspartnern zu nehmen. Weil das Untersuchungsziel das unmittelbar kommunikative Handlungsgeschehen in den Interviews überschreiten sollte – zum einen in Richtung psychodynamisch–unbewußter Vorgänge und zum anderen in Richtung der Handlungswirklichkeit im Betrieb –, war es erforderlich, den Handlungscharakter der Gespräche zu betonen.

In den Fallstudien mit ihrem vierteiligen Aufbau kehrte dieser Bezugsrahmen dann wieder im Übereinander-Schichten erst der von den Gesprächspartnern dargebotenen Darstellung ihres Erlebens und ihrer Erfahrungen, dann der psychologischen, an die Arbeit des Ichs gebundenen "Unterfütterung" ihrer Selbstdarstellung und schließlich der resultierenden Handlungsentwürfe, die mit der Arbeitsweise des Selbst in Verbindung gebracht wurden. Die Verallgemeinerungen behielten diesen Bezugsrahmen insofern bei, als er darüber entschied, welche Richtung die Verallgemeinerung zulässigerweise jeweils nehmen konnte. Auf diese Weise wahrte die Untersuchung den Bezug auf einen Rahmen, ohne daß dieser von außen an das Untersuchungsfeld herangetragen worden war. Im Gegenteil – der handlungstheoretisch geprägte Rahmen wurde im Vorgriff auf die Konstruktion der Fallstudien entwickelt, in dem diese sich dann tatsächlich bewegten. Selbst der Bezug auf die Originalsituationen des soziologischen und des psychoanalytischen Interviews, die selber unwiederholbar sind, bleibt in gewissem Umfang in diesem komplizierten Verweisungsverhältnis bezeugt. Dies zeigt sich nicht zuletzt darin, daß die Interviewerinnen in den Fallstudien ebenso wie in den verallgemeinernden Überlegungen zur Geschlechterrelation zwischen ihnen und ihren Gesprächspartnern sichtbar bleiben.

Mit dem Vorgehen in der Untersuchung ist die Hoffnung, aber auch der Anspruch verknüpft, eine Methode vorgestellt zu haben, die sicher weiterer Begründung bedarf, aber als Methode auf Wiederholbarkeit angelegt ist und erneut angewandt werden könnte, sofern ein interdisziplinäres Vorgehen auf der Grenze zwischen Soziologie und Psychologie als geboten erscheint. Ob dieser Anspruch berechtigt ist, muß offen bleiben und ist den Erfahrungen in vergleichbar anzulegenden Studien überlassen. Vor allem wäre zu klären, ob das Vorgehen an eine bestimmte psychoanalytische Arbeitsweise gebunden ist und unbrauchbar wird, wenn die analytischen Einsichten sich – anders als in der vorliegenden Untersuchung – weniger auf unbewußte Sinnzusammenhänge und unbewußte Konflikte; weniger auf die Interpretation von Abgewehrtem als auf die von Abwehrvorgängen konzentrieren.

Ein hoher Stellenwert kommt in der vorliegenden Untersuchung psychologischen Aussagen zu. Der Versuch, von den Gesprächen auf das Handeln der Gesprächspartner im externen Zusammenhang ihrer betrieblichen Arbeit zu schließen, stützt sich maßgeblich auf die psychologischen Aussagen der Psychoanalytikerin. Die psychoanalytischen Aussagen haben eine zweifache Funktion: Sie sind inhaltliche Aussagen über die Tiefenschicht betrieblichen Arbeitshandelns, und sie dienen methodisch der Stützung von Behauptungen darüber, wie jemand am Arbeitsplatz aller Wahrscheinlichkeit sozial tatsächlich handelt. Zwar ist hierin keinesfalls eine Psychologisierung sozialer Vorgänge zu sehen. Aber psychologische Aussagen haben insgesamt einen einflußreichen Anteil an den – sich insgesamt soziologisch verstehenden – Bemühungen, zur Erweiterung handlungstheoretischer Ansatzweisen beizutragen.

Die Gewichtung in Richtung von Aussagen über *Systeme* sozialen Handelns zu erweitern und soziologisch zu fundieren, bleibt anderen Arbeitsvorhaben vorbehalten. Ihre abgekürzte Repräsentierung sollte allerdings auch nicht als Defizit bewertet werden. Denn zunächst einmal ermöglicht der Einblick in psychodynamische Vorgänge, den die Psychoanalyse gewährt, soziologischen Aussagen eine Wendung zu geben, die ihr Kritikpotential erhöht. Am Beispiel der Untersuchung von Baethge u. Oberbeck (1986) war zumindest ansatzweise zu sehen, daß Prognosen über die "Zukunft der Angestellten" anders, vielleicht allerdings auch pessimistischer ausfallen, wenn Kenntnisse darüber, wie Individualität sich psychologisch herstellt, zur Verfügung stehen.

Die vorliegende Untersuchung wurde unter anderem mit dem Hinweis darauf eröffnet, Habermas habe sich skeptisch zur Frage der Einlösung jenes frühen, von Horkheimer inaugurierten Programms geäußert, nach dem sich Vertreter der analytischen Sozialpsychologie seither zu richten gesucht haben. Es klingt abschließend, wenn Habermas bemerkt: "Die Reichweite der analytischen Sozialpsychologie ist grundsätzlich durch den Horizont von Lebensformen und Lebensgeschichten begrenzt, die aus der Teilnehmerperspektive zugänglich sind". "Märkte oder Verwaltungen" griffen "in die Lebenswelt eines Subjektes *anders* ein ... als Personen ..., weil sie in der anonymen Gestalt von Systemimperativen auf Handlungszusammenhänge einwirken" (vgl. Habermas 1983, S. 362; s.o., S. 44f.).

Im Nachhinein ist Habermas insoweit recht zu geben, als die "Teilnehmerperspektive" – also die Perspektive, die jemand als Teilnehmer an sozialer Interaktion in soziologisch- und psychologisch-wissenschaftlicher Absicht auf andere und sich selbst einnimmt – für die vorliegende Untersuchung vielfältig nutzbar gemacht wurde. Trifft diese Begrenzung aber auch auf die Möglichkeiten verallgemeinernder Aussagen und vertretbarer Spekulationen zu?

Die Versuche der Verallgemeinerung, die sich auf die Topoi von Angestelltenschaft, Autoritarismus und Geschlechterverhältnis beziehen, überschreiten den Rahmen des durch die Fallstudien Belegbaren in Richtung von Eingriffen, die von technischen Neuerungen in Unternehmen, von Geschichte und von Wertordnungen in Zusammenhänge persönlichen und sozialen Lebens ausgehen. Dennoch wird die Perspektive der lebensweltlichen Teilnahme mit diesen Verallgemeinerungen nicht verlassen. Um zu zeigen, wie die Ablösung hiervon aussehen könnte, wende ich mich abschließend nochmals dem Thema des Autoritarismus zu, mit dem ich mich vergleichsweise weit von den durch die Fallstudien nahegelegten Aussagen entfernt habe (s.o., S. 236ff.).

Es stellt eine Fortführung von Überlegungen bei Georg Simmel (1908, S. 160ff.) dar, wenn man unter Autoritarismus Einstellungsmuster versteht, mit denen von Unterlegenen die Ausstattung Überlegener mit tatsächlicher oder vermeintlicher Macht in der Weise umgedeutet wird, daß eine Abschwächung des Erlebens eigener Unterlegenheit eintritt. Mit "starken" psychologischen Annahmen operierend, wie die Psychoanalyse sie enthält, erlaubt dieses Konzept, Handlungsspielräume herauszustellen, die sich aus der Bereitschaft zu Unterordnung und Gehorsam ergeben und in einem gespannten Verhältnis zu geltenden Werten wie Freiheit und Gleichheit stehen. So betrachtet, ist Autoritarismus kein, wie es häufig heißt, überholtes Konzept. Es verlangt aber nach der Identifizierung seiner Erscheinungsbilder unter – gegenüber der Geschichtsperiode, auf die sich die "Studien zum autoritären Charakter" beziehen – veränderten Bedingungen der Praktizierung von Macht, der Reproduktion von Mustern der Bereitschaft zur Unterordnung und von Effekten der individuellen Verarbeitung von Aggression.

Die Folgen autoritaristischer Einstellungen und Verhaltensweisen für Gesellschaften zu untersuchen, deren Institutionen auf die Demokratiefähigkeit ihrer Mitglieder angewiesen sind, müßte daher auf zwei Ebenen des Verhältnisses von Macht und Unterordnung ansetzen, wenn meine eher zeitdiagnostische Verallgemeinerung über den Autoritarismus auf eine Grundlage gestellt werden soll, in der die Verfaßtheit derzeitiger Gesellschaften berücksichtigt ist. In der ersten Ebene von sozialpsychologischer Theorienbildung und analytischer Sozialforschung wäre der Frage von Schicksalen der Aggressionsverarbeitung bei gegebener Struktur des Psychischen sowie inneren und äußeren Bedingungen der Identitätsbildung nachzugehen und der Perseverierung sogenannter negativer Geschichtsidentifizierungen, wie sie etwa für das Verhältnis der Deutschen zur nationalsozialistischen Geschichtsperiode festgestellt wurden. In dieser Ebene werden die Individuen, wie schon in der vorliegenden Untersuchung, als Akteure in Handlungssystemen aufgefaßt und zugleich als Personen, deren Psychisches in bestimmter Weise strukturiert ist. Soweit es um die Frage nach der Verwirklichung von Freiheitsspielräumen unter Bedingungen von Unterlegenheit geht – was Erscheinungsformen des Autoritarismus einschließt –, interessiert hierbei neben der innerpsychischen Verarbeitung von Aggression deren Einwirkung auf soziale Situationen, die durch Macht strukturiert sind, über die Stellung des Individuums als Aktor. In dieser Ebene produziert analytische Sozialpsychologie ihre Aussagen.

Auf der zweiten Ebene wäre zu untersuchen, wie sich Macht und Kontrolle zu Affekten und Triebwünschen innerhalb von Systemen sozialen Handelns verhalten. In dieser Ebene geht es um die Frage, wie die Strukturen in sozialen Systemen zu charakterisieren sind, die von den Aktoren durch ihre Modi der psychischen Verarbeitung von Impulsen und Affekten produziert und reproduziert werden. Das Problem der Identitätsbildung wäre – auch mit Rücksicht auf die Frage kollektiver Identitätsbildung – neu zu fassen. Für diese Ebene bietet die analytische Sozialpsychologie die Möglichkeit, Aussagen für die Entwicklung eines psychologisch informiertes Konzepts über Strukturen in gesellschaftlichen Systemen bereitzustellen. Analytische Sozialpsychologie kann diese gesellschaftstheoretische Problemstellung nicht ausführen, aber soziologische Konzepte, mit denen gesellschaftstheoretische Erklärungen etwa zum Verhältnis von Macht und Unterordnung angestrebt werden, müßten auch nicht grundsätzlich auf die Repräsentierung von triebtheoretischen Gesichtspunkten der Sexualität und der Aggression verzichten.

Wird diese Ebene in Richtung Theorie der Gesellschaft überschritten, stellen sich weiterreichende Konstitutionsfragen. In diesem Zusammenhang wäre Psychologie zur Klärung der anthropologischen Dimension des Konstitutionsprozesses von Gesellschaft heranzuziehen. Jenes von Horkheimer vorgestellte Programm ist, so gesehen, nicht obsolet. Nur kann analytische Sozialpsychologie, auf sich allein gestellt, es nicht erfüllen.

Literatur

Adorno, Theodor W., Else Frenkel-Brunswik, Daniel J. Levinson u. Nevitt Sanford (1950), The Authoritarian Personality, Part One u. Part Two. Studies in Prejudice, hrsg. von Max Horkheimer u. Samuel H. Flowerman, New York: Wiley, 1964; *gekürzte dt. Fassung* (1953): Theodor W. Adorno, Bruno Bettelheim, Else Frenkel-Brunswik, Norbert Gutermann, Morris Janowitz, Daniel Levinson u. R. Nevitt Sanford (1968 u. 1969), Der autoritäre Charakter, Bde. 1 u. 2: Studien über Autorität und Vorurteil, Schwarze Reihe, Nr. 6 u.7, Amsterdam: de Munter

Adorno, Theodor W. (1950), Studien zum autoritären Charakter, Frankfurt a.M.: Suhrkamp, 1973; *engl.*: Studies in the Authoritarian Personality. Soziologische Schriften II. Erste Hälfte, Ges. Schriften, Bd. 9.1, Frankfurt a.M.: Suhrkamp, 1975, S.143ff.

Adorno, Theodor W. (1951), Minima Moralia. Reflexionen aus dem beschädigten Leben, Frankfurt a.M.: Suhrkamp, 1962

Adorno, Theodor W. (1955), Zum Verhältnis von Soziologie und Psychologie, Soziologische Schriften I. Gesammelte Schriften, Bd. 8, Frankfurt a.M.: Suhrkamp, 1972, S.42–85

Adorno, Theodor W. (1966), Postscriptum, Soziologische SchriftenI. Gesammelte Schriften, Bd. 8, Frankfurt a.M.: Suhrkamp, S.86–92

Alheit, Peter (1984), Wirklichkeitskonstruktion und Wirklichkeitskonstitution, in: Biographischen Erzählungen: Zur Kritik zweiter prominenter Interpretationsansätze, in: Deutscher Soziologentag 22, S.92–96

Altemeyer, B. (1988), Enemies of Freedom. Understanding Right-Wing Authoritarianism, London: Jossey-Bass

Argelander, Hermann (1967), Das Erstinterview, Teil III, in: Psyche 21, S.473–512

Argelander, Hermann (1970), Das Erstinterview in der Psychotherapie, Darmstadt: Wiss. Buchgesellschaft, 1987

Argelander, Hermann (1982), Text, Struktur und Interpretation, in: Psyche 36, S.700–725

Austin, John L. (1962/1975), Zur Theorie der Sprechakte (How to do things with Words), Stuttgart: Reclam, 1889

Baethge, Martin, u. Herbert Oberbeck (1986), Zukunft der Angestellten. Neue Technologien und berufliche Perspektiven in Büro und Verwaltung, Frankfurt a.M.: Campus

Baethge, Martin (1991), Die politischen Folgen fortschreitender Individualisierung in der Arbeitsgesellschaft, in: Wilhelm Heitmeyer u. Juliane Jacobi (Hrsg.), Politische Sozialisation und Individuierung. Perspektiven und Chancen politischer Bildung, Weinheim: Juventa, S.35–54

Balint, Michael, u. Enid Balint (1961), Psychotherapeutische Techniken in der Medizin, Stuttgart: Klett, 1961

Beck, Ulrich (1986), Risikogesellschaft. Auf dem Weg in eine andere Moderne, Frankfurt a.M.: Suhrkamp

Becker-Schmidt, Regina, Ute Brandes-Erlhoff, Mechthild Rumpf u. Beate Schmidt (1983), Arbeitslebenn – Lebensarbeit. Konflikte und Erfahrungen von Fabrikarbeiterinnen, Bonn: Vlg. Neue Gesellschaft

Belgrad, Jürgen, Bernard Görlich, Hans-Dieter König u. Gunzelin Schmidt Noerr (Hrsg.), Zur Idee einer psychoanalytischen Sozialforschung. Dimensionen szenischen Verstehens. Alfred Lorenzer zum 65. Geburtstag, Frankfurt a.M.: S. Fischer, 1987

Bohleber, Werner (1992), Identität und Selbst. Die Bedeutung der neueren Entwicklungsforschung für die psychoanalytische Theorie des Selbst, in: Psyche 46, S.336-365

Bohleber, Werner (1995), Die Dynamik des Fremden, in: Psychoanalytische Beiträge zu Fremdenfeindlichkeit ..., a.a.O., S.19-30

Bolte, Karl Martin, u. Erhard Treutner (Hrsg.), Subjektorientierte Arbeits- und Berufssoziologie, Frankfurt a.M.: Campus, 1983

Boothe, Brigitte (1994), Der Patient als Erzähler in der Psychotherapie, Göttingen: Vandenhoeck

Bosse, Hans (1994), Der fremde Mann. Jugend, Männlichkeit, Macht. Eine Ethnoanalyse. Gruppengespräche mit jungen Sepiks in Papua-Neuguinea, unter Mitarbeit von Werner Knauss, Frankfurt a.M.: S. Fischer

Brede, Karola, Rudolf Schweikart u. Mechthild Zeul (1988), Subjektivität als psychologische Dimension betrieblich-abhängiger Arbeit. Abschlußbericht über das Forschungsprojekt "Erlebniswelten von Individuen unter Bedingungen betrieblich-abhängiger Arbeit", Hamburger Institut für Sozialforschung, Hamburg, Sigmund-Freud-Institut, Frankfurt a.M., im Juni 1988, vervielfältigtes Manuskript, 324 S.

Brock, Dietmar, u. Hans Rolf Vetter (1982), Alltägliche Arbeiterexistenz. Psychologische Rekonstruktionen des Zusammenhangs von Lohnarbeit und Biographie, Frankfurt a.M.: Campus

Brose, Hans Georg (1983), Die Erfahrung der Arbeit. Zum berufsbiographischen Erwerb von Handlungsmustern bei Industriearbeitern, Opladen: Westdt. Vlg.

Bureau of Applied Social Research, Columbia University (1952), Das qualitative Interview, in: René König (Hrsg.), Das Interview. Formen, Technik, Auswertung. Praktische Sozialforschung I. Köln: Kiepenheuer, 1965, S.143-160

Busch, Hans-Joachim (1993), Neuere Ansätze einer psychoanalytischen Sozialforschung. Versuch einer Zwischenbilanz, in: Heiner Meulemann u. Agnes Elting-Camus (Hrsg.), 26. Deutscher Soziologentag. Lebensverhältnisse und soziale Konflikte im neuen Europa. Sektionen, Arbeits- und Ad hoc-Gruppen, Opladen: Westdt. Vlg., S.642-644

Cicourel, Aaron V. (1973), Sprache in der sozialen Interaktion, München: List, 1975

Cicourel, Aaron V. (1977), Discourse, autonomous grammars, information, in: Dirk Wegner (Hrsg.), a.a.O., S.109-158

Cogoy, Renate (1977), Politische Sozialisation und Motivationsgenese, Dissertation TH Darmstadt Cremerius, Johannes, Sven Otto Hoffmann und Winfried Trimborn (1979), Psychoanalyse, Über-Ich und soziale Schicht. Die psychoanalytische Behandlung der Reichen, der Mächtigen und der sozial Schwachen, München: Kindler

Dahmer, Helmut (1971), Psychoanalyse und historischer Materialismus, in: Psychoanalyse als Sozialwissenschaft, Frankfurt a.M.: Suhrkamp, S.60-92

Dahmer, Helmut (1973), Libido und Gesellschaft. Studien über Freud und die Freudsche Linke, Frankfurt a.M.: Suhrkamp

Dahmer, Helmut (1980), Nachwort des Herausgebers. Auf dem Weg zu einer analytischen Sozialpsychologie. In: ders. (Hrsg.), Analytische Sozialpsychologie, Bd. 2, Frankfurt a.m.: Suhrkamp. S.663–710

Dahmer, Helmut (1984), Ein neues "Institut für Sozialforschung", in: Hamburger Institut für Sozialforschung 1984, verlegt durch Hamburger Institut für Sozialforschung, S.27–48

Dahmer, Helmut (1993), Psychoanalytic social research, in: Free Associations 3, Part 4 (No. 28), S.490–499

Döbert, Rainer, u. Gertrud Nunner-Winkler (1975), Adoleszenzkrise und Identitätsbildung. Psychische und soziale Aspekte des Jugendalters in modernen Gesellschaften, Frankfurt a.m.: Suhrkamp

Dornes, Martin (1993), Der kompetente Säugling. Die präverbale Entwicklung des Menschen, Frankfurt a.m.: Fischer TB, 1995

Drews, Sibylle, u. Karen Brecht (1975), Psychoanalytische Ich-Psychologie. Grundlagen und Entwicklung, Frankfurt a.m.: Suhrkamp

Dubiel, Helmut (1978), Wissenschaftsorganisation und politische Erfahrung. Studien zur frühen Kritischen Theorie, Frankfurt a.m.: Suhrkamp

Durkheim, Emile (1893), Über die Teilung der sozialen Arbeit, Frankfurt a.m.: Suhrkamp, 1977

Eckstaedt, Anita (1991), Die Kunst des Anfangs. Psychoanalytische Erstgespräche, Frankfurt a.m.: Suhrkamp

Erdheim, Mario (1982), Die gesellschaftliche Produktion von Unbewußtheit. Eine Einführung in den ethnopsychoanalytischen Prozeß, Frankfurt a.m.: Suhrkamp

Erdheim, Mario (1988), Psychoanalyse und Unbewußtheit in der Kultur. Aufsätze 1980–1987, Frankfurt a.m.: Suhrkamp, 1991

Erikson, Erik H. (1956), Das Problem der Ich-Identität, in: ders. (1966), Identität und Lebenszyklus, Frankfurt a.m.: Suhrkamp, S.123–215

Erikson, Erik H. (1968), Jugend und Krise. Die Psychodynamik im sozialen Wandel, Stuttgart: Klett, 1970

Ferenczi, Sandor (1931), Geburt des Intellekts, in: Bausteine zur Psychoanalyse, Bd. 4, Bern: Huber, 1939, S.250–252

Freud, Sigmund (1900), Die Traumdeutung, in GW*, Bd. 2/3

Freud, Sigmund (1910), Beiträge zur Psychologie des Liebeslebens, in: GW, Bd. 8, S.65–91

Freud, Sigmund (1913), Einige Bemerkungen über den Begriff des Unbewußten in der Psychoanalyse, in: GW, Bd. 8, S.429–439

Freud, Sigmund (1914), Zur Einführung des Narißmus, in: GW, Bd. 10, S.137–170

Freud, Sigmund (1915a), Das Unbewußte, in: GW, Bd. 10, S.263–303

Freud, Sigmund (1915b), The unconscious, in: The Standard Edition of the Complete Psychological Works of Sigmund Freud, Vol. 14, London: Hogarth, 1964, S.146–158

Freud, Sigmund (1920), Jenseits des Lustprinzips, in: GW, Bd. 13, S.1–69

Freud, Sigmund (1921), Massenpsychologie und Ich-Analyse, in: GW, Bd. 13, S.71–161

---

* GW= Sigmund Freud, Gesammelte Werke, Bde. 1 ..., Frankfurt a.M.: Imago (S. Fischer)

Freud, Sigmund (1923), Das Ich und das Es, in: GW, Bd. 13, S.235–289

Freud, Sigmund (1925a), Die Verneinung, in: GW, Bd. 14, S.815

Freud, Sigmund (1925b), Einige psychische Folgen des anatomischen Geschlechtsunterschieds, in: GW, Bd. 14, S.17–30

Freud, Sigmund (1927), Die Zukunft einer Illusion, in: GW, Bd. 14, S.323–380

Freud, Sigmund (1930), Das Unbehagen in der Kultur, in: GW, Bd. 14, S.419–506

Freud, Sigmund (1932), Neue Folge der Vorlesungen zur Einführung in die Psychoanalyse, GW, Bd. 15

Freud, Sigmund (1937a), Die endliche und die unendliche Analyse, in: GW, Bd. 16, S.57–99

Freud, Sigmund (1937b), Brief an Marie Bonaparte vom 27. Mai 1937, in: Jones, Ernest (1962), Das Leben und Werk von Sigmund Freud, Bd. 3: Die letzte Phase 1919 – 1939, Bern: Huber, S.535f.

Fromm, Erich (1932), Über Methode und Aufgabe einer Analytischen Sozialpsychologie. Bemerkungen über Psychoanalyse und historischen Materialismus, in: ders., Gesamtausgabe, Bd. 1: Analytische Sozialpsychologie, Stuttgart: Dt. Verlags–Anstalt, 1980, S.37–57

Garfinkel, Harold, u. Harvey Sacks (1970), Über formale Strukturen praktischer Handlungen, in: Ethonomethodologie..., a.a.O., S.130–176

Geulen, Dieter (1991), Die historische Entwicklung sozialisationstheoretischer Ansätze, in: Klaus Hurrelmann u. Dieter Ulich (1991), Neues Handbuch der Sozialisationsforschung, 4., völlig neubearbeitete Auflage, Weinheim: Beltz, S.21–54

Habermas, Jürgen (1976), Moralentwicklung und Ich–Identität, in: ders., Zur Rekonstruktion des Historischen Materialismus, Frankfurt a.M.: Suhrkamp, S. 63–91

Habermas, Jürgen (1981a), Theorie des kommunikativen Handelns. Bd. I: Handlungsrationalität und gesellschaftliche Rationalisierung, Frankfurt a.M.: Suhrkamp

Habermas, Jürgen (1981b), Theorie des kommunikativen Handelns. Bd. II: Zur Kritik der funktionalistischen Vernunft, Frankfurt a.M.: Suhrkamp

Habermas, Jürgen (1983), Simmel als Zeitdiagnostiker, in: Georg Simmel (1923), Philosophische Kultur. Über das Abenteuer, die Geschlechter und die Krise der Moderne. Gesammelte Essais, Berlin: Wagenbach, S.243–253

Habermas, Jürgen (1983), Bemerkungen zu Alexander Mitscherlichs analytischer Sozialpsychologie, in: Psyche 37, S.352–363

Habermas, Jürgen (1988), Individuierung durch Vergesellschaftung. Zu George Herbert Meads Theorie der Subjektivität, in: ders. (1992), Nachmetaphysisches Denken. Philosophische Aufsätze, Frankfurt a.M.: Suhrkamp, S.187–241

Haesler, Ludwig (1979), Zur Technik des Interviews bei "unergiebigen" Patienten, in: Psyche 33, S.157–182

Hardtmann, Gertrud (1995), Die Gewalt der Lüge, die Lüge der Gewalt. Gespräche mit rechtsradikalen Jugendlichen, in: Psychoanalytische Beiträge zu Fremdenfeindlichkeit ..., a.a.O., S.49–71

Hartmann, Heinz (1939), Ich–Psychologie und Anpassungsproblem, Stuttgart: Klett, 1970

Hartmann, Heinz (1947), Über rationales und irrationales Handeln, in: ders. (1964), a.a.O., S.50–77

Hartmann, Heinz (1950a), Die Anwendung psychoanalytischer Begriffe auf die Sozialwissenschaft, in: ders. (1964), a.a.O., S.98–105

Hartmann, Heinz (1950b), Bemerkungen zur psychoanalytischen Theorie des Ichs, in: ders. (1964), a.a.O., S.119–144

Hartmann, Heinz (1952), Die gegenseitige Beeinflussung von Ich und Es in ihrer Entwicklung, in: ders. (1964), a.a.O., S.157–180

Hartmann, Heinz (1964), Ich-Psychologie. Studien zur psychoanalytischen Theorie, Stuttgart: Klett, 1972

Heim, Robert (1993), Die Rationalität der Psychoanalyse. Eine handlungstheoretische Grundlegung psychoanalytischer Hermeneutik, Frankfurt a.M.: Stroemfeld/Nexus

Heimann, Paula (1950), On counter-transference, in: International Journal of Psych-Analysis 31, S.81–84

Heinemeier, Siegfried, und Günther Rohrberg (1984), "Es bleibt also net aus, daß ma so so denkt, (...) Was machst eigentlich, wenn jetzt wirklich nichts wird, vielleicht bis nächstes Frühjahr usw.?" Arbeitslosigkeit: Biographische Prozesse und textstrukturelle Analyse, In: Martin Kohli u. Günther Robert (Hrsg.), Biographie und soziale Wirklichkeit. Neue Beiträge und Forschungsperspektiven, Stuttgart: Metzler, S.142–191

Heitmeyer, Wilhelm (1987), Rechtsextremistische Orientierungen bei Jugendlichen. Empirische Ergebnisse und Erklärungsmuster einer Untersuchung zur politischen Sozialisation, Weinheim: Juventa, 1992, 4. ergänzte Aufl.

Heitmeyer, Wilhelm, Heike Buhse, Joachim Liebe-Freund, Kurt Möller, Joachim Müller, Helmut Ritz, Gertrud Siller u. Johannes Vossen (1992), Die Bielefelder Rechtsextremismus-Studie. Erste Langzeituntersuchung zur politischen Sozialisation männlicher Jugendlicher, Weinheim: Juventa, 1993

Hirschauer, Stefan (1993), Die soziale Konstruktion der Transsexualität. Über die Medizin und den Geschlechtswechsel, Frankfurt a.M.

Hoff, Ernst-H. (1986), Arbeit, Freizeit und Persönlichkeit. Wissenschaftliche und alltägliche Vorstellungsmuster. Bern: Huber

Hoffmann-Riem, Christa (1980), Die Sozialforschung einer interpretativen Soziologie – Der Datengewinn – in: Kölner Ztschr. f. Soziologie und Sozialpsychologie 32, S.339–372

Hohage, Roderich, Lisbeth Klöss u. Horst Kächele (1981), Über die diagnostisch-therapeutische Funktion von Erstgesprächen in einer psychotherapeutischen Ambulanz, in: Psyche 35, S.544–556

Hopf, Christel (1978), Die Pseudo-Exploration – Überlegungen zur Technik qualitativer Interviews in der Sozialforschung, in: Zeitschrift für Soziologie 7, S.97–115

Hopf, Christel (1987), Zur Aktualität der Untersuchungen zur "autoritären Persönlichkeit", in: Ztschr. f. Sozialisationsforschung und Erziehungssoziologie 7, S.162–177

Hopf, Christel (1992), Eltern-Idealisierung und Autoritarismus. Kritische Überlegungen zu einigen sozialpsychologischen Annahmen, in: Ztschr. f. Sozialisationsforschung und Erziehungssoziologie 12, S.52–65

Hopf, Christel (1993), Rechtsextremismus und Beziehungserfahrungen, in: Ztschr. f. Soziologie 22, S.449–463

Horkheimer, Max (1931), Die gegenwärtige Lage der Sozialphilosophie und die Aufgaben eines Instituts für Sozialforschung, in: ders., Sozialphilosophische Studien. Aufsätze, Reden und Vorträge 1930 - 1972, hrsg. v. Werner Brede, Frankfurt a.M.: Suhrkamp, 1972, S.33-46

Horkheimer, Max (1932), Geschichte und Psychologie, in: ders., Kritische Theorie, Bd. 1, Frankfurt a.M.: S. Fischer, 1968, S.9-30

Horkheimer, Max, u. Theodor W. Adorno (1947), Dialektik der Aufklärung. Philosophische Fragmente, in: Max Horkheimer (1987), Gesammelte Schriften, Bd. 5, Frankfurt a.M.: S. Fischer, S.13-290

Horkheimer, Max (1947), Zur Kritik der instrumentellen Vernunft, Frankfurt a.M.: S. Fischer, 1972, S.11-174

Horn, Klaus (1968), Fragen einer psychoanalytischen Sozialpsychologie, in: Psyche 22, S.896-911

Horn, Klaus (1971), Psychoanalyse - Anpassungslehre oder kritische Theorie des Subjekts? in: ders. (1972), Psychoanalyse - Kritische Theorie des Subjekts, Frankfurt a.M.: Roter Druckstock, S.241-259

Horn, Klaus (1971), Insgeheime kulturistische Tendenzen der modernen psychoanalytischen Orthodoxie, in: Psychoanalyse als Sozialwissenschaft, Frankfurt a.M.: Suhrkamp, S.93-151

Horn, Klaus, Christel Beier u. Doris Kraft-Krumm (1984), Gesundheitsverhalten und Krankheitsgewinn. Zur Logik von Widerständen gegen gesundheitliche Aufklärung, Opladen: Westdt. Vlg.

Jay, Martin (1973), Dialektische Phantasie. Die Geschichte der Frankfurter Schule und des Instituts für Sozialforschung 1923 - 1950, Frankfurt a.M.: S. Fischer, 1976

Joas, Hans (1980), Praktische Intersubjektivität. Die Entwicklung des Werkes von George Herbert Mead, Frankfurt a.M.: Suhrkamp, 1989

Joas, Hans (1987), Einleitung zu: George Herbert Mead, Gesammelte Aufästze, Bd. 1, Frankfurt a.M.: Suhrkamp, S.7-18

Joas, Hans (1992), Die Kreativität des Handelns, Frankfurt a.M.: Suhrkamp

Kadritzke, Ulf (1993), Ein neuer Expertentyp? Technische Dienstleistungsarbeit zwischen Marktorientierung und Professionsbezug, in: Prokla. Zeitschrift für kritische Sozialwissenschaft 23 (91, Nr. 2), S.297-326

Kerz-Rühling, Ingrid (1984), Einführung in das Interviewverfahren, in: Einführung in die Psychoanalyse Sigmund Freuds. Curriculumsentwurf für das erste Semester der psychoanalytischen Weiterbildung. Materialien aus dem Sigmund-Freud-Institut 1, Münster: Lit, 1994; veränderte Aufl. v. 1984, S.74-79

Kernberg, Otto F. (1982), Self, ego, affects, and drives, in: Journal of the American Psychoanalytic Association 30, S.893-917

King, Vera (1995), Die Urszene der Psychoanalyse. Adoleszenz und Geschlechterspannung im Fall Dora, Stuttgart: Klett-Cotta

König, Hans-Dieter (1993), Adornos Methodologie in der Perspektive der Tiefenhermeneutik, in: Heiner Meulemenn und Agnes Elting- Camus (Hrsg.), 26. Deutscher Soziologentag. Lebensverhältnisse und soziale Konflikte im neuen Europa. Sektionen, Arbeits- und Ad hoc-Gruppen, Opladen: Westdt. Vlg., S.644-647

Kohli, Martin (1978), "Offenes" und "geschlossenes" Interview: Neue Argumente zu einer alten Kontroverse, in: Soziale Welt 29, S.2-5

Kohli, Martin (1981), Wie es zur "biographischen Methode" kam und was daraus geworden ist. Ein Kapitel aus der Geschichte der Sozialforschung, In: Zeitschrift für Soziologie 3, S.273-293

Kracauer, Siegfried (1929), Die Angestellten. Aus dem neuesten Deutschland, in: ders. (1978), Schriften 1, Frankfurt a.m.: Suhrkamp, S.205-304

Kraimer, Klaus (1983), Anmerkungen zu einem 'erzählgenerierenden' Instrument der kommunikativen Sozialforschung (narratives Interview), in: Detlef Garz u. Klaus Kraimer (Hrsg.) Brauchen wir andere Forschungsmethoden? Beiträge zur Diskussion interpretativer Verfahren, Frankfurt a.m.: Scriptor, S.86-112

Krappmann, Lothar (1969), Soziologische Dimensionen der Identität. Strukturelle Bedingungen für die Teilnahme an Interaktionsprozessen, Stuttgart: Klett, 1972

Kraushaar, Wolfgang (1994), Extremismus der Mitte. Zur Geschichte einer soziologischen und sozialhistorischen Interpretationsfigur, in: Hans-Martin Lohmann (Hrsg.), a.a.O., S.23-50

Krovoza, Alfred, u. Christian Schneider (1988), Politische Psychologie in der Bundesrepublik: Positionen und methodische Probleme, in: Helmut König (Hrsg.), Politische Psychologie heute, Leviathan, Sonderheft 9, 1988, S.13-35

Krovoza, Alfred (1989), Soziologie und Psychoanalyse in Frankfurt. Die Bedeutung der Psychoanalyse für soziologische Erfahrungsbildung, in: Heinz Steinert (Hrsg.), Die (mindestens) zwei Sozialwissenschaften in Frankfurt und ihre Geschichte. Ein Symposion des Fachbereichs Gesellschaftswissenschaften aus Anlaß des 75-Jahre-Jubiläums der J.W. Goethe-Universität Frankfurt, 11./12. Dezember 1989, S.194-219

Kudera, Werner (1993), Gesellschaftliche Disparitäten und alltägliche Lebensführung, in: Entwicklungsperspektiven von Arbeit, Sonderforschungsbereich 333 der Universität München. Mitteilungen 5, S.123-132

Lacan, Jacques (1949), Das Spiegelstadium als Bildner der Ichfunktion wie sie uns in der psychoanalytischen Erfahrung erscheint, in: ders. (1966), Schriften 1, Olten: Walter, 1973, S.61-70

Lamnek, Siegfried (1993), Qualitative Sozialforschung, Bd. 2: Methoden und Techniken, Weinheim: Beltz , 2., überarb. Aufl.

Laplanche, J., u. J.-B. Pontalis (1967), Das Vokabular der Psychoanalyse, Bd. 2, Frankfurt a.M.: Suhrkamp, 1973

Lasch, Christopher (1979), Das Zeitalter des Narzißmus, München: Bertelsmann, 1982

Lederer, Gerda, u. Peter Schmidt (Hrsg.), Autoritarismus und Gesellschaft. Trendanalysen und vergleichende Jugenduntersuchungen von 1945 - 1993, Opladen: Leske, 1995

Leithäuser, Thomas, u. Birgit Volmerg (1977), Die Entwicklung einer empirischen Forschungsperspektive aus der Theorie des Alltagsbewußtseins, in: Thomas Leithäuser, Birgit Volmerg, Gunther Salje, Ute Volmerg und Berhard Wutka, Entwurf zu einer Empirie des Alltagsbewußtseins, Frankfurt a.M.: Suhrkamp, 1981, S.11–28

Leithäuser, Thomas, u. Birgit Volmerg (1979), Anleitung zur empirischen Hermeneutik. Psychoanalytische Textinterpretation als sozialwissenschaftliches Verfahren, Frankfurt a.M.: Suhrkamp

Leithäuser, Thomas (1986), Subjektivität im Produktionsprozeß, in: Birgit Volmerg u.a. (1986), a.a.O., S.245–266

Leithäuser, Thomas (o.J.), Untersuchung zur Konstitution des Alltagsbewußtseins, Schwarze Presse

Lempert, Wolfgang, Ernst Hoff u. Lothar Lappe (1979), Konzeptionen zur Analyse der Sozialisation durch Arbeit. Theoretische Vorstudien für eine empirische Untersuchung, Berlin: Max-Planck-Institut für Bildungsforschung

Leu, Hans Rudolf (1985), Subjektivität als Prozeß. Zur Analyse der Wechselwirkung zwischen Individuum und Umwelt in sozialisationstheoretischen, berufs- und industriesoziologischen Ansätzen, München: Deutsches Jugendinstitut

Leuschner, Wolfgang (1995), Das vorbewußte Processing System un die Erinnerung, in: Materialien aus dem Sigmund Freud-Institut, Nr. 15, Münster: Lit, voraussichtlich 1995, 13S.

Leuzinger-Bohleber, Marianne (1995), Die Gewalt und das Fremde in Grundschulen – einige psychoanalytische Überlegungen, in: Psychoanalytische Beiträge zu Fremdenfeindlichkeit ..., a.a.O. S.152–175

Lindemann, Gesa (1993), Das paradoxe Geschlecht. Transsexualität im Spannungsfeld von Körper, Leib und Gefühl, Frankfurt a.M.: Fischer TB

Lohmann, Hans-Martin (Hrsg.), Extremismus der Mitte. Vom rechten Verständnis deutscher Nation, Frankfurt a.M.: Fischer TB, 1994

Lorenzer, Alfred (1970), Kritik des psychoanalytischen Symbolbegriffs, Frankfurt a.M.: Suhrkamp

Lorenzer, Alfred (1974), Die Wahrheit der psychoanalytischen Erkenntnis. Ein historisch-materialistischer Entwurf, Frankfurt a.M.: Suhrkamp

Lorenzer, Alfred (1986), Tiefenhermeneutische Kulturanalyse, in: ders. (Hrsg.), a.a.O., S. 11–98

Lorenzer, Alfred (Hrsg.), Kultur-Analysen. Psychoanalytische Studien zur Kultur, Frankfurt a.M.: S. Fischer, 1986

Marx, Karl, u. Friedrich Engels (1845/46), Die deutsche Ideologie. Kritik der neuesten deutschen Philosophie in ihren Repräsentanten Feuerbach, W. Bauer und Stirner, und des deutschen Sozialismus in seinen verschiedenen Propheten, in: MEW[*], Bd. 3

Marx, Karl (1867), Das Kapital. Kritik der politischen Ökonomie. Erster Band, Buch I: Der Produktionsprozeß des Kapitals, MEW XXIII

Marx, Karl (1875), Kritik des Gothaer Programms, MEW XIX, S.11–32

---

[*] MEW= Karl Marx, Friedrich Engels, Werke, Bde. 1 ..., Berlin: Dietz

Matthes, Joachim, Arno Pfeifenberger u. Manfred Stosberg (Hrsg.), Biographie in handlungs-
wissenschaftlicher Perspektive. Kollequium am Sozialwissenschaftlichen Forschungszen-
trum der Universität Erlangen – Nürnberg, Nürnberg: Vlg. d. Nürnberger Forschungsverei-
nigung e.V., 1981

Matthiesen, Ulf (1989), Stahlstadt-Blues oder ein besonders "starkes Stück Deutschland"?
Kontrastierende Fallanalysen zum Wandel von arbeitsbezogenen Deutungsmustern und
Lebensentwürfen in einer Stahlstadt – Zwischenbericht. Umbrüche. Studien des Instituts
für Empirische Kultursoziologie, Bd. 2, Dortmund, 1983

Mead, George Herbert (1925), Die Genesis der Identität und die soziale Kontrolle, in: ders.,
Gesammelte Aufsätze, Bd. 1, Frankfurt a.M.: Suhrkamp, 1987, S.299-328

Mead, George Herbert (1934a), Mind, Self and Society from the Standpoint of a Social
Behaviorist, Chicago: Univ. of Chicago Press, 1967

Mead, George Herbert (1934b), Geist, Identität und Gesellschaft aus der Sicht des Sozialbeha-
viorismus, Frankfurt a.M.: Suhrkamp, 1968

Mead, George Herbert (Nachlaß), Rezension von William A. White: Thoughts of a Psychiatrist
in the war and after, in: ders. (1987), Gesammelte Aufsätze, Bd. 2, Frankfurt a.M.: Suhrkamp, S.455-457

Meloen, J. D. (1993), Forty years of authoritarianism research: An overview of the F-scale as
a predictor of potential fascism, in: Stone, W.F., Gerda Lederer u. R. Christie (Hrsg.),
Strength and weakness. The authoritarian personality today, New York: Springer, 1993,
S.47-69

Mertens, Wolfgang (1990), Einführung in die psychoanalytische Therapie, Bd. 1, Stuttgart:
Kohlhammer

Mitscherlich, Alexander (1963), Auf dem Weg zur vaterlosen Gesellschaft. Ideen zur Sozialpsychologie, München: Piper

Mitscherlich, Alexander, u. Margarete Mitscherlich (1967), Die Unfähigkeit zu trauern.
Grundlagen kollektiven Verhaltens, München: Piper

Modena, Emilio (1989), Giovanni, alias Pierino, 25 Jahre: Der Unterhaltungsmechaniker, in:
Die Gesellschaft auf der Couch. Psychoanalyse als sozialwissenschaftliche Methode, hrsg.
v. Psychoanalytischen Seminar Zürich, Frankfurt a.M.: Athenäum, S. 259-266

Moser, Tilman (1993), Derealisierung als Abwehr. Die Wiederkehr des Verdrängten am
Beispiel des Nationalsozialismus, in: ders. (1993), Politik und seelischer Untergrund,
Frankfurt a.M.: Suhrkamp, S. 65-86

Nadig, Maya (1986), Die verborgene Kultur der Frau. Psychoanalytische Gespräche mit
Bäuerinnen in Mexiko. Subjektivität und Gesellschaft im Alltag von Otomi-Frauen,
Frankfurt a.M.: Fischer TB, 1987

Oevermann, Ulrich, Tilman Allert, Helga Gripp, Elisabeth Konau, Jürgen Krambeck, Erna
Schröder-Caesar, Yvonne Schütze (1976), Beobachtungen zur Struktur der sozialisatorischen Interaktion. Theoretische und methodologische Fragen der Sozialisationsforschung,
in: Manfred Auwärter, Edit Kirsch u. Klaus Schröter (Hrsg.), Seminar: Kommunikation,
Interaktion, Identität, Frankfurt a.M.: Suhrkamp, S. 371-402

Oevermann, Ulrich, Tilman Allert, Elisabeth Konau, Jürgen Krambeck (1979), Die Methodologie einer "objektiven Hermeneutik" und ihre allgemeine forschungslogische Bedeutung in
den Sozialwissenschaften", in: Soeffner (Hrsg.), a.a.O., S.352-434

Oevermann, Ulrich (1981), Fallrekonstruktionen und Strukturgeneralisierung als Beitrag der
objektiven Hermeneutik zur soziologisch-strukturtheoretischen Analyse, Frankfurt a.m.,
vervielfältigtes Manuskript, 56 S.

Oevermann, Ulrich (1993), Die objektive Hermeneutik als unverzichtbare methodologische
Grundlage für die Analyse von Subjektivität. Zugleich eine Kritik der Tiefenhermeneutik,
in: Thomas Jung u. Stefan Müller-Doohm (Hrsg.), "Wirklichkeit" im Deutungsprozeß.
Verstehen und Methoden in den Kultur- und Sozialwissenschaften, Frankfurt a.m.: Suhrkamp, S.106-189

Parin, Paul (1977), Das Ich und die Anpassungsmechanismen, in: ders. (1978), Der Widerspruch im Subjekt. Ethnopsychoanalytische Studien, Frankfurt a.m.: Syndikat, S. 78-111

Parin, Paul, Fritz Morgenthaler u. Goldy Parin Matthèy (1963), Die Weißen denken zuviel.
Psychoanalytische Untersuchungen bei den Dogon in Westafrika, München: Fischer TB; 3.,
überarbeitete Aufl. v. 1983

Parsons, Talcott (1947), Über wesentliche Ursachen und Formen der Aggressivität in der
Sozialstruktur westlicher Industriegesellschaften, in: ders. (1954), Beiträge zur soziologischen Theorie, Neuwied: Luchterhand, 1964, S. 223-255

Parsons, Talcott (1952), Das Über-Ich und die Theorie der sozialen Systeme, in: ders. (1964),
a.a.O., S.25-45

Parsons, Talcott (1956), Family. Socialization and Interaction Process, London: Routledge,
1964

Parsons, Talcott (1958), Sozialstruktur und Persönlichkeitsentwicklung: Freuds Beitrag zur
Integration von Psychologie und Soziologie, in: ders. (1964), a.a.O., S.99-139

Parsons, Talcott (1964), Sozialstruktur und Persönlichkeit, Frankfurt a.M.: EVA, 1968

Parsons, Talcott (1968), Der Stellenwert des Identitätsbegriffs in der allgemeinen Handlungstheorie, in: Rainer Döbert, Jürgen Habermas u. Gertrud Nunner-Winkler (Hrsg.), Entwicklung des Ichs, Köln: Kiepenheuer, 1977, S.68-88

Petersen, Katharina (1989), Es gibt immer zu wenig, in: Die Gesellschaft auf der Couch.
Psychoanalyse als sozialwissenschaftliche Methode, hrgs. vom Psychoanalytischen Seminar
Zürich, Frankfurt a.M.: Athenäum, S.245-258

Pollner, Melvin (1976), Mundanes Denken, in: Weingarten u.a. (Hrsg.), a.a.O., S.295-326

Psychoanalytische Beiträge zu Rechtsextremismus und Fremdenfeindlichkeit. Materialien aus
dem Sigmund-Freud-Institut, Nr. 14, Münster: Lit, 1995

Reiche, Reimut (1995), Von innen nach außen? Sackgassen im Diskurs über Psychoanalyse
und Gesellschaft, in: Psyche 49, S.227-258

Reichmayr, Johannes (1995), Einführung in die Ethnopsychoanalyse. Geschichte, Theorien und
Methoden, Frankfurt a.M.: Fischer TB

Rohde-Dachser, Christa, Beate Baum-Dill, Elke Brech, Tilman Grande, Stephan Hau, Anne-
marie Jockenhövel-Poth und Angelika Richter (1993), "Mutter" und "Vater" in psychoanalytischen Fallvignetten. Über einige latente Regeln im Diskurs der Psychoanalyse, in:
Psyche 47, S.613-646

Schmiede, Rudi (Hrsg.), Arbeit und Subjektivität. Beiträge zu einer Tagung der Sektion Industrie- und Betriebssoziologie in der Deutschen Gesellschaft für Soziologie (Kassel, 21. - 23.05.1987), Bonn: Informationszentrum Sozialwissenschaften, 1988

Schneider, Christian, Cordelia Stillke u. Bernward Leineweber (1995), NAPOLA: Die verlorene Elite des Dritten Reichs. Zur Generationengeschichte des Nationalsozialismus (Arbeitstitel), Frankfurt/Hamburg, unveröffentlichtes Typoskript

Schubart, Wolfgang (1985), Die psychoanalytische Konsultation am Beispiel des unmotivierten (z.B. psychosomatischen) Patienten, in: Psyche 39, S.519–537

Schütz, Alfred (1932), Der sinnhafte Aufbau der sozialen Welt, Frankfurt a.M.: Suhrkamp 1976

Schütze, Fritz (1976), Zur Hervorlockung und Analyse von Erzählungen thematisch relevanter Geschichten im Rahmen soziologischer Feldforschung, in: Arbeitsgruppe Bielefelder Soziologen (1976), Kommunikative Sozialforschung. Alltagswissen und Alltagshandeln. Gemeindeforschung. Polizei: Politische Erwachsenenbildung, München: Funk

Schütze, Fritz (1981), Prozeßstrukturen des Lebenslaufs, in: Matthes u.a. (Hrsg.), a.a.O., S.67–156

Schütze, Fritz (1983), Biographieforschung und narratives Interview, in: Neue Praxis 13, S.283–293

Schweikart, Rudolf (1987), Textanalytische Verfahren in der empirischen Sozialforschung, in: Literatur und Erfahrung, Heft 18, Berlin 1987

Schweikart, Rudolf (1994), Organisation, Individualität, Konsum. Elemente einer Sozialphänomenologie der modernen Massengesellschaft vor 1930, Münster: Lit

Searle, John R. (1969), Sprechakte. Ein sprachphilosophischer Essay, Frankfurt a.M.: Suhrkamp, 1971

Sennett, Richard (1977), Verfall und Ende des öffentlichen Lebens. Die Tyrannei der Intimität, Frankfurt a.M.: S. Fischer, 1983

Simmel, Georg (1890), Über sociale Differenzierung. Sociologische und psychologische Untersuchungen, Gesamtausgabe, Bd. 2, Frankfurt a.M.: Suhrkamp, 1989, S.109–295

Simmel, Georg (1906), Philosophie der Geschlechter. Fragmente, in: Gesamtausgabe, Bd. 8, Frankfurt a.M.: Suhrkamp, 1993, S.74–81

Simmel, Georg (1908), Soziologie. Untersuchungen über die Formen der Vergesellschaftung. Gesamtausgabe, Bd. 11, Frankfurt a.M.: Suhrkamp, 1992

Simmel, Georg (1923), Das Relative und das Absolute im Geschlechter-Problem, in: ders. (1983), Philosophische Kultur. Über das Abenteuer, die Geschlechter und die Krise der Moderne. Gesammelte Essais, Berlin: Wagenbach, S.52–81

Soeffner, Hans-Georg (Hrsg.), Interpretative Verfahren in den Szoial- und Textwissenschaften, Stuttgart: Metzler, 1979

Soeffner, Hans-Georg (1979), Interaktion und Interpretation – Überlegungen zu Prämissen des Interpretierens in Sozial- und Literaturwissenschaft, in: Soeffner (Hrsg.), a.a.O., S.328–351

Soeffner, Hans-Georg (1981), Entwicklung von Identität und Typisierung von Lebensläufen. Überlegungen zu Hans-Ulrich Gumbrecht: Lebensläufe, Literatur, Alltagswelten, in: Biographie ..., a.a.O., S.251–268

Spiegel, Leo A. (1959), Selbst, Selbst–Gefühl und Wahrnehmung, in: Psyche 15, 1961, S.211–236

Stempel, Wolf–Dieter (1978), Bemerkungen zur Kommunikation im Alltagsgespräch, In: Karlheinz Stierle und Rainer Warning (Hrsg.), Das Gespräch, München: Fink, 1984, S.151–169

Stempel, Wolf–Dieter (1980), Alltagsfiktion, in: Konrad Ehlich (Hrsg.), Erzählen im Alltag, Frankfurt a.M.: Suhrkamp, S.385–402

Streeck–Fischer (1992), "Geil auf Gewalt". Psychoanalytische Bemerkungen zu Adoleszenz und Rechtsextremismus, in: Psyche 46, S.745–768

Thomä, Helmut (1980), Auf dem Weg zum Selbst. Bemerkungen zur psychoanalytischen Theorieentwicklung in den letzten Jahrzehnten, in: Psyche 34, S.221–245

Thomä, Helmut, u. Horst Kächele (1985), Lehrbuch der psychoanalytischen Therapie, Bd. 1, Berlin: Duncker

Torok, Maria (1964), Die Bedeutung des "Penisneides" bei der Frau, in: Janine Chasseguet–Smirgel (Hrsg.), Psychoanalyse weiblicher Sexualität, Frankfurt a.M.: Suhrkamp, 1974, S.192–232

Tugendhat, Ernst (1979), Selbstbewußtsein und Selbstbestimmung. Sprachanalytische Interpretationen, Frankfurt a.M.: Suhrkamp, 1993

Ungeheuer, Gerold (1977), Gesprächsanalyse und ihre kommunikationstheoretischen Voraussetzungen, In: Dirk Wegner (Hrsg.), Gesprächsanalysen..., a.a.O., S.27–65

Vogt, Rolf (1995), Rainer Werner Fassbinders "Der Müll, die Stadt und der Tod" – eine deutsche Seelenlandschaft, in: Psyche 49, S.309–372

Volmerg, Birgit, Eva Senghaas–Knobloch und Thomas Leithäuser (1986), Betriebliche Lebenswelt. Eine Sozialpsychologie industrieller Arbeitsverhältnisse, Opladen: Westdt. Vlg.

Voß, G. Günter (1984), Bewußtsein ohne Subjekt? Eine Kritik des industriesoziologischen Bewußtseinsbegriffs, Großhesselohe

Voß, G. Günter (1993), Zur sozialen Differenzierung von "Arbeit und Leben". Überlegungen aus der Perspektive Alltägliche Lebensführung, in: Entwicklungsperspektiven von Arbeit, Sonderforschungsbereich 333 der Universität München. Mitteilungen 5, S.105–122

Wacker, Ali (1979), Zur Aktualität und Relevanz klassischer psychologischer Faschismustheorien. Ein Diskussionsbeitrag, in: Gerhard Paul u. Bernhard Schoßig (Hrsg.), Jugend und Neofaschismus. Provokation oder Identifikation? Frankfurt a.M.: EVA, S.105–137

Wegner, Dirk (Hrsg.), Gesprächsanalysen. Vorträge gehalten anläßlich des 5. Kolloquiums des Instituts für Kommunikationsforschung und Phonetik, Bonn, 14. bis 16. Oktober 1976, Hamburg: Buske, 1977

Wegner, Peter (1992), Zur Bedeutung der Gegenübertragung im psychoanalytischen Erstinterview, in: Psychoanalyse. Klinik und Kulturkritik (Psyche) 46, S.286–307

Weingarten, Elmar und Fritz Sack (1976), Ethnomethodologie. Die methodische Konstruktion der Realität, in: Weingarten u.a. (Hrsg.), a.a.O., S.7–26

Weingarten, Elmar, Fritz Sack u. Jim Schenkein (Hrsg.), Ethnomethodologie, Frankfurt a.M.: Suhrkamp, 1976

Willems, Helmut (1993), Fremdenfeindliche Gewalt. Einstellungen, Täter, Konflikteskalation, Opladen: Leske

Winnicott, Donald W. (1971), Vom Spiel zur Kreativität, Stuttgart: Klett, 1973

Wrong, Dennis (1961), The oversocialized concept of Man in modern sociology, in: American Sociological Review 26, S.183-193

Zepf, Siegfried (1993), Statt eines Vorworts: Gegenstand und Fragebereich einer analytischen Sozialpsychologie, in: ders. (Hrsg.), Die Erkundung des Irrationalen. Bausteine einer analytischen Sozialpsychologie nebst einigen Kulturanalysen, Göttingen: Vandenhoeck, 1993, S. 7-30

Zimmerman, Don H., und Melvin Pollner (1970), Die Alltagswelt als Phänomen, in: Ethnomethodologie ..., a.a.O., S.64-104

Aus dem Programm
Psychologie

Mechthild Zeul

Rückreise
in die Vergangenheit

Zur Psychoanalyse spanischer
Arbeitsremigrantinnen
1995. 197 S. Kart.
ISBN 3-531-12687-3

Die Autorin berichtet von ihrer Arbeit mit Frauen, die lange Zeit im mitteleuropäischen Ausland gelebt haben und nach Spanien zurückgekehrt sind. Anhand ausführlich geschilderter Fallbeispiele wird gezeigt, daß Migration krank macht, wenn die sozialen Bedingungen des Aufnahmelandes so beschaffen sind, daß sie als herabsetzend und diskriminierend erlebt werden. In diesem Zusammenhang weist die Autorin darauf hin, daß in der psychoanalytischen Emigrationsliteratur die sozialen Faktoren bei der psychischen Verarbeitung von Migration zu wenig Beachtung finden.

Michael B. Buchholz /
Ulrich Streeck (Hrsg.)

Heilen, Forschen,
Interaktion

Psychotherapie und qualitative
Sozialforschung
1994. 328 S. Kart.
ISBN 3-531-12587-7

Die in diesem Band versammelten Arbeiten gehen von der These aus, daß Psychotherapie und Psychoanalyse sich im Medium von Interaktion abspielen und Handeln und Behandeln wechselseitig aufeinander bezogene Formen der Beeinflussung sind. Mit dieser interaktiven Auffassung der therapeutischen Situation wird sowohl an verschüttete Traditionen der Psychoanalyse angeknüpft, wie auch eine eigene Analyseebene markiert, die an entwickelte Forschungsmethoden und Begriffe von Interaktion in den So-

zialwissenschaften anschließen kann. Die Beiträge verdeutlichen, daß 'therapeutische Interaktion' ein eigenes Untersuchungsfeld für Forschungsbemühungen ist, die qualitativer methodischer Verfahren bedürfen und damit zu aktuellen Fragestellungen maßgeblich beitragen können.

Dieter Ohlmeier/Martin Dornes/
Christel Beier (Hrsg.)

Trauma Aids

Eine psychoanalytische Studie über die Auswirkungen der HIV-Infektion
1995. 211 S. Kart.
ISBN 3-531-12749-7

Der Band dokumentiert die Ergebnisse eines am Sigmund-Freud-Institut in Frankfurt durchgeführten Forschungsprojekts über die psychischen Folgen der Traumatisierung durch HIV/Aids bei Betroffenen und Helfern. Im Mittelpunkt steht die Rekonstruktion und therapeutische Reflexion einer zweijährigen Gruppenanalyse mit HIV-infizierten homosexuellen Patienten. Die Autoren zeigen, wie das den Gruppenprozeß charakterisierende Berührungstabu zwischen nichtinfizierten heterosexuellen Therapeuten und infizierten homosexuellen Patienten gehandhabt werden kann. Das Buch plädiert für den Einsatz analytisch orientierter Beratungsformen und Verstehenskompetenzen im Bereich der mit HIV/Aids konfrontierten helfenden Berufe.

WESTDEUTSCHER
VERLAG
OPLADEN · WIESBADEN

Aus dem Programm Psychologie

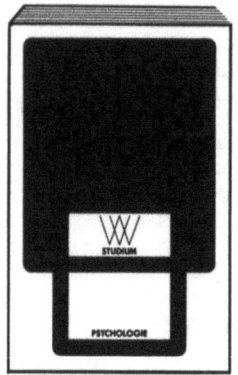

Thomas Leithäuser/Birgit Volmerg

Psychoanalyse in der Sozialforschung

Eine Einführung am Beispiel der Sozialpsychologie der Arbeit

1988. 298 S.
(wv studium, Bd. 148) Pb.
ISBN 3-531-22148-5

Am Beispiel der industriellen Arbeitswelt zeigen die Autoren, welche Dimensionen der psychischen und sozialen Wirklichkeit sich einer Forschung eröffnen, die psychoanalytische Verstehensweisen systematisch und methodisch in die Sozialforschung einbezieht. Zugleich bietet der Band praktische Anleitungen für eine psychoanalytisch orientierte Feldforschung.

Daniela Rastetter

Sexualität und Herrschaft in Organisationen

Eine geschlechtervergleichende Analyse

1994. 300 S. (Beiträge zur psychologischen Forschung, Bd. 33) Kart.
ISBN 3-531-12604-0

Sexualität in Organisationen kann auf der Grundlage eines organisationstheoretischen Konzepts als systematisch angelegte und strukturell bedingte Erscheinungsform kooperativen Handelns identifiziert werden. Durch organisationale Herrschaft wird Sexualität kanalisiert und unterdrückt. Dennoch werden sexuelle Bedürfnisse als Widerstand gegen Repression ausgelebt. Ausgewählte Themen der Untersuchung sind: offizielle Sanktionen gegen sexuelles Verhalten am Arbeitsplatz, die Ökonomisierung von Sexualität in Organisationen, Dynamiken sexueller Belästigung und erotischer Romanzen sowie die spezifische Situation von Frauen in Führungspositionen, die mit „Männerbünden" konfrontiert sind.

Birgit Volmerg / Eva Senghaas-Knobloch / Thomas Leithäuser

Betriebliche Lebenswelt

Eine Sozialpsychologie industrieller Arbeitsverhältnisse

Mit einem Vorwort von Marie Jahoda.

1986. 285 S. Kart.
DM 38,–/öS 297,–/SFr 38,–
ISBN 3-531-11735-1

Für die Beschäftigten eines Industriebetriebes, mit denen die Autoren viele Gruppengespräche führten, war die unsichere Zukunft des Betriebs und die Einführung neuer Techniken Anlaß, ihre Arbeitssituationen selbstkritisch zu beleuchten. Was auf diese Weise zur Sprache kam, vermittelt einen Einblick in das Bedingungs- und Beziehungsgefüge industrieller Arbeit, das durch die lebendige Praxis der betrieblichen Gruppen entsteht.

WESTDEUTSCHER VERLAG
OPLADEN · WIESBADEN

MIX
Papier aus verantwortungsvollen Quellen
Paper from responsible sources
FSC® C105338

If you have any concerns about our products,
you can contact us on
ProductSafety@springernature.com

In case Publisher is established outside the EU,
the EU authorized representative is:
**Springer Nature Customer Service Center GmbH
Europaplatz 3, 69115 Heidelberg, Germany**

Printed by Libri Plureos GmbH
in Hamburg, Germany